部省合作

2011 年 3 月 12 日，“交通运输部、浙江省人民政府战略合作协议签约仪式，暨浙江省‘三位一体’港航物流服务体系建设推介会”上交通运输部党组书记、部长李盛霖，浙江省委书记、省人大常委会主任赵洪祝，浙江省委副书记、省长吕祖善，国家发改委副主任杜鹰，交通运输部副部长翁孟勇、副部长徐祖远，工信部副部长杨学山，商务部副部长钟山，海关总署副署长孙毅彪，质检总局副局长魏传忠，浙江省常务副省长陈敏尔、副省长王建满等与会领导合影。

全国港口布局图

1996年党中央 、国务院提出了以上海为中心，江浙为两翼，共同打造上海国际航运中心的战略举措。宁波－舟山港是上海国际航运中心的重要组成部分，独特的区位条件和丰富的深水岸线资源，特别适合发展大宗商品运输和贸易。建设“三位一体”港口服务体系，有利于宁波－舟山港实现与上海港的错位发展、合作共赢，进一步提升上海国际航运中心的国际竞争力，共同打造亚太地区重要国际门户。

全省港口布局图

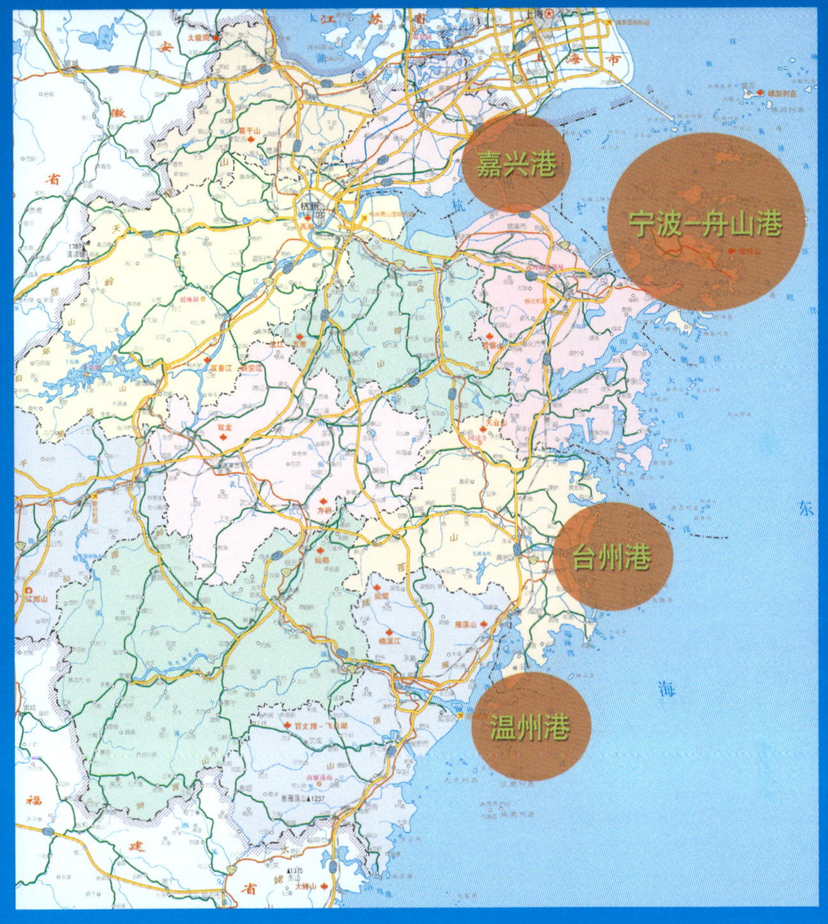

浙江沿海将形成以宁波－舟山港、温州港为全国沿海主要港口，嘉兴、台州港为地区性重要港口的分层次布局。宁波－舟山港实施资源整合，成为浙江沿海港口群的中心港口。

“三位一体”框架

大宗商品交易中心
海路联动集疏网络
金融和信息支撑系统
宁波交易平台
舟山交易平台
石化储备交易区
矿石储备交易区
煤炭储备交易区
粮食储备交易区
钢材木材建材区
工业原材料区
船舶交易区
2亿吨吞吐能力
4大运输通道
8大物流园区
港口金融服务331
港口信息服务113

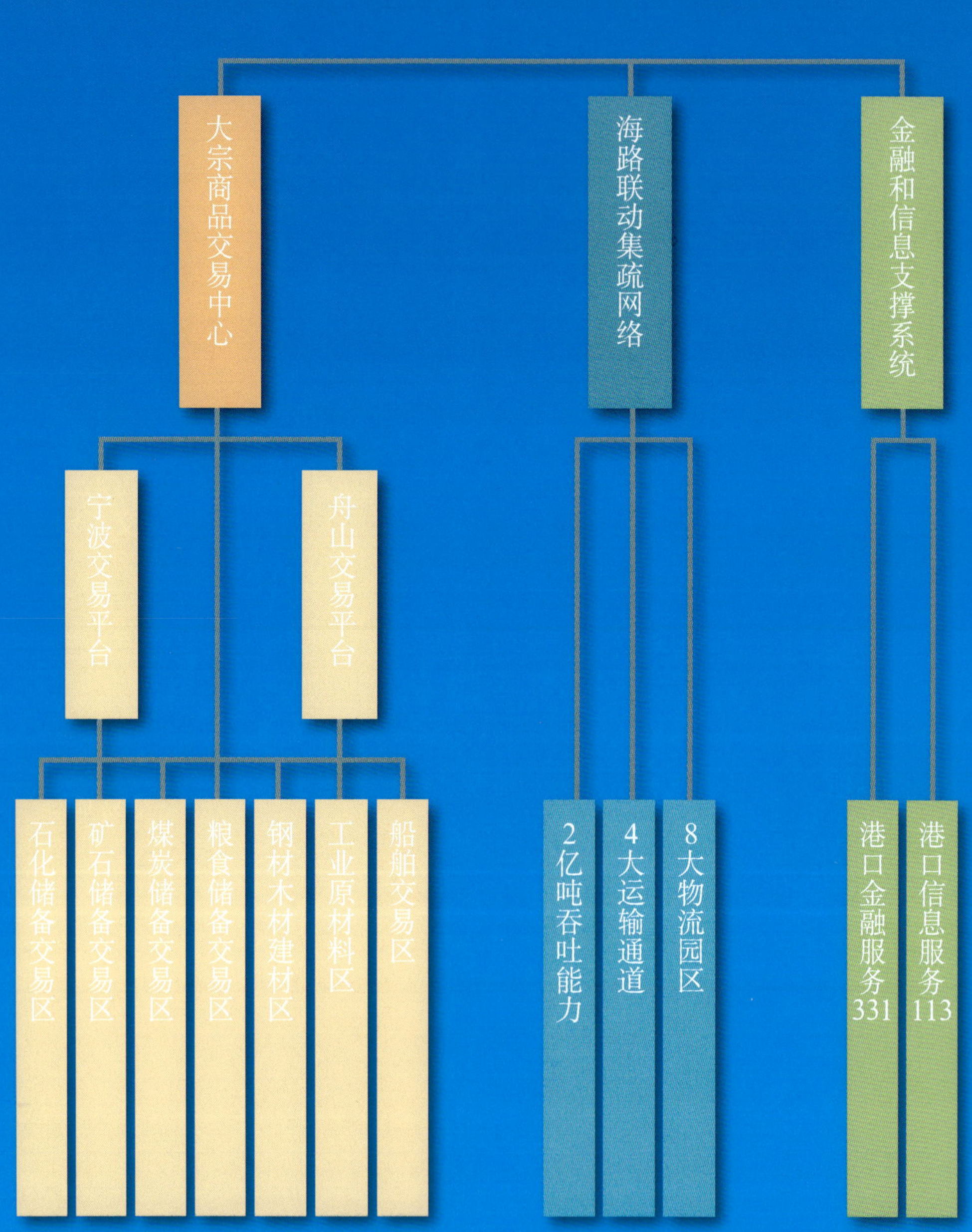

大宗商品交易平台

一个中心
二个平台
七大交易区
一批储运配送基地
浙江大宗商品交易中心
宁波生产资料交易服务平台
舟山大宗商品交易服务平台
石油化工交易区
铁矿石交易区
煤炭交易区
粮食交易区
钢材木材交易区
工业原材料交易区
船舶交易区
世纪太平洋液体化工基地
中石化册子油品储运基地
舟山光汇石油储运基地
万向岙山石油储运项目
黄泽山油品中转储运基地
舟山纳海油污处理项目
天禄能源储运基地
舟山
长三角固体石化产品交易中心
镇海液体化工品市场
宁波
浙江嘉兴石油化工品市场
嘉兴
马迹山大宗散货交易基地
武港凉潭岛铁矿石中转码头
衢山港区鼠浪湖铁矿石中转基地
舟山
宁波铁矿石交易中心
宁波
浙能六横煤电一体化项目
国电进口煤项目
舟山
镇海煤炭交易市场
宁波进口煤炭交易中心
宁波
嘉兴煤炭交易市场
嘉兴
温州煤炭交易市场
温州
临海头门煤炭交易市场
大麦屿煤炭交易市场
台州
舟山国际粮油集散中心
舟山
宁波粮食交易中心
宁波
嘉兴粮食交易市场
嘉兴
温州粮食交易市场
温州
台州粮食及粮油产品交易市场
海峡两岸玉环商品交易物流中心
台州
岱山木材物流加工基地
舟山
宁波华东物资城钢材交易市场
镇海木材交易市场
镇海钢材交易市场
宁波
嘉兴中国杭州湾钢贸城
嘉兴
温州钢材交易市场
温州
临海头门钢材交易市场
玉环大麦屿钢材交易市场
台州
余姚中国塑料城
中国镍金属交易中心
镇海大宗生产资料交易中心
宁波
浙北生产资料交易市场
嘉兴长三角国际石木材交易市场
嘉兴
温州工业原材料交易市场
温州
台州工业原材料交易市场
台州水泥熟料等建材交易市场
台州
浙江船舶交易市场
舟山
台州船舶交易市场
台州
宁波船舶交易市场
宁波
温州船舶交易市场
温州

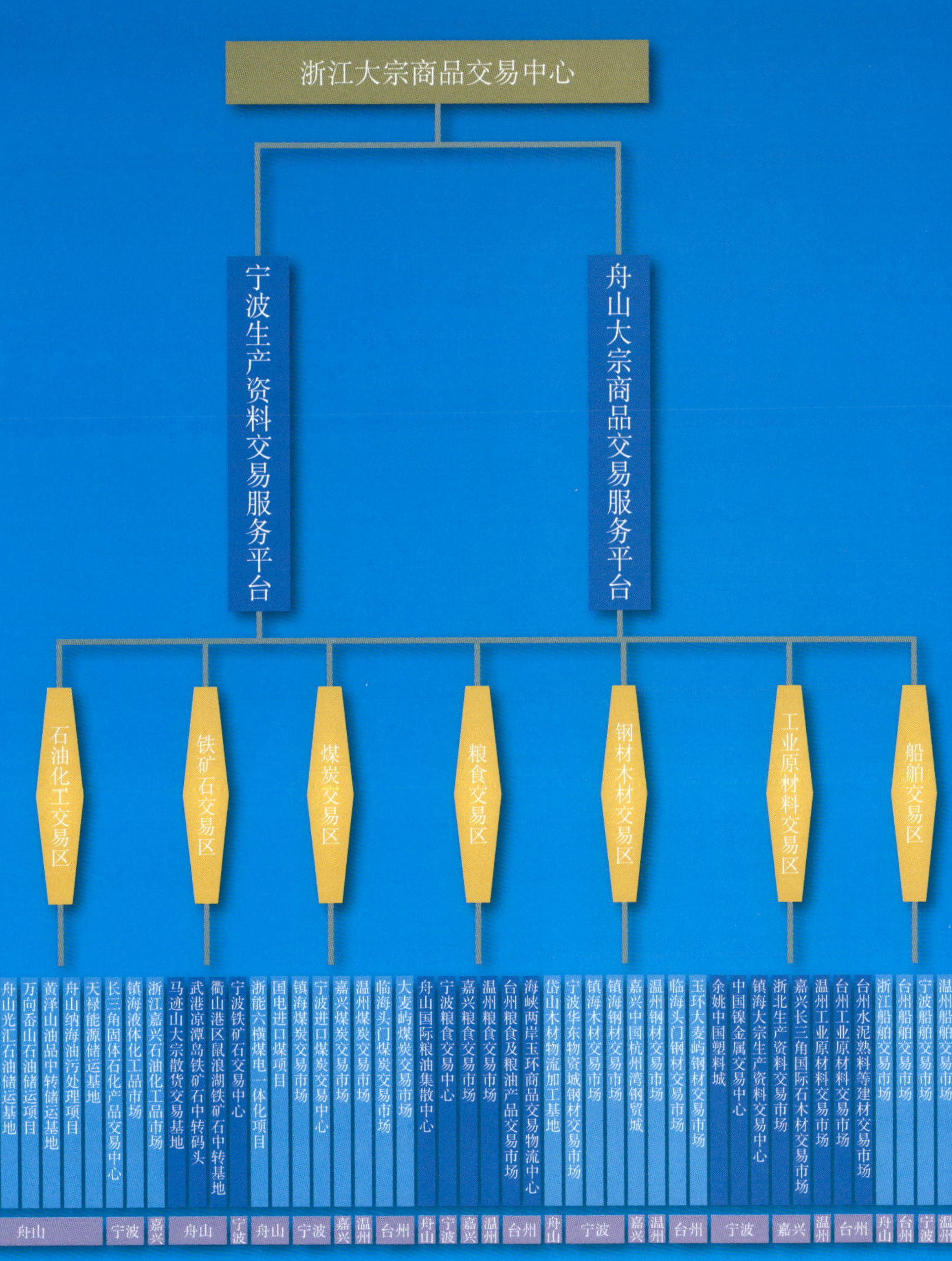

海路联动集疏运网络

新增港口吞吐能力2亿吨
拓展4大运输通道
做强8大物流园区
新建万吨级以上泊位35个
新建10万吨级以上进港航道99公里
新增锚地75平方公里
联通南北沿海大通道
联通长江沿线大通道
联通西南内陆大通道
联通世界海洋大通道
梅山物流示范区
传化物流示范区
义乌物流示范区
绍兴物流示范区
嘉兴物流示范区
温州物流园区
台州物流园区
舟山物流园区

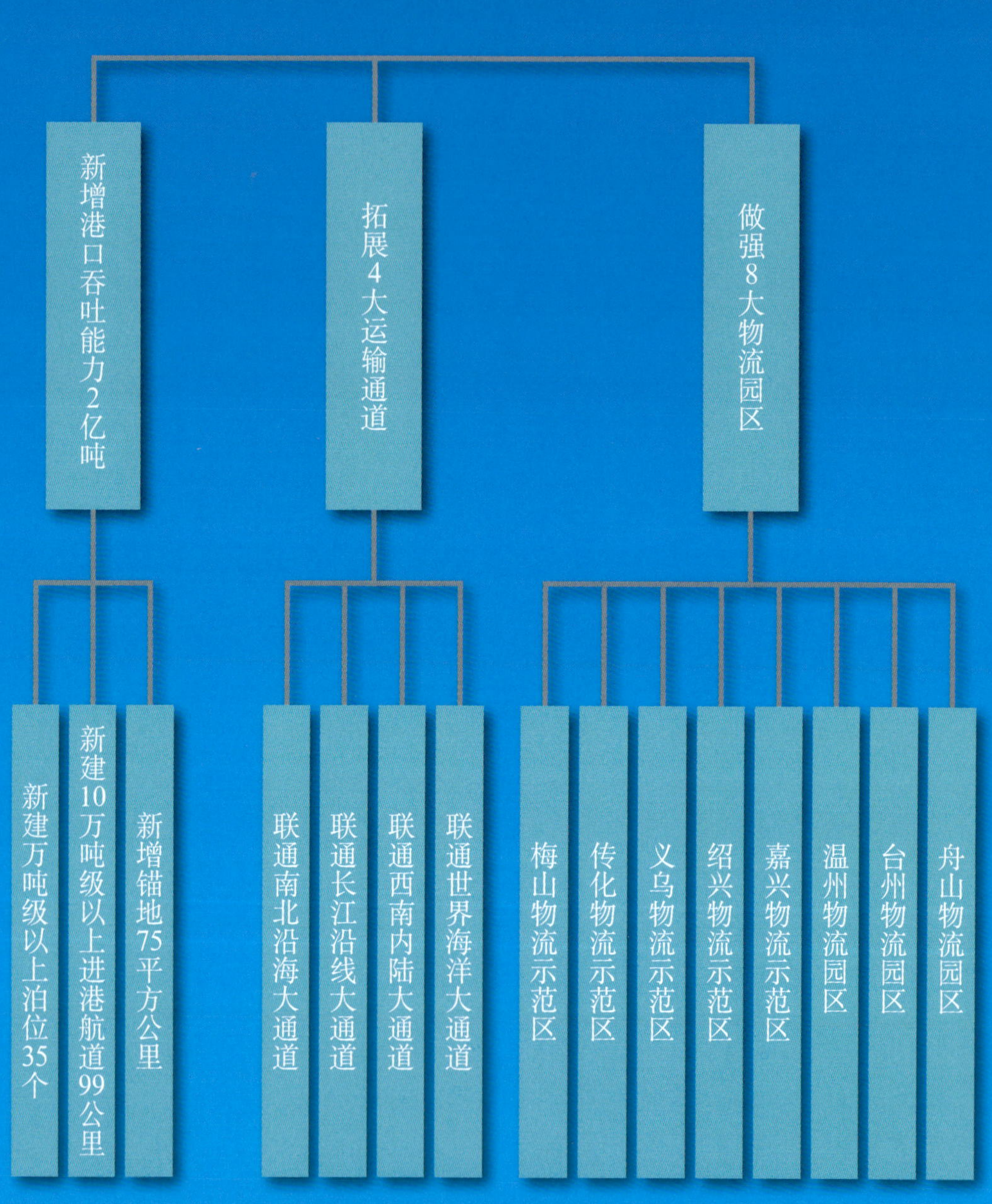

金融和信息支撑系统

金融
信息
培育3个机构
创新3类产品
建立1个机制
1个数据交换平台
1个公共服务平台
3个应用板块
港口产业投资基金
海洋发展银行
港航投资公司
航运保险产品
直接融资产品
间接融资产品
港口金融战略合作平台
政务应用板块
商务应用板块
生产应用板块

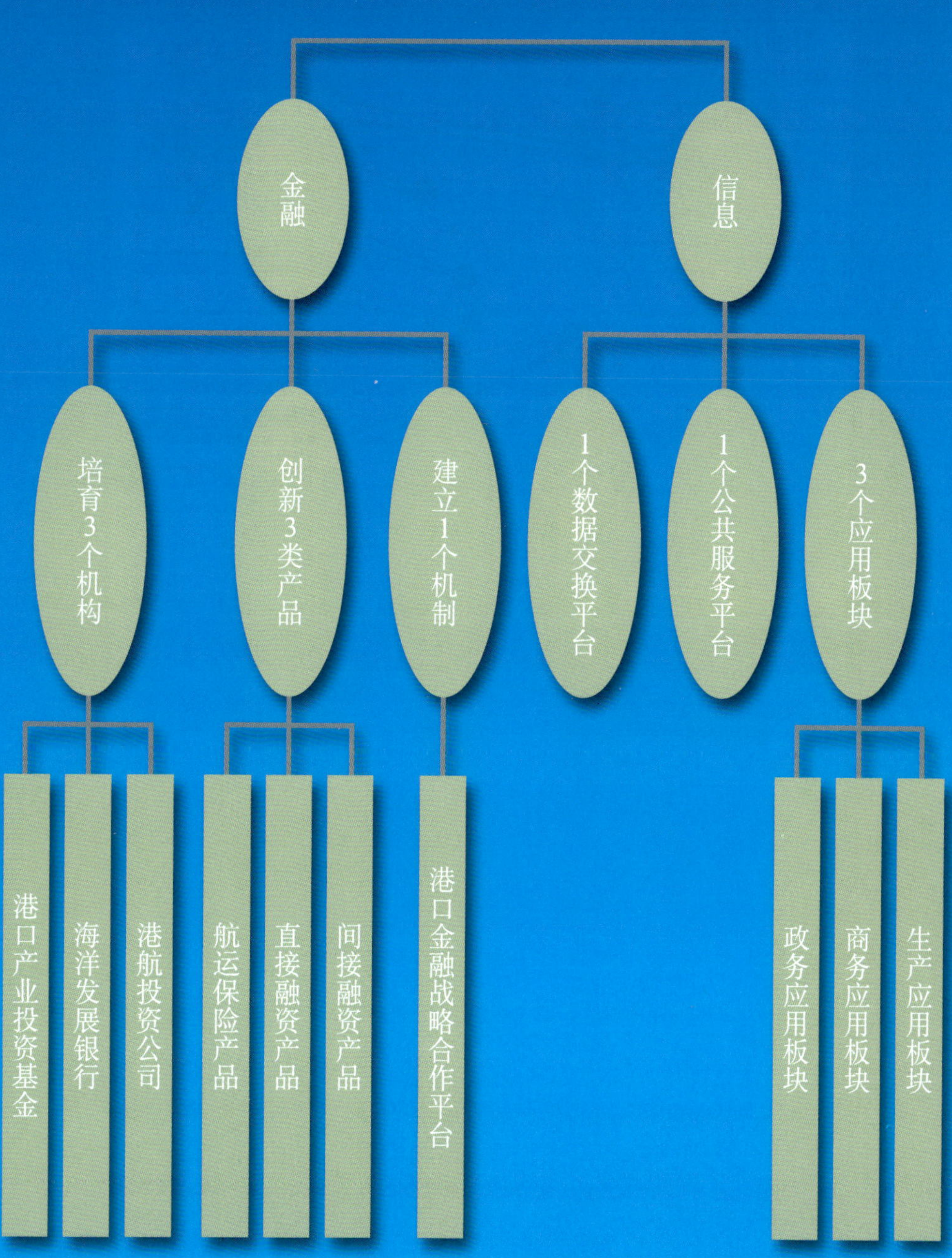

煤炭交易区

现状：2010 年全省沿海港口完成煤炭吞吐量 1.45 亿吨，占长三角地区总吞吐量的 30%。

规划到 2015 年：全省沿海港口煤炭吞吐量达到 1.43 亿吨，实现交易额 120 亿元。

粮食交易区

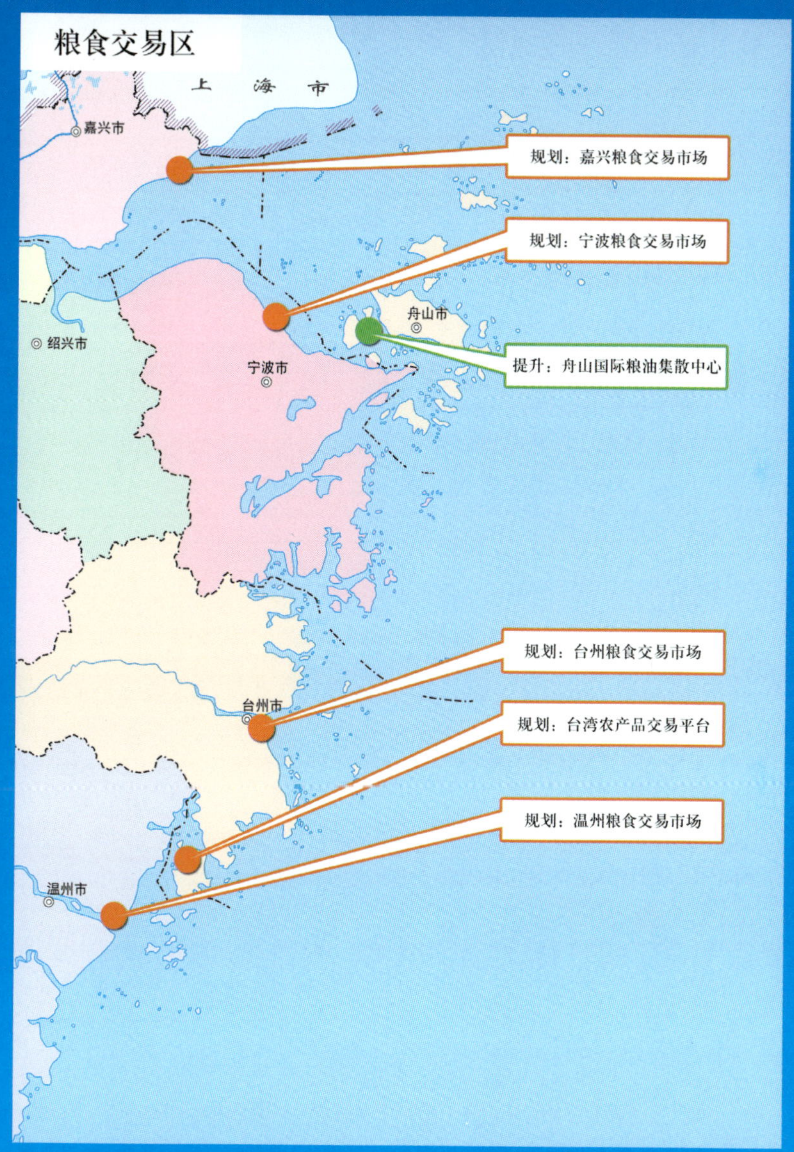

现状：2010 年全省沿海港口完成粮食吞吐量 863 万吨，占长三角地区总吞吐量的近 20%。

规划到 2015 年：全省沿海港口粮食吞吐量达到 1380 万吨，实现交易额近 100 亿元。

钢材木材等建材交易区

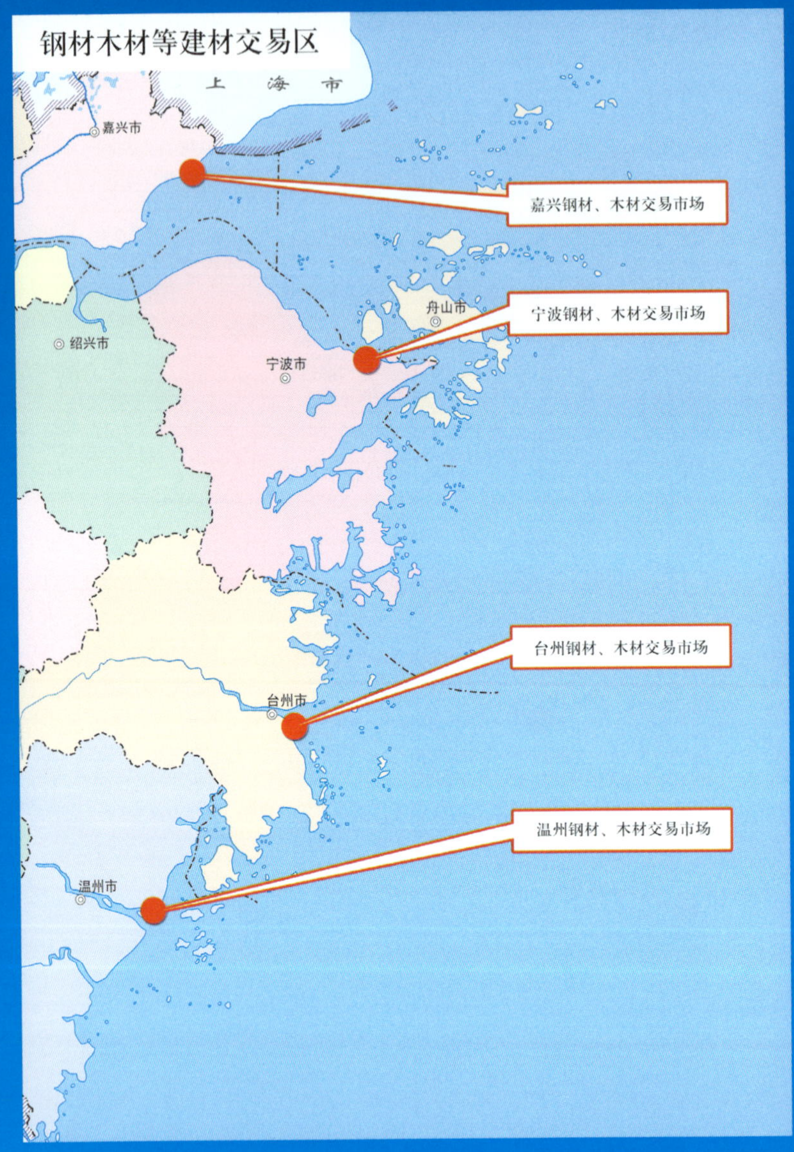

现状：2010 年全省沿海港口完成钢材木材吞吐量 1823 万吨，占长三角地区总吞吐量的 25%。

规划到 2015 年：全省沿海港口钢材木材吞吐量达到 2200 万吨，实现交易额 360 亿元。

工业原材料交易区

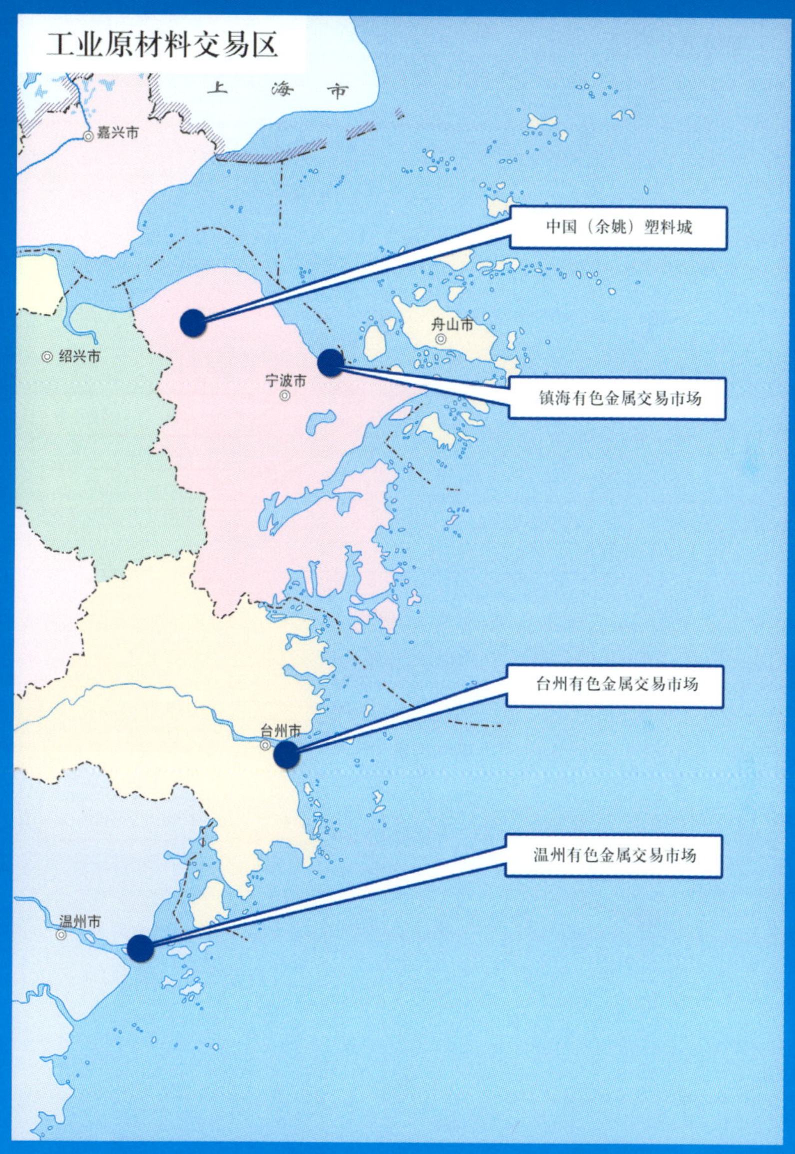

现状：中国（余姚）塑料城是国内最大的专业市场之一，2010 年市场交易额约 900 亿元，宁波神化化学品公司镍金属交易额达 100 多亿元。

规划到 2015 年：建设千亿元级工业原材料交易平台。

船舶交易区

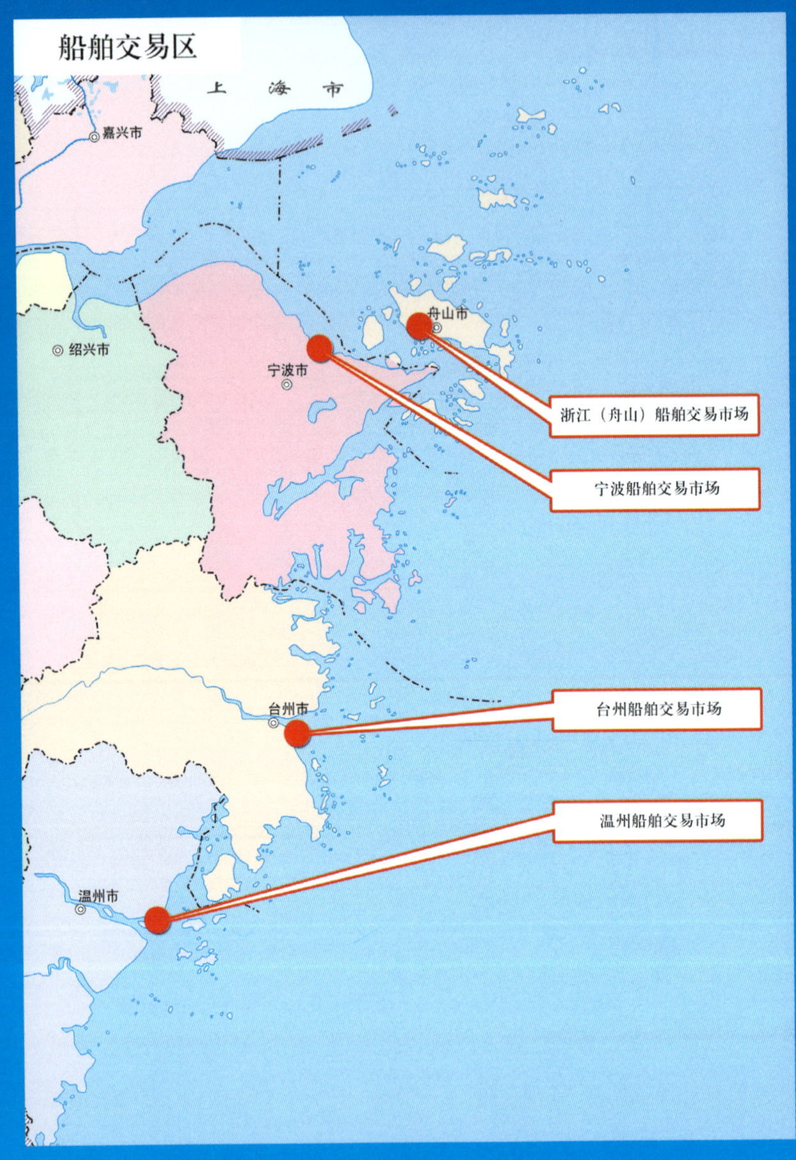

现状：2010 年全省船舶交易额超过 100 亿元，占全国市场份额的 60%。

规划到 2015 年：全省实现船舶交易额 300 亿元。

国家海洋经济发展示范区研究重点课题

港航物流发展研究

——浙江“三位一体”港航物流服务体系建设的探索与实践

GANGHANG WULIU FAZHAN YANJIU
ZHEJIANG SANWEIYITI GANGHANG WULIU FUWU TIXI JIANSHE DE TANSUO YU SHIJIAN

人民交通出版社
China Communications Press

内 容 提 要

本书紧密结合浙江省港口区位优势和现实基础,围绕“加快港口转型升级、促进经济发展方式转变”这一主线,通过借鉴国内外在大宗商品交易平台建设、集疏运网络建设,以及以金融和信息等为主要内容的服务体系建设的做法与经验,经过反复探讨、论证,研究提出了浙江省“三位一体”港航物流服务体系建设的内涵、目标、任务,并在此基础上提出了促进浙江省“三位一体”港航物流服务体系建设的政策建议。

图书在版编目(CIP)数据

港航物流发展研究:浙江“三位一体”港航物流服务体系建设的探索与实践/郭剑彪主编. —北京:人民交通出版社,2011.7

ISBN 978-7-114-08909-1

I. ①港… II. ①郭… III. ①港口—物流—研究—浙江省 IV. ①U695.2

中国版本图书馆 CIP 数据核字(2011)第 027825 号

书　　名: 港航物流发展研究
——浙江“三位一体”港航物流服务体系建设的探索与实践
著 作 者: 郭剑彪
责任编辑: 刘永芬
出版发行: 人民交通出版社
地　　址: (100011)北京市朝阳区安定门外外馆斜街 3 号
网　　址: http://www.ccpress.com.cn
销售电话: (010)59757969,59757973
总 经 销: 人民交通出版社发行部
经　　销: 各地新华书店
印　　刷: 北京市凯鑫彩色印刷有限公司
开　　本: 720×960　1/16
印　　张: 30
彩　　插: 8
字　　数: 500 千
版　　次: 2011 年 7 月　第 1 版
印　　次: 2011 年 7 月　第 1 次印刷
书　　号: ISBN 978-7-114-08909-1
定　　价: 68.00 元

编委会名单

编写组成员名单

组　长： 郭剑彪

副组长： 徐纪平　郑黎明　王德宝

郑惠明　李作敏

成　员：（排名不论先后）

曹雪军　陈　春　陈立军　陈妙福　丁武雄　洪　斌

胡继祥　胡旭铭　林建亚　卢晓光　骆林勇　潘晓霞

任　忠　邵华荣　邵银泉　汤修华　唐　净　唐伟明

王相岳　王竹凌　吴永平　夏　杰　徐　斌　徐　峰

颜献劼　於晶晶　臧韶辉　张晓宇　周素素　周　鸣

周晓航　徐　萍　王先进　梁晓杰　刘　芳　高爱颖

东朝晖　褚春超　眭　凌　李燕霞　周　健　刘　洋

王海霞　郭　斌　潘松挺　黄　杰　黄　纯　李孝将

孙志林　吴　健　吴义爽　赵川平　郑小林　周伟华

序

海洋是人类赖以生存发展的基本环境和资源宝库，也是全球化背景下国际竞争与合作的新领域。随着《联合国海洋法公约》的生效和《21世纪议程》的实施，海洋的战略地位日益突出，大力发展海洋经济已成为全球共识。进入新世纪以来，我国高度重视海洋资源开发和保护，2003年明确提出努力建成海洋强国的战略目标。党的十七届五中全会又作出制定和实施海洋发展战略的决策部署。这充分说明，综合开发利用海洋资源，加快发展海洋经济，已成为我国经济社会发展的重要战略。

浙江不仅是经济大省，也是海洋大省。海域面积26万平方公里，是陆域面积的2.5倍多；陆岛岸线总长6 910公里，面积500平方米以上的岛屿2 878个，数量均居全国首位，而且地处长江经济带和沿海经济带T型交汇点，发展海洋经济拥有得天独厚的优势。改革开放以来，历届省委、省政府都把发展海洋经济作为浙江经济发展的战略重点，不断加快发展步伐，特别是这些年来，全省海洋经济持续较快发展，海洋经济增加值从2005年的1 078亿元增加到2010年的3 500亿元，占GDP比重从8%上升到13%，海洋经济在浙江经济中的重要地位日益凸显，并呈现出广阔的发展前景。加快发展海洋经济既符合国家战略要求，更是我省拓展发展空间、突破资源环境制约，实现可持续发展的迫切需要。今年2月，浙江海洋经济发展示范区规划获国务院批复，标志着我省海洋经济发展正式上升为国家战略。这是中央对我省加快发展海洋经济的大力支持，更是希望浙江在海洋经济发展上先行先试，为全国作出示范。

浙江海洋经济发展示范区建设是一项系统工程，其中尤其有特色和优势的是"三位一体"港航物流服务体系，既构筑大宗商品交易中心、海陆联动集疏运网络、金融和信息支撑系统，形成"一个中心、两个平台、多个交易区和一批储运配送基地”的架构。我省将以宁波—舟山港为龙头，浙北和温台港口为两翼，依托集散发展集聚、依托储备发展交易、依托港口物流发展增值服务，构建宁波、舟山两大交易平台，建设石油化工、铁矿石、煤炭、粮食、建材、工业原材料、船舶等七个交易区，打造一批大宗商品储备物流配送基地，增强港口金融、信息等配套服务支撑能力，以“三位一体”港航物流服务体系建设推进浙江港口整合发展、长三角区域港口错位发展和临港产业转型发展，努力把浙江沿海港口建成我国重要的大宗商品交易基地、储备基地和物流基地，努力打造亚太地区重要的综合性国际枢纽港，更好地为长三角、全国乃至亚太地区服务。

实践探索需要理论先行。为了更好地理清发展思路，在交通运输部的支持下，由省交通运输厅牵头，会同省级有关部门和宁波、舟山等五个沿海市以及一些科研机构，开展了“三位一体”港航物流服务体系课题研究。课题组在广泛调查研究的基础上，借鉴世界典型港口发展的经验，比较系统地提出了“三位一体”港航物流服务体系的总体构架、功能定位、建设目标和政策措施，对我省科学推进“三位一体”港航物流服务体系建设具有重要参考价值。希望课题研究报告的出版，能让社会各界更多地了解、参与“三位一体”港航物流服务体系建设，为浙江加快建设海洋经济发展示范区、早日建成海洋经济强省作共同努力！

浙江省省长：吕祖善

二〇一一年四月十三日

出 版 说 明

2010 年,为贯彻国家海洋经济发展战略,浙江省委、省政府提出建设大宗商品交易平台、海陆联动集疏运网络、金融和信息支撑服务系统“三位一体”的港航物流服务体系,以维护国家战略资源储运安全,推进上海国际航运中心和长三角国际门户建设,保障长江流域腹地经济可持续发展,并促进浙江经济转型升级。

在国家有关部委的支持下,浙江省委、省政府组织了“三位一体”的港航物流服务体系课题研究,具体由省交通运输厅牵头,会同省发改委、经信委、商务厅、金融办等省级部门和宁波、舟山、嘉兴、温州、台州市政府共同承担,并邀请交通运输部科学研究院、浙江大学等科研机构参加。课题组深入考察了浙江港口及相关产业发展情况,充分借鉴了国内外先进港口经验,广泛听取了专家和企业界意见,形成了一套有系统的研究报告。今年 2 月,国务院正式批准《浙江省海洋经济发展示范区规划》,其中关于“三位一体”港航物流服务体系建设部分内容全面采纳了此课题研究成果。本书即是以上述系列研究报告为基础整理出版的。

国家发改委、交通运输部、商务部、海关总署、质检总局、银监会、证监会等领导和有关司局负责人对课题研究提供了极大支持。此外,还有众多领导和专家给予了支持帮助,借此书出版之机,特致以诚挚的谢意:

全国人大内务司法委员会主任、原交通部部长黄镇东,中国国际工程咨询公司原总经理、原交通部副部长胡希捷,国务院参事郭廷结,中国工程院院士、北京工业大学经管学院院长李京文,中国物流与采购联合会首席顾问丁俊发,国家发改委综合运输研究所所长郭小碚,财政部财政科学研究所白景明副所长等拨冗参加课题评审,帮助完善了课题成果。

浙江省人民政府原常务副省长、省政府咨询委员会主任章猛进,浙江省政协原副主席、省政府咨询委员会常务副主任王玉娣,浙江省人民政府原副秘书长、省政府咨询委员会副主任陈海玫，原浙江省交通厅副厅长、省政府咨询委员会委员张治中等在课题研究过程中提供了宝贵的咨询意见。

…………

浙江海洋经济发展是一项宏伟的事业，“三位一体”港航物流服务体系建设也才刚刚起步，本书的内容只是我们的一个初步探索，有不成熟、不全面之处，敬请各位领导、专家指正，也希望社会各界更多地了解和支持浙江“三位一体”港航物流服务体系建设，为国家海洋经济发展战略做出更大贡献。

目 录

CONTENTS

总 论 篇

交易平台篇

集疏运网络篇

金融服务篇

信息服务篇

总论篇

浙江省“三位一体”港航物流服务体系建设

ZHEJIANGSHENG “SANWEIYITI” GANGHANG WULIU FUWU TIXI JIANSHE

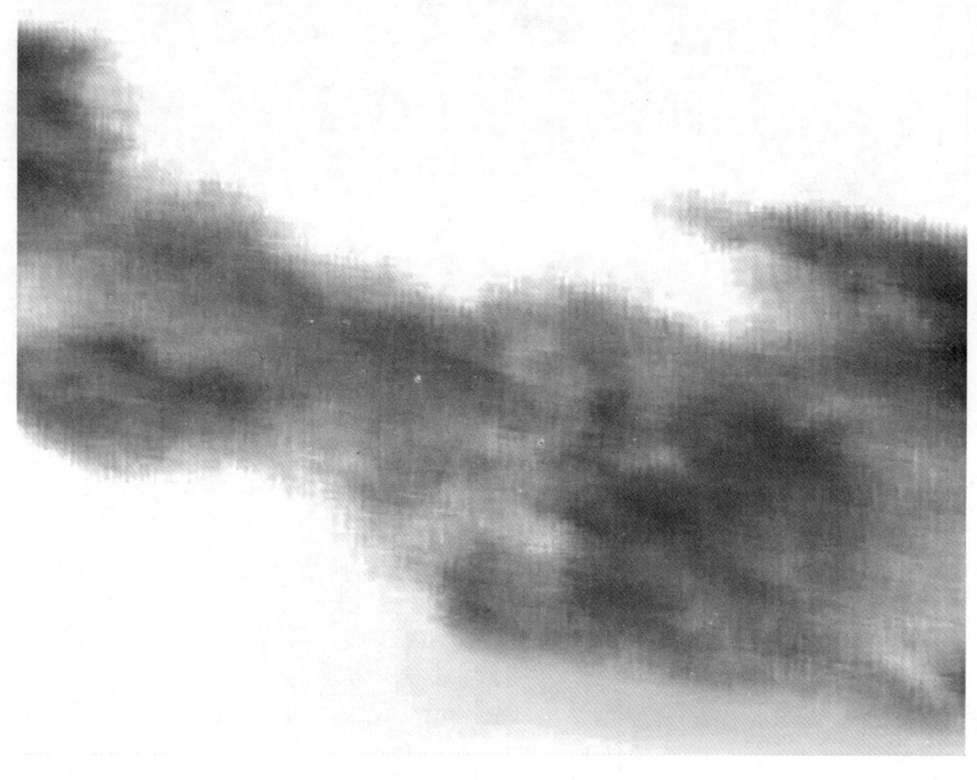

第 1 章　体系建设的内涵

理论认识来源于实践又指导实践。港口发展在经济社会发展的不同阶段呈现不同特征,在不同经济社会发展阶段中的地位与作用也不相同。面对当今经济全球化的发展趋势,现代港口在经济社会发展中的地位与作用正发生着深刻的变化。在经济全球化推动下,近些年来,世界上许多国家和地区的港口已经完成了从交通运输基础性功能设施向世界市场资源配置枢纽的转型,成为全球性国际贸易与运输链中的重要环节。新一轮的经济发展,迫切需要港口更加主动地服务区域产业布局、高效引导资源的集聚和调配,加快港口的发展,实现港口发展新的跨越和质的飞跃。

1.1　港口发展的历程和趋势

1.1.1　发展历程

1) 港口及其服务功能的演变

港口发展在经济社会发展的不同阶段呈现不同特征,在不同经济社会发展阶段中的地位与作用也不同,随着经济社会的逐步发展,港口的服务功能也在不断拓展。

在人类社会发展初期,由于受到当时经济社会和科学技术发展水平的限制,整个社会的生产活动只能够局限于一个有限空间范围之内,人类通常只能利用自然界所提供的自然力以及人力和畜力来完成生产资料与劳动成果的搬运过程,其中,水上运输是人类对自然环境早期最有效的运输方式。因此,靠近沿海和河流的地方就成为人们最早从事社会生产以及进行实物交换活动和日常居住的场所,并由此而逐步发展成为人流和物流的集散中心,最终形成了各种规模的港口。在整个经济社会的发展过程中,港口最原始的服务功能就是为物质生产提供基本的商品水陆转运服务和交易场所。

由于港口最初是自然形成,功能有所局限,但随着社会发展,港口逐渐升级换代,功能不断扩展。从19世纪中期开始,港口随着经济社会和科学技术的发展而不断发展,逐渐成为交通运输系统中的一个重要环节,成为城市社会经济发展的重要依托。而在20世纪50年代以前,港口的服务功能主要是进行货物的集散,完成货物在海上运输与公路、铁路、航空或江河等运输方式之间的换装,港口的主要业务就是货物的装卸和储存。通俗地讲,码头就是货物装卸的地方,港口作业和活动的范围局限于码头本身。之后,随着国际分工越来越细,整个世界的产业结构和经济布局都发生了重大的变化,世界港口的发展除了在提高码头装卸效率,扩大港口规模等方面以外,一些传统功能的港口凭借自身的区位优势把业务伸向商贸、工业和服务行业,开始着眼于对到港货物进行加工增值,进而采取各种措施吸引中转货物来港,形成所谓“前店后厂”的一种港口与城市、装卸与加工紧密结合的模式。港口活动已不再仅限于码头本身,而是扩展到了周边地区。港口也日益成为跨国公司在全球范围内进行优化资源配置与调节商品生产过程的重要枢纽。港口之间的竞争也演变为港口所参与的供应链之间的竞争,港口不是作为供应链中孤立的一个点或者中心而存在,而是成为供应链中的一个重要组成环节。

专栏1-1:港口服务功能的内涵

港口最初的服务功能就是指,港口充分利用港口拥有的各种服务设施水、陆域场所等条件,提供输送旅客服务,向船东、货主提供的装卸、驳运、储存等服务,以及系列配套服务的功能。随着港口空域和经济域的拓展,其功能逐渐从单纯的海陆运输连接演变为集转接、运输、生产、加工、服务、金融等生产服务于一体的多元化功能。

而随着现代物流的发展,以及港城关系、港口与上下游产业链的不断融合,港口服务功能的内涵逐步得到拓展,并向现代物流和综合服务的方向延伸。同时,港口的服务对象也逐步扩大,由仅服务于运输、装卸等与港口作业直接相关的行业,扩展到了包含与运输相关的物流、代理、保险、金融等行业,把客户的客户也看作服务的对象,并且积极吸引制造业、商业等在港口周围聚集,为其提供优质、高效的服务。具体表现在向用户提供运输、仓储、加工、配送、保税、信息交换等现代物流服务,以及提供旅游、代理、金融、保险、法律服务、航运交易、口岸服务、船舶检验与维修等具有城市服务特征的服务,这些综合服务功能依附港口存在,并非港口自身的功能,而是港口城市的"软实力"。

专栏 1-2:世界典型港口的服务功能

目前,伦敦、纽约、东京、香港、鹿特丹等世界典型港口的活动集有形商品、资本、信息、技术等于一身,港口自身的服务功能通过与所在城市功能的不断融合,已形成了国际航运中心。从传统眼光来看,这些活动已分不清哪些是港口的,哪些是城市的。例如,鹿特丹将货物运输功能、工业功能、商业功能和信息功能列为港口发展的四大支柱功能。

2)港口发展阶段的划分

根据联合国贸易发展委员会提出的"港口代际划分"理论,港口经历了从第一代、第二代向第三代乃至第四代的发展历程,港口功能不断拓展。

(1)第一代港口:约在 20 世纪 60 年代以前

当时,社会经济尚不发达,港口主要满足基本功能,即:进行货物的装卸和储存并完成货物在海上运输与公路、铁路、航空、管道或江河等运输方式之间的换装,港口作业和活动的范围局限于码头及相关水陆域范围内,与用户之间只是非正式、临时的服务与被服务的关系。港口生产的特点主要是货物流动、简单的个别服务和很少的增值服务。港口发展的关键因素是劳动力和资本。

(2)第二代港口:约在 20 世纪 60 年代至 80 年代的工业化时期

经济的对外扩张,使得大批依赖水运的工业向港口城区集聚,港口的功能得到提升。货物运输方式出现了两大变化,一是集装箱的出现使件杂货的运输发生了革命;另一个是固体散货和液体散货从件杂货中分离出来,形成一种独立的散货运输装运方式,大型散货运输船替代了传统的杂货船。港口经营上采取逐步扩张的发展态势。港口业务范围既包括货物装卸、储存与船舶靠泊服务,也有货物加工、换装及与船舶有关的工商业服务。港口活动已不再仅限于码头本身,而是扩展到了周边地区。港口与用户之间有了较密切的关系,港内各种活动逐渐走向统一和协调,但港口与所在城市间只有非正式关系。港口的生产特点主要是货物流动、货物加工换装、提供联合服务,增值服务范围进一步扩大,港口发展的关键因素是资本与技术。

第二代港口的主要标志是港口增加了工业功能。二战前,西欧和日本开始在多个港口建设了工业区，主要发展钢铁产业、造船业等。大规模临海工业发展主要在二战后。二战后，西欧和日本从50年代开始在临海地区发展重化工业，西欧的主要大港，如鹿特丹、安特卫普、汉堡、马赛以及日本的神户、名古屋等综合商业大港建成生产规模巨大的工业区。日本还建有专门为工业区服务的工业港，日本的21个特定重要港口中，有一半是工业港。除了建设临海工业区作为经济发展最主要的手段外，日本还把工业港建设作为消除地区经济差别的主要手段，把工业港布置在欠发达地区。

当时，临海工业主要是石油、钢铁等重化工业，以大进大出为主，所需原料量十分巨大，是散货运输发展最快的时期，在港口吞吐量中，散货成为港口业务的主要货种，石油及制品、铁矿石、煤炭等占到海运货物的60%以上，这一时期也是港口吞吐量增加最快的时期。

在这个阶段，为了降低运输成本，船舶大型化进程十分迅速，到20世纪70年代，油轮的最大吨位达到50多万吨，20万～30万吨的干散货船相继出现。

港口工业功能的增加首先在日、欧等发达国家出现，然后在新兴国家或地区，目前许多发展中国家仍在进行这个过程。确切地说，增加港口的工业功能并非港口自身努力的结果，而是国家经济政策推动的结果。从世界各国情况看，发展临海重化工业确实极大地推动了国家经济的发展，同时也带动了港口业的快速发展。世界临海重化工业发展最快的时期也是港口发展黄金期。

(3)第三代港口：约在20世纪80年代至90年代的工业化后期

这个时期，经济全球化趋势开始出现并迅猛发展，全球性的产业结构调整和信息技术的广泛应用，使得港口功能得到进一步扩展。国际集装箱运输已经成为世界货物运输的主要运输方式，由此具有现代化的国际集装箱装卸条件特别是能够满足大型化国际集装箱船舶在基础设施和信息管理等方面的综合需求也就成为第三代港口的重要标志。对港口业务而言，集装箱装卸业务既能增加装卸收入、提高港口效益，同时又能依赖大量的箱货源参与拼箱、拆箱、包装、加工、储存等业务，进而把港口建成国内甚至国际物流基地或中心，是各种货种中最能产生附加值的业务。

同时，集装箱、干散货和液态散货运输船舶向大型化发展，泊位向深水化、专业化发展。港口呈现商业化的发展态势，逐渐发展成为国际贸易的运输中心与物流枢纽，主要业务范围从货物装卸、仓储和船舶靠泊服务，到货物的加工换装及有关的工商业服务，港口增值服务大大增加。

(4)第四代港口:20 世纪 90 年代至今的后工业化时期

在这个时期,港口逐渐成为全球国际贸易基地和现代物流枢纽,港口功能趋向全方位、多层面发展。港口开始参与现代物流多个环节的活动,并积极融入全球供应链;电子数据交换技术、国际互联网技术等在港口业务中的广泛应用,大大提高了港口物流效率和服务质量。港口从数量增长型的规模化发展模式向质量效益型的可持续发展模式转变。

1.1.2 发展趋势

随着经济、贸易、科技等外部环境发展的变化,港口的内涵和外延不断拓展。当前,世界上许多国家和地区为了保持在国际经济中的主导地位,越来越重视沿海港口基础设施的建设和港口服务功能的延伸。港口货物吞吐量已经不再是衡量港口竞争力的唯一指标,综合服务能力成为评价港口发展水平的重要指标,多元化的港口服务功能和高效的物流运作成为世界港口发展的重要趋势。

多元化的港口服务功能。随着现代物流服务的兴起和全球供应链的发展,港口与城市区域经济发展更加密切,港口作为全球运输服务的节点,正从传统的装卸服务功能向贸易、金融、加工、信息、配送等多元化、全方位增值服务的方向发展,港口成为商品流、资金流和信息流会聚的中心。多样化的港口服务功能,已成为世界先进港口的主要服务特征。

依托技术创新提高运作效率。技术与信息是现代港口生存和发展的决定性因素。20 世纪七八十年代,随着现代管理理论和方法、信息技术、自动控制等科技的发展,RFID 技术、GPS 技术、自动导引车系统技术 AGVS、信息管理系统技术、决策支持系统技术、自动场吊 ASC 技术等在港口得到了广泛的应用,极大地提升了港口在企业管理、流程监控、信息交流等方面的水平,支撑了港口服务功能的拓展和整个港口物流水平的提高,增强了港口的竞争力。

1.2 体系建设的内涵和意义

1.2.1 体系建设的内涵

结合对港口发展规律和浙江省沿海港口发展实际的认识,课题组对“三位一体”港航物流服务体系建设的内涵理解如下:

大宗商品交易平台建设：充分发挥浙江省港口优势和市场优势，以大宗散货战略储备为基础，以港区、物流园区和电子商务平台为载体，建设石油化工、铁矿石、煤炭、粮食等大宗商品现货交易市场，逐步发展中远期电子化交易，编制发布商品交易价格指数，提升市场“话语权”，完善现代市场体系。同时，积极发展临港型先进制造业和现代服务业，带动浙江省海洋经济快速发展，增强浙江省在区域和全球产业链中的地位和影响力。

海陆联动集疏运网络建设：以浙江省主要沿海港口为枢纽，发展江海、海铁、海河、公水等多式联运，加快完善干支相连、江海互通、水陆配套、公铁衔接、分工协作的综合交通运输体系，拓宽浙江省沿海港口的经济腹地，实现沿海与内陆地区的联动发展。

金融和信息支撑系统建设：面向大宗商品的物流、交易需求，创新金融服务和产品，优化港口金融发展环境，建设适应国际竞争、具备高效服务功能的金融保障体系；整合管理部门、港口企业、物流企业等港口相关信息资源，建设数据交换平台、公共服务平台和政务、商务、生产应用信息服务系统。

“三位一体”港航物流服务体系建设，关键要素是建设以大宗商品交易为主的“大平台”、以海陆联动集疏运网络为主的“硬设施”和以金融与信息等配套服务为主的“软环境”。其中，构建大宗商品交易平台是核心，完善海陆联动集疏运网络是基础，发展港口金融、信息配套服务是支撑，三者相互协同、相互作用、相互促进，共同打造集物流、贸易、金融、信息和咨询等功能相融合的现代港航物流服务体系。

建设“三位一体”港航物流服务体系，其目的在于依托集散发展集聚，依托储备发展交易，依托港口物流发展增值服务；实现浙江省港口的整合发展、长三角区域港口的错位发展、临港产业的转型发展；把握国际航运格局变化的主动权，把握全球资源配置和产业转移的主动权，把握经济转型升级的主动权。

1.2.2 体系建设与港口转型升级的关系

构筑大宗商品交易平台、海陆联动集疏运网络、金融和信息支撑系统的“三位一体”港航物流服务体系是新时期推动浙江省沿海港口群发展的战略构想，从港口发展历程来讲，“三位一体”港航物流服务体系建设构成了第三代港口发展的主要内容，也将为建设第四代港口奠定良好的发展基础，是促进浙江省沿海港口群转型升级的直接体现。

(1)大宗商品交易平台是港口转型升级的重要载体

世界先进港口的发展经验表明,通过建设商品交易平台,发展国际采购、转口贸易、国际配送等业务,有利于促进临港产业的快速发展,促使港口城市成为区域产业的集聚地,是港口城市成为区域贸易枢纽和中心的重要支撑,也是带动港口转型升级的重要载体。

(2)科学合理的集疏运体系是港口转型升级的基础条件

集疏运体系是港口与广大腹地相互联系的通道,为港口赖以存在与发展的基础条件。任何现代化港口都必须形成规模化、集约化、快捷高效、结构优化的现代集疏运体系,实现多种运输方式协调发展,增强港口物流服务的集聚效应,才能成为国际或区域供应链中重要的物流枢纽。

(3)以金融和信息为主的配套服务业是港口转型升级的有效支撑

发展具备全球航运资源配置能力的国际枢纽港和国际物流中心,离不开金融和信息等配套服务的支持,必须在高端航运服务领域形成制高点。伦敦、纽约、东京、新加坡和香港等港口城市既是国际航运中心、又是金融中心和信息中心的事实表明,以金融和信息服务为主要内容的配套服务业是港口转型升级的重要支撑。

1.2.3 重要意义

当前,世界经济正处在大调整、大变革之中,面对国际金融危机和国内发展转型的双重挑战,我国经济正处在一个非常关键的转型阶段。为了保持经济平稳较快发展,努力提高经济增长的质量和效益,中央把加快经济发展方式转变作为深入贯彻落实科学发展观的重要目标和战略举措。港口作为我国经济结构调整和产业转型升级的重要战略资源与基础支撑,在后危机时代我国经济发展中,迫切需要转型升级,将港口业发展全面转入科学发展轨道,更加主动地服务产业的布局和优化,更加高效地引导资源的集聚和调配,进而为区域乃至全国经济发展提供更有效的支撑和更有力的保障。

因此,在新形势下,浙江省委、省政府从经济社会发展的全局角度与战略高度出发,引导并推动"三位一体"港航物流服务体系建设,对于加快浙江沿海港口转型升级,带动区域经济发展方式转变,实现浙江"两创"战略,更好地服务于区域和全国经济社会发展,具有重要的现实意义与长远的战略意义。

专栏 1-3:浙江省“两创”战略

“创业富民、创新强省”战略,是浙江省第十二次党代会提出、省委十二届二次全会具体规划的落实科学发展观、全面建设小康社会的重大战略决策。“创业富民、创新强省”战略的基本内涵是:按照科学发展观的要求,在新时期新阶段,全面推进个人、企业和其他各类组织的创业再创业,全面推进理论创新、制度创新、科技创新、文化创新、社会管理创新、党建工作创新和其他各方面的创新,形成全民创业和全面创新的生动局面,使浙江省人民收入水平持续提高,家庭财产普遍增加,生活品质明显改善,走共同富裕道路;使浙江省综合实力、国际竞争力、可持续发展能力不断增强,加快建设富强民主文明和谐的新浙江。“创业富民、创新强省”战略是“八八战略”的深化,是今后一个时期推动浙江发展的总战略。

一是有利于贯彻落实中央精神,加快推动经济发展方式转变。构筑“三位一体”港航物流服务体系,推动物流业、商贸业、金融和信息产业、临港产业之间的相互融合,加快浙江沿海港口的转型升级,是贯彻落实“全国海洋经济发展规划”、现代交通运输业发展战略、上海国际金融中心和国际航运中心建设、“十大产业振兴规划”、“长三角区域规划”、“西部大开发”等国家战略部署的重要体现,将进一步促进内陆地区特别是中西部地区与东部沿海地区的联动发展,有利于充分发挥浙江在全国经济转型发展中的“排头兵”作用,带动长三角地区、中西部地区、长江流域乃至全国经济发展方式的转变。

二是有利于国家战略物资储备基地建设,维护国家经济安全。我国人均资源占有量低,资源对外依存度高,开展战略物资储备是保障国家经济安全的必要措施。目前,长三角地区的油品、矿石、煤炭、粮食等战略物资主要通过浙江省沿海港口中转,2009 年浙江省沿海港口四大货种的吞吐量分别占长三角港口群总吞吐量的 59%、34%、30% 和 17%;宁波—舟山港进口的原油、铁矿石、煤炭、粮食分别占长三角进口总量的 100%、59%、24%、25%。构筑“三位一体”港航物流服务体系,发展大宗散货战略储备中转,符合国家战略。

三是有利于上海国际航运中心建设,实现宁波—舟山港与上海港错位发展。宁波—舟山港是上海国际航运中心的重要组成部分,独特的区位条件和丰富的深水岸线资源,特别适合发展大宗商品运输和贸易,实现与上海港错位发展、合作共赢,进一步提升上海国际航运中心的国际竞争力,共同打造亚太地区重要国际门户。

四是有利于发展海洋经济，加快浙江省经济转型升级。港口是海洋经济发展的龙头，是浙江省的优势所在、希望所在、潜力所在。建设“三位一体”港航物流服务体系，有利于增强港口集聚辐射能力和产业带动效应，促进海陆联动发展，更好地利用“两种资源，两个市场”，拓展浙江今后的发展空间，引领浙江省经济转型升级。

第2章 体系建设的基础和形势

发展是一个历史概念,具有时代特征。只有对港口发展的实践进行客观评价,认清发展形势,才能把握发展机遇,明确发展目标,确定发展道路。

本章在分析“三位一体”港航物流服务体系建设与促进港口转型升级、经济发展方式转变的关系基础上,对浙江省港航物流服务体系发展的现实基础进行总结和评价,并结合新时期港口发展的新形势,明确形势对浙江沿海港口发展的新要求。

2.1 体系建设现实基础

改革开放三十多年来,浙江省利用突出的港口资源优势和区位优势,为港口现代物流发展提供了广阔的发展空间,推动了浙江沿海港口迅猛发展,以宁波—舟山港为核心的沿海港口群在区域和全国经济发展中的优势地位与重要作用日益凸显,为浙江省“三位一体”港航物流服务体系建设奠定了坚实基础。

2.1.1 独特的地理区位与岸线资源优势

浙江省沿海港口位于亚太经济区、太平洋西岸中间地带,濒临多条国际重要航线,扼我国南北海运和长江水运的T形交汇要冲,具有成为亚太地区重要门户的天然优势,浙江沿海港口地理区位见图2-1。

从全球来看,与釜山、高雄、新加坡、香港、阪神等港口构成扇形海运网络,部分港口与香港、基隆、釜山、大阪、神户等港口间国际航线距离均在1 000海里之内,至美洲、大洋洲、波斯湾、东非等地港口距离在5 000海里左右,区位优势明显,具备发展国际物流中转的良好条件。从全国来看,浙江省沿海港口位于我国华东地区中部、长江经济带与东部沿海经济带T形交汇的长江三角洲南部地区,海域位于长江黄金水道入海口,地理位置适中,是江海联运和国际远洋航线的紧密结合部,内外辐射便捷,不仅便捷连接沿海各个港口,而且通过江海联运,沟通长江、京杭大运河,直接覆盖整个华东地区及经济较为发达的长江流域,具备成为我国枢纽港口的巨大优势。

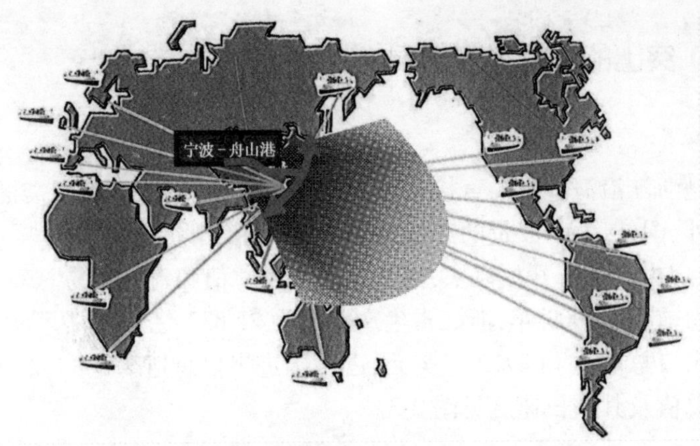

图2-1 浙江沿海港口地理区位图

浙江省具有得天独厚的资源优势，拥有海岸线6 646公里，占我国海岸线总长的21%，居沿海各省市之首。宁波—舟山港距离太平洋国际主航线最近，可建40万吨以上的泊位，虾峙门口外30万吨级航道去年整治完成后超大型船舶可直接进出，其岸线和航道资源优势在我国沿海港口中独一无二。浙江省水网密布，内河通航里程达9 704公里，居全国第5位，四级及以上高等级航道1118公里。丰富的深水港口岸线资源和内河航道资源为浙江省港口物流发展提供了有力的资源保证，浙江沿海港口资源情况见图2-2。

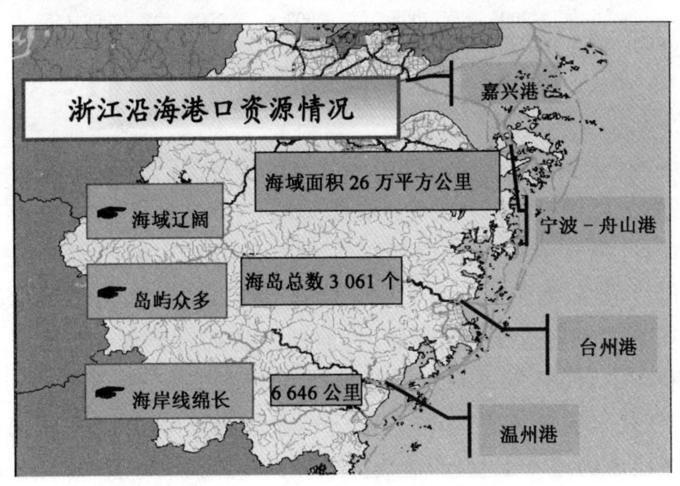

图2-2 浙江沿海港口资源情况

2.1.2 突出的腹地经济发展优势

(1)浙江省

浙江省是浙江沿海港口的直接腹地。浙江省是个资源小省,所需的大量能源、原材料从省外、国外运入,大量的产成品销往国内和国际市场,外贸需求强劲,“两头在外”特点突出。改革开放以来,浙江国内生产总值和对外贸易总额年均增幅均居全国各省份前列。2009 年,浙江省生产总值为 22 832 亿元,位居全国第四位,浙江省外贸进出口总值达 1 887.3 亿美元,占全国进出口总值 8.5%。2005 ~ 2009 年浙江省生产总值及其增长速度见图 2-3。

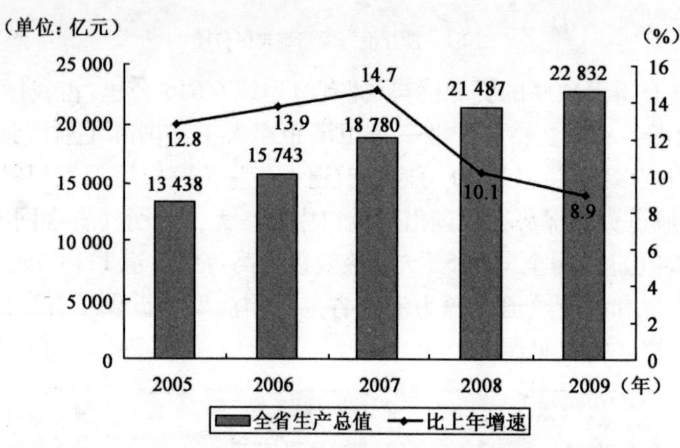

图 2-3 2005 ~ 2009 年浙江省生产总值及其增长速度

浙江区域特色经济发达,浙江省的区域性块状经济已经涉及制造、加工、建筑、运输、养殖、纺织、工贸、服务等十几个领域,100 多个工业行业和 30 多个农副产品加工业。据统计,浙江省区域特色经济工业总产值约占浙江省全部工业产值的 49%。乐清低压电器、海宁皮革服装、永康五金制品、诸暨珍珠和嵊州领带、浦江水晶工艺品等在全国享有盛誉。据调查,目前浙江省拥有工业总产值亿元以上的块状经济群 500 多个,其中 52 个区块的产品国内市场占有率达 30% 以上。

另外,浙江是全国著名的“市场大省”,专业市场繁荣,以义乌小商品市场为代表的专业市场已成为地方工业、产业集群融入国际经济、参与国际分工的重要平台和通道。2009 年末浙江省共有商品交易市场 4 232 家,全年成交总额 11 688 亿元,其中有形市场成交总额 10 745 亿元,比上年增长 9.7%。成交额超亿元的市场 633

个，超十亿元的市场 162 个，超百亿元的市场 18 个。市场成交额、超亿元市场数、单个市场成交额 3 项指标连续多年居中国榜首。

强劲的外贸需求为浙江沿海港口提供了充足的货源。2009 年，浙江沿海港口外贸货物吞吐量为 2.58 亿吨，占浙江省总量的 36%。大进大出的运输格局为港口物流发展提供了巨大动力。

(2) 长三角地区

浙江沿海港口的腹地主要是长三角地区。进入 21 世纪以来，长三角经济在全国中的地位日益上升，其地区生产总值占全国国内生产总值的比重一直在 21% 以上，最高占到 1/4 强，平均为 22.7%。2008 年，长三角地区生产总值达到 65 497.65 亿元，相比于 2000 年的 17 330.47 亿元，增长 3.42 倍；而就其经济增长速度而言，平均为 16%，即差不多 4 ~ 5 年，长三角地区的生产总值就会翻一番。而同一时期，全国经济增长的平均速度为 9.3%，即 7 ~ 8 年左右翻一番(图 2-4)。

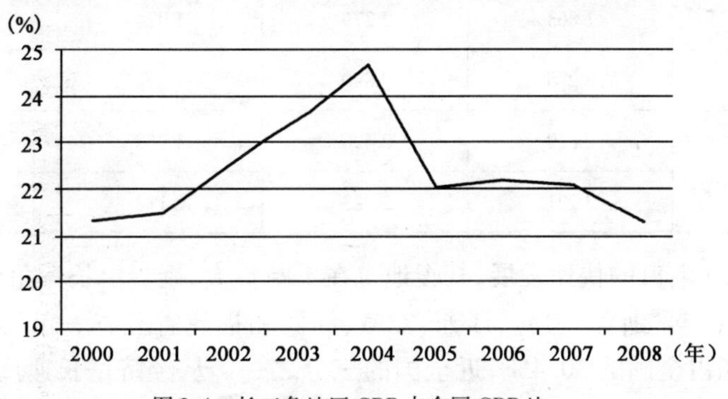

图 2-4　长三角地区 GDP 占全国 GDP 比

长三角地区是我国对外贸易的重要阵地，约占全国 40% 的集装箱生成量。中国加入 WTO 之后，长三角地区的货物进出口总额在中国货物进出口总额中的比重大幅提升。自 2000 年 ~ 2008 年，该比重从 27% 而持续提高至 36%，年均提高一个百分点。在此期间，长三角地区货物进出口总额增长 7.22 倍，即在 10 年内几乎翻了三番；而同期全国货物进出口贸易总值的增长则为 5.4 倍(表 2-1)。

从国家发改委最近颁布的《长江三角洲地区区域规划》来看，长三角地区要打造全球重要的现代服务业和先进制造业中心。即长三角地区将围绕培育区域性综合服务功能，加快发展金融、物流、信息、研发等面向生产的服务业，努力形成以服务业为主的产业结构，建设一批主体功能突出、辐射带动能力强的现代服务业集聚区;同时加快区域创新体系建设,大力提升自主创新能力,发展循环经济,促进产业升级,提升制造业的层次和水平,打造若干规模和水平居国际前列的先进制造产业集群。

长三角地区进出口贸易总值(单位:亿美元) 表2-1

年　份	上　海	江　苏	浙　江	长　三　角
2000	547	456	278	1 281
2001	609	514	328	1 451
2002	726	703	420	1 849
2003	1 124	1 136	614	2 874
2004	1 600	1 709	852	4 161
2005	1 863	2 279	1 074	5 216
2006	2 275	2 840	1 392	6 507
2007	2 829	3 496	1 768	8 093
2008	3 221	2 923	2 112	9 256

随着浙江港口的快速发展,其腹地也在不断扩大,逐步由长三角地区扩大到泛长三角地区(包含浙江、上海、江苏、安徽、江西和福建省五省一市)。泛长三角地区GDP总和占全国的30.4%,近全国的三分之一。从经济增长速度来看,泛长三角区域的各省市都明显快于全国平均水平(9%)。如果从各省市的经济增长来看,安徽、江西和福建三省经济后发优势比较明显,经济增长速度都在12%以上,但由于经济发展的基础条件等因素影响,其经济总量尤其是从占全国比重的数据来看还偏低,三省GDP比重占全国的8%左右;相对来说,上海、江苏、浙江三地的经济总量较大,在全国经济发展中具有更重要的地位。但是,随着国内经济发展的结构调整和泛长三角区域合作的不断深入,可以预见,安徽、江西和福建三省将在未来中国经济增长中占有越来越高的比重和地位。

良好的发展基础和发展前景,将会为浙江沿海港口的发展提供更多的货源支持。据预测,2015年、2020年浙江沿海港口总吞吐量将分别达到91 800万吨和113 300万吨,集装箱吞吐量分别为1 750万标准箱和2 500万标准箱。详见表2-2。

浙江省沿海港口货物吞吐量预测表(单位:万吨、万标准箱) 表 2-2

2015 年

	货物吞吐量	煤炭吞吐量	石油及其制品吞吐量	铁矿石吞吐量	粮食吞吐量	集装箱吞吐量
合计	91 800	14 105	17 230	17 024	1 246	1 750
宁波—舟山港	73 100	8 063	15 335	16 869	1 060	1 550
温州港	8 800	2 072	791	97	119	100
台州港	5 700	1 999	335	18	44	40
嘉兴港	4 200	1 971	769	40	23	60

2020 年

	货物吞吐量	煤炭吞吐量	石油及其制品吞吐量	铁矿石吞吐量	粮食吞吐量	集装箱吞吐量
合计	113 300	16 990	22 136	20 074	2 460	2 500
宁波—舟山港	89 000	10 000	19 100	19 600	1 600	2 100
温州港	12 000	2 800	1 300	100	340	190
台州港	7 300	2 500	600	200	200	90
嘉兴港	5 000	1 690	1 136	174	320	120

2.1.3 良好的港口基础设施与集疏运网络基础

浙江省以宁波—舟山港为龙头、浙北和温台港为两翼的沿海港口体系已初具规模,已成为区域乃至全国经济发展的重要支撑(图 2-5)。

图 2-5 宁波—舟山港港口码头设施

(1)港口基础设施和生产

改革开放以来,浙江沿海港口取得了长足发展。截至2009年底,浙江省沿海港口共有生产性泊位1 066个,列全国第二。港口总通过能力6.7亿吨、926万标准箱,其中深水泊位143个;专业化集装箱泊位19个,其中15个分布在宁波—舟山港;矿石泊位16个,其中万吨级以上全部集中在宁波—舟山港;专业化原油泊位20个,其中20万吨级以上大型原油泊位全部集中在宁波—舟山港。浙江省现有集装箱码头主要分布在宁波北仑、穿山、大榭港区,温州状元岙、乐清湾港区,台州大麦屿港区和嘉兴乍浦港区,集装箱泊位年综合通过能力为926万标准箱,其中宁波—舟山港集装箱泊位年通过能力为858万标准箱。

2009年,浙江省沿海港口完成货物吞吐量7.15亿吨,列全国第三位,2000～2009年年均增长17%;集装箱吞吐量1 118万标准箱,其中宁波—舟山港集装箱吞吐量1 050万标准箱,位居全国第四位,并承担了浙江省的外贸集装箱60%生成量的运输;外贸货物吞吐量为2.58亿吨,占总量的36%。宁波—舟山港吞吐量达到5.77亿吨,居世界第二位,温州、台州、嘉兴港货物吞吐量分别达到5 998万吨、4 294万吨和3 485万吨。其中,2009年浙江省沿海港口大宗散货的吞吐量已达3.93亿吨(其中石油及制品1.23亿吨,煤炭1.16亿吨,金属矿石1.42亿吨,粮食689万吨),占沿海港口总吞吐量的55%。浙江省沿海港口完成的货物吞吐量和集装箱吞吐量情况见图2-6和表2-3、表2-4所示。

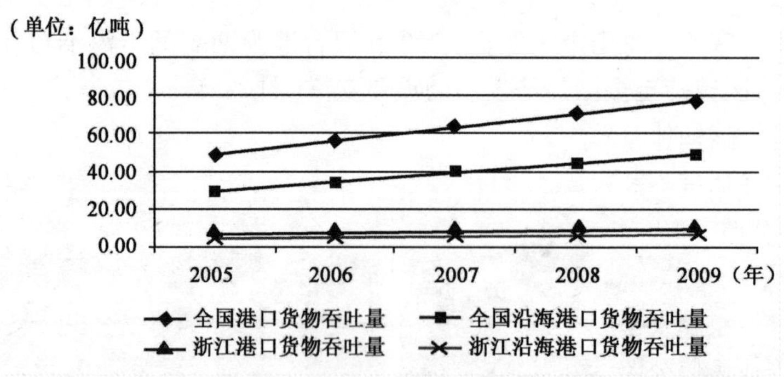

图2-6　近5年全国及浙江港口货物吞吐量情况

目前,浙江省沿海港口五大运输系统已基本形成:以舟山煤炭中转码头和沿海电厂专用煤炭码头为主的煤炭卸船中转运输系统;以算山、大榭、册子、岙山等25万～30万吨级原油码头组成的原油中转储运系统;以北仑、马迹山10万～30万吨级矿石专用码头承担接卸和转运任务的矿石运输系统;以舟山老塘山港区粮食专业码头为主的粮食运输系统；以宁波—舟山港为干线港、温州港为支线港，嘉兴港和台州港为喂给港的集装箱运输系统。

2009 年浙江省沿海港口吞吐量(单位:万吨) 表 2-3

	货物吞吐量	煤炭吞吐量	石油及其制品吞吐量	铁矿石吞吐量	粮食吞吐量
合计	71 462	11 569	12 866	14 190	689
宁波—舟山港	57 684	6 227	11 783	14 089	647
温州港	5 999	1 444	436	94	34
台州港	4 294	1 528	167	1	7
嘉兴港	3 484	2 370	481	7	1

近 5 年浙江省沿海港口集装箱吞吐量情况(单位: 标准箱) 表 2-4

年份	吞吐量合计	国际航线	内支线	国内航线	国际和内支线占总吞吐量的比重(%)
2005	5 554 754.00	4 543 422.25	360 058.50	651 273.25	88.28
2006	7 519 211.50	6 174 014.25	487 984.50	857 212.75	88.60
2007	9 872 555.75	8 164 067.75	536 045.75	1 172 442.25	88.12
2008	11 478 625.50	9 694 841.25	452 457.25	1 331 327.00	88.40
2009	11 184 020.75	9 116 883.00	539 541.00	1 527 596.75	86.34

(2)集疏运网络建设

随着综合运输体系建设步伐不断加快，浙江省交通基础设施规模日益扩大，网络覆盖面和通达度不断提高。目前，浙江省初步形成了以“两纵两横十八连三绕三通道”高速公路、国省道和农村公路为骨架的公路网布局，以“北网南线”骨干航道为依托、干支相连的内河航道网络，“一纵两横”铁路网布局，并在航空运输方面基本实现省内城市间及长三角区域中心城市的“1 小时交通圈”联系。四个主要沿海港口初步形成了以公路运输为主，内河航道和铁路运输为重要补充的集疏运体系，正朝着加快构建水陆配套、江海联运的港口集疏运体系，实现港口与公、铁、水等集疏运网络顺畅衔接的方向迈进。

在对外通道建设方面，浙江省在省内基本形成了四大综合运输通道，并与周边省份已经形成了北向、西向、西南向和南向运输大通道，(见表 2-5 和表 2-6)。同时，浙江沿海港口也加大了国际集装箱航线的开辟力度，其中宁波—舟山港拥有集装箱远洋干线100多条，共有集装箱航线210条，与全球100多个国家和地区的600多个港口通航，月均航班数突破800班，基本形成了覆盖全球的集装箱运输体系（图2-7）。

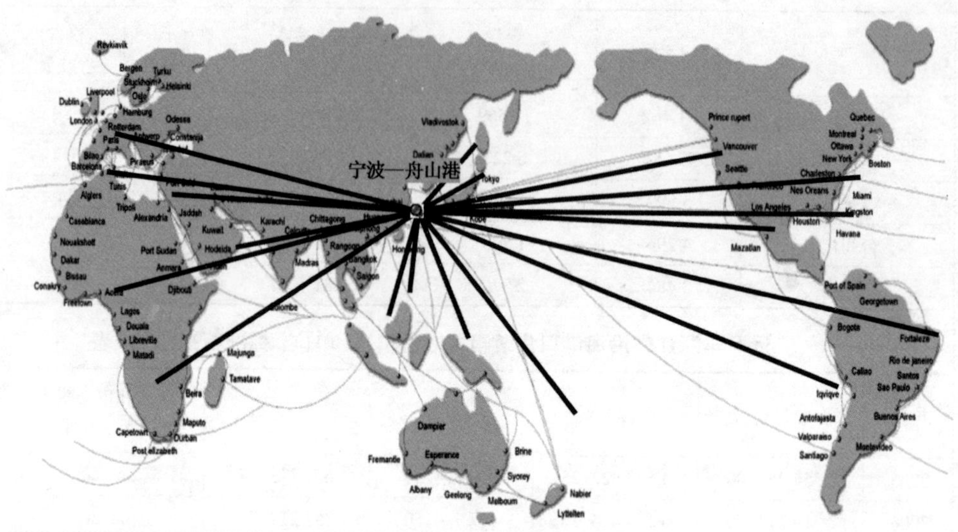

图2-7　宁波—舟山港集装箱航线分布示意图

浙江省内四大综合运输通道　　表2-5

综合运输通道		构　成	服务对象
环杭州湾通道	沪杭甬通道	沪杭甬高速、G320-G104-G329、沪杭—萧甬铁路	连接上海、嘉兴、湖州、杭州、绍兴、宁波
	杭州湾跨海通道	杭州湾跨海大桥	
	杭湖通道	杭宁高速、G104、铁路宣杭线	
	浙北航道网	杭平申、杭申、乍嘉苏、湖嘉申	
杭金衢通道		杭金衢高速、G320、浙赣铁路、沪杭铁路杭新景－建龙高速、甬金高速、杭申线、钱塘江	连接杭州、金华、衢州
金丽温通道		金丽温高速、G330、金温铁路、龙丽高速、瓯江	连接金华、丽水、温州
甬台温通道		甬台温高速、G104、甬台温铁路	连接宁波、台州、温州

浙江省对外省通道情况 表 2-6

运输通道	连接省份	高速公路	航道	铁路
北向通道	上海	杭浦高速公路、沪杭高速（枫泾接口）、沪杭高速（亭枫接口）、申嘉湖（杭）高速	杭申线 杭平申线	沪杭线 沪杭客专
	江苏	杭州湾大桥北接线北延段、乍嘉苏高速、钱江通道北接线北延段、申苏浙皖高速、杭宁高速、杭长高速北延段	乍嘉苏线 京杭运河 杭湖锡线 长湖申线	宁杭客专
西向通道	安徽	申苏浙皖高速、申嘉湖高速西延段、临金高速、杭徽高速、千黄高速、黄衢南高速	新安江	宣杭线 杭黄铁路
西南向通道	江西	杭金衢高速、杭新景高速	—	浙赣线 杭长铁路 九景衢铁路
南向通道	福建	黄衢南高速、龙浦高速、丽龙庆高速、龙丽温泰顺支线、甬台温高速、甬台温高速复线	—	甬台温铁路

2.1.4 较强的临港产业与物流发展基础

近年来，浙江省加快了以港口物流为主导的现代物流业发展，规划、建设和运营了一批港口物流园区、临港工业区，并依托商品交易平台等开展物流业务，形成了较好的物流产业基础。目前，宁波保税物流园区、镇海大宗货物海铁联运物流枢纽港、宁波化工区等港口物流园区和临港工业区已具有较大规模。例如，2009 年宁波化工园区实现工业总产值 853 亿元。同时，宁波梅山保税港区物流园区、北仑国际集装箱海铁联运中心站、宁波陆港物流园区、大榭集装箱物流中心，以及舟山金塘物流园区、六横物流中心、老塘山现代粮油物流中心等正在建设当中。而温州、台州两市的临港物流园区也在规划当中。另外，宁波—舟山港在积极加快内陆无水港的建设，以拓展港口的物流服务功能。

(1)宁波梅山保税港区

宁波梅山保税港区是浙江省唯一的保税港区,不仅可以享受保税区、出口加工区相关的税收和外汇管理政策,而且可以全面发展港口作业、中转、国际配送、国际采购、转口贸易、出口加工、展示等业务。梅山保税港区国际物流园区建设旨在发挥宁波梅山保税港区的功能、政策和区位优势,建设面向全球的国际物流服务区、国际采购和贸易平台,以及特色商品分包、储存和配送中心。

目前,宁波梅山保税港区物流园区项目已经顺利通过了浙江省交通重点扶持物流基地的评审。本项目规划用地50.73公顷,总建筑面积为20.08万平方米,堆场面积7.21万平方米。CFS及物流仓库的总建筑面积480 000平方米,国际转运区内共设有CFS 2座,建筑面积33 400平方米;国际配送及采购区内仓库共12座,建筑面积449 000平方米;集装箱转运区占地10.54公顷,集装箱平面箱位达4 000标准箱。工程一期国际物流中心一期、梅山大桥、梅山集装箱码头工程等项目,已基本建成;国际物流中心二期,先期实施约1 000亩,计划投资约25亿元,计划于2012年完成;国际物流中心三期等项目,占地约4 050亩,计划投资约120亿元,工程将于2020年完成。

此外,梅山保税港区还规划建设金属材料交易中心。该项目规划占地10公顷,总建筑面积3.5万平方米。其功能主要包括现货批发、期货交易、电子交易及电子远期交易、装卸、仓储、加工配送等(图2-8)。

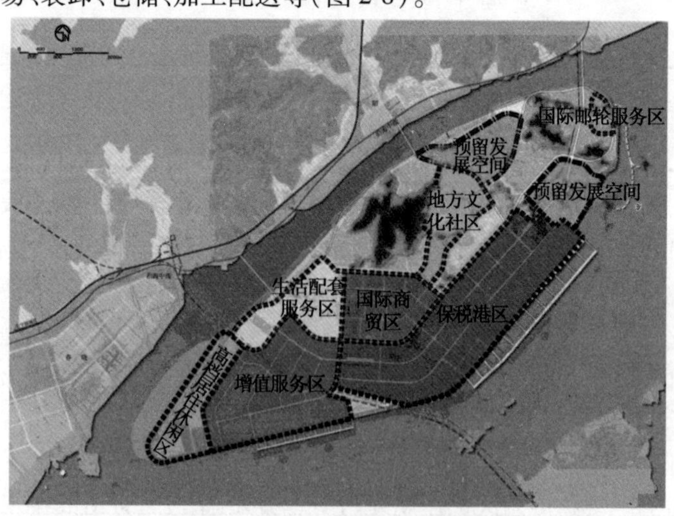

图2-8 宁波梅山保税港区规划图

(2)无水港建设

而为了推进宁波港域现代物流的快速发展,将港口功能延伸至内陆腹地,近些年来宁波港集团开始着手建设无水港,目前在浙江省内外已建成和在建的无水港有 8 个。而“义乌港”作为宁波—舟山港在内陆的无水港,目前已打造成为国际知名的小商品物流基地,近年来向宁波—舟山港提供的集装箱箱量超过 100 万标准箱。宁波—舟山港还在金华、萧山、衢州及上饶、鹰潭等省内外布局建设无水港,已初具规模并发挥了效益,并与义乌、温州等地开展了海铁联运(表 2-7)。

专栏 2-1:无水港

无水港是指港口在内陆的延伸,建立内陆的物流中转中心,把报关、报检、签发提单等港口和口岸的功能,通过铁路、公路等物流通道,根据物流的需要设置相关功能,提高物流效率、降低物流综合成本。近年来,与内陆地区合建无水港,已逐步成为沿海港口向内陆腹地延伸港口物流服务功能的重要方面。

浙江省在建无水港分布　　表 2-7

名　称	监管面积(平方米)	集装箱年处理能力(标准箱)
杭州口岸国际物流中心	40 015	100 000
萧山陆路口岸国际物流中心	86 710	60 000
富阳口岸国际物流中心	50 000	100 000
绍兴袍江国际物流中心	30 000	60 000
嘉兴国际物流中心	50 000	50 000
湖州南浔国际物流中心	118 726	50 000
义乌国际物流中心	213 440	100 000
金华金东国际物流中心	172 760	100 000
衢州国际物流中心	50 000	50 000

另外,《浙江海洋经济发展带规划》已经出炉,并且浙江已于今年 7 月成功入选全国海洋经济发展试点地区,一期试点将于 2012 年底结束。届时,浙江将成为具有较强国际竞争力的新型临港产业基地。

较强的临港产业和物流发展基础,为浙江“三位一体”港航物流服务体系建设创造了有利的条件,将加快促进浙江省港口物流发展。

2.1.5 较好的交易市场发展基础

经过20多年的培育，浙江省大宗商品交易市场已有一定基础，现货即期市场、现货中远期市场和期货市场等三大类市场发展较为均衡，与浙江省、长三角乃至全国相关产业发展关系密切。在船舶交易方面，已形成具有一定规模的船舶交易市场，并建成浙江船舶交易市场、温州市海洋船舶交易中心、台州市船舶交易中心等。

现货即期交易市场方面，浙江省以镇海液体化工市场、余姚中国塑料城、绍兴钱清纺织原材料市场、嘉兴化学原材料市场、杭州城北钢铁市场、衢州粮食批发市场等为代表，共有549家现货即期市场，2009年实现总交易额约4 500亿元，交易规模在全国居第二位。

现货中远期交易市场方面，2009年浙江省有14家，多为2007年前成立。浙江塑料城网上交易市场、嘉兴中国茧丝绸市场、宁波都普特液体化工电子交易中心等已在全国具有较强影响力。浙江现货中远期市场发展相对比较规范，投机炒作成分较少，对实体经济发展形成较为有力的支持，2009年浙江现货中远期交易金额约1 000亿元。并作为一级市场，在塑料、液体化工、纺织原材料等领域，已具有较强的商品集散贸易中心和价格晴雨表功能，对浙江省乃至长三角地区相关产业发展提供了重要的支撑。

浙江没有期货交易所，但有浙江永安、浙江天马等13家期货交易公司，期货经纪公司100余家，2009年成交额约为21亿元，占全国的18%左右。

(1)宁波镇海商品交易市场

镇海大宗货物海铁联运物流枢纽港交易市场是宁波市与铁道部加快宁波地区铁路建设、推进海铁联运的重点项目之一。目前共有大小泊位19个，其中万吨级以上码头11个，拥有全国最大的5万吨级液体化工码头和184座液化品储运罐，2009年吞吐量达3 158万吨。近几年，全区各市场总交易额在300亿元左右。并已初步形成以生产资料专业市场为主体的临港型特色物流产业：镇海液体化工产品交易市场，是国内最大的液体化工品交易市场之一，进场企业近300家，市场成交额超过100亿元。其管理的都普特液化交易网，注册会员逾1 000家，日成交量超过5万吨；镇海金属园区年交易各类金属总量超过100万吨，是国内唯一被国家环保总局命名的金属再生利用示范园区；镇海钢材市场，近3年交易额年均逾25亿元；煤炭交易市场集聚了宁波市最大的50余家煤炭企业，2009年销售额达67.7亿元，宁波镇海交易市场物流设施见图2-9。

图 2-9 宁波镇海交易市场物流设施

(2)温州粮食中心

温州粮食中心市场位于温州龙湾(白楼下)作业区,是华东地区目前规模最大的粮油批发市场和粮食集散地之一,已于 2010 年 9 月份开业。该市场占地 482 亩(1 亩 =666.6 平方米),分为交易、仓储、商务、装卸、加工五大功能区。交易市场可进行现货交易和粮食储存,年粮食可容交易量达 100 万吨,主要为温州地区和浙南闽北地区散装粮食市场服务。

(3)船舶交易市场

在船舶交易方面,目前浙江沿海已形成具有一定规模的船舶交易市场,并建成三个船舶交易市场,即浙江船舶交易市场、温州市海洋船舶交易中心、台州市船舶交易中心,宁波等地也计划筹建船舶交易市场。目前,浙江船舶交易市场经过近 12 年的发展,已成为国内同行业中市场规模最大、船舶交易额最大、交易覆盖面最广、服务功能最为完善的专业船舶交易市场,在国内同行业中确立了领先地位。

其中的典型代表是浙江省舟山船舶交易市场,该船舶交易的市场服务功能已覆盖船舶交易、船舶贸易、船舶设计、船舶评估、船舶拍卖、航运电子商务、船用技术开发和服务等领域,具有浙江省国有产权转让业务资质、甲级船舶设计资质和进出口经营资质。目前该市场的船舶交易和船舶贸易业务已辐射国内外,近年来年均交易额超过 40 亿元(图 2-10),是国内规模最大、服务功能最为完善的专业船舶交易市场,占全国船舶交易总额的 30% 左右。另外,宁波也在积极筹划建设船舶交易市场。

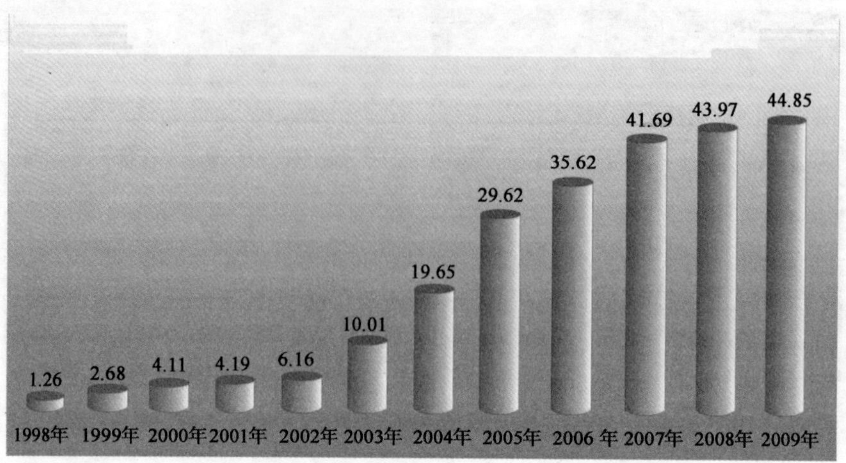

图 2-10 浙江船舶交易市场历年交易额(单位:亿元)

2.1.6 方兴未艾的港口配套服务业

浙江沿海港口配套服务业的发展也具备了一定的基础。建立了舟山船舶交易市场、宁波国际航运服务中心等航运服务机构,航运服务集聚效应逐步显现,虽然高附加值的港口金融、保险服务产业等还处于起步阶段,但随着金融、信息等配套服务业快速发展,港口的服务环境不断得到改善。

(1)港口金融服务

在港口金融服务方面,初步形成了以银行、保险、证券等为主体的多元化金融服务主体,有力地支撑了港口区域经济的建设发展。近年来,浙江省交通厅联合与省金融办、浙江银监局积极推动建立银企合作平台,帮助浙江省 70 余家海运企业与 21 家银行开展信贷合作,省港航局与省工行、农行、中行、建行和国开行签订了《“十一五”期间海运发展合作框架协议》,为解决港航企业融资创造了有利条件。

宁波、舟山等港口城市围绕港口物流的发展,纷纷加大金融的支持力度。例如,宁波围绕建成区域金融服务中心的目标,努力建设金融创新试行区、金融机构集聚区、金融服务示范区、金融生态优化区,并计划通过重点引入银行、保险、证券、会计、咨询等国内外金融机构总部、地区总部和办事处。同时,宁波正在争取国家支持列入第二批人民币跨境结算试点城市,设立进出口银行宁波分行,将出台鼓励发展航运金融的举措。在保险方面,宁波除传统的货物运输保险、财产仓储保险、船舶汽车运输工具保险、物流责任保险、国际货代责任保险、提单责任保险、船舶建造保险、沿海船舶燃油污染责任保险、集装箱箱体保险外，还有创新开发的试航保险、船价保险、运费保险和船队保险等多种航运保险产品，并尝试开展以船舶抵押为担保的出口信贷保险业务。而为了促进港口物流发展，舟山于今年发布了《关于进一步促进航运业发展的实施意见》，扩大航运业临时周转资金规模和使用范围，将航运业临时周转资金规模由 3 000 万元扩大到 6 000 万元。2009 年，舟山市共办理 114 艘大型船舶抵押贷款保证保险，涉及资金 6.2 亿，另外开办了沿海船舶保赔险，共为全市 10 018 艘船舶（含渔船）提供 1 183 亿元保险保障，保费收入 25 449.03 万元，同比增长 21.77%，支付船险赔款 1.9 亿元。为 55 万多笔货物运输提供了 774 亿元的保险保障，赔款 334 万元，较好地发挥了保险的经济补偿功能、融资功能和社会管理功能，为金海湾船业、欧华船业、万邦永跃船业等舟山大型企业提供了支持和保障。

（2）港口信息服务

为了推动交通信息化的快速发展，近年来浙江省加快数字交通建设，初步建成了浙江省交通（港航）系统网络平台及网络化应用系统，水上交通指挥系统初具规模，信息化建设管理体系初步建立。浙江省不断推进港口公共信息平台的建设工作，近年来在电子口岸建设取得突破性进展，先后建成浙江电子口岸和宁波电子口岸，并建成了宁波第四方物流平台，搭建了大通关公共信息和协同作业平台。其中，宁波电子口岸重点面向口岸通关服务，以大通关电子政务服务为主，逐步延伸口岸物流商务服务，在全国地方电子口岸平台建设中保持领先地位，已经连接了宁波海关、国检、海事等部门，各类电子政务项目共计 52 个。而已经建成的宁波第四方物流市场重点面向综合物流服务，以集装箱物流电子商务为主，并配套物流信息服务，开创"政、企、银"互动模式，市场用户超过 6 400 家，开业一年多来实现交易额 5 亿元。是目前国内较为创新的综合物流信息平台，这是浙江省建立集装箱物流平台的实践基础。

另外，由交通运输部和浙江省共建的"交通运输物流公共信息共享平台"一期已建成，向 1 000 家省内企业推广使用了通用软件，并与 17 个省份和多家中央级物流企业、协会开展了合作共建，并计划向港口领域延伸。

2.2　地位和作用

随着浙江省沿海港口基础设施规模的不断扩大，以及生产服务能力的不断提升，其对浙江省乃至长三角等周边地区经济社会发展起到了至关重要的推动作用。

（1）沿海港口在浙江省经济发展中具有重要战略地位

目前，浙江省95%以上的外贸货物以及石油、矿石、煤炭等大宗货物都通过沿海港口进出，港口为保民生、保经济作出了重要贡献，具有十分重要的战略地位。近些年来，浙江利用沿海港口优势，向滨海地带集聚了一批大运量产业，并带动了制造、金融、服务等相关行业的发展，加快了资源优化配置和产业合理布局，为构筑环杭州湾和温台沿海产业带提供了有力支撑，也为浙江省融入长三角，扩大对外开放，承接国际产业大转移创造了条件，也是浙江省经济持续快速增长的重要保证。据浙江省统计局测算，2006年浙江省港航经济总产出为4 354亿元，其中港口经济当年增加值为887亿元，对浙江省GDP的间接和直接贡献率为5.6%。随着浙江沿海港口的快速发展，2009年浙江港口经济对浙江省GDP的间接和直接贡献率提高到5.8%。

专栏2-2：典型港口的贡献度

根据有关研究，香港港口对香港GDP的贡献达20%，就业贡献也达20%。而曾经的世界第一大港鹿特丹，对荷兰整个国家的GDP贡献度达到11%。在国内，深圳港对深圳市的GDP的贡献率超过18%。

（2）浙江沿海港口是长三角地区经济发展的重要支撑

浙江沿海港口物流、战略物资中转和储运优势明显，是我国战略物资储备体系建设、保障国家经济安全、服务长三角乃至全国经济发展的重要支撑（如表2-8、表2-9所示）。长三角地区外贸进口煤炭及其制品的24%、外贸进口原油的100%、外贸进口铁矿石的59%、外贸进口粮食的25%均通过宁波—舟山港完成。而从港口接卸量来讲，2008年，浙江沿海港口在主要货种的接卸量如煤炭及其制品、原油、铁矿石分别占长三角沿海港口（含南京、苏州和南通港）接卸量的40%、86%、36%。

2007～2008年浙江沿海港口主要货种接卸量占比（%） 表2-8

主要货种		2007	2008
煤炭及其制品	浙江占长三角比	41.89	40.36
	浙江占全国比	26.07	26.98
石油、天然气及其制品	浙江占长三角比	70.74	70.80
	浙江占全国比	29.72	28.79

续上表

主要货种		2007	2008
原油	浙江占长三角比	84.63	85.70
	浙江占全国比	37.45	35.79
铁矿石	浙江占长三角比	31.97	35.98
	浙江占全国比	13.72	13.96

注:本表的相关数据指的是浙江沿海港口主要货种的接卸量与长三角地区沿海港口(含南京、苏州和南通港)的接卸量比以及与全国沿海港口的接卸量比。

2008 年浙江沿海及宁波—舟山港占长三角港口外贸货物接卸量比(%) 表 2-9

	煤炭及其制品	石油、天然气及其制品	原油	铁矿石	粮食
浙江占比	69	91	100	60	25
宁波—舟山港占比	24	90	100	59	25

注:本表中为粗略计算数据。

(3)宁波—舟山港为核心的浙江沿海港口是上海国际航运中心的重要组成

作为上海国际航运中心的重要组成部分,以宁波—舟山港为核心的浙江沿海港口充分利用了良好的区位和资源优势条件,大力发展集装箱、铁矿石、煤炭、原油等港口物流业务,打造与上海港协调发展的集散并举的港口群,为上海国际航运中心建设做出了突出贡献。特别是宁波—舟山港,目前货物吞吐量居世界第二位,集装箱吞吐量名列世界第八位,近期又与上海港共同组建成立了上海港航投资有限公司,共建国际航运中心,这将大大提高上海国际航运中心的地位和国际竞争力。

2.3 存在的主要问题

浙江省港口物流发展速度很快,取得了很大成效。对照“三位一体”港航物流服务体系建设的要求,目前还存在一些问题。

(1)交易平台建设要素缺乏,产业带动效应较弱

目前,浙江沿海港口服务功能比较单一,主要以装卸和中转功能为主,商业功能、物流服务功能还处于起步阶段,对产业的带动作用较弱。一方面,宁波—舟山等港口接卸煤炭、矿石的码头,以企业的货主码头为主,大型化、现代化、专业化的公用码头泊位较少,可用于交易的大宗商品货量有限。另一方面,交易市场的经营主体偏小、偏散、偏弱。此外,还存在煤炭、铁矿石等散货的港口堆场能力不足,缺

乏有效的金融和信息支持，以及相关扶持政策等问题。这些问题的存在，大大影响了大宗商品交易平台建设，造成目前浙江临港商品交易平台规模偏小，对港口上下游产业的带动作用仍然较弱。

专栏 2-3：天津建设商品交易平台的优惠政策

天津滨海新区为了推动大宗商品交易平台的建设，专门拿出一栋办公楼作为大宗商品市场大楼，对入住的大宗商品交易市场免除一年租金，并提供 100 万启动资金。目前已经吸引并成立了棉花、金属、煤炭、钢材等 12 家大宗商品交易市场。

（2）综合运输体系发展存在体制机制障碍，各种运输方式缺乏有效衔接

浙江省各种运输方式之间衔接不足，尤其是铁路、水路、内河、公路之间的衔接，已经成为港口集疏运网络建设的最薄弱环节。目前，我国不同运输方式基础设施的规划建设归口不同的行业主管部门，综合交通运输发展的各种机制体制障碍依然存在，行业间无序竞争、地区分割、衔接不畅等问题日益凸显，交通行业管理体制机制亟待改革和创新。而这种体制机制的障碍，造成浙江沿海港口各种集疏运方式难以均衡发展，港口集装箱的铁路集疏运比例偏低，例如 2009 年宁波—舟山港集装箱的铁路集疏运量不到 1 万标准箱，不足整个港口内陆集疏运量比例的 1%。

专栏 2-4：国内外典型港口集装箱的铁路集疏运比例

相关资料显示，欧美港口集装箱的铁路集疏运比例较高，例如洛杉矶港超过 20%，汉堡港在 20% 左右，而长滩港、安特卫普港均超过 10%，鹿特丹较低一些，也超过 7%。

（3）港口金融服务体系建设支撑不足，亟须改善外部环境与提升自身能力

目前，浙江的港口金融服务体系虽然有一定的基础，但还不能适应三位一体港航物流服务体系建设要求。例如，基础设施建设资金不足、来源不多；金融服务还以传统的存、贷、汇为主，高端金融服务不足、创新产品匮乏；还缺乏与发展港口金融服务相适应的配套体系，如咨询、评估、保险、金融信息平台等建设发展滞后。此外，浙江发展港口金融服务的相关财税金融政策支持不足，优惠力度明显弱于上海

等地,也制约了港口金融服务体系支撑作用的发挥。例如,对注册在上海的保险企业,其从事国际航运保险业务取得的收入,免征营业税;并对引进金融人才明确了一系列的优惠政策和激励措施。

专栏2-5:国外典型港口城市的金融政策

新加坡对银行贷款征收的营业税很低,对资金流入流出的管制也比较宽松;新加坡政府鼓励在新加坡通过信托基金募集资金造船,再通过长期船舶租赁锁定租金获利,政府给予海运信托10年优惠期,期内海运信托基金买下的船只所赚取的租赁收入,将豁免缴税。英国对船舶险免征营业税,而伦敦对船舶融资租赁业务出租人所出租的设备或投资产品采取很多税收激励政策,降低承租人的租金费用。

(4)信息资源难以有效整合,港口公共信息平台尚未真正建立

浙江省港口相关信息资源难以有效整合,主要表现在以下两方面。一是不同业务管理部门、港口企业在信息化建设和应用方面进展程度不同,信息化发展水平参差不齐,一些地区信息化层次低、规模小,而内河港口与沿海港口也存在较大差距。二是虽然目前浙江宁波等城市以港口业务为中心的电子口岸信息系统已经初步建成,但信息互联互通、数据共享、身份认证、技术数据标准统一、企业普及应用等方面尚需要不断推进和提升,而海关、检验检疫等地方监管部门的相关信息还没有与之完全共享等,这都不利于建立高效、便捷、安全的港口物流服务网络。这样,经由港口的国际物流业务无法在统一的信息平台上“一站式”完成,难以满足客户尤其是国际客户的需求,影响了港口服务质量和效率。

另外,港口发展的支持政策不足,口岸监管机制不完善,以及浙江省内沿海港口以及与长三角地区其他沿海港口的同质化竞争等问题,也制约了浙江沿海港口的快速发展。

2.4　形势和要求

当前,世界先进港口已经由运输枢纽进一步转化为国际资源配置平台,在国家或区域的经济发展中有着至关重要的战略地位。就浙江沿海港口而言,要实现跨越式的转型升级,必须拓展服务功能、提高运作效率。因此,浙江“三位一体”港航

物流服务体系建设，不仅是国家和浙江经济发展方式转变的战略要求，而且是现代交通运输业发展、现代物流发展、上海国际航运中心建设和国际国内港口竞争合作形势的要求。

2.4.1 形势分析

(1)国家和浙江经济发展方式的转变

在经济全球化趋势深入发展的环境下，中国进入了全面建设小康社会和加快实现现代化的新阶段。而受当前世界金融危机的影响，我国经济增长速度开始明显放缓，我国规模以上港口生产主要指标大幅回落，集装箱吞吐量持续低迷，外贸铁矿石进口量近10年来首现负增长，内贸煤炭发运量继续出现负增长，长江、珠江内河运量增长幅度明显放缓，港口行业形势严峻。为了应对金融危机的冲击，中央及时地推出了“扩内需、保增长、调结构”的应对方针，保证了我国经济的稳定发展，也使我国港口形势逐步好转。虽然近期我国经济增长有所减速，但从“十二五”中后期或者更长远的发展看，我国经济仍处于持续稳定发展阶段，物流需求仍然比较旺盛。

当前和今后一个时期，我国仍然处在经济社会发展的重要战略机遇期和社会矛盾凸现期，积极变化和不利影响同时显现，短期问题和长期问题相互交织，国内、国际因素相互影响，保持经济平稳较快发展的任务繁重，经济发展方式转型已成为当前经济发展的重中之重。

就浙江而言，浙江省正处于人均 GDP 6000 ~ 10000 美元的新阶段，是工业化中期向后期推进的加速期。根据国际经验，处于这一经济社会发展阶段的经济体，其区域产业结构、需求结构和要素支撑结构都普遍发生明显变化。从当前发展阶段特征要求看，浙江省工业化加速期的基础并不扎实，长期累积的结构性、素质性矛盾依然存在，产业结构还不能很好适应外部需求结构的变化，商品的国内市场仍未得到充分开发，科技、人才和金融资本等高端要素总体上也比较缺乏。同时，这个时期也是浙江经济正进入转变发展方式的战略突破期(2008 年《中共浙江省委关于深入学习实践科学发展观、加快转变经济发展方式、推进经济转型升级的决定》提出的目标是：到 2012 年要在创新能力、产业结构、资源环境、统筹发展四个方面实现“重大突破”，使浙江省这方面的工作走在全国前列)。

另外，在“后危机时代”背景下，发达国家积极发展战略性产业抢占经济发展制高点和实施“再工业化”战略，加强了对高端技术要素的控制，会直接影响浙江省产业关键技术的获得，加大浙江省经济转型升级的压力。而随着《长江三角洲地区区域规划》的批准实施，作为长三角重要组成部分的浙江省，浙江经济转型将面临新的压力。为此，浙江省把建设浙江海洋经济发展带、发展海洋经济作为加快推动浙江省经济转型升级和发展方式转变的重要抓手，拟通过加快发展以港口物流为重点的海洋服务业，带动浙江省经济的快速发展。

专栏 2-6：长江三角洲地区区域规划

规划的范围包括上海市、江苏省和浙江省，区域面积 21.07 万平方公里。规划以上海市和江苏省的南京、苏州、无锡、常州、镇江、扬州、泰州、南通，浙江省的杭州、宁波、湖州、嘉兴、绍兴、舟山、台州 16 个城市为核心区，统筹两省一市发展，辐射泛长三角地区。

浙江沿海港口作为我国沿海港口的重要组成部分，其货物吞吐量名列全国第三位，是浙江、长三角地区乃至全国经济发展的重要支撑。新的历史发展阶段，客观上要求浙江港口调整产业结构、完善服务功能，以满足经济社会发展带来的安全、经济、可靠的运输服务需求和运输结构的变化，进一步发挥港口的服务功能和对经济的带动作用。

(2) 发展现代交通运输业

发展现代交通运输业是新时期交通运输发展具有全局性、方向性的重大战略。2008 年，李盛霖部长在全国交通工作会上提出了加快发展现代交通业的战略要求，并提出我国交通运输业当前和今后一个时期在发展方式上将着力实现“三个转变”，即由主要依靠基础设施投资建设拉动向建设、养护、管理和运输服务协调拉动转变；由主要依靠增加物质资源消耗向科技进步、行业创新、从业人员素质提高和资源节约环境友好转变；由主要依靠单一运输方式的发展向综合运输体系发展转变。2009 年，针对国际金融危机对交通运输带来前所未有的冲击，部党组又明确提出，大力发展现代交通运输业，加快实现由传统产业向现代交通运输业转型。在 2010 年全国交通运输工作会上，李部长提出，加快发展现代交通运输业，要切实做到“五个努力”：即努力推进综合运输体系发展、努力提高交通运输设施装备的技术水平和信息化水平、努力促进现代物流业发展、努力建设资源节约型环境友好型行业和努力提高安全监管与应急保障能力。

推进现代交通运输业的发展，关键在于实现发展方式的根本性转变。就港口业而言,现代交通运输业的建设,也有着四方面的内涵和要求:一要加快推进港口集疏运体系建设,完善集疏运网络,延伸港口服务功能,提高现代物流服务能力的集聚效应,促进综合运输体系建设;二要加强对港口基础设施的技术升级改造,改善操作工艺流程来提高装卸能力,并加快港口信息化发展,整合港口信息资源,搭建公共信息平台,提高港口物流效率;三要大力推进港口现代物流的发展,加强港口与后方物流园区的衔接,加快港口物流平台建设,创新物流服务业务,完善物流服务网络,拓展物流服务功能;四要进一步完善区域港口规划,加强港口资源整合和功能结构调整,并加快推进行业节能减排工作,提高港口可持续发展水平,实现港口向资源节约、环境友好型发展方式转变。

因此,建设现代交通运输业,对浙江沿海港口发展提出了更高要求,也为提升港口服务功能,促进港口产业升级和转型明确了方向。

(3)现代物流业的振兴

20世纪90年代以来,世界现代物流业发展呈现出五大趋势:一是系统化趋势。为满足用户需求不断变化的客观要求,现代物流包含了产品从生产到消费的整个商品流动过程,形成了一个整体的专业化的供应链,物流系统也就成为一个跨部门、跨行业、跨区域的社会系统。二是信息化趋势。借助于商品代码、数据库的建立和现代信息技术的应用,在运输网络合理化和销售网络系统化的基础上,整个物流系统实现管理电子化,物流业正进入以网络技术和电子商务为代表的信息化新阶段。三是专业化趋势。随着市场经济的发展,专业化分工越来越细,生产企业为精干主业,提高效率,逐渐把物流配送业务交由专业的物流企业去做。第三方物流能够发挥集约化、专业化的优势,在更大程度上实现物流合理化,从而节约流通费用,降低成本,提高经济效益和社会效益。四是仓储、运输的现代化与综合体系化趋势。仓储现代化表现为高度机械化、自动化、标准化,组织起高效的人、机、物系统。运输的现代化则要求建立铁路、公路、水路、空运与管道的综合运输体系;五是物流与商流、信息流一体化趋势。传统上,商流、物流、信息流是三流分离的。但现代物流的功能逐步拓展,将商品的交易、产品的位移和信息的传递集成在一起,实现了三流合一。

现代港口作为现代物流和全球供应链网络的重要节点,在现代生产、贸易和运输中处于十分重要的战略地位。随着世界经济一体化进程的不断推进和全球性产业结构的调整,以及现代物流的快速发展,我国港口特别是沿海港口正在发展成为商品流、资金流、技术流、信息流集成的现代物流中心。这就要求包括浙江沿海港口在内的我国沿海港口拓展服务功能，朝着全方位的增值服务方向发展，不断提高港口装卸和集疏运效率，以及口岸、金融、信息等各类社会化配套服务水平，提升港口对腹地经济社会发展的支撑作用。

(4)上海国际航运中心建设

早在1995年，党中央、国务院就作出了建设上海国际航运中心的重大决策。1996年1月，国务院领导在沪召开江苏、浙江、上海2省1市负责人会议，正式启动以上海为中心，浙江、江苏为两翼的上海国际航运中心建设。2009年4月，国务院下发了《关于推进上海加快发展现代服务业和先进制造业建设国际金融中心和国际航运中心的意见》(简称建设“两个中心”)，其中在国际航运中心建设方面提出要求建设“以上海为中心、以江浙为两翼，以长江流域为腹地，与国内其他港口合理分工、紧密协作的国际航运枢纽港”。

建设上海国际航运中心是新的历史时期党中央、国务院着眼于全国发展大局作出的重大决策部署。这对长三角区域一体化发展、合力打造亚太地区重要国际门户提出了新的要求，为宁波—舟山港为核心的浙江沿海港口群作为上海国际航运中心的主要组成部分加强与上海的合作、拓展发展空间提供了新的机遇。积极参与上海国际航运中心建设，是长三角区域各城市共同的责任和使命，作为上海国际航运中心主要组成部分的浙江沿海港口，应主动分担共同建设上海国际航运中心更大更多的责任，加快港口集疏运体系以及以金融和信息为主要内容的航运服务业建设，与上海港形成相互支持与协作、优势互补与战略合作的发展局面，更好地支撑上海国际航运中心的建设。

(5)国际国内港口间的竞争合作

随着世界范围内第三代、第四代港口的兴起，港口服务功能的多元化已成为现代港口生存和发展的基本条件。港口之间竞争的重点已不是单纯的吞吐能力，在提高装卸效率与减少船舶在港时间方面作努力，已经不能满足货方与船方的要求，因而也不能保住其原来的市场份额。港口之间的竞争已经不是点与点的竞争，而是产业链的竞争。港口之间所面临的激烈市场竞争的焦点也越来越多地集中在港口是否能提供更为便利、快捷、低成本、安全、可靠的全方位物流服务，而这种竞争将成为现代港口今后发展的重要推动力。

当前，新加坡、香港、鹿特丹、汉堡等世界先进港口已不仅仅是各种运输方式的交汇点、临港工业和商业中心，同时也成为国际商贸活动链上的重要环节和现代物流的基础平台，其港口功能也正朝着提供全方位的增值服务方向发展。在港口竞争更为激烈的东亚地区,港口形成群雄竞争的局面,为争夺航运中心的地位展开了激烈的竞争。同时,激烈的市场竞争也需要区域内港口加强合作,协调发展。

对以宁波—舟山港为核心的浙江沿海港口群而言,要建成亚太地区重要的国际枢纽港,必须建立与其地位和作用相适应的港航物流服务体系,提高港口的国际竞争能力,为浙江、长三角地区乃至全国经济在国际竞争中取得优势地位创造条件。

2.4.2 发展要求

新的发展形势,客观上要求浙江沿海港口必须充分发挥自身优势,延伸服务功能,不断做大做强,进一步提升浙江沿海港口服务经济社会的能力。具体来讲,有以下三点要求:

第一,要优化浙江沿海港口功能布局,在稳步发展集装箱的基础上,突出浙江沿海港口的散货运输优势,实现集装箱运输和散货运输的协调发展,逐步形成布局合理、层次清晰、功能明确的港口格局,同时完善浙江沿海港口与内陆腹地的集疏运体系,进一步满足长三角地区战略物资运输的需要,以及支持长三角地区国家外贸快速稳定发展、保障国家参与国际经济合作和竞争的需要。

第二,要将浙江沿海港口发展的重心从提高基础设施能力向完善服务功能进行转变,不断拓展增值服务的功能,特别要依托港口建设以煤、油、矿、粮为主要交易对象的大宗商品交易平台,拓展具有集商品、技术、资本、信息于一体的商贸物流功能,实现生产、物流、金融贸易、信息服务等要素在港口的集聚,并加强服务创新,满足对港口全方位的服务需求。

第三,要加快推进宁波—舟山港为核心的浙江沿海港口发展,进一步发挥浙江沿海港口在长三角地区散货运输的优势,实现与上海港的协调发展、错位发展,并完善港口的金融和信息服务功能,加速融入上海国际航运中心当中;同时加强和长三角其他地区港口特别是上海港的合作与协调发展,推动上海国际航运中心的建设,为我国在国际竞争中占据优势地位创造条件。

浙江沿海港口面临的形势和要求表明,加快推进大宗商品交易平台、海陆联动集疏运系统、金融和信息配套服务业的“三位一体”港航物流服务体系建设,促进港口转型升级,从而提高浙江沿海港口对浙江省、长三角地区甚至是全国经济社会的服务能力和水平,是浙江港口发展的必然选择。

第 3 章　典型港口发展经验借鉴

他山之石,可以攻玉。了解国内外典型港口发展的经济社会背景,学习和借鉴先进港口发展的理论思想和实践方式,有助于认识和把握港口发展规律和模式,比照性地寻找适合自身发展的有效途径。

本篇着重分析了伦敦、纽约、香港、上海、天津等世界典型港口的发展轨迹或特点,总结了值得借鉴的发展经验,为把握浙江"三位一体"港航物流服务体系建设的方向和目标提供参考。

3.1　世界典型港口

本部分借鉴的世界典型港口指的是中国内地以外的港口,重点介绍了伦敦、纽约、鹿特丹、新加坡和香港。

3.1.1　伦敦

伦敦是世界上最早形成的国际航运中心,也是全球规模最大的国际金融和国际保险业务中心。单从港口规模来看,目前伦敦港货物吞吐量和集装箱吞吐量都在世界港口 100 名以外,并不是大型港口。但从其现代航运服务产业结构来看,伦敦港口所提供的现代航运服务大多属于高端服务产业范畴,是目前世界上现代航运服务产业功能最完备的国际航运中心和港口城市。

目前,整个伦敦从事各类服务产业的人数约占就业总人口的 77.5%,其中直接从事航运服务的从业人数达到 14 000 人以上。伦敦服务产业的产值约占城市国内生产总值的 60% 左右。全球大型船舶建造与买卖以及租赁的融资业务主要集中在伦敦,各类保险机构每年的航运保险业务收益超过 3 亿美元。据 2002 年统计,由伦敦海事仲裁机构受理的各类航运案件占全球海事仲裁案件总数的 90% 以上,年处理案件的经济价值接近 4 亿美元,是全球名副其实的国际海事仲裁中心。总部设在伦敦的波罗的海航运交易所拥有 2 000 多名航运交易经纪人,其全年交易量约占全球油轮交易的50%，干散货交易的40%。全球半数以上的船舶交易是在伦敦进行的，交易总额高达340亿美元。此外，波罗的海国际航运公会、劳埃德船级社、注册船舶经纪人学会、船舶经纪人和代理人保险理赔协会、船东保险理赔协会、租船人保险理赔协会以及伦敦海事仲裁员协会等世界性航运机构的总部都集中在伦敦。从伦敦港口航运服务产业的基本内涵来看，主要集中在船舶金融、航运保险、海事仲裁、航运交易等上游产业。这也是经过一个多世纪，伦敦依然能够保持国际航运中心地位的重要原因。

"二战"后，英国工业结构老化，国际竞争力日益下降，英国的经济总量逐渐落后于德国、日本、法国和意大利等工业化国家。经济实力的下降，对伦敦国际航运中心的发展带来了不利的影响，但是英国在失去了工业的比较优势后，很快发现了其在服务业上的比较优势，从此，生产性服务业和消费性服务业在伦敦蓬勃兴起，使得伦敦继续成为现代化的国际航运中心城市。

在后工业社会条件下，伦敦国际航运中心具有五个基本特征：一是航运及其相关产业结构全面服务化，呈现出后工业社会下航运产业结构的典型特征。服务业向来是伦敦的支柱产业，除了运输和海运金融保险外，其他诸如与海运活动密切相关的法律、会计、咨询、广告、设计、科学研究、技术开发和教育等生产性服务业，在伦敦起着非常重要的作用，全市仅仅注册公共会计师就达2万多人，执业律师占到英格兰和威尔士总数的1/4。二是伦敦国际金融中心在航运中心运作中的地位日益突出。20世纪50年代，以伦敦欧洲美元市场为代表的离岸国际金融市场的开辟，是伦敦成为全球金融首都的转折点，伦敦银行间同业拆借市场利率（Libor, the London Interbank Offered Rate）成为全球国际金融通行的基准利率，LIBOR贷款条件成为全球船舶融资市场的标准之一。三是伦敦逐步发展为全球重要的海运经营管理中心。根据英国《金融时报》排出的1988～1989年度英国最大的1 000家公司中，除了金融机构总部外，有208家服务业公司设在伦敦，其中包括著名的海运从业者铁行集团，世界上最大的海运业者同业组织FEFC总部也设在伦敦。四是伦敦成为全球性海运知识与创新中心。伦敦波罗的海航交所开发的波罗的海干散货运价指数，是全球海运市场的"晴雨表"；在该航运交易所挂牌交易的船型已成为全球各造船企业的指标之一。五是伦敦成为全球海运信息枢纽。伦敦是世界海运专业媒体最为集中的城市，国际航运业权威机构德鲁里航运咨询公司、国际造船业权威咨询机构克拉克松研究公司、国际海事权威机构劳氏船级社、国际集装箱运输权威集装箱化国际咨询中心等均设在伦敦，出版的《劳氏航运经济学家》、《国际集装箱化年鉴》，以及德鲁里和克拉克松发布的研究报告与国际数据，均在国际海运界赫赫有名,指导着全球航运交易与航运市场的运行。六是伦敦是官方和非官方国际海事机构的集聚地。

联合国下属唯一的专门海事机构国际海事组织总部就设在伦敦。伦敦国际航运中心已成功实现由传统货运中心向现代服务中心的转型(表 3-1),港口货流量已不再是伦敦国际航运中心的主要指标。

伦敦航运服务业发展情况(2002 年) 表 3-1

产　业	发 展 情 况	占世界市场份额(%)
航运金融融资	放贷总额估计达 150 亿 ~ 200 亿英镑	20
航运保险	保险费收入达 32 亿英镑	19
航运仲裁	年案值近 4 亿美元	—
航运经纪	交易金额达 340 亿美元	50
航运就业人数	约 14 000 人	—
出版、研究与活动	全球领先的海事刊物出版中心和海事研究中心,航运活动的领先组织者	—
技术与工程咨询	在全球业界占据主导地	—

3.1.2 纽约

纽约位于美国东北部哈得逊河与大西洋的交汇点上,在这里首先发展起来的是储运业和批发商业,接着是为海运服务的保险业和为商业服务的金融业。18 世纪中叶以前,由于纽约没有与内陆腹地联系的通道,所以在相当长的一段时间内,只是作为北美大西洋沿岸与欧洲贸易往来的港口之一,港阔水深的优越性并没有得到充分发挥。作为工业革命前商业城市的主要职能,与港口和海运密切相关的金融保险、储运批发是当时纽约的主导产业。

为了开辟大西洋沿岸与五大湖地区的经济联系,1825 年,连接阿尔巴尼和布法罗、航道长约 657 公里的伊利运河开通,通过采用马拉驳船运输商品,使得两地之间的运费从每吨 90 美元降至 8 美元以下。伊利运河使纽约通过哈得逊河与五大湖地区连接起来,港口腹地大为扩大,纽约开始超越波士顿、费城和巴尔的摩等周边竞争对手,朝着美国的最大港口城市迈进。与此同时,证券交易所在纽约出现,美国最大的商业银行也在纽约诞生。

19 世纪中叶,铁路成为美国经济发展的最主要推动力,由此为纽约国际航运中心的形成提供了有力保障。首先,纽约迅速发展成为北美运输枢纽。1850 年,纽约州成为全美铁路里程最长的地区,当铁路进一步向西延伸后,纽约就成为横跨美国东西铁路干线的枢纽,铁路运输业、海运业和内河运输业成为纽约的主导产业之一。其次,纽约成为北美最大的贸易口岸和商业银行中心城市。随着水陆运输条件的改善,纽约城市的经济潜力开始充分发挥,进而成为全美最大的进出口贸易口岸,其进口额占当时全美国进口额的 1/3,并导致商业银行向纽约集聚,成为美国的银行业中心城市。第二次工业革命后,石油在美国开始作为新能源和原料,电气工业、化学工业和汽车制造业因此在美国蓬勃发展起来,结果在 20 世纪初,纽约人口达到 344 万,纽约也成为美国的货物贸易中心和金融服务中心,成为一座典型的商业城市,纽约国际航运中心正式形成。

"一战"后,作为最大工业国的美国,其产品在战后欧洲需求强劲,纽约城市所在的纽约州以及周边的新泽西、宾夕法尼亚等三个工业州,集中了美国工业的 1/3 生产能力,为纽约国际航运中心的货物运输提供了源源不断的货源,纽约港一举成为全球吞吐量最大的港口。同时,由于纽约在融资、贸易、运输方面所具有的极大便利,摩根财团、洛克菲勒财团和许多的工业托拉斯将总部设在纽约和纽约都市圈内,纽约因此成为大公司总部和商业银行聚集的经营决策管理中心,进一步巩固了纽约国际航运中心的地位。"二战"后,美国成为世界上经济最强大、最发达的国家,在世界经济体系中的地位达到顶峰,纽约成为世界的首位城市,国际航运中心地位也得到了维持。

目前,纽约国际航运中心在多个方面具有特点:第一,纽约继续保持发达的国际货运中心地位,尤其是以海空港为主要枢纽的国际货物运输依然发达。纽约是世界上最大的航空枢纽之一,拥有肯尼迪国际机场、纽瓦克国际机场和拉瓜迪亚机场共 3 个空港 7 条跑道,航班直达全球 130 个城市,2000 年起降飞机 95 万架次,其中肯尼迪机场 2000 年货运量 181.8 万吨,纽瓦克机场 2000 年货运量 108 万吨,分别名列世界第 6 和第 18 大货运机场;纽约与新泽西港整合后集装箱吞吐量有了较大的增幅,2008 年纽约—新泽西港集装箱吞吐量达 526 万标准箱,在国际港口排名第 20 位。第二,纽约已成为全球范围内海运生产要素配置中心之一。布雷顿森林体系确立了美元的世界硬通货地位,保证了纽约成为全球金融中心之一,并使得纽约外汇市场的运作影响着全球外汇市场;同时,道琼斯指数、标准普尔指数、纳斯达克指数已成为全球资本市场的"晴雨表",无时不影响着全球海运市场的周期性波动;1981 年 6 月,美国联邦储备委员会批准建立 IBF(International Banking Facility)

后，一个新的离岸国际金融市场在纽约问世；海外企业在纽约股票交易所上市，使美国的资本市场成为全球的资本市场，包括我国中远集团在内的一大批国际海运企业纷纷在纽约发行企业债券；纽约一地集中了全球 44% 的直接投资业务，同时也是世界上兼并和收购业务数量最多和价值最高的资本市场，1995 年迄今的全球海运企业跨国并购，不少就是在纽约运作完成的。第三，纽约商品贸易中心的地位有力支持了海运相关活动。纽约商品期货交易所、纽约原油交易所、纽约黄金交易所、纽约棉花交易所等众多商品交易中心，对于国际海运市场发挥着巨大的影响力，如纽约商交所的原油期货价格就直接影响着国际油轮市场的走向，同时，纽约本身的年进出口额也一直保持在 1 000 亿美元左右，基本维持了国际贸易中心的地位。第四，纽约是全球主要的海运信息枢纽之一。目前，纽约海运及其相关要素市场每天都在生产和消费者难以计量的数据信息，指导全球贸易和海运活动的运行，以报纸杂志为例，除了著名的《华尔街日报》、《纽约时报》外，《商业日报》、《海事日志杂志》、《国际航运海事杂志》等更是以海运信息为专长。第五，纽约是北美区域最重要的海运知识与人力资源培养中心。著名的纽约大学设有海运学院，邻近的马萨诸塞州和缅因州也分别设有州立海运学院；另外，纽约周边分布着耶鲁、哥伦比亚和普林斯顿等著名大学，源源不断地为港航业提供技术咨询服务，构成了国际航运中心的重要支持体系。

3.1.3 香港

香港是世界上最早开发的自由港，其各类服务产业的比重已经达到全社会产业总量的 80% 左右。从 20 世纪 60 年代起，香港依托其有利的地理区位和完全开发的自由港政策优势，开展了国际转口贸易与加工贸易，并以此作为推动港口发展的重要动力，迅速成为全球集装箱吞吐量位居世界前列的国际港口。

雄厚的金融实力和不断增长的国际贸易货物量支撑着香港港口现代航运服务产业的发展。香港港口的现代航运服务产业主要是围绕国际中转业务展开的。香港港口拥有全球数量最多的航线，密集的船舶航班所带来的进出口港口船舶数量和货物总量，为现代航运服务产业提供了极大的发展机遇。目前，在香港注册经营的国际航运企业有 642 家，其中外国公司占 50% 以上。香港船东协会拥有运行船舶 1 400 余艘，6 100 万载重吨，约占世界船舶总吨位的 10%，在国际航运市场中具有举足轻重的地位。各类海事保险机构 113 家，航运辅助企业 1 500 余家，从业人员超过30 000人。由于香港与英国之间的历史关系,总部位于伦敦的国际航运财团将其亚太地区的行政管理和船舶管理机构设在香港,使得香港成为继伦敦之后位居全球第二的航运金融中心。在香港现代航运服务产业的发展过程中,各类民间公会和协会组织发挥了主导作用。目前,香港的主要航运协会有香港船东协会、香港航运物流协会、香港船东互保协会、香港联运互保协会等民间组织。香港政府在发展现代航运服务产业及航运协会的管理中发挥了积极的主导作用。现行香港特区政府中负责港航行政的专门机构有三个:即香港港口发展局、香港航运发展局和香港物流发展局。

另外,香港是世界上最早实施自由港政策并卓有成效的港口城市之一。与大多数港口城市不同,香港全市都是自由港,实施从自由通航、自由贸易到自由企业、自由外汇、简单税制、低税率等全面开放的自由港政策。20世纪六七十年代,以世界经济持续发展、产业结构大调整与国际贸易货运量剧增为契机,香港依靠自由港政策建立了自己的制造业,其对外贸易开始由转口贸易为主向以加工贸易为主转变。80年代,香港抓住亚太地区经济持续增长、世界经济发展中心从大西洋转向太平洋,特别是中国内地进出口贸易大幅增长的机遇,运用自由港政策,经济结构实现了从加工贸易型到服务贸易型的转变。香港的自由港政策推动了两次经济结构的转变,带动了对外贸易的蓬勃发展和对航运业的巨大需求,从而有力地促进了香港国际航运中心的形成。

从香港港口航运服务产业的基本内容来看,主要是以船舶金融、海事咨询和航运协会等部分上游产业以及国际邮轮、国际中转等大部分中游产业为主。从20世纪90年代中期以来,香港已经连续保持全球港口集装箱吞吐量首位,是著名的现代国际航运中心。

3.1.4 鹿特丹

鹿特丹港位于莱茵河与马斯河河口,西依北海,东溯莱茵河、多瑙河,可通至里海,有“欧洲门户”之称。“二战”后,随着欧洲经济复兴和共同市场的建立,鹿特丹港凭借优越的地理位置得到迅速发展:1961年,吞吐量首次超过纽约港(1.8亿吨),成为世界第一大港。此后一直保持世界第一大港地位,直到近年来被我国的上海港和宁波—舟山港超过。目前,鹿特丹年进港轮船3万多艘,驶往欧洲各国的内河船只12万多艘。鹿特丹港有世界最先进的ECT集装箱码头,全港集装箱吞吐量达1 000万标准箱,居世界前十位。鹿特丹港区服务最大的特点是储、运、销一条龙。通过一些保税仓库和货物分拨中心进行储运和再加工，提高货物的附加值，然后通过公路、铁路、河道、空运、海运等多种运输路线将货物送到荷兰和欧洲的目的地。

在信息化建设方面，鹿特丹港积极打造信息服务平台。目前，鹿特丹港的EDI服务系统除了传统的信息传送外，其子系统国际运输信息系统"INTIS"已成功推广了"电子商务网络"。INTIS最初是由荷兰的几个港口和运输公司联合开发的，包括鹿特丹港务局、荷兰PTT电信公司和一些私营公司等。在开发EDI的报文标准方面，INTIS与UNEDIFACT密切合作，因此其报文标准采用EDIFACT标准。现在，INTIS能为用户提供一套覆盖杂货运输基本流程的完整的EDI标准信息。所有贸易和运输环节中的用户都可以很容易地登陆INTIS网络，目前，与鹿特丹港有业务往来的公司基本使用INTIS网络。通过这一信息化的系统平台，将港口的信息及时共享，并实现无纸化作业流程，极大地提高了物流运作的效率。

鹿特丹港拥有便捷的集疏运条件，使得货物能做到门到门运输。公路运输方面，一个纵横交错、四通八达的稠密的公路网，将鹿特丹与欧洲所有的大城市连接起来，从鹿特丹出发，只需8～10小时就可以到达巴黎、法兰克福和汉堡，即使是北欧地区也可"一日达"。铁路运输方面，铁路系统每天有几十列火车抵达或离开鹿特丹港，以适应远距离的陆地运输，正在建设的贝突威铁路货运专线从2007年起将开展鹿特丹与德国之间的直达运输。国内水运方面，鹿特丹通过被称作为"1 000公里长的传送带"的莱茵河及其他内河航道，利用驳船将数量巨大的货物运往荷兰上游及德国、比利时、法国、瑞士和奥地利等众多目的地，几乎每天都有驳船将集装箱由鹿特丹运至莱茵河沿岸各集装箱码头（表3-2）。

鹿特丹港（集装箱）各种运输方式所占的集疏运比例（%） 表3-2

年　份	国内水路支线	铁　路	公　路
2001	30	9	61
2002	32	9	59
2003	31	10	59
2004	31	9	60
2005	31	9	60
2006	30	11	59

续上表

年　份	国内水路支线	铁　路	公　路
2007	30	11	59
2008	30	13	57
2013(目标)	45	20	35

此外,鹿特丹港是货物的"增值中心"。目前,鹿特丹港不仅仅是一个货物中转站,还是一个名副其实的货物"增值中心"。在鹿特丹港从东到西绵延40千米的狭长地带,共有三个"配送园",许多大企业都在这几个"配送园"设有大型物流与服务中心,对到岸的货物进行组装、贴牌、重新包装、修理、存储等。许多来自亚洲的货物就是在这里进行"增值"后,被运往欧洲大陆。除此之外,鹿特丹港是世界三大炼油基地之一,也是重要的化工工业基地,全球著名的炼油及化工企业如壳牌、埃索、科威特石油公司、阿克索诺贝尔、伊斯特曼等都在鹿特丹港设点立足,并带动相关工业活动在此集聚。港区拥有5个世界级的精炼厂、44家化学企业和石化企业、3家工业煤气制造企业、19家经营石化产品配送和储存的物流企业、6个原油码头和4个独立存储动植物油的油罐。另外,食品工业在鹿特丹港也占据重要地位,食品贸易、存储、加工以及运输公司全部集中于港区,联合利华、可口可乐等世界食品巨头云集于此。对于欧洲内陆的各大超市来说,鹿特丹港已成为他们设在海边的物流配送站,为其提供稳定、及时的货源。

3.1.5　新加坡

新加坡是一个因港而兴的国家,经过长期经营,已成为亚太地区重要的国际贸易、国际金融和国际航运中心。它联系着世界上的200家船运公司和123个国家的600个港口,拥有4个集装箱码头,平均每天处理60艘船、8 000辆拖车和50 000个集装箱。新加坡具有"一流港口设施、一流网络技术、一流物流人才",从而能够提供世界一流的港口服务。目前,新加坡港的集装箱吞吐量近3 000万箱,位居世界第一位。

新加坡港具有发达的临港产业体系和物流服务体系。新加坡充分发挥港口的综合区位优势,利用海港的天然水深、便利的交通体系和宽阔的土地资源的优势,在裕廊码头周围建成了新加坡最大的工业区——裕廊工业区,形成了以电子电器、炼油和船舶修造为三大支柱的工业产业,促使新加坡在20世纪70年代成为世界重要的炼油和造船中心。裕廊在发展临港工业的同时，借鉴欧洲和日本临港工业发展的经验和教训，改变了重化工业集中布局的局面，进行综合开发，逐步形成了一个轻、重工业合理布局，环境优美的临港工业区。目前新加坡港已成为全国的经济中心，该港不仅是世界上电脑磁盘和集成电路的主要生产地，而且炼油业也很发达，是仅次于休斯敦、鹿特丹的世界第三大炼油中心。为满足第三方物流发展和顾客的需要，新加坡港已在裕廊码头建立了物流中心，培育港口物流链，港口与加工业联合发展。港口园区建设与吸引外资相结合，将一些临港土地和泊位提供给跨国公司作为专用中转基地使用，鼓励大跨国企业在港区建设物流中心、配送中心等。这样，港口物流为临港工业提供专业、高效的物流服务，提升加工工业水平，进而又促进港口经营效益的提高。

新加坡政府一贯重视跨国企业的引进。从建国开始，新加坡就注重吸引跨国企业到新加坡投资，目前共有7 000家跨国企业，其中超过4 000家在新加坡设立总部或地区性总部，全球前25强的跨国物流企业有17家在新加坡设立总部或地区总部，这些跨国公司带来了货物的大进大出和完善的物流服务，推动了港口的发展。特别是集聚在该国众多的跨国公司需要按照供应链管理要求进行跨国资源配置，大大促进了新加坡港口物流的发展。

新加坡政府和企业十分重视物流信息技术和自动化设备的应用。为了集合政府职能部门、航运公司、物流企业、金融和法律服务机构等一起高效运作，新加坡政府把本国的35家监管机构、货代、出口商、船公司、第三方物流服务商、仓库、供应商、保险公司、进口商、银行等单位整合在一个信息平台。在过去几年新加坡港投资了2亿多坡币在信息平台上，目前有超过350个应用系统在处理港埠管理、规划与作业上。构筑新加坡国际航运中心信息平台的主要是国家EDI贸易网络系统(TRADENET)和新加坡港口EDI网络系统(PORTNET)两个电子信息系统。这两个系统相互独立，但又相互连接，共同构成了政府监管机构、航运公司、货运代理和船东之间有效的、无纸化和便捷的沟通渠道。为了便于用户使用，目前新加坡政府计划投入15亿坡币，打造“智慧国”，其中包括计划整合TRADENET和PORTNET为一个系统，即为TradeXchange系统。

另外，新加坡实行自由港政策。实行自由港政策是分享全球自由贸易权利、提升国际竞争力的有效手段。新加坡实行的自由港政策，具体体现是实行自由通航、自由贸易，允许境外货物、资金自由进出，对大部分货物免征关税等。实行自由港政策极大地方便了货物的流通，节省了贸易成本，带动了集装箱国际中转业务的发展，提升了新加坡的国际竞争力，使新加坡在国际航运、贸易和金融业务中发挥着举足轻重的作用。

另外,汉堡港、安特卫普港、洛杉矶港、东京港等港口也在集疏运体系建设、港口公共信息平台建设等方面有着较好的经验。

3.2 国内典型港口

对照浙江省“三位一体”港航物流服务体系建设的主要内容,我国上海、天津、青岛、大连、秦皇岛等一些典型港口城市在其中某些方面有着较好的实践经验,或在某些方面有着良好的发展环境,值得浙江学习借鉴。

3.2.1 上海

上海是我国经济、金融发展的首位中心城市,也是我国大陆最大的对外贸易口岸,更是我国建设上海“两个中心”的中心城市。近些年来,上海港发展很快,在货物吞吐量上一跃成为世界第一大港,并成为第二大集装箱港,仅次于新加坡港,港口对地方经济社会的带动作用业日益增强。相比之下,上海在港口公共信息平台建设和发展的政策环境上优于浙江。

专栏 3-1:上海港对经济社会的贡献

上海港货物吞吐量对 GDP 的贡献,以及外贸吞吐量、集装箱吞吐量对进出口总值的贡献等指标都呈现明显的增长态势。其中,每吨港口吞吐量对国内生产总值的贡献由2000 年的 3 386.8 元/吨增至 2008 年的 3 847.4 元/吨,上升了 14%,年均增长了 1.1%;每吨外贸货物吞吐量对进出口总值的贡献由2000 年的 780.2 美元/吨增长到2008 年的 1 175.7 美元/吨,增长了 51%,年均增长 3.5%。

在公共信息平台上,上海以上海亿通国际股份有限公司为实施主体,于 2004 年底已初步建成了集交易、监管、物流、支付为一体的“大口岸物流信息和电子商务统一平台”,促进了“大通关”的建设。口岸通关物流常用的58 种单证中已有41 种实现了电子化,电子化率超过了 70%;电子口岸现有口岸用户 2 100 余家。近年来,电子口岸的 EDI(电子数据交换)报文单证传输量每年都以 100% 以上的增量递增,日均超过 14 万份,海关申报报文传输量日均达 2.1 万份,电子支付日均 2 000 到 3 000 笔,金额每天超过 1.2 亿元;海运进、出口申报每单平均所需时间分别由原来的 20 小时和 6 小时缩短到了 30 分钟和 50 分钟，海运货物进出口通关提货、发货时间平均在 24 小时内，通关效率明显提高。

在发展环境上，无论是国家从建设上海“两个中心”的角度，还是从促进上海港发展的角度，近些年来上海港都有着较为优越的政策环境。2009 年，国务院出台《关于推进上海加快发展现代服务业和先进制造业、建设国际金融中心和国际航运中心的意见》（简称《建设“两个中心”意见》），对上海更好地发挥比较优势，在国际金融中心和国际航运中心建设方面先行先试、加快服务业发展方面有更大的政策突破和更全面的政策支持。例如将上海定位为人民币跨境贸易结算、离岸金融业务、建设国际航运发展综合试验区的试点城市，并给予一系列税收优惠政策等。在此基础上，为了进一步优化金融发展环境，上海市出台《上海市推进国际金融中心建设条例》。例如，为了吸引金融人才，《上海市推进国际金融中心建设条例》中明确规定，“支持本市金融机构引进所需金融人才，市有关部门为金融人才办理本市户籍和居住证、社会保险接续等提供便利”；“市有关部门及主要金融集聚区所在区政府为金融人才医疗保障、子女就学等提供便利措施，搞好服务”等等。

3.2.2 天津

天津是北方航运中心建设的中心城市，近些年来在商品交易平台方面有着积极的探索，并取得了较好的实践经验。其中典型的例子就是天津港散货交易市场和天津渤海交易所。

（1）天津港散货交易市场

天津港散货交易市场成立于 2007 年，其经营主体是天津港散货交易市场有限责任公司，由天津港散货物流公司和天津港货运公司共同出资 1 500 万元共同组建。目前市场交易品种主要涉及煤炭、焦炭、矿石、油品四个主要散货板块，分为即期现货和中远期现货交易模式。市场集信息服务、交易服务、金融服务、质押监管、委托监管、物流服务、品质和数量中介服务、综合服务“八大功能”于一体，采取电子商务信息交易方式，与传统的散货贸易方式相比，具有高效通畅、销售空间广阔、履约严格、价格透明且交易成本低等特点。市场采用会员制的交易管理方式，可以通过完善的交易规则体系控制风险，连接买卖双方，与银行共铸物流金融链，最终形成以交易带动贸易，港口物流由装卸、储运中心向交易中心的转变。

同时，天津港散货交易市场具有商务信息交换、电子现货交易等业务功能，为进出天津港的客商提供完备的交易服务、信息咨询，以及货权质押授信业务、金融服务等高端领域的服务，使散货交易市场成为港口各企业的信用中介，降低进出口交易双方的风险，规范并引导港口市场，提升物流产业水平。

(2)天津渤海商品交易所

为了推动天津北方国际航运中心建设，在国务院批复的《天津滨海新区综合配套改革试验总体方案》中，明确要求天津“加快现代市场体系建设。充分发挥北方对外开放门户的作用，按照把天津建成北方国际贸易中心的要求，加快石油化工、煤炭、钢材、棉花、粮食等大型商品交易市场建设，进行商品远期合约交易业务的探索。”

为此，天津市人民政府发起并批准设立了天津渤海商品交易所（津政办函【2009】6 号）。根据发展定位，天津渤海商品交易所交易商品主要集中在石油及化工商品、金属商品、煤炭等能源商品、农林商品等专业领域。交易所采用创新的现货连续交易方式，通过交易所先进的电子交易系统，交易商可以采用分期付款方式实现现货合同交易并自主选择交割日期。为确保交易所的健康、规范发展和市场功能的发挥，天津市人民政府制定并发布了《天津渤海商品交易所交易市场监督管理暂行办法》(津政发[2009]32 号)，并成立了由分管市领导担任主任的天津渤海商品交易所市场监督管理委员会，对交易所、交易商以及交易所内的商品交易活动进行规范、监督和指导。这也是国内唯一由省级政府发起并批准的商品交易所，同时也是国内唯一设立监管委员会、受省级地方政府直接监管的商品交易所。

3.2.3 青岛

青岛港是我国沿海的主要港口，改革开放 30 年多年来取得了飞速发展，也有值得浙江沿海港口学习的经验。

(1)中信港口金融

为了给胶东半岛临港企业提供有针对性的符合市场和企业需求的金融产品及服务，中信银行青岛分行结合市场需求，推出了公司金融特色服务品牌——“中信港口金融”。“中信港口金融”融合了其公司业务创新产品和特色服务，提供与港口经济各个产业商品的自身特点和商品交易模式相适应的融资、结算、配套服务及资产增值等一系列个性化金融服务方案。“中信港口金融”目前包括八个特色金融服务方案：银港融通、船舶融通、油品融通、大宗原料融通、水产品融通、汽配融通、保税融通、本外币增值通。八个方案是根据不同客户的金融需求，将各种金融产品进行有效整合后的创新型综合金融解决方案，充分体现了客户导向的服务理念。

“中信港口金融”的主要对象是港口经济产业链上企业经营良好、产品适销对路的核心生产企业及其上下游企业、具备较强销售能力的国内和国际贸易商以及全国性和区域性的物流企业等。“中信港口金融”主要针对的商品,是大宗生产原料,如矿石、原油、橡胶、煤炭、棉花、纸浆、钢材、化肥、水产品等,也可以是汽车配件、船舶,以及其他符合银行存货质押管理办法规定的物理化学性质稳定、易变现的商品。

(2)口岸公共信息平台

青岛港多年来坚持以信息技术提升和改造传统产业,全面实施企业信息化,推动青岛港从劳动密集型到技术密集型的转变,不断提高港口在国内外的竞争能力。为了推进青岛港由第二代港口向第三代港口的转型发展,青岛市结合青岛口岸及国际贸易业务需求,结合港口物流发展实际情况,通过有效地运用、配置、整合和优化信息资源,实现了港口与海关、商检、海事、税务、金融、外经贸和交通等政府监管部门的联网和信息共享,建设了口岸综合物流信息应用系统和公共信息平台。该平台结合了青岛口岸电子商务应用的特点,以口岸实际操作为基础,与船务、船代、货主、货代、码头、报关行、储运、机场、铁路、银行、保险等各类企业联网,集成了大量的口岸相关业务单位信息资源,为各类用户群开发和提供了物流过程中船、箱、货动态跟踪、船舶申报、国检码头快速查验、国际集装箱中转、危险品申报、货物订舱和网上在线竞价招标等多项电子商务应用服务功能,最终实现青岛口岸物流的“一站式服务”,在国内率先实现港口电子商务运作,并有效带动了口岸相关经济开发区以及物流园区的商贸、仓储、加工等现代物流和商务的快速发展。

专栏3-2:青岛港公共信息平台建设

青岛港是我国港口信息化发展的典型代表。2001年,青岛港就在沿海港口率先建成了规模最大的EDI信息中心,通过国际贸易过程中的单证电子化传输、转换和信息增值服务,最终实现物流的“一站式服务”。近年来,青岛港围绕口岸业务领域,与监管部门密切合作,结合港口物流发展实际情况,大力发展港口现代物流业务和电子商务应用,建设了口岸综合物流信息应用系统和公共信息平台,以适应港口物流的飞速发展,扩大了港口服务能力,促进了港口向综合服务型的模式发展,提升了青岛港现代物流业发展水平。

3.2.4 大连

就大连港而言,虽然近些年来港口发展势头被天津港、青岛港等港口超过,但大连港却仍有自身独特的发展优势,港口铁路集装箱运输就是其中一个方面。

大连港一直比较注重港口铁路集装箱运输的发展,通过加强与中铁集装箱公司合作加大班列运营体系建设。目前,大连港已开通了大连到沈阳、长春、哈尔滨、延吉、满洲里、通辽6条集装箱班列,吉林西、五棵树、鹤岗、绥芬河4条固定循环车组,围绕哈尔滨的区域性小运转、专列运输,班列网络覆盖了整个东北地区,班期密度达到每周30余班,初步构建了以大连为出海口、布局较为完善的东北区域集装箱海铁联运网络。大连港还开通了大连—满洲里—呼贝加尔—莫斯科的国际过境运输班列,运输时间由原来50多天缩短到23天左右,有力地支持了新亚欧大陆桥运输通道的建设。2008年,大连港集装箱班列运量为18万标准箱,海铁联运量为23.5万标准箱,连续11年位居全国港口首位(表3-3)。

2000~2008年大连港海铁联运班列运量(单位:万标准箱)　　表3-3

年　份	2000	2001	2002	2003	2004	2005	2006	2007	2008
班列运量	2.9	3.5	3.5	7.1	8.4	8.5	11.2	14.5	18
海铁运量	4.4	6.8	8.2	19.7	18.2	13.6	15.9	18	23.5

2009年7月11日,大连市政府、中国海运(集团)总公司、中铁集装箱运输有限责任公司、沈阳铁路局、哈尔滨铁路局、大连港集团共同签署了《东北铁海联运战略合作框架协议》,标志着大连与东北、内蒙古腹地贸易联系的全面升级。同时,最大限度地整合了合作六方的优势资源,在大连口岸和东北内陆间形成一条快速、高效、便捷的物流黄金通道,大幅降低了东北地区的物流成本。根据大连港在东北内陆干港建设的规划,大连港将与铁路、地方政府等合作,共同建设大连、沈阳、哈尔滨3个铁路集装箱中心站,重点建设沈阳东、满洲里、长春东、吉林西、齐齐哈尔、牡丹江、绥芬河7个内陆节点和延吉、通辽、建三江、大庆4个专业站场。其中,沈阳东、长春东、吉林西3个内陆站场相继投入运营,牡丹江穆棱物流中心也正在建设中。这将进一步加快以大连为出海口的东北集装箱海铁联运体系建设,大连打造东北亚国际物流中心的目标又向前迈了一步。

3.2.5 秦皇岛

秦皇岛港是我国煤炭下水量最大的港口,近年来通过构建煤炭交易市场,大大巩固了秦皇岛港作为全国最大煤炭物流中心的地位。

秦皇岛海运煤炭交易市场由秦皇岛港务集团有限公司、太原铁路辅业国有资产管理中心、中海发展股份有限公司、中能电力工业燃料公司和中国煤炭运销协会共同发起组建,目的是为了满足国家煤炭订货体制改革和煤炭市场建设的需要,满足煤炭供需企业的需要,充分发挥秦皇岛港作为最大煤炭枢纽港的优势,完善秦皇岛港作为最大的煤炭集散地的功能。发挥交易市场的各项服务功能促进煤炭交易,增加港口煤炭下水量和市场煤炭占有率,巩固秦皇岛港作为国内最大煤炭贸易港和最大煤炭物流中心的地位,并成为国家煤炭市场交易的重要组成部分。

市场定位是依托煤炭最大的集散地秦皇岛港,煤炭运输的大动脉大秦铁路,开展港口煤炭现货交易、中长期合同交易、探索期货交易,采用市场化运作模式,客户自主选择交易方式,致力于为煤炭产、运、需各方搭建一个现代化的交易平台、信息平台和服务平台。目前,已有 30 多个省市以及各县市的企业在秦皇岛煤炭网注册成为会员,截至 2009 年 6 月,已有注册用户 62 000 多人,日点击量已达到 10 万余次,网站发布的秦皇岛煤炭价格,成为行业价格的风向标,交易市场的交易量也达到了 1 000 多万吨。

秦皇岛海运煤炭交易市场交易模式主要分为现货交易、中远期合同交易两种交易类型。现货交易包括场内和场外两种交易方式。场内方式包括委托交易结算、现货挂牌交易、委托交易、招投标等模式,场外方式指物权变更。中远期合同交易包括场内和场外两种交易方式。场内方式包括准班轮、合同交易,场外方式指订货会。

3.3 经验借鉴

通过以上对国内外典型港口的分析,对照浙江“三位一体”港航物流服务体系建设的要求,得出可供借鉴的经验如下:

3.3.1 拓展全面的服务功能,延伸产业链并提升价值链

从伦敦、纽约、香港等世界典型港口城市的发展历程看,港口城市的商贸、金融、临港产业和信息等产业无不因港而兴;而城市商贸、金融、临港工业和信息等产业的兴盛又转化为一种强劲的功能,直接支撑了港口航运业的进一步发展。港口城市发达的商贸、金融、临港工业和信息等产业是港口航运业得以迅速发展的重要

保证。港口城市的商贸、金融等功能与港口航运业的发展二者相辅相成,是一种良性循环。

伦敦、纽约、香港、新加坡等既是航运中心,也是世界级的国际贸易和金融中心,鹿特丹虽然不能与四者并列,但在市区亦有众多银行和贸易机构,它们对其国际航运中心的发展,同样具有重要的直接支撑作用,而其货物装卸运输功能、工业功能、商业功能和信息功能称为鹿特丹港的港口发展的四大支柱。同时,鹿特丹港和新加坡港等港口周边也聚集了大量的临港产业,比如鹿特丹港是世界三大炼油基地之一,也是重要的化工工业基地;而新加坡在20世纪70年代成为世界重要的炼油和造船中心。由于港口以及城市功能的不断拓展,形成了关系紧密、互动发展的产业链,从而不断提高港口及其相关产业对港口城市乃至区域经济社会的贡献,极大地提升了与产业链相关的价值链。

3.3.2 构建完善的集疏运网络,拓展海陆双向腹地

港口的发展需要充足的货源作为保证,而如何有效建设并利用综合集疏运体系,扩大港口的物流范围和经济腹地,对于港口的发展至关重要。包括鹿特丹港在内的很多港口十分注重于多种集疏运方式的协调发展,特别是注重铁路和水路在港口集疏运中的作用,鹿特丹港2008年公路、水路(国内支线)、铁路的集装箱集疏运比例为57:30:13,并计划于2013年达到35:45:20的目标。

在港口集疏运系统的建设过程中,国外典型港口将注重传统的"地理距离"转为强调"经济运距",以运输成本和时间为基本要素,使集疏运通道的建设更多考虑到港口与直接和间接经济腹地间的衔接,以及各种集疏运方式之间的衔接,尽量发挥港口作为物流枢纽的功能。在港口规划和建设中,综合考虑了港口与后方集疏运系统的衔接问题,注重港口后方铁路的建设,向内陆腹地延伸,而且还加大港区支线铁路的建设,并保持两者的有效衔接。这一点在鹿特丹港、大连港等国内外典型港口的铁路集疏运设施建设中均有体现。而从伦敦、香港、新加坡等港口发展的历程来看,积极开辟国际航线,拓展海向腹地,是其成为航运中心的重要因素。

3.3.3 搭建公共物流信息平台,提供高效的港口服务

现代港口物流业已经形成信息化和网络化的趋势,信息技术和互联网技术在港口货物的装卸、储运和运输等系统中已广泛运用,形成了纵横交错、四通八达的港口物流信息网,港口信息化的发展促进了运输规模化、物流系统化,极大地提高

了港口物流效率,降低了物流成本。

目前,欧洲港口管理者正在提出“港口是‘虚拟物流链’控制中心”的理念,强调港口物流必须建立在港口物流信息平台的基础上,形成发达的高速“虚拟供应链”,提高物流信息的搜集、处理和服务能力,缩短物流信息交换与作业时间;大力发展电子商务,提供电子定舱、网上报关、报检、许可证申请、结算、缴(退)税、虚拟银行等网上服务;依托“虚拟链”建设服务于全球的“虚拟港”,加大港口的腹地范围。通过“虚拟链”,使港口物流的供应链上任何一环都能达到资源、信息共享,从而实现总体功能最优化的物流服务目标。鹿特丹港就是通过建立港口物流信息平台,达到船方、货方、代理方、港方和其他海关、税务、银行等多方资源共享和高效运作,使其港口竞争力得到进一步增强,并使其继续保持欧洲第一大港地位。

3.3.4 实行开放性政策,创造良好的港口发展环境

国内外典型港口在发展港口物流的过程中,始终将自身作为整个物流供应链的节点融入系统中,把提高采购、生产、销售各个环节之间的运作效率作为港口物流发展的重点,奉行开放性政策。各国政府在港口的发展过程中,很重视港口作为外贸发展特殊区域的功能,不断调整港口物流发展政策。以港口为核心,或建设自由港,或者建设保税区和保税仓库,发展与外贸相关的物流增值服务。

从香港、纽约等国际航运中心发展的历程来看,实施自由港政策是其成功的重要推动力。另外,新加坡港口也实行自由港政策,政府采取各种优惠措施,以吸引世界各国船公司;而在港口物流园区建设上与吸引外资相结合,将一些临港土地和泊位提供给跨国公司作为专用中转基地使用,鼓励大跨国企业在港区建设物流中心、配送中心等,进一步巩固其国际航运中心地位。鹿特丹港虽然不是自由港,也积极借鉴港口便利的精神,以先进的自动化技术和信息技术手段来提高效率。鹿特丹港通过保税仓库和货物分拨配送中心进行储运和再加工,提高货物的附加值。由于港区拥有完善的海关设施、优惠的税收政策,因此,保税仓库区域内企业在海关允许下可进行任何层次加工。海关可以提供24小时通关服务(周日除外)、先存储后报关、以公司账册管理及存货数据取代海关查验,企业可以选择适合的通关程序,运作十分便利。与上海“两个中心”建设相关的政策,也充分体现了解放思想、改革开放、先行先试的政策导向,根本目的都是为了创造良好的港口发展环境和条件。

第4章 体系建设的总体思路

对照“三位一体”港航物流服务体系建设内涵，在分析浙江沿海港口发展的现实基础和形势要求，以及借鉴国内外典型港口发展经验的基础上，提出“三位一体”港航物流服务体系建设的指导思想、战略定位、发展目标、主要任务和建设重点，为“三位一体”港航物流服务体系建设战略构想的实施提供了思想保证和行动指南。

4.1 指导思想

以科学发展观为统领，按照国家关于“全国海洋经济发展规划”、上海“两个中心”建设、“十大产业振兴规划”、长三角洲地区区域规划和浙江海洋经济规划等部署，紧密结合浙江省港口区位优势和现实基础，围绕“加快港口转型升级、促进经济发展方式转变”这一主线，在稳步发展港口集装箱运输的同时，以大宗商品交易平台建设为龙头，以推进“四大通道”的集疏运体系建设为基础，以港口金融、信息等配套服务体系建设为支撑，建设定位合理、要素完善、功能齐全、服务先进的现代港航物流服务体系，将宁波—舟山港建设成为与上海港错位发展、亚太地区重要的综合性国际枢纽港，进一步提升以宁波—舟山港为核心的浙江沿海港口群在全国乃至世界港口中的地位，促进经济发展方式的转变，为长三角地区、长江流域、中西部地区乃是全国经济发展提供强有力的支持。

4.2 战略定位

打造亚太地区重要的综合性国际枢纽港。借鉴国内外先进港口“国际化视野、地主港模式、市场化运行、综合性功能”的经验，充分发挥浙江省港口现有储备、物流、加工和交易等功能，以宁波—舟山港为龙头，浙北和温台港口为两翼，在稳定发展集装箱业务的同时，增强石油化工、矿石、煤炭、粮食等大宗物资的战略储备，大力发展港口物流，积极发展临港产业，以此构建大宗商品交易平台,加快现代市场体系建设,促进浙江省经济转型升级,服务长三角乃至全国的发展。

(1)建成我国最大的大宗散货战略储备基地(储备岛)

充分发挥浙江省港口区位和海岛资源优势,进一步发展原油、矿石、煤炭、粮食等大宗物资战略储备,维护国家经济安全。

(2)建成我国重要的港口物流基地(物流岛)

大力发展大宗商品的装卸、仓储、配送、加工等物流增值服务,拓展港口腹地空间,完善供应链、延伸产业链、提升价值链。

(3)建成我国重要的大宗商品交易基地(交易岛)

充分发挥浙江"市场大省"优势,依托宁波、舟山等地现有市场基础,积极探索大宗商品中远期和期货交易,打造具有国际影响力的大宗商品交易中心。

4.3 发展目标

(1)近期目标

至 2012 年,以现有大宗商品交易市场和电子商务交易平台为基础,选择若干个交易平台进行先行试点,完成综合性大宗商品交易中心建设规划,引进若干个国内外大型港口物流企业和大宗商品运营商;完成一批重大港口基础设施和集疏运项目建设,推进港口金融服务产品创新,构建浙江省港口信息服务体系框架,基本满足交易平台先行试点需求。据初步预测,浙江省港口货物吞吐量 8.2 亿吨,其中集装箱吞吐量 1 400 万标准箱,港口经济对浙江省 GDP 贡献率达到 6% 左右。

至 2015 年,基本建成 7 大交易区,搭建完成综合性大宗商品交易中心主体框架并选择若干货种进行试点交易,基本形成四大运输通道和港口金融、信息两大服务支撑体系。据初步预测,浙江省港口货物吞吐量 9.2 亿吨,其中集装箱吞吐量 1 750万标准箱,港口经济对浙江省 GDP 贡献率达到 7% 左右。

(2)远期目标

至 2020 年,全面建成"三位一体"港航物流服务体系,成为亚太地区重要的综合性国际枢纽港。据初步预测,浙江省港口货物吞吐量 11.3 亿吨,其中集装箱吞吐量超过 2 500 万标准箱,港口经济对浙江省 GDP 贡献率争取达到 9% 左右。

4.4 主要任务

根据“三位一体”港航物流服务体系建设的核心要素及其相互关系，通过分析，提出建设大宗商品交易市场体系、海陆联动集疏运网络、金融和信息两个配套服务体系以及集装箱物流平台四方面的主要任务。

4.4.1 建设浙江大宗商品交易市场体系

重点依托宁波—舟山港为核心的浙江沿海港口群，在对重点货类进行建设交易市场可行性分析的前提下，在浙江省范围内规划、培育石油化工、铁矿石、煤炭、粮食、钢材和木材等主要货类为对象的大宗商品交易区，形成浙江省甚至全国的大宗商品交易、定价、信息和结算中心，以及区域性港口物流中心和国际性采购、物流配送中心，促进大宗商品流通，拉动商流、人流、资金流和信息流在浙江高度集聚，带动金融、保险、仓储、物流等现代服务业的发展。同时，要依托港口，规划建立交易市场园区，实现大宗商品交易市场集聚的集群发展。为兼顾省内各市利益，可选择以现实基础或发展前景较好的市场为基础进行建设，在省内其他地市设立分市场或授权服务机构，根据实际交易情况在省内外设立交割场所，并依托交易信息平台，进行网上结算。打造专业交易市场和综合性交易市场相结合，以现货即期交易为基础，中远期交易为目标，以全国性交易平台为龙头、区域性（跨省或长三角地区）交易平台为骨干、地方性交易平台为基础的多形式、多层次的大宗商品交易市场体系，浙江大宗商品交易市场体系见图 4-1。

考虑到当前国家对中远期交易市场的政策，浙江新建的商品交易市场应以即期现货交易为主，未来可根据国家相关政策扩展中远期现货交易功能，适时开展期货业务。建议借鉴天津建立渤海商品交易所、上海建立石油交易所的建设模式，设立以石油化工、铁矿石、煤炭和粮食等为主要交易货类的综合性大宗商品交易所或交易中心。

在发展上述各类交易平台的基础上，建设一个大宗商品交易中心，宁波、舟山两个服务平台，多个大宗商品交易区，一批重要物资储运基地。

一是筹建打造大宗商品综合交易中心。宁波以大宗生产资料交易中心为基础，充分发挥第四方物流信息平台作用，开展大宗商品综合交易中心建设试点工作。舟山抓紧开展大宗商品综合交易中心的规划筹建工作。经过一定时期的积累

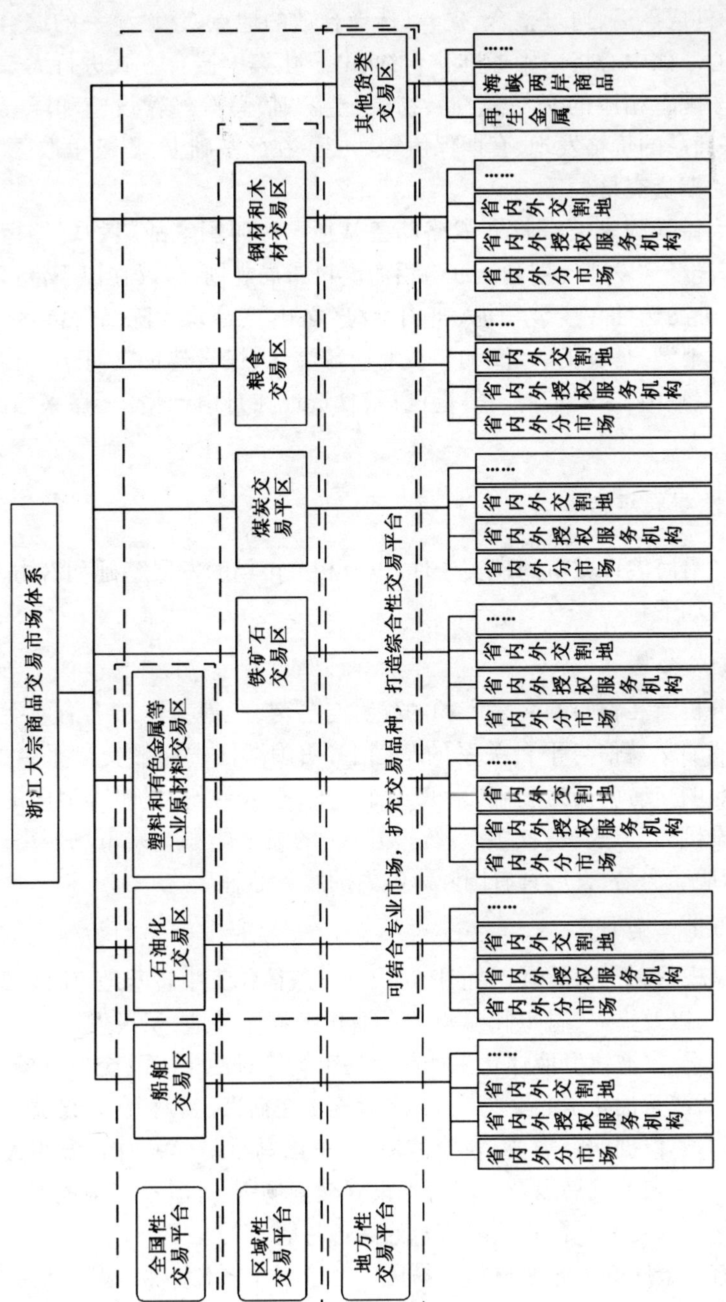

图4-1 浙江大宗商品交易市场体系

与探索，在条件成熟后，通过整合、提升，选择合适的地点，建设统一的综合性大宗商品交易中心。该中心将采用标准化合约、电子化集中撮合方式进行大宗商品的中远期交易。配置相应的交易、仓储、物流、金融、信息等经营设施和配套服务设施，实现大宗商品的价格发现、套期保值等功能。在此基础上，积极争取国家支持，发展大宗商品期货交易。

二是做大做强国家大宗物资战略储备基地。按照国家战略物资储运安全要求、浙江省海洋经济发展规划和浙江省沿海港口布局规划，建议在以下港区建设战略储备基地：油品选址在宁波镇海、舟山定海（岙山）、台州大陈岛等港区；铁矿石选址在舟山鼠浪湖、马迹山、凉潭和宁波北仑等港区；煤炭选址在舟山六横、衢山、宁波穿山、嘉兴独山、温州乐清湾等港区；粮食选址在舟山老塘山、嘉兴独山、温州龙湾等港区。

1）全国性交易平台

根据浙江沿海港口城市的现实条件，以及相关市场的发展基础和潜力，可打造全国交易平台如下：

（1）船舶交易区

在深入分析浙江省船舶交易市场的优势与劣势，统筹考虑与上海航运交易所建设的全国船舶交易信息平台关系的基础上，明确浙江省船舶交易平台的定位。建议以浙江船舶交易市场为基础，采取多种形式，整合台州、温州等地区的船舶交易市场或分设机构，形成"一核多点、统一开放"的浙江船舶交易市场网络，实现跨省、跨国经营船舶交易，打造具有国际影响力的服务品牌。

（2）石油化工交易区

根据发展现状和未来前景，要依托舟山马岙液体化工中转基地、宁波镇海液体化工产品码头，以及嘉兴、温州和台州港石油化工物流基地，积极发展舟山马岙液体化工交易市场、宁波镇海液体化工产品交易市场等石油化工品交易市场，通过资源整合，建设浙江石油化工品交易市场，之后逐步在嘉兴、温州、台州设立分市场或授权服务机构，并根据实际需要，在宁波镇海、舟山马岙、嘉兴独山、温州大小门岛和乐清湾港区、台州大陈岛以及江苏等地设立交割场所，打造长三角地区乃至全国重要的石油化工品交易平台和国家级石油储备基地。

塑料和有色金属等工业原材料交易区。建议以中国（余姚）塑料城为依托，拓展现有功能，建设中国最重要的塑料原料交易中心和中国最大的塑料机械展销中心。依托宁波港域丰富的进口铜接卸量,以及温台沿海产业带发展市场需求潜力,引导和支持铜、镍等进口或转口贸易商,在宁波港域、温州港、台州头门港等后方建设有色金属交易平台。

2)区域性交易平台

浙江区域性交易平台主要是以铁矿石、煤炭、粮食、钢材和木材为交易货类的专业大宗商品交易平台,主要服务区域是浙江省内和长三角地区。未来可根据市场发展需求,在各自专业交易市场的基础上,扩充交易商品,打造综合性交易平台。

(1)铁矿石交易区

建议以舟山鼠浪湖矿砂中转码头为依托,建设矿石中转基地和国家矿石储运基地,并根据国家对铁矿石采购政策的变化,积极与沙钢、武钢等企业合作,吸引国内大型矿砂贸易商参与经营,并积极申请铁矿石保税仓库,适时推进浙江矿石交易平台建设,之后逐步推进包括宁波等地在内的省内外分市场或授权服务机构的建设,并根据实际需要,在舟山鼠浪湖、马迹山、凉潭武港,以及宁波和长江沿线等地区设立交割场所。争取将浙江建设成为集储备、运输、交易和初加工为一体的国家的铁矿石储备基地,为改善我国在国际定价中话语权缺失的被动状态提供有利条件。

(2)煤炭交易区

根据发展现状和未来前景,建议依托舟山六横煤电一体化项目、宁波镇海港区煤炭码头、嘉兴独山港区煤炭码头和温台两港的煤炭市场和物流资源(包括物流园区),加快推进舟山六横和宁波镇海等煤炭交易市场建设,打造长三角地区重要的煤炭交易平台和国家级煤炭储备基地。目前,可利用国家计划建立由北京煤炭交易市场为龙头的全国煤炭交易市场体系的契机,积极申请将舟山六横煤炭交易市场作为北京煤炭交易市场分市场。

(3)粮食交易区

根据发展现状和未来前景,要依托舟山老塘山粮油码头、嘉兴港、温州港等港口的物流资源(包括物流园区),近期依托舟山老塘山粮油码头为建设交易市场开展试点工作,远期以其为主体,建设浙江粮食交易平台,将温州粮食中心整合为浙江省粮食交易市场的分市场,之后逐步在嘉兴、宁波、台州等地设立分市场或授权服务机构,并根据实际需要,在舟山老塘山、温州龙湾、嘉兴独山、杭州、湖州等地设立交割场所。打造长三角地区重要的粮食交易平台和国家级粮食储备基地。

(4)钢材和木材交易区

充分利用镇海现有良好的钢材交易市场基础,依托规划建设镇海海铁联运枢纽港有利条件,积极引进专业钢材贸易商,推动钢材交易市场的发展;并依托宁波木材交易市场,利用其发达市场基础,推动木材交易市场建设。之后,逐步推进包括嘉兴、温州、台州等地在内的省内外分市场或授权服务机构的建设,从而构建浙江省乃至长三角的钢材木材交易平台。

3)地方性交易平台

根据现实基础和未来前景分析,积极推进地方性大宗商品交易平台的建设,例如嘉兴的煤炭和粮食等交易市场(服务于浙北地区)、台州再生金属和海峡两岸商品等交易市场、温州粮食和煤炭等交易市场(服务范围可由温州向浙南、福建等地延伸)。抓住中国内地与台湾 ECFA 协议的实施契机,利用台州玉环的对台贸易基础,以及浙江省与台湾之间特殊的历史渊源和农副产品市场需求条件,积极探索构建农产品交易平台,辐射浙江省及周边省市。同时,积极推进临港型交易园区建设,吸引当地交易市场集聚,以形成规模效应。

4.4.2 建设"四大运输通道"为主的海陆联动集疏运体系

海陆联动集疏运网络将在完善港口基础设施的基础上,围绕大宗商品交易平台的建设,以沿海主要港口和园区为核心节点,依托铁路、公路、水路、管道等多种运输方式,建设"联通南北沿海、联通长江沿线、联通西南内陆和联通海洋"四大运输通道,打造覆盖浙江省、连接辐射浙江、长三角地区、长江流域甚至全国、面向世界的集疏运网络。到2015年,重点加强港口基础设施建设和公路、内河航道、铁路等集疏运体系建设和物流园区配套集疏运建设,进一步开辟海上航线,积极构建"四大运输通道"。

1)完善港口基础设施

加快沿海港口、综合运输枢纽、物流园区等建设。码头方面围绕石油化工、铁矿石、煤炭、粮食、集装箱等货种,重点建设宁波—舟山港六横、穿山煤炭码头,嘉兴港独山煤炭中转码头;宁波—舟山港凉潭、鼠浪湖矿石中转码头;宁波—舟山港大榭、册子原油接卸码头;嘉兴港独山粮食码头;宁波—舟山港梅山、金塘港区等大型集装箱码头。航道方面重点建设条帚门航道、蛇移门航道、樱连门航道、双屿门航道、乐清湾航道整治等项目。锚地方面重点建设佛渡锚地、东霍山锚地等。推进公路运输枢纽基础设施、物流园区及配套集疏运项目建设。

“十二五”时期根据大宗商品交易平台和港口物流发展需求，拟新建万吨级以上泊位35个，新增吞吐能力2.2亿吨，其中集装箱450万标准箱；新建10万吨级以上进港航道99公里；新增锚地75平方公里；总投资约238亿元。重点加强浙江省9个国家公路运输枢纽的交通物流基础设施建设，加快推进交通运输部和浙江省共建的梅山、传化、义乌、绍兴、嘉兴等5个物流园区以及温州、台州、舟山物流园区配套集疏运建设，加强沿海港口与重点物流园区的有效衔接，主要建设330公里配套集疏运公路，总投资约246亿元。

2）建设四大运输通道

“十二五”期间初步建成“能力充分、布局完善、结构优化、衔接顺畅、协调发展、安全可靠”的沿海港口的综合集疏运大通道。通过优化沿海公路网结构布局，大力提升内河航道等级，实现铁路跨越式发展。重点建设联通南北沿海、长江沿线、西南内陆、海洋四大运输通道。

根据正在编制的“十二五”各项规划，当前及今后5年四大通道内拟新建高速公路1 029公里，一级公路157公里；新建铁路主干线1 413公里，铁路进港支线328公里，120万标准箱铁路集装箱中心站1个；新增高等级内河航道577公里；总投资约3 349亿元（公路约1 530亿元，铁路约1 516亿元，内河航道约285亿元）。

（1）联通南北沿海大通道

面向沪、苏、闽等地区，一是尽快建成嘉绍跨江通道、台金高速公路东延段、头门疏港公路；二是尽早开工甬台温高速公路复线、钱江通道北接线、杭长高速公路北延段、104国道温州西过境段改造、台州74省道南北延段、京杭运河改造及二通道、嘉兴港海河联运等项目；三是加快六横至穿山疏港公路、杭宁高速公路拓宽、杭州湾跨海大桥北接线（二期）、乍嘉苏线、杭申线航道、沿海货运铁路专线、杭州湾跨海铁路等项目前期工作（图4-2）。共计实施高速公路696公里，一级公路117公里，铁路127公里，内河航道415公里，总投资约1 471亿元。

（2）联通长江沿线大通道

面向浙江西部及长江沿线地区，一是尽快建成宁波穿山疏港高速公路、宁波绕城高速公路东段，宁波铁路枢纽货运北环线等项目；二是尽早开工宁波集装箱中心站和大榭、穿山港区支线铁路等项目；三是加快杭绍甬高速公路、宁波进港支线铁路、杭甬运河宁波段三期等项目前期工作（图4-3）。共计：高速公路180公里，铁路411公里。

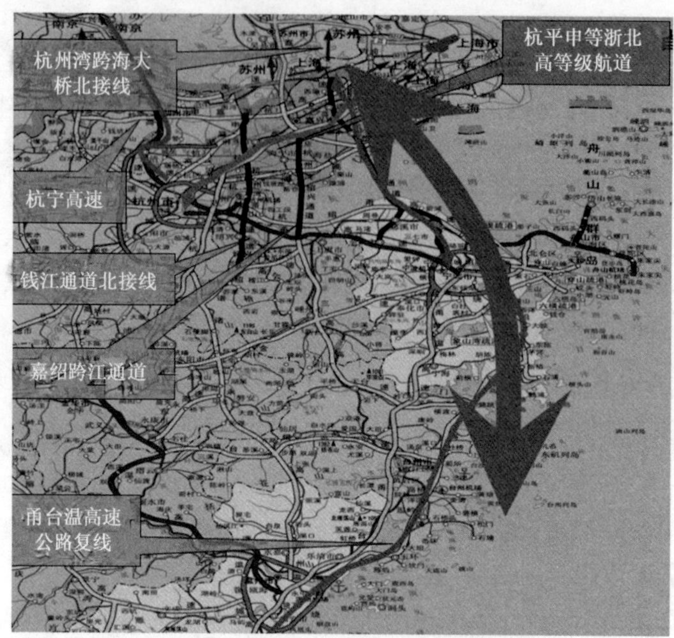

图4-2　联通南北沿海大通道—重点任务分布示意图

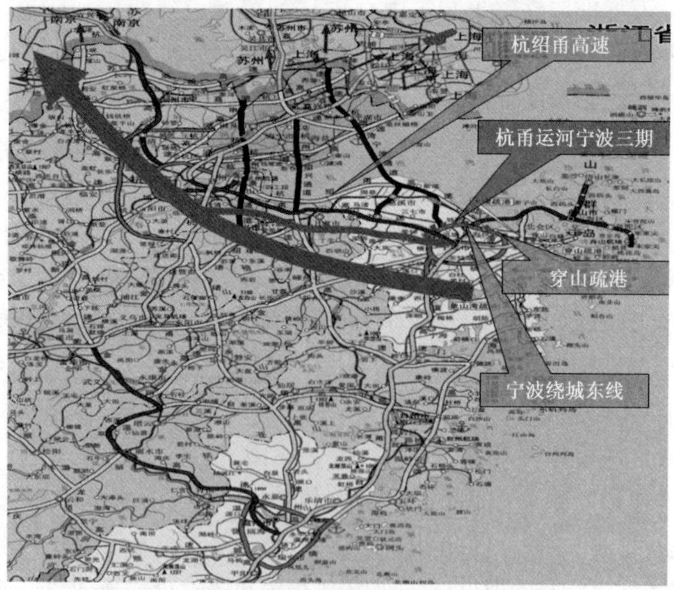

图4-3　联通长江沿线大通道—重点任务分布示意图

(3)联通西南内陆大通道

面向浙江西南部及江西等地区,一是尽快建成金温铁路扩能工程、九景衢铁路等项目;二是尽早开工杭新景高速公路建德至开化段、钱塘江中上游航运复兴工程和瓯江航道开发等项目;三是加快龙浦高速公路、温州 77 省道龙湾延伸段、甬金及温台进港支线铁路等项目前期工作(图 4-4)。共计:高速公路 153 公里,铁路 875 公里,内河 162 公里。

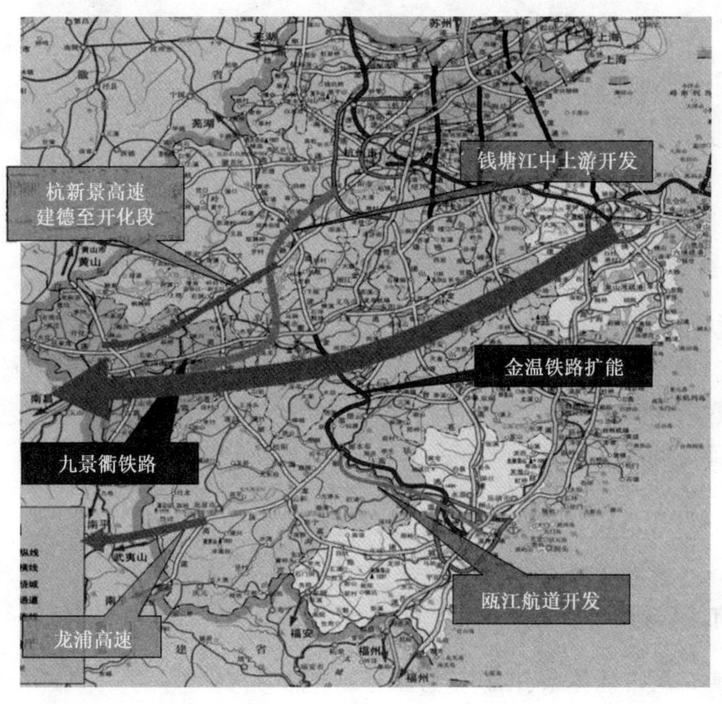

图 4-4　联通西南内陆大通道—重点任务分布示意图

(4)联通海洋大通道

面向亚太地区和全球,一是加强与世界前 20 大班轮公司合作,增加与原油、铁矿石、煤炭、粮食主要产区国家的航线,加大航班密度;二是着力提升浙江省沿海远洋运力,争取到"十二五"末运力总规模达到载重 1 900 万吨,船舶平均吨位达到载重 5 500 吨;三是积极推动对台海上直航常态化。联通海洋大通道—重点任务分布示意图如图 4-5 所示。

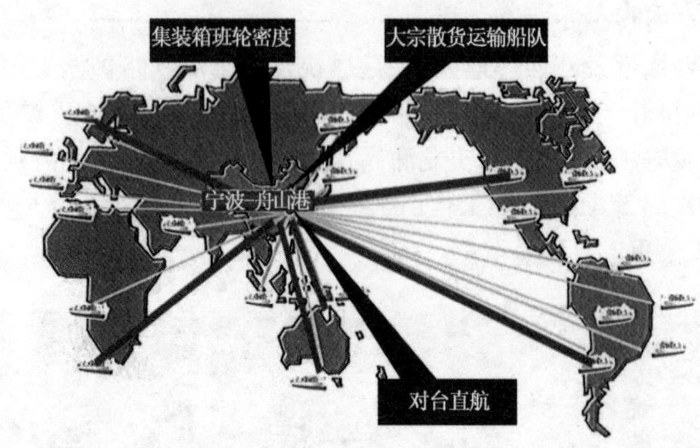

图4-5 联通海洋大通道－重点任务分布示意图

3)完善物流园区对外集疏运设施

在尽快推进浙江省物流园区、工业园区,以及保税物流园区、保税港区、保税区等海关特殊监管区建设的基础上,要做好物流园区对外联系的交通基础设施建设工作,积极推进物流园区与港区、后方经济区域以及与交通主干线衔接工作,从而使港口物流做到货畅其流。

4.4.3 建设两个港口配套服务体系

1)港口金融服务体系

从完善金融市场体系、创新金融服务或产品、打造良好的金融服务外部环境和支撑系统等角度,提出如下主要任务:

(1)打造3个平台

①港口投融资平台:由省交通运输厅技改资金安排初次注册资金,省内航运企业自愿参股,组建由省、市等多方出资成立的省控股的浙江省港航投资集团公司。

②信用担保平台:由省交通运输厅技改资金安排初次注册资金,省内有潜力的航运企业自愿参股,共同组建浙江省航运企业投资担保有限公司,专门服务于航运企业。

③银港战略合作平台:由省政府牵头,省交通运输厅、省金融办、浙江银监局组织协调,积极争取建立与大型商业银行的战略合作关系,专司港口金融服务。

(2)创新 6 项金融服务或产品

①推进港口航运保险产品:研发或改进联运保险,为港口物流量身打造保险产品;研究试点港口台风巨灾强制保险,为港口建设和安全运行提供全方位的风险保障;推动保险机构与银行针对船舶、海运、港口物流等企业的特点,开展贷款保证保险、保单质押贷款等业务。

②大力发展直接融资:支持优质港口物流企业通过增发、配股、可转债、公司债等方式进行再融资;大力发展企业债、短期融资券、中期票据、资产支持证券等债券融资产品;推动港口物流企业发行集合债券、集合票据和集合信托计划。

③加快开发间接融资产品:支持金融机构积极开展在建船舶抵押贷款、仓单质押贷款、存货滚动质押贷款等符合港口物流业特点的业务。创新运用信托和租赁融资等融资工具支持港航及集疏运基础设施建设。

④研究设立专业产业投资基金:浙江省已经成立浙商产业投资基金,应引导其加大船舶建造、物流仓储、海洋运输等企业的投资力度,加快发展现代港口物流企业的集聚;研究设立港口物流产业投资基金和海洋产业投资基金,专业投资于港口物流企业和海洋企业,快速促进产业集聚和提升。

⑤扩大利用信托和租赁融资工具:对于港航设施、收费路桥等以资金信托方式对项目提供股权、债权、夹层基金融资等方式,发起设立经营性公共基础设施信托投资基金等实现多元化融资;对于船舶运输工具、运输车辆、工程机械设备通过金融租赁方式提供融资,灵活运用直租和回租等方式;支持金融租赁产品通过资产证券化等方式扩大资金来源。

⑥鼓励发展新型物流金融产品:支持银行业金融机构积极开展项目临时周转贷款、在建项目抵押贷款、新型流动资产抵押贷款、海域使用权抵押贷款、在建船舶抵押贷款、仓单质押贷款、存货滚动质押贷款、应收账款质押、股权质押、知识产权质押、运输仓储公司第三方监管等符合港口物流业特点的信贷产品。

(3)打造 4 个支撑系统

①中介服务系统:采取有力措施,制定鼓励政策,积极推进信用评估、资产评估、船舶注册、会计审计、法律服务、海事仲裁、投资咨询、经纪公司、保险精算、数据

处理、金融信息等金融中介服务机构的发展。

②金融人才保障系统：推进港口金融人才培育系统建设，人才政策的核心内容是人才的激励、保障和培训政策。奖励为浙江港口金融发展做出显著贡献的金融人才；支持本省金融机构引进所需金融人才，要给予政策支持；为金融集聚区配套医疗保障、房屋、子女就学等实施；建立金融人才培训基地，与高校联合培养港口金融人才。

③法律支撑系统：参照上海出台促进两个中心建设条例，争取出台促进浙江港口金融服务体系建设的专项法规，着重就金融市场体系、区域布局和基础设施、金融人才环境、金融创新环境、信用环境、金融风险防范和法治环境建设等进行规范规定。

④信息支撑系统：搭建港口物流信用信息平台，为港口经济金融服务提供基础信息保障。加强港航、工商、税务、环保、公安、法院、电力等相关部门的协调合作和信息共享，充分利用人民银行的征信系统整合港口物流企业的信用信息，建立健全港口信用专项评价机制。

2)港口信息服务体系

遵循“统筹规划、分步实施，建用并举、以用促建，分头建设、互联互通”的原则，以公共服务为导向，以业务应用为突破，实现浙江省港口信息的共享与交换、港口业务的动态化和协同化管理，全面支撑浙江港口经济发展。

一是建设1个数据交换平台：在浙江交通物流公共信息平台和浙江电子口岸、宁波电子口岸基础上，以政府为主导，协调海关、海事、商检、交通、港口等部门，联合航运、物流、商贸、工业、信息服务等企业，建设一个标准化、广覆盖、高时效的港航数据交换平台。

二是建设1个公共服务平台：在数据交换平台的基础上，利用物联网技术，增加和提升浙江交通物流公共信息平台的功能模块，为广大用户提供政策、船舶、航线、码头、物流、配载、气象、地图等公共信息服务。同时推进与国外港口物流公共信息平台的对接，近期重点建立东北亚物流信息服务网络。

三是建设3个应用板块：

①政务板块：以电子口岸建设为核心，优化口岸业务流程，提高一体化水平，为企业提供更为便捷的口岸服务，并加强港口安全监管。

②商务板块：以大宗商品交易平台为核心，完善第四方物流信息平台、船舶交易信息系统，大力发展电子商务。

③生产板块：重点推进各港口业务单位的信息化建设，提高港口运转和管理的现代化水平。

4.4.4　搭建集装箱物流平台

要利用保税港区的政策优势，重点推进宁波梅山保税港区的建设；并依托宁波北仑、穿山、大榭港区，舟山金塘港区，温州状元岙、七里港区，台州大麦屿港区和嘉兴乍浦港区的集装箱码头设施，以资本为纽带积极推进与浙江沿海其他港口以及与长江沿海港口战略联盟，整合港口集装箱资源，加快发展集装箱的水水中转。

同时，要依托海铁联运积极推进省内和中西部地区的无水港的建设，不断扩大集装箱腹地的范围，延伸浙江沿海港口的物流服务功能；并积极推进打造浙江省的港口物流（集装箱）公共信息平台（图4-6），在浙江省内形成宁波—舟山港为中心，以浙北嘉兴、浙南温台港口为两翼的“一体两翼”集装箱运输网络，稳步推进集装箱物流的发展。建议以宁波市政府和宁波港集团为主，积极协调其他沿海港口城市相关单位，稳步推进相关工作。

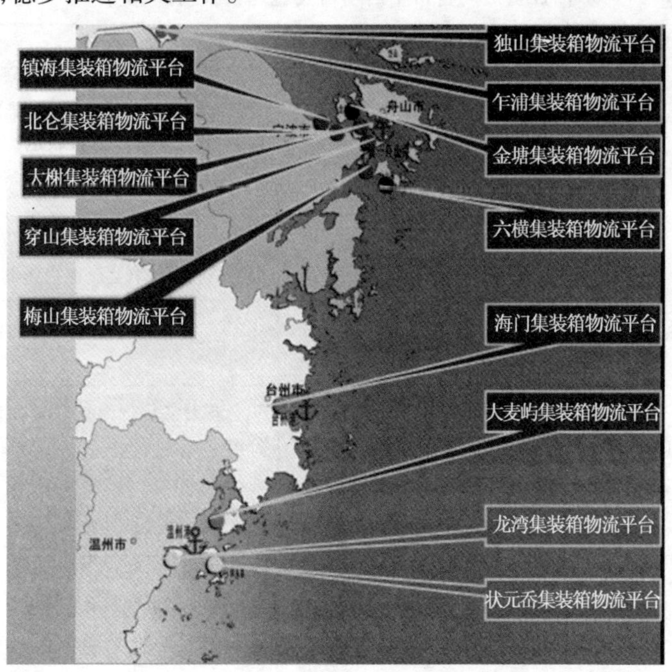

图4-6　集装箱物流平台分布示意图

4.5 建设重点

对照体系建设的框架内容和主要任务，基于现实条件，立足先行先试，加快推进“三位一体”港航物流服务体系建设，提出如下交易平台、集疏运网络、港口金融和信息服务体系以及集装箱物流平台五方面的近期重点推进的建设项目。

4.5.1 交易平台建设

按照浙江省政府提出的“提升一批、启动一批、规划一批”和“符合相关规划、符合招商要求、七个交易区范畴”的要求，结合浙江省沿海港口布局规划，课题组初步确定了61个大宗商品交易平台项目(含交易市场、储运基地和中转码头建设等项目)，其中提升类平台项目17个，启动类平台项目28个，规划类平台项目16个(详见表4-1～表4-3)。

浙江省沿海各市平台项目实施建议表(提升类)　　表4-1

序号	地区	项目名称	地点	牵头单位	相关单位
1	宁波市	宁波镇海液体化工产品交易市场	宁波镇海	镇海区人民政府	宁波镇海液体化工产品交易市场有限公司、宁波大宗货物海铁联运物流枢纽港开发公司
2		宁波镇海煤炭交易市场	宁波镇海	镇海区人民政府	宁波市镇海煤炭交易市场有限公司、宁波大宗货物海铁联运物流枢纽港开发公司
3		宁波镇海钢材交易市场	宁波镇海	镇海区人民政府	宁波大宗货物海铁联运物流枢纽港开发公司
4		宁波镇海木材交易市场	宁波镇海	镇海区人民政府	宁波大宗货物海铁联运物流枢纽港开发公司
5		中国镍金属交易中心	宁波	江东区人民政府	宁波神化化学品经营有限责任公司
6		宁波华东物资城钢材交易市场	宁波	江东区人民政府	宁波华东物资城市场建设开发有限公司
7		余姚中国塑料城	宁波余姚	余姚市人民政府	余姚市中国塑料城集团有限公司

续上表

序号	地区	项目名称		地点	牵头单位	相关单位
8	宁波市	长三角固体石化产品交易平台		宁波	宁波国家高新区管委会	浙江前程石化股份有限公司
9		宁波国际航运中心船舶及船用产品交易市场		宁波	市交通局	宁波船舶交易市场、宁波国际船舶与船用设备交易公司、宁波国际航运中心船舶交易市场
10	舟山市	舟山国际粮油集散中心	路易达孚粮油项目	定海区老塘山港区	舟山市政府	中海粮油公司、路易达孚（北京）贸易有限公司
11		舟山石油化工品交易中心	世纪太平洋液体化工基地	定海区马岙镇	舟山市政府	舟山世纪太平洋化工有限公司
12		浙江船舶交易市场		定海新城	舟山市政府	舟山港航管理局、舟山港务集团
13	台州市	台州船舶交易市场		台州市椒江区	台州市政府	台州市港航管理局、台州市船舶交易市场
14	温州市	温州船舶交易市场		温州乐清市	温州市政府	温州市港航局 乐清市政府 温州银海船舶交易有限公司
15	嘉兴市	嘉兴·中国杭州湾钢贸城		嘉兴港区	嘉兴市人民政府	浙江杭州湾控股集团有限公司
16		嘉兴长三角国际石（木）材交易市场		嘉兴港区	嘉兴市人民政府	嘉兴长三角国际石材城有限公司及石（木）材贸易企业
17		嘉兴煤炭交易市场		嘉兴港区	嘉兴市人民政府	浙江省能源集团有限公司等企业

浙江省沿海各市平台项目实施建议表(启动类) 表4-2

序号	地区	项目名称		地点	牵头单位	相关单位
1	宁波市	宁波大榭能源化工交易中心		宁波大榭	大榭开发区管委会	中信大榭物流有限公司
2		宁波镇海大宗生产资料交易中心		宁波镇海	镇海区人民政府	宁波大宗货物海铁联运物流枢纽港开发公司
3	舟山市	中国(舟山)大宗商品交易中心		定海新城港航服务区	舟山市人民政府	中国(舟山)大宗商品交易中心筹建办
4		舟山铁矿石交易中心	武港凉潭岛铁矿石中转码头	武港凉潭岛	舟山市政府	武钢(集团)公司、宁波港务集团、舟山和润集团
5			宁波—舟山港衢山港区鼠浪湖岛铁矿石中转基地	岱山县衢山鼠浪湖岛	舟山市政府	舟山港务集团、宁波港务集团、浙江省交投、岱山县国资
6			马迹山大宗散货交易基地	嵊泗县马迹山	舟山市政府	浙江省交投集团、嵊泗县国资公司
7		长三角国际煤炭交易中心	永晖洗煤项目	普陀区六横东白莲岛	舟山市政府	永晖集团控股有限公司
8			国电进口煤项目	岱山县衢山蛇移门	舟山市政府	国电集团
9			浙能六横煤电一体化项目	普陀区六横岛	舟山市政府	浙能集团
10		舟山石油化工品交易中心	舟山本岛西部油品化工园区配套公用码头及应急救助设施项目	定海区岑港镇外钓岛	舟山市政府	舟山港外钓油品应急储运有限公司

续上表

序号	地区	项目名称		地点	牵头单位	相关单位
11	舟山市	舟山石油化工品交易中心	六横液体化工品物流项目	普陀区六横岛	舟山市政府	上海中奥企发集团、香港大唐石化集团
12			六横棕榈湾燃料乙醇新能源项目	普陀六横棕榈湾	舟山市政府	中石油、华立集团
13			中石化册子油品储运基地	定海区册子岛	舟山市政府	中国石化集团公司、中国石油化工股份有限公司、舟山港务集团
14			舟山光汇石油储运基地	定海区岑港镇外钓岛	舟山市政府	舟山港务集团、光汇石油集团
15			天禄能源储运基地	定海区岑港镇	舟山市政府	浙江天禄能源有限公司、舟山中际化工有限公司
16			舟山纳海油污处理（油品储运、贸易）项目	定海区岑港镇	舟山市政府	舟山纳海油污水处理有限公司
17			黄泽山油品中转储运基地	衢山黄泽山岛	舟山市政府	浙江广厦集团
18			万向（岙山）石油储运项目	定海区岙山岛	舟山市政府	万向石油储运（舟山）有限公司
19		舟山木材建材市场	岱山木材项目	岱山县大衢山	舟山市政府	上海柁中建设股份有限公司

续上表

序号	地区	项目名称	地点	牵头单位	相关单位
20	台州市	海峡两岸（玉环）商品交易物流中心	大麦屿经济开发区	台州市政府	玉环县人民政府、玉环县直航办、玉环经济发展有限公司
21	台州市	台州工业原材料交易市场	路桥区三山涂围垦区内	台州市政府	路桥区人民政府、路桥金属资源再生产业基地管委会
22	台州市	玉环大麦屿钢材交易市场	玉环大麦屿经济开发区	台州市政府	玉环县人民政府、中捷环洲供应链集团
23	温州市	温州粮食交易市场	温州龙湾区	温州市政府	温州粮食局 龙湾区政府 温州市面粉公司
24	温州市	温州煤炭交易市场	温州乐清市	温州市政府	乐清市政府 温州港集团
25	嘉兴市	浙江嘉兴石油化工品市场	嘉兴港区	嘉兴市人民政府	嘉兴港口控股集团有限公司，港口化工码头及临港化工企业
26	嘉兴市	嘉兴粮食交易市场	嘉兴市	嘉兴市人民政府	嘉兴市现代服务业发展投资集团有限公司
27	嘉兴市	浙北生产资料交易市场	嘉兴港海盐港区	嘉兴市人民政府	杭州钢铁集团公司
28	嘉兴市	平湖市金属交易市场	嘉兴港独山港区	嘉兴市人民政府	上海恒翔建材有限公司

浙江省沿海各市平台项目实施建议表（规划类）　　表4-3

序号	地区	项目名称	地点	牵头单位	相关单位
1	宁波市	中石化长三角汽柴油交易中心	宁波	市发改委	中石化浙江石油分公司（暂定）
2	宁波市	宁波进口煤炭交易中心	宁波	市发改委	宁波市煤炭协会（筹建）
3	宁波市	宁波铁矿石交易中心	宁波	市发改委	宁波神化化学品经营有限责任公司、巴西淡水河谷公司、宁波港股份有限公司、杭州钢铁集团公司（暂定）
4	宁波市	宁波粮食交易中心（粮食现代物流中心）	宁波	市粮食局	宁波东粮物流有限责任公司

续上表

序号	地区	项目名称		地点	牵头单位	相关单位
5	舟山市	舟山石油化工品交易中心	双子山油品储运基地	岱山县双子山岛	舟山市政府	舟山港务集团、中石化公司
6			乎宝油品化工品码头及罐区项目	舟山西白莲	舟山市政府	普陀区政府、舟山港务集团、乎宝集团
7		舟山国家石油储备基地(岙山)		定海区岙山岛	舟山市政府	中化集团公司
8	台州市	台州石油化工产品交易市场		台州石化工业园区(基地)	台州市人民政府	台州市石化园区管委会
9		临海头门煤炭交易市场		临海市头门港区	台州市政府	临海市人民政府、台州港临海港区建设管理委员会
10		大麦屿煤炭交易市场		大麦屿经济开发区	台州市政府	玉环县人民政府、华能国际电力股份有限公司玉环电厂
11		台州粮食及粮油产品交易市场		临海头门港区	台州市政府	临海市人民政府、台州港临海港区建设管理委员会
12		临海头门钢材交易市场		临海头门港区	台州市政府	临海市人民政府、台州港临海港区建设管理委员会
13		临海(头门)石油产品交易市场		临海头门港区	台州市政府	临海市人民政府、台州港临海港区建设管理委员会
14		台州水泥、熟料建材交易市场		台州市椒江区前所街道	台州市政府	台州海螺水泥有限公司
15	温州市	温州钢材交易市场		温州龙湾区	温州市政府	龙湾区政府 温州港集团、温州市金属投资股份有限公司
16		温州工业原材料交易市场		温州龙湾区	温州市政府	龙湾区政府 洞头县政府 相关建设运营企业

1)石油化工交易区

(1)市场分析

目前世界原油交易价格主要受纽约、伦敦等期货市场控制,亚太地区已形成以新加坡、韩国为主的石油化工物流基地和分拨中心,国内已形成以中石化、中石油为主导的销售网络。长三角地区是我国液体化工品的主要生产和消费地,进口量占到全国的35.2%。据初步预测,到2015年浙江省港口腹地的石油化工品需求量约1.4亿吨。

2009年,浙江省各沿海港口石油化工类泊位共147个,设计靠泊能力347.45万吨级,依据《浙江省沿海港口布局规划》以及各港口总体规划,预计2015年和2020年浙江沿海港口石油及制品的吞吐量分别可达1.72亿吨、2.21亿吨,特别是宁波—舟山港已具备良好的基础条件,且有较大发展空间。从现有市场构成来看,石油及制品类市场主要分布在长三角地区,上海处于绝对的优势地位;在化工材料及制品类市场中,浙江省市场基础较好,其主要竞争对手为江苏省,但威胁不大。因此,建议通过合理规划,推进浙江省石油化工交易市场建设。

(2)建设思路

由于受进口油品贸易政策管制,近期宜先行建设燃料油和液体化工品的交易平台,引进大型石油化工交易营运商,从现货即期交易做起,逐步向现货中远期和期货交易发展,同时努力争取扩大油品的国家战略储备规模。在培育和扩大宁波、舟山、嘉兴、台州等地的石油化工交易市场基础上,通过政府引导、市场运作,形成分工合作、区别服务对象的石油化工交易平台,成为泛长三角及长江沿线地区石油化工的重要物流基地和交易中心,远东地区油品和液体化工品的分拨中心。

(3)重点项目

一是提升宁波镇海液体化工产品交易市场、宁波长三角固体石化产品交易中心和舟山世纪太平洋化工基地等;二是启动宁波大榭能源化工交易中心、舟山光汇石油储运基地、天禄能源储运基地、舟山纳海油污处理(油品储运、贸易)中心等,以及浙江嘉兴石油化工品市场等项目;三是规划中石化长三角汽柴油交易中心、台州石油化工产品交易市场、临海(头门)石油产品交易市场等项目。

2）铁矿石交易区

（1）市场分析

我国铁矿石资源丰而不富，品位较低，铁矿石需求主要依赖国外进口。长三角地区是全国工业化水平最高的区域，长江沿线18个钢厂，2009年进口铁矿石约1亿吨，受长江口航道水深制约，长江沿线钢厂进口铁矿石主要依赖宁波—舟山港减载中转。根据《长江三角洲地区区域规划》，未来将依托上海、江苏的大型钢铁企业，积极发展精品钢材。此外，装备制造业和修造船业的发展也会对钢铁产生大量需求，将间接拉动铁矿石的需求量。初步预测，到2015年浙江省港口腹地的铁矿石需求量约1.6亿吨。

中钢协规定国内铁矿石贸易必须实行代理制，对于铁矿石进场交易有较大制约，但由于世界铁矿石贸易定价方式从过去的"长协价"逐步变为年度定价、季度定价甚至现货价，为建设铁矿石交易平台提供了极佳时机。

2009年，浙江省沿海港口铁矿石泊位共有12个，设计靠泊能力为112.7万吨级，依据《浙江省沿海港口布局规划》以及港口总体规划，预计到2015年和2020年浙江省沿海港口金属矿石的吞吐量分别可达1.70亿吨、2.01亿吨。因此，可考虑先期以铁矿石中转储备基地为主，逐步推进交易市场建设。

（2）建设思路

争取国家在浙江省沿海港口开展铁矿石战略储备，加强与宝钢、马钢、沙钢、南京梅钢、张家港联峰、芜湖新兴铸管、中天钢厂等长江沿线主要钢铁企业、国内外大型矿山企业和矿石贸易商合作，争取这些企业在宁波与舟山设立商业储备和物流基地，同时出台优惠政策，引导武港凉潭岛、衢山港区鼠浪湖岛、马迹山和北仑等矿石中转码头开展铁矿石物流、贸易业务，建设形成长江流域铁矿石物流交易中心。

（3）重点项目

一是启动舟山铁矿石交易中心建设，加快推进武港凉潭岛铁矿石中转码头、宁波—舟山港衢山港区鼠浪湖岛铁矿石中转基地等项目；二是规划宁波铁矿石交易中心。

3）煤炭交易区

（1）市场分析

我国煤炭生产主要集中在以山西、陕西、内蒙古西部地区为中心的能源基地，而煤炭主要消费区为东北(包括内蒙古东部)、京冀、长江三角洲、东南沿海等经济较发达地区。煤炭生产和消费结构的不均衡,导致区域间煤炭调运量不断加大,基本形成了“西煤东运、北煤南运”的格局。2009 年我国首次成为煤炭净进口国,进口原煤 1.26 亿吨。

长三角地区是我国煤炭最为缺乏的地区之一,大量依靠水运调入。受能源政策变化的影响,未来煤炭需求将逐步减少,但短期内影响不大。初步预测,到 2015 年浙江省港口腹地的煤炭需求量约 1.5 亿吨。

2009 年,浙江省沿海港口煤炭专业化泊位 39 个,设计靠泊能力 107.28 万吨级,主要分布在宁波—舟山港。依据《浙江省沿海港口布局规划》以及各港口总体规划,预计到 2015 年和 2020 年浙江省沿海港口煤炭吞吐量分别可达 1.41 亿吨、1.70 亿吨。根据《长江三角洲地区区域规划》,未来将重点建设宁波—舟山、连云港等沿海煤港,南京、镇江、南通等沿江煤港及徐州沿运河煤港,有选择地建设煤炭储备、配送基地。目前,浙江省煤炭市场总成交额为 69.8 亿元,约占全国总成交额的 35%,在长三角地区占有明显的优势地位。因此,浙江省有望成为我国进口煤炭最大接卸地,有条件建设成为我国南方最大煤炭交易集聚区。

(2)建设思路

依托舟山六横、宁波镇海、嘉兴独山等煤炭码头设施和市场基础,先从现货交易起步,逐步发展中远期交易。重点加快六横煤炭中转基地建设,启动煤炭物流和交易平台试点,并积极争取国家煤炭储备功能,面向长三角地区,做大煤炭现货交易规模,提升宁波镇海、嘉兴独山港区和温台两港口煤炭市场的交易水平。

(3)重点项目

一是提升宁波镇海煤炭交易市场和嘉兴煤炭交易市场;二是启动长三角国际煤炭交易中心和温州煤炭交易市场等交易平台项目,加快建设永晖洗煤项目、国电进口煤项目和浙能六横煤电一体化项目;三是规划宁波进口煤炭交易中心、台州临海头门煤炭交易市场和大麦屿煤炭交易市场等交易平台项目。

4)粮食及其他农产品交易区

(1)市场分析

我国粮食生产区域分布广,产需总量基本平衡,但我国人口众多,对粮食的需求量大,保障粮食安全仍是当前首要任务。由于各地粮食生产的规模、品种、结构差异很大,全国粮食区域性、结构性矛盾较为突出,粮食产销形成“北粮南调”格局。长江三角洲是我国主要的粮食流入区,仅江苏省有部分粮食运往周边省份,由于该地区经济发达,城镇化发展很快,使得粮食需求和供应的缺口日渐加大。初步预测,到 2015 年浙江省港口腹地的粮食需求量约 5 000 万吨。

受长江口航道水深限制,长三角地区外贸进口粮食的 44% 在宁波—舟山港减载中转。2009 年,浙江省沿海港口共有粮食泊位 3 个,设计靠泊能力 8.6 万吨级。依据《浙江省沿海港口布局规划》以及各港口总体规划,到 2015 年和 2020 年浙江省沿海港口粮食吞吐量分别可达 1 246 万吨、2 460 万吨。长三角地区作为粮食的主销区,建设粮食交易市场的需求程度较高,但市场规模较小。另外,从交易额来看,浙江省粮油市场总成交额占长三角地区的 52.8%。因此,浙江省有条件建设国家粮食储备基地和大型粮油交易平台。

(2)建设思路

以舟山老塘山、嘉兴独山、温州龙湾等港区为重点,争取国家粮食储备政策支持,加强与北粮集团、中粮集团、路易达福、托福等国内外大型粮食供应商的合作,积极发展对台农产品贸易,增强港口粮食接卸、加工能力,发展粮食物流和集中交易,提升贸易功能,建设成为面向长三角地区的粮食物流和交易中心、进口粮食的主要储备中转基地。

(3)重点项目

一是提升舟山国际粮油集散中心;二是启动嘉兴粮食交易市场、温州粮食交易市场和台州海峡两岸(玉环)商品交易物流中心等项目;三是规划宁波粮食交易中心和台州粮食及粮油产品交易市场等项目。

5)钢材和木材交易区

(1)市场分析

随着国内外经济的企稳回升,钢铁需求仍会保持增长态势。华东地区是国内钢材流量最大的地区,也是消费增量最大、增幅最高的地区。近年来,华东地区对钢材的消费需求占国内钢材资源总投放量的 37%。根据《长江三角洲地区区域规划》,长三角地区将建设具有世界影响的装备制造业基地,这将进一步带动对钢铁的需求。初步预测,到 2015 年浙江省的钢材需求量约 3 000 万吨。我国钢材交易总体上呈现多、乱、散、小的格局,低水平重复建设严重。目前,浙江省钢材交易市场已具备一定的基础,但与江苏和上海相比无明显优势。

我国是世界上最大的木业加工、木制品生产基地和最主要的木制品加工出口国,同时也是国际上最大的木材采购商之一。天然林保护工程实施以后,国内木材供需缺口逐年增加,预计到2015年,我国生产建设用材需求量约为4.8亿立方米,缺口将达1.9亿立方米。初步预测,到2015年浙江省木材需求量约1 000万立方米。浙江省木材市场基础较好,在全国前20位的木材市场中,浙江省占7家。

依据《浙江省沿海港口布局规划》以及各港口总体规划,到2015年和2020年浙江省沿海港口钢铁吞吐量分别可达2 424万吨、3 370万吨;木材吞吐量分别可达140万吨、480万吨。从未来发展来看,浙江省钢材交易市场仍有一定的发展空间。

(2)建设思路

一是钢材,利用镇海现有钢材交易市场基础,发挥浙江物产集团、中国五矿等大企业落户优势,继续引进专业钢材贸易经销商,积极利用海铁联运与内河运输条件,构建千万吨级钢材交易市场。同时,在嘉兴、台州、温州港后方,依托当地钢材市场需求,在原有钢材交易市场基础上扩大规模、拓展功能。二是木材,利用宁波、嘉兴等木材交易市场发达的基础优势,在镇海、嘉兴和舟山等港口后方整合发展木材交易市场。

(3)重点项目

一是提升宁波镇海钢材交易市场、宁波镇海木材交易市场、宁波华东物资城钢材交易市场、嘉兴·中国杭州湾钢贸城、嘉兴长三角国际木(石)材交易市场等;二是启动玉环大麦屿钢材交易市场和舟山木材建材市场等项目;三是规划台州临海头门钢材交易市场、台州水泥熟料建材交易市场和温州钢材交易市场等项目。

6)塑料和有色金属等工业原材料交易区

(1)市场分析

近年来,随着中国消费结构的升级和重工业的快速发展,全球制造业向我国转移步伐不断加快。《长江三角洲地区区域规划》的出台,进一步明确了长三角将建成全球先进制造业中心的发展方向,未来将在提升制造业的层次和水平的基础上,打造若干规模和水平居国际前列的先进制造产业集群。

中国(余姚)塑料城是国内最大的集塑料原料、配料、机械、模具、制品、信息于一体的专业市场之一,2009年市场交易量达694.75万吨、交易额701.78亿元。从温州、台州沿海产业带发展现状分析,浙江省铜、镍有较好的市场基础。据海关统计数据显示,2009年全国进口铜760万吨,其中宁波—舟山港接卸进口铜159万吨。目前,宁波神化化学品公司镍金属交易规模已达到100多亿元。

浙江省作为全国海洋经济发展试点省份，海洋经济将向纵深发展，塑料、有色金属等工业原材料需求持续旺盛，尤其是浙江省沿海经济的发展，使得工业原材料需求更为集中，这为塑料、有色金属等工业原材料交易平台建设奠定了坚实的基础。

(2) 建设思路

一是塑料，进一步扶持中国（余姚）塑料城发展，在现有功能基础上，发展物流、金融、检测认证等功能，真正成为中国最重要的塑料原料交易中心、信息发布中心、价格形成中心和结算中心，以及中国最大的塑料机械展销中心，并带动形成国际一流的涉塑产业集群。二是有色金属，引导和支持镍、铜等进口或转口贸易商，进一步拓展规模、强化资源掌控能力，建设千亿元级有色金属交易平台。

(3) 重点项目

一是提升余姚中国塑料城和中国镍金属交易中心；二是启动浙北生产资料交易市场、嘉兴平湖金属交易市场项目和台州工业原材料交易市场等项目；三是规划温州工业原材料交易市场等项目。

7) 浙江船舶交易区

(1) 市场分析

浙江省是国内船舶交易量最大、交易最活跃的省份，2009 年浙江省船舶交易额约 90 亿元，占全国船舶交易总额的 55%。其中，浙江（舟山）船舶交易市场的交易额约 45 亿元，占全国交易量的 28%，台州船舶交易市场交易额约 20 亿元，占全国交易量的 12%。浙江（舟山）船舶交易市场已与湖州市合作成立了湖州市船舶交易市场，拓展内河船舶交易市场，并与宁波市达成了共同建设船舶交易市场的意向，与温州、台州市也在洽谈合作。

浙江省水运运力规模发展迅速，2009 年载重达到 1 550 万吨，其中海运运力载重约为 1 250 万吨，内河运力载重约为 300 万吨。航运业的较快发展和运力规模的增长，必然带动船舶交易市场的快速增长。预计浙江省船舶交易总量到 2012 年可实现船舶交易额 150 亿元，到 2015 年可实现船舶交易额 300 亿元，到 2020 年，可实现船舶交易额超过 500 亿元。

(2) 建设思路

一是以浙江（舟山）船舶交易市场为基础，联合宁波、台州、温州等船舶交易市场，完善市场布局，拓展市场份额，提升平台功能，实现与国内其他船舶交易平台的对接，并向内河航区扩展，建设成为全国性船舶交易中心。二是争取率先发布“中国二手船舶价格指数”，打造具有国际影响力的服务品牌。三是在此基础上，开拓渔船交易，探索进口二手船交易。

(3)重点项目

加快建设浙江船舶交易市场、台州船舶交易市场、温州船舶交易市场和宁波国际航运中心船舶及船用产品交易市场等平台。

4.5.2 集疏运网络建设

按照“四大运输通道”为主的海陆联动集疏运体系建设的主要任务，加快推进港口基础设施和联通南北沿海、长江沿线、西南内陆、海洋四大运输通道以及物流园区的重点项目如下：

(1)港口基础设施重点项目

围绕煤炭、矿石、原油、液体化工、粮食、集装箱等货种平台，重点建设配套的码头、进港航道、锚地的港口基础设施。一是通过老港区技术改造和码头设备技术更新，充分挖掘现有码头吞吐能力；二是尽快建成凉潭矿石、穿山煤炭码头 5 个泊位，以及梅山港区集装箱码头 5 个泊位等项目；三是尽早开工建设马岙化工、鼠浪湖矿石等码头 21 个泊位，蛇移门、樱连门等 4 条 10 万吨级以上进港航道，以及佛渡、东霍山锚地等项目。

到 2015 年，一是新建万吨级以上泊位 38 个，沿海港口货物年总吞吐能力达到 10 亿吨，集装箱吞吐能力达到 1 800 万标准箱；二是新建 10 万吨级以上进港航道 99 公里；三是新增锚地 75 平方公里。

重点建设项目如表 4-4 所示。

(2)四大运输通道重点项目

四大运输通道建设重点项目以“十二五”将实施的项目为主，远景规划部分拟“十三五”实施项目，四大运输通道的重点建设项目如表 4-5 ~ 表 4-8 所示。

(3)物流园区集疏运重点项目

“十二五”时期，一是大力推进交通运输部和浙江省共建的 5 大物流示范区(梅山、传化、义乌、绍兴、嘉兴)。二是积极培育温州、台州、舟山等 3 个物流园区建设，实现园区内外交通顺畅、便捷，主要建设 330 公里配套公路，总投资约 243 亿元。

港口基础设施重大项目建议表

表 4-4

序号	项目名称	建设地点	建设规模	总投资（亿元）	项目进展情况	责任主体	相关单位
一	石油化工						
1	马岙港区世纪太平洋化工二期	宁波—舟山港	15 万吨级泊位 1 个，吞吐能力 600 万吨	5	工可编制	舟山市政府，省交通运输厅、省港航局	舟山世纪太平洋公司
2	镇海港区 19 号、20 号液体化工码头	宁波—舟山港	5 万吨级、2 万吨级泊位各 1 个，吞吐能力 195 万吨	3	工可编制	宁波市政府，省交通运输厅、省港航局	镇海海铁联运枢纽港管委会
3	册子原油码头二期	宁波—舟山港	30 万吨级泊位 1 个，吞吐能力 1 500 万吨	2	工可编制	舟山市政府，省交通运输厅、省港航局	中石化
4	衢山港区黄泽山油品中转项目	宁波—舟山港	1 ~ 30 万吨级泊位 7 个，吞吐能力 2 200 万吨	20	预可已预审正工可编制	舟山市政府，省交通运输厅、省港航局	省交投、宁波港集团、舟山港务集团
5	嘉兴乍浦港三期化工码头	嘉兴港	2 万吨级 2 个、1 万吨级 1 个，吞吐能力共计 450 万吨	4	工可编制	嘉兴市政府、省交通运输厅、省港航局	嘉兴港港口投资公司
二	矿石						
1	六横港区凉潭矿石中转码头	宁波—舟山港	3 ~ 25 万吨级泊位 3 个，吞吐能力 3 000 万吨	25	已开工	舟山市政府，省交通运输厅、省港航局	武钢、宁波港集团、舟山和润集团
2	衢山港区鼠浪湖岛矿石中转码头	宁波-舟山港	3.5 ~ 30 万吨级泊位 3 个，吞吐能力 2 500 万吨	25	工可编制	舟山市政府，省交通运输厅、省港航局	省交投、宁波港集团、舟山港务集团
三	煤炭						
1	穿山港区中宅煤炭码头	宁波—舟山港	15 万吨级、5 万吨级泊位各 1 个，吞吐能力 1 330 万吨	25	已开工	宁波市政府，省交通运输厅、省港航局	宁波港集团
2	独山港区煤炭中转码头	嘉兴港	3.5 万吨级泊位 3 个，吞吐能力 3 000 万吨	10	项目申请报告已审	嘉兴市政府，省交通运输厅、省港航局	浙能集团
3	六横煤炭中转二期	宁波—舟山港	2 ~ 20 万吨级泊位 4 个，吞吐能力 3 000 万吨	30	工可研究	舟山市政府，省交通运输厅、省港航局	浙能集团

续上表

序号	项目名称	建设地点	建设规模	总投资（亿元）	项目进展情况	责任主体	相关单位
四	粮食						
1	独山港区粮食码头二期	嘉兴港	3万吨级泊位1个，吞吐能力68万吨	2	工可编制	嘉兴市政府，省交通运输厅、省港航局	杭州交投、嘉港物流
五	集装箱						
1	梅山港区集装箱码头工程	宁波—舟山港	7～10万吨级泊位5个，吞吐能力300万标准箱	54	已开工	宁波市政府，省交通运输厅、省港航局	宁波港集团、梅山管委会
2	金塘港区木岙集装箱码头	宁波—舟山港	10万吨级泊位3个，吞吐能力150万标准箱	24	工可编制	舟山市政府，省交通运输厅、省港航局	宁波港集团、舟山港务集团
六	航道						
1	双屿门进港航道	宁波—舟山港	30万吨级航道，里程8公里	1	工可编制	舟山市政府，省交通运输厅、省港航局	舟山港务局
2	长涂东进港航道（樱连门航道）	宁波—舟山港	30万吨级航道，里程20公里	3	工可编制	舟山市政府，省交通运输厅、省港航局	舟山港务局
3	蛇移门进港航道	宁波—舟山港	30万吨级航道，里程25公里	3	工可编制	舟山市政府，省交通运输厅、省港航局	舟山港务局
4	乐清湾进港航道一期工程	温州港、台州港	10万吨级航道，里程46公里	2	工可待审	温州、台州市政府，省交通运输厅、省港航局	温州、台州港航局
七	锚地						
1	东霍山锚地	宁波—舟山港	50平方公里		工可编制	舟山市政府，省交通运输厅、省港航局	舟山港务局
2	佛渡锚地	宁波—舟山港	25平方公里		工可编制	舟山市政府，省交通运输厅、省港航局	舟山港务局

联通南北沿海大通道项目实施建议表 表4-5

序号	项目名称	建设规模		总投资（亿元）	项目进展情况	责任单位	相关单位
		高速（公里）	一级（公里）				
	联通南北沿海大通道	共计实施高速公路696公里，一级公路117公里，铁路127公里，内河航道415公里总投资约1 471亿元					
1	甬台温高速公路复线	340		459	项建书已报国家	宁波、台州、温州市政府，省交通运输厅、省公路局	省交通投资集团
2	嘉兴至绍兴跨江通道	70		140	已开工	嘉兴、绍兴市政府，省交通运输厅、省公路局	项目公司
3	钱江通道北接线	35		47	预可已审	杭州、湖州市政府，省交通运输厅、省公路局	项目公司
4	杭长高速公路北延段	30		23	预可已编	湖州市政府，省交通运输厅、省公路局	湖州市交投公司
5	台金高速东延段	25		23	已开工	台州市政府，省交通运输厅、省公路局	省交通投资集团
6	104国道温州西过境段		50	45	工可编制	温州市政府，省交通运输厅、省公路局	温州市交通局
7	台州74省道南北延段		51	30	南延段初设已审，北延段工可研究	台州市政府，省交通运输厅、省公路局	台州市交通局
8	头门疏港公路		16	19	已开工建设	台州市政府，省交通运输厅、省公路局	台州市交通局
9	六横至穿山疏港公路	71		185	预可已审	宁波、舟山市政府，省交通运输厅、省公路局	宁波市、舟山市交投公司
10	杭州湾跨海大桥北接线（二期）	28		34	工可已审	嘉兴市政府，省交通运输厅、省公路局	嘉通集团

续上表

序号	项目名称	建设规模		总投资（亿元）	项目进展情况	责任单位	相关单位
		高速（公里）	一级（公里）				
11	杭宁高速公路拓宽工程	97		16	预可研究	湖州市政府，省交通运输厅、省公路局	杭宁高速公路公司
12	杭州湾跨海铁路	国铁一级127公里		261	预可研阶段	宁波、嘉兴市政府	省铁路投资集团
13	京杭运河及二通道	三级航道122公里		100	工可已报	杭州、嘉兴、湖州市政府，省交通运输厅、省港航局	杭州、嘉兴、湖州市交通局
14	湖嘉申线	三级航道29公里		19	项目建议书已上报	湖州、嘉兴市政府，省交通运输厅、省港航局	湖州、嘉兴市交通局
15	杭平申线	三级航道106公里		45	除土地预审外，已具备工可批复条件	杭州、嘉兴市政府，省交通运输厅、省港航局	杭州、嘉兴市交通局
16	乍嘉苏线	四级航道66公里		6	除土地预审外，已具备工可批复条件	嘉兴市政府，省交通运输厅、省港航局	嘉兴市交通局
17	杭申线	三级航道92公里		12	除土地预审外，已具备工可批复条件	杭州、嘉兴市政府，省交通运输厅、省港航局	杭州、嘉兴市交通局
18	嘉兴港海河联运工程	建设4个内河港池及码头、4个连接航道、3个通航公路闸桥以及航运相关设施		7	工可编制（乍浦港二期、三期内河港池已开工）	嘉兴市政府，省交通运输厅、省港航局	嘉兴市交通局

联通长江沿线大通道项目实施建议表

表 4-6

序号	项目名称	建设规模		总投资（亿元）	项目进展情况	责任单位	相关单位
		高速（公里）	一级（公里）				
	联通长江沿线大通道	共计实施高速公路 180 公里，铁路 411 公里，总投资约 942 亿元					
1	宁波绕城高速公路东段	44		87	已开工	宁波市政府，省交通运输厅、省公路局	宁波市交投公司
2	宁波穿山疏港公路	34		72	已开工	宁波市政府，省交通运输厅、省公路局	宁波市交投公司
3	杭绍甬高速公路	102		187	前期研究	杭州、绍兴、宁波市政府，省交通运输厅、省公路局	杭州、绍兴、宁波交投
4	宁波铁路集装箱中心站	120 万标准箱		11	可研阶段	宁波市政府	中铁联集、宁波港集团
5	甬舟跨海铁路	国铁一级 83 公里		156	前期研究	宁波、舟山市政府	省铁路投资集团
6	杭黄铁路	国铁一级 182 公里		273	2013 年建成	杭州市政府	省铁路投资集团
7	宁波铁路枢纽北环线	国铁一级 40 公里		41	已开工	宁波市政府	宁波枢纽指挥部
8	大榭、穿山港区铁路支线	国铁二级 36 公里		21	2013 年建成	宁波市政府	宁波港集团
9	北仑支线扩能改建	国铁二级 19 公里		20	拟“十二五”建设	宁波市政府	宁波港集团
10	梅山岛铁路支线	国铁二级 13 公里		10	拟“十二五”开展前期	宁波市政府	梅山管委会
11	象山港铁路支线	国铁二级 38 公里		21	拟“十二五”开展前期	宁波市政府	宁波港集团
12	杭甬运河宁波段三期	四级航道		33	预可已预审	宁波市政府，省交通运输厅、省港航局	宁波市交通局

联通西南内陆大通道项目实施建议表

表 4-7

序号	项目名称	建设规模		总投资（亿元）	项目进展情况	责任单位	相关单位
		高速（公里）	一级（公里）				
	联通西南内陆大通道	共计实施高速公路 153 公里，一级公路 40 公里，铁路 875 公里，内河 162 公里，总投资约 936 亿元					
1	龙浦高速公路	23		21	项建书已报省发改委	丽水市政府，省交通运输厅、省公路局	省交通投资集团
2	温州 77 省道龙湾延伸段		40	34	项建书已批	温州市政府，省交通运输厅、省公路局	温州市交通局
3	杭新景高速公路建德至开化段	130		108	完成项建书报批	杭州、衢州市政府，省交通运输厅、省公路局	省交通投资集团
4	金温铁路扩能工程	国铁一级 188 公里		180	已开工	金华、丽水、温州市政府	省铁路投资集团
5	九景衢铁路	国铁一级 88 公里		60	已开工	衢州市政府	省铁路投资集团
6	金甬铁路	国铁一级 235 公里		250	拟“十二五”建设	宁波、金华市政府	省铁路投资集团
7	金台铁路	国铁一级 142 公里		150	拟“十二五”建设	金华、台州市政府	省铁路投资集团
8	乐清湾港区铁路专用线	国铁二级 24 公里		10	预可已审，与铁道部协商接轨问题中	温州市政府	
9	健跳港专用线	国铁二级 31 公里		7	规划阶段	台州市政府	

续上表

序号	项 目 名 称	建 设 规 模		总投资（亿元）	项目进展情况	责 任 单 位	相关单位
		高速（公里）	一级（公里）				
10	头门港专用线	国铁二级 52 公里		12	规划阶段	台州市政府	
11	龙门港专线	国铁二级 20 公里		8	规划阶段	台州市政府	
12	石化园区专用线	国铁二级 36 公里		12	规划阶段	台州市政府	
13	玉环铁路支线	国铁二级 59 公里		14	规划阶段	台州市政府	
14	瓯江航道	四级航道 80 公里		15	工可编制	温州、丽水市政府，省交通运输厅、省港航局	温州、丽水市交通局
15	钱塘江中上游航运复兴工程	四级航道 82 公里		55	衢州段年内开工，金华段和富春江船闸改造项目工可待批	金华、衢州市政府，省交通运输厅、省港航局	金华、衢州市交通局

联通海洋大通道项目实施建议表

表 4-8

项 目 名 称	项 目 内 容	责 任 单 位
联通海洋大通道		
加密航线	加强与世界前 20 大班轮公司合作，增加与原油、矿石、煤炭、粮食主要产区国家的航线，加大航班密度	省交通运输厅、省港航局，沿海各市政府及交通、港务投资集团等企业
提升运力	着力提升浙江省沿海远洋运力，争取到“十二五”末运力总规模载重达到 1 900 万吨，船舶平均吨位载重达到 5 500 吨	省交通运输厅、省港航局，省交通投资集团及各地方政府

三是重点支持杭州、宁波和温州等国家重点综合运输枢纽建设。四是大力发展大宗商品专业物流和集装箱物流,深化港口联盟和无水港建设,加强水水中转和海铁联运,引导浙江省及周边地区生成的集装箱向宁波—舟山港转移,陆路集疏运的集装箱向水路集疏运转移,长江沿线和中西部地区生成的集装箱向浙江省港口转移。五是加快宁波梅山保税港区建设,完善保税港区服务功能,争取扩大保税港区范围,发展国际物流业务和加工贸易。重点项目如表4-9。

4.5.3 金融服务体系建设

围绕港口发展需要,按照创新服务与防范风险相结合、政策推动与市场自主相结合的原则,完善金融市场体系,推动金融服务创新,建立港口金融战略合作机制。

(1)培育3个机构

①港口产业基金会:由省、市等财政和国企为主,吸引国内外知名港航物流企业和省内民间资本参加,专业投资于港航基础设施建设;

②海洋发展银行:以舟山农村信用联社为基础,引入战略投资者,改制重组为浙江省海洋发展银行;

③港航投资公司:由省、市等多方出资,组建省港航投资集团公司,负责港口岸线一级市场开发,投资公益性港航基础设施。

(2)创新3类产品

①航运保险产品:研发改进联运保险,试点港口台风巨灾强制保险,开展贷款保证保险、保单质押贷款等业务。研究组建浙江航运保险公司。

②直接融资产品:支持优质港口、航运、物流和临港产业企业上市或发债融资,引导社会资本以股权方式投资相关企业,开展股份转让试点。

③间接融资产品:支持金融机构积极开展在建船舶抵押贷款、仓单质押贷款、存货滚动质押贷款等符合港口物流业特点的业务。创新运用信托和租赁融资等融资工具支持港航及集疏运基础设施建设。

(3)建立1个机制,即港口金融战略合作机制

加强浙江省港口及相关企业与金融机构沟通协调,搭建产业与金融合作平台,为浙江省港航发展创造良好的金融环境。

实施方案建议如表4-10所示。

表 4-9

建设 8 大物流园区项目实施建议表

序号	项目名称	建设规模		总投资	项目进展	责任单位	相关单位
		一级	二级				
一	宁波梅山保税物流园区						
1	园区基础设施及信息平台			17.6	正在实施	宁波市政府,省交通运输厅、省运管局	宁波市交通局
2	梅山大桥及接线	2.2		4.4	在建	宁波市政府,省交通运输厅、省公路局	宁波市交通局
3	梅东大桥及接线	3.9		13.9	工可编制	宁波市政府,省交通运输厅、省公路局	宁波市交通局
二	传化物流中心						
1	园区基础设施及信息平台			9	正在实施	杭州市政府,省交通运输厅、省运管局	杭州市交通局
2	九堡大桥南接线	6.8		23	初步设计已批复	杭州市政府,省交通运输厅、省公路局	杭州市交通局
3	机场东路	21.6		19.4	工可编制	杭州市政府,省交通运输厅、省公路局	杭州市交通局
4	头蓬路	22		19.8	工可编制	杭州市政府,省交通运输厅、省公路局	杭州市交通局
三	义乌物流园区						
1	园区基础设施及信息平台			50	一期项目正在实施	义乌市政府,省交通运输厅、省运管局	义乌市交通局
2	37 省道义乌青口至苏溪段改建工程	18.2		7	工可已经批复	义乌市政府,省交通运输厅、省公路局	义乌市交通局
3	37 省道义乌至诸暨段复线工程	26.8		11	工可已经批复	义乌市政府,省交通运输厅、省公路局	义乌市交通局
4	03 省道义乌段改建工程	42		35	工可已报省发改委待批	义乌市政府,省交通运输厅、省公路局	义乌市交通局
5	浙赣铁路义乌货站至甬金高速公路徐村互通连接线工程	11.6		4	在建	义乌市政府,省交通运输厅、省公路局	义乌市交通局
6	义乌至浦江公路(义乌段)	4.4		3	在建	义乌市政府,省交通运输厅、省公路局	义乌市交通局

续上表

序号	项目名称	建设规模		总投资	项目进展	责任单位	相关单位
		一级	二级				
7	义乌至武义公路(义乌段)	23.4		11	项目建议书已批，正着手工可审批有关前置审核工作	义乌市政府，省交通运输厅、省公路局	义乌市交通局
8	义乌至兰溪公路(义乌段)	11.3		6.3	正在办理报省发改委项目建议书	义乌市政府，省交通运输厅、省公路局	义乌市交通局
9	义乌至永康公路(义乌段)	17.8		9.3	工可编制	义乌市政府，省交通运输厅、省公路局	义乌市交通局
10	稠廿路拓宽改造及阳光互通工程	2.81		1	工可已经编制待审查	义乌市政府，省交通运输厅、省公路局	义乌市交通局
11	37省道与金义东公路连接线	20		10	前期	义乌市政府，省交通运输厅、省公路局	义乌市交通局
12	浦江至义乌至东阳公路义乌段(含义乌至浦江三线公路)	22		9.9	前期	义乌市政府，省交通运输厅、省公路局	义乌市交通局
四	绍兴柯桥物流园区						
1	园区基础设施及信息平台			13	一期项目正在实施	绍兴市政府，省交通运输厅、省运管局	绍兴市交通局
2	31省道北延绍兴段工程	16	2	25.2	项目建议书已批，正着手工可审批有关前置审核工作	绍兴市政府，省交通运输厅、省公路局	绍兴市交通局
五	嘉兴现代物流园区						
1	园区基础设施及信息平台			7.3	正在实施	嘉兴市政府，省交通运输厅、省运管局	嘉兴市交通局
2	吉蚂路(物流园至南湖大道段)	3		1.9	工可编制	嘉兴市政府，省交通运输厅、省公路局	嘉兴市交通局

续上表

序号	项目名称	建设规模		总投资	项目进展	责任单位	相关单位
		一级	二级				
3	吉蚂西路（物流园区至洪合机场段）	3		1.9	工可编制	嘉兴市政府，省交通运输厅、省公路局	嘉兴市交通局
六	舟山金塘岛港口综合物流园区						
1	园区基础设施			5	正在实施	舟山市政府，省交通运输厅、省运管局	舟山市交通委员会
2	金塘岛互通至大浦口疏港公路	14.9	1	7.1	在建	舟山市政府，省交通运输厅、省公路局	舟山市交通委员会
3	金塘小李岙至东风岭疏港公路	5.3		3.3	工可编制	舟山市政府，省交通运输厅、省公路局	舟山市交通委员会
4	金塘上岙至金塘互通疏港公路	16		8.5	工可编制	舟山市政府，省交通运输厅、省公路局	舟山市交通委员会
七	台州物流园区						
1	园区基础设施			5.3	正在实施	台州市政府，省交通运输厅、省运管局	台州市交通局
2	104 国道辅线	2.8		1.1	工可已经编制待审查	台州市政府，省交通运输厅、省公路局	台州市交通局
八	温州瑞安江南物流园区						
1	园区基础设施			7.3	正在实施	温州市政府，省交通运输厅、省运管局	温州市交通局
2	园区至瑞枫公路（规划省道）	3.5		5.5	工可已审查	温州市政府，省交通运输厅、省公路局	温州市交通局
3	园区至 104 国道	5.2		3.5	部分在建	温州市政府，省交通运输厅、省公路局	温州市交通局

金融支撑系统项目实施建议表　　表4-10

序号	项目名称	地点	牵头单位	相关单位	主要任务
1	港口产业投资基金		三位一体推进办	省发改委、省财政厅、省交通运输厅、省金融办和沿海各市政府	专业投资于港口物流、船舶制造、港航基础设施建设等
2	海洋发展银行	舟山	省金融办	银监局、舟山市政府	以舟山农村信用联社为基础，引入战略投资者，改制重组为浙江省海洋发展银行
3	港航投资公司	杭州	省交通运输厅	省级相关部门和单位，沿海各市政府	由省、市等多方出资，组建省港航投资集团公司，负责港口岸线一级市场开发，投资公益性港航基础设施
4	航运保险产品	沿海各市	省金融办	保监局、沿海各市政府	研发改进联运保险，试点港口台风巨灾强制保险，开展贷款保证保险、保单质押贷款等业务
5	直接融资产品	沿海各市	省金融办	证监局、沿海各市政府	支持优质港口、航运、物流和临港产业企业上市或发债融资，开展“未上市公司”股份转让试点
6	间接融资产品	沿海各市	省金融办	省交通运输厅、银监局、沿海各市政府	积极开展在建船舶抵押贷款、仓单质押贷款等业务。创新运用信托和融资租赁等融资工具支持基础设施建设
7	港口金融战略合作平台	杭州	省金融办	省交通运输厅、浙江银监局、证监局、保监局、沿海各市政府	建立浙江省港口与大型金融机构的战略合作关系，定期沟通协调，搭建港航企业与金融机构的合作平台，为浙江省港航发展争取金融支持

4.5.4 信息服务体系建设

以港口各相关单位的信息化水平及部分信息服务平台的建设情况为基础，根据浙江港口信息服务体系的建设目标和整体架构，“十二五”期间，拟建设以下重点项目。实施方案建议如表4-11所示。

信息支撑系统项目实施建议表 表 4-11

序号	项目名称	地点	牵头单位	相关单位	主要任务
1	数据交换平台	杭州	省经信委	省交通运输厅,海关、海事、商检、交通、港口等部门,联合航运、物流、商贸、工业、信息服务等企业	协调交通物流平台、浙江电子口岸进行整合,打通进出口数据、港口数据、物流数据的传输渠道。在标准化的前提下,实现底层数据交换,为各项应用系统建设奠定基础
2	公共服务平台	杭州	省经信委	省交通运输厅、各市政府	利用物联网技术,增加和提升交通物流公共信息平台的功能模块,推进与国外港口物流公共信息平台的对接,近期重点加快东北亚物流信息服务网络建设
3	政务应用板块	各市	省经信委	各市政府,海关、海事、商检、交通、港口等管理部门	完善政务应用系统,将数据接入到数据交换平台,加快电子口岸建设
4	商务应用板块	各市	省经信委	相关运营企业	以大宗商品交易平台为核心,完善第四方物流信息平台、船舶交易信息系统,大力发展电子商务
5	生产应用板块	各市	省经信委	相关港口企业	推进宁波—舟山港、温州港、台州港、嘉兴港等港口企业内部信息化建设

(1)建设浙江省港口数据交换平台

协调浙江交通物流公共信息平台、各电子口岸、港口企业、港航部门、物流园区及企业等单位,打通进出口数据、港口数据、物流数据的传输渠道。在标准化的前提下,实现“统一平台、分布存储、实时交换、安全保证”的底层数据交换平台,建设浙江省港口数据交换平台。

(2)建设浙江港口公共信息服务平台建设

在省内港口应用系统及数据平台的基础上,构建基于互联网的覆盖浙江省的港口公共信息服务平台,向国内外港口、航运、物流企业提供各国国情、港口、码头、船舶、航线、政策、气象等公共服务。同时,通过采集东北亚物流信息交换平台的日本、韩国数据,结合浙江港口的集装箱数据,将建设集装箱跟踪查询系统作为公共服务平台的一期重点工程。

(3)建设政务、商务、生产应用板块

①政务板块:加强各个口岸部门的协作,加快浙江电子口岸在浙江省各地的推广应用,从提高效率、降低成本和便利企业的角度出发,将各部门的口岸业务整合,实现"一口对外",方便企业"一站式"的完成所有港口口岸行政审批,整合提升浙江电子口岸服务功能。

②商务板块:以大宗商品交易市场为核心,建设相应的电子商务平台,利用市场数据,提供大宗商品供应信息,为流通、生产、物流企业服务,实现网上现货交易及期货交易,逐步向内陆地区辐射,形成有影响力的价格指数。同时,完善宁波第四方物流平台建设,加快建设浙江省港口物流公共信息服务平台系统。

③生产板块:加强宁波—舟山港、温州港、台州港、嘉兴港等港口生产各环节应用系统建设,优化港口生产流程,加快提高浙江沿海港口的信息化服务水平。

4.5.5 集装箱物流平台建设

近期重点推进宁波梅山保税港区建设,充分利用保税港区的政策优势,加快发展国际集装箱装卸、堆存、中转、国际集装箱多式联运等业务,并国际转口贸易、国际采购等业务,稳步发展港口集装箱物流业务。另外,加快推进宁波北仑、穿山、大榭港区、舟山金塘港区、六横港区,温州状元岙、乐清湾港区,台州大麦屿港区、海门港区,以及嘉兴乍浦和独山港区集装箱码头的建设。建设方案实施建议如表4-12所示。

集装箱物流平台项目实施建议表　表4-12

序号	项目名称	地点	牵头单位	相关单位	主要任务
1	北仑港区	宁波	宁波市政府	宁波港集团	挖掘现有潜力,提升能力
2	穿山港区	宁波	宁波市政府	宁波港集团	提升国际线、内支线集装箱运输功能
3	大榭港区	宁波	宁波市政府	招商局集团	利用外资企业优势,提升国际干线能力
4	镇海港区	宁波	宁波市政府	宁波港集团	海陆联动,重点发展国内线集装箱运输。
5	梅山港区	宁波	宁波市政府	宁波港集团、梅山保税区管委会	提升保税港区功能

续上表

序号	项目名称	地点	牵头单位	相关单位	主要任务
6	金塘港区	舟山	舟山市政府	宁波港集团、舟山港务集团	引进国际知名的集装箱运营商、现代物流公司、国际班轮公司参与投资建设和经营
7	六横港区	舟山	舟山市政府	相关建设运营企业	引进国际知名的集装箱运营商、现代物流公司、国际班轮公司参与投资建设和经营
8	状元岙港区	温州	温州市政府	温州港集团	规划国际线,提升内支线、近洋线集装箱功能
9	乐清湾港区	温州	温州市政府	相关建设运营企业	规划近洋、国内线集装箱功能
10	大麦屿港区	台州	台州市政府	相关建设运营企业	提升内支线、近洋线集装箱功能
11	海门港区	台州	台州市政府	相关建设运营企业	规划内支线集装箱功能
12	乍浦港区	嘉兴	嘉兴市政府	宁波港集团	提升内支线、近洋线集装箱功能,深化港口联盟
13	独山港区	嘉兴	嘉兴市政府	相关建设运营企业	规划国际线、内支线和国内线集装箱功能

第5章　体系建设的政策措施

政策是政府为实现一定的行业发展目标而制定的行业管理的基本方针和基本准则。为实现"三位一体"港航物流服务体系的建设目标和发展重点,必须有相关的政策措施做保障。本章从国家、浙江省内政策支持和组织保障三个方面提出如下政策措施。

5.1　争取国家政策支持

(1)支持浙江省沿海地区海洋产业带发展的政策

浙江作为全国海洋经济发展的先行先试区,迫切需要国家发改委尽快将《浙江海洋经济发展带规划》上升为国家战略,进一步明确浙江海洋经济发展带建设的战略定位、重要内容和相关支持政策。

(2)支持建立战略物资储备基地的政策

争取国家发改委国家物资储备局、海关总署等部门的支持,将浙江省作为长三角地区铁矿石和煤炭的国家级重要战略储备基地,并批准在宁波—舟山港建立铁矿石、煤炭保税库,同时允许一定比例的矿、煤、油等储备物资进行加工增值和交易。

(3)宁波—舟山港共享上海国际航运中心建设的支持政策

支持在宁波—舟山港设立国际航运综合试验区,给予在宁波—舟山港注册的航运、仓储、物流企业免征相关营业税;允许在航运综合试验区内设立境外账户;实施启运港退税政策;设立第二船籍登记制度,吸引中资船舶回国注册;在宁波—舟山港开展离岸金融、船舶融资、航运融资、海上保险、海事仲裁等"先试先行"试点;支持浙江省建设沿海船舶交易中心;支持把梅山保税港区列为离岸金融实验区;支持浙江省申请设立航运产业投资基金。

(4)设立国家级综合性大宗商品交易中心

积极争取国家发改委、商务部等有关部门支持,参照天津建立渤海商品交易所、上海建立石油交易所的做法,设立以石油化工、铁矿石、煤炭和粮食等为主要交易品种的综合性大宗商品交易中心。

(5)完善口岸管理体制机制

一是完善口岸监管体制,支持推进宁波—舟山港“一关三检”口岸监管体制一体化建设,协调宁波、杭州(舟山)关区间的关系,整合海关特殊监管区域和业务流程,加强关检业务协作和物流信息共享;由国家有关管理部门向国际相关机构申请统一的宁波—舟山港港域编码。二是推进大通关建设,推进电子口岸互联互通和资源共享,建立大通关电子口岸统一信息平台,积极推进分类通关改革,建设杭州、宁波与上海、南京四个直属海关和国检的“大通关协作区域”,并建立长三角地区海关和国检协作机制,实现跨关区申报、审单、验放。三是扩大对外开放。将金塘港区和六横港区开辟为国家一类航运开放口岸,同时争取将梅山保税港区政策向六横和金塘港区延伸,建立更多的港口保税物流园区,并实行更为优惠的税收和外汇管理。

(6)支持宁波—舟山港海铁联运发展的政策

争取国家发改委、交通运输部、铁道部、海关总署等部门的支持,选取宁波—舟山港为试点,依托内地无水港或内陆港建设,启动从内地无水港经由沿海港口出口的国际集装箱海铁联运试点工作开展海铁联运试点工作,并争取国家对集装箱海铁联运枢纽示范工程建设给予资金支持。

(7)支持金融服务创新

争取国家金融监管部门支持,在海洋经济、港口物流等领域进行金融创新,允许在金融市场、金融机构、金融产品等方面先行先试。允许在梅山保税港区开展离岸金融业务试点,建设梅山保税港区离岸金融中心。支持将舟山农村信用联社重组设立为浙江海洋发展银行、浙江航运保险公司以及海洋产业投资基金。

5.2 出台省内扶持政策

(1)用地支持政策

对“三位一体”的重点项目,支持留足物流发展建设用地;支持在符合土地利用规划前提下,所需农用地转为建设用地的计划指标在省留机动指标中给予安排,用地价格按实际用途给予优惠;对用于港口基础设施建设的滩涂围垦土地,免征土地使用费;尽快开征港口岸线使用费。

(2)财税支持政策

按照"突出重点、扶优扶强、统筹推进"的原则选取部分重点支持的建设项目,给予补助标准、政府贴息、减免税收等扶持,加大对港航建设的公共财政投入,并加快设立海洋产业投资基金,对连接港口重点物流基地的集疏运公路、水路的新改建项目以及信息化建设和技术创新项目给予重点资金支持。

(3)企业或机构引进和培育支持政策

支持伦敦、新加坡和香港等航运金融、保险等机构以及国际知名物流企业落户浙江沿海港口城市,对落户或迁移到浙江沿海港口的相关企业,给予一次性落户费用资助和房租补贴;鼓励国内已有的金融、法律和保险机构进入航运服务领域,并将其总部、业务总部、资金运营总部、区域总部以及数据处理中心等落户或迁移浙江沿海港口城市;支持港口物流企业、交易平台经营主体通过合并、参股、合作等形式做大做强。

(4)人才保障政策

积极通过高校、专业培训机构、国外交流及国际人才吸引等渠道,加强港航人才的培养集聚。加大对浙江大学、宁波大学、浙江海洋学院等高校的港口物流、金融等学科建设和物流人才培养的支持力度,积极引进国内外优质教育资源,支持与本地各类高等院校开展合作办学和科学研究,重点培养集聚深水港建设、航道设计与施工、港口机械装卸技术、引航、航运经营与管理、航运信息研究分析、船舶驾驶与轮机、航运金融保险、物流经营管理、海事法律、航运网络经济等领域的高级人才、复合人才。完善为浙江港口发展提供高级人才支持的工作机制,探索建立政府、社会、用人单位和个人多元化的人才开发投入体系。

(5)完善港口管理体制机制

支持解决宁波—舟山港管委会机构编制问题,理顺管理体制,加快推进宁波舟山港口一体化。积极协调温台两市,打破行政界限,统筹规划温州港乐清湾、大小门岛、状元岙等港区与台州港大麦屿港区,依托乐清湾跨海大桥的规划建设,共同开发环乐清湾港口资源,着力推动两地、两港共同发展。

5.3 做好组织实施保障

(1)建立一个机制

建议浙江省政府尽快建立“三位一体”港航物流服务体系建设领导协调机制，及时协调解决各类重大问题。由浙江省政府牵头，组织省发改委、省交通运输厅、省金融办、省经信委等部门，成立“三位一体”港航物流服务体系建设领导小组，并适时召开“三位一体”港航物流服务体系建设会议，进行专项动员部署，充分调动各方的积极性。

(2)编制两个规划

建议由浙江省发改委牵头，尽快编制国家战略储备物资基地布局规划，并做好项目申报工作；建议由省商务厅牵头，抓紧编制大宗商品交易市场平台建设规划，明确专业交易市场的总体布局和发展方向，研究筹建综合性大宗商品交易中心。

(3)落实三方责任

按照“省市联动、部门联动、政企联动”的原则，分别落实地方政府、省级部门和投资经营业主在“三位一体”港航物流服务体系建设中的责任，尤其是要尽快确定项目的启动单位，牵头制订具体实施方案。

(4)联合四港招商

在浙江省政府统一组织下，各市政府和省级有关部门提出招商项目和具体要求，选择合适时机，由宁波、舟山、嘉兴、温州、台州地方政府和管理部门联合举办大型国际性港口招商活动，积极引进国内外商贸、航运、物流、金融等大型企业投资浙江省港口及相关产业。

交易平台篇

大宗商品交易平台建设

DAZONG SHANGPIN JIAOYI PINGTAI JIANSHE

第 1 章　大宗商品交易平台建设的理论基础

1.1　大宗商品交易市场的一般理论

1.1.1　基本概念

(1)大宗商品

商品按照不同的标准有不同的分类。大宗商品是相对于小商品而言的。大宗商品(Bulk Stock)的含义在不同的领域侧重点不同。根据我国发布的 GB/T 18769—2003《大宗商品电子交易规范》的解释,大宗商品是指可进入流通领域,但非零售环节,具有商品属性,用于工农业生产与消费使用的大批量买卖的物质商品。在金融投资领域,大宗商品指可标准化、可交易、被广泛作为工业基础原材料的商品,如原油、有色金属、农产品、铁矿石、煤炭等。

由于大宗商品多是工业原材料,处于产业链最上游,因此,反映其供需状况的期货及现货价格变动会直接影响到整个经济体系。例如,铜价上涨将提高电子、建筑和电力行业的生产成本,石油价格上涨则会导致化工产品价格上涨并带动其他能源如煤炭和替代能源的价格和供给提升。因此,大宗商品可设计为期货、期权,作为金融工具来交易,可以更好实现价格发现和规避价格风险。

在实际交易中,常见的大宗商品包括三个类别,即能源化工类、矿石金属类和农副产品类。与煤炭、原油、铁矿石、粮食等大宗散货相比,大宗商品包含的商品范围更广。

①能源化工类:原油、煤炭、石化产品(甲醇、聚乙烯、精对苯二甲酸)等;

②矿石金属类:铁矿石、铜精矿、有色金属(铝、锌、铜、镍、铅、锡)等;

③农副产品类:天然橡胶、木材、大豆、玉米、棉花等。

(2)大宗商品交易市场

大宗商品交易是投资行业的一个新兴门类,它是以现货交割为目的,具有独立的仓储物流系统,采用通过电子网络进行交易的运营模式,为大宗商品流通提供“公开、公平、公正”的交易场所。大宗商品交易可以采用计算机集中竞价、统一撮合、统一结算、价格实时显示等交易方式实现,其利用大宗商品在时间、地域以及供求关系上的价格差异,可通过买卖实物,实现套利投资;也可通过提前交割(即买入后直接转让出去,并不提货),只赚取价格差价。

因此,大宗商品交易市场特指专业从事电子买卖交易的大宗商品批发市场,由市级以上政府职能部门批准设立,并由商务部、发改委等相关职能部门进行监督和管理。例如,我国现有上海期货交易所、天津有色金属交易市场和苏州大宗商品交易中心等大宗商品交易市场。大宗商品交易市场具备生产资料大宗货物的战略储备、调节物价、组织生产和套期保值四大基本功能。

大宗商品交易市场一般是以产品种类较少、交易数量较大的生产性资料为交易对象,以批发方式进行交易的交易市场。大宗商品交易市场与零售业态不同,是一种提供商品交易(主要是批发交易,也包括某些零售交易)的组织形态,是经营商户、管理商户、服务商户的一种组织形态。大宗商品交易市场本身一般只是一个组织管理和服务中介,不直接经营商品,为交易者提供交易场地、交易设施和各种交易配套服务,收取一定的管理费或服务费。

1.1.2 大宗商品交易市场的构成

从大宗商品交易市场的构成要素来讲,大宗商品交易市场是由交易商(商品供给者和商品需求者)、金融机构(用于购买商品支付、融资、保险和保证金监管等)、交割场所(用于商品存储、交割等)、交易场所和交易的组织者构成,以及它们之间的关系组成的系统,如图1-1所示。

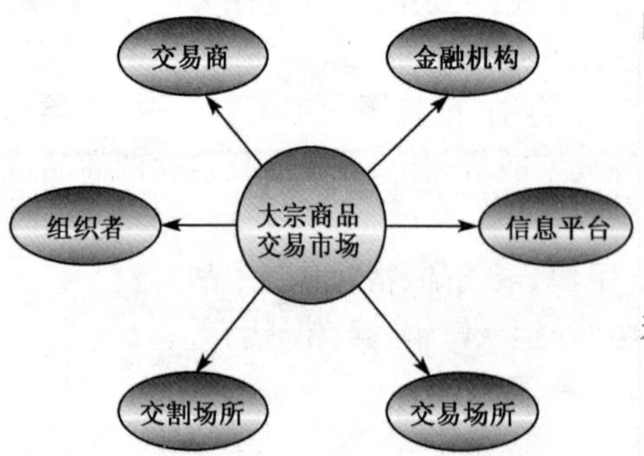

图1-1 大宗商品交易市场构成要素示意图

1.1.3 大宗商品交易市场的分类

大宗商品交易市场按不同的分类,有着不同的表现形式。

(1)按交易方式分类

大宗商品交易市场的形成一般经历从初级到高级的发展过程,即从“现货交易”到“中远期交易”再到“期货(期权)交易”。从国内外大宗商品交易的发展来看,一般从非标准化的现货交易起步,形成产业规模后,逐渐进行标准化的产品交易,出现了基于中远期合约的交易形态。之后,随着交易模式的不断创新,交易者在频繁的中远期合同交易中发现,由于价格、利率或汇率波动,合同本身就具有价差或利益差,因此完全可以通过买卖合同获利,而不必等到实物交割时再获利。为适应这种业务的发展,期货交易应运而生。期货交易进一步使得大宗商品交易金融化、虚拟化,是大宗商品交易的高级阶段。因此,从交易方式来看,大宗商品交易可分为即期现货交易、中远期现货交易和期货交易(表 1-1)。

三类大宗商品交易市场对比 表 1-1

类 型	即期现货交易	现货中远期交易	期 货 交 易
交易机制	电子订单、纸质合约	仓单交易	公开喊价、电子撮合交易系统、场外交易(OTC)
交易对象	现货,标准商品或非标准商品	现货,标准商品或非标准商品	期货,标准商品
价格发现	不充分	较充分	充分
合同形式	非标准化	两者皆有	标准化
合同转让	不允许	允许	允许
履约方式	实物交收	实物交收	实物交割和对冲平仓
信用风险	大	大	小
保证金	全额付款,无保证金	可约定,保证金 20%	保证金 20%
市场影响	地区性	全国性	全球性
市场监管	工商部门	商务部门	银监会

即期现货交易是指买卖双方根据约定的支付方式与交货方式,采取即时成交,货款两清,或在较短的时间内进行实物商品交收的一种交易方式。

现货中远期交易是指交易商通过电子交易平台进行中远期电子交易合同撮合竞价、成交、交易结算以及电子合同转让的一种交易方式。它是介于贸易和金融之间的贸易形式,仓单交易为其典型形式。

期货交易是一种集中交易标准化远期合约的交易形式。即交易双方在期货交易所通过买卖期货合约并根据和约规定的条款约定在未来某一特定时间和地点,以某一特定价格买卖某一特定数量和质量的商品的交易行为。目前,我国的期货交易所一共有三家,分别是上海商品交易所、大连商品交易所和郑州商品交易所。

(2)按影响范围分类

按影响范围基本可分为三大类:国际性商品交易市场、全国性商品交易市场和区域性商品交易市场。国际性交易市场,如纽约是世界上石油、有色金属、黄金、天然橡胶和棉花等商品的国际交易中心,伦敦是石油、有色金属、黄金和谷物等商品的国际交易中心,东京和新加坡是国际石油交易中心,香港是国际黄金交易中心;等等。就我国而言,还可以分为全国性商品交易市场和地区性交易市场,全国性交易市场的辐射和服务范围为全国,而地区性商品交易市场辐射和服务的范围为全国范围内的某一区域或地区。如上海石油交易所可称为全国性商品交易市场,而广州华南煤炭交易中心和无锡市不锈钢电子交易平台等市场为地区性交易市场。

在交易市场的发展中,为了培育市场、扩大服务范围,有的交易市场(例如甲公司)在注册地之外的其他地方成立分公司(可以在甲公司经营范围内进行交易),或在注册地址外的其他地方设立授权服务机构(当地交易商可以在授权服务机构进行注册会员,并可在甲公司进行市场交易)。例如,天津渤海商品交易所为了谋求具有国际重要影响力的多商品交易中心和定价中心,在全国已建立了200多家授权服务机构。

(3)按交易商品分类

按交易商品分类,大宗商品交易市场可分为进行某一类商品交易的专业性交易市场和进行多种商品交易的综合性交易市场两种。例如,上海石油交易所、秦皇岛海运煤炭交易市场、宁波镇海液体化工交易市场等属于专业性交易市场;而天津渤海商品交易所则属于综合性交易市场。

1.1.4 大宗商品交易市场与传统商品现货交易的区别

大宗商品交易市场与传统商品现货交易相比,主要在资金配置、交易对象、交易成本、资金结算、保障制度和商品范围上有所区别。

(1)资金配置不同

传统交易必须有场地或购买费用、人工费用、运输费用、购销费用、税金及其他固定投入费用成本,然后才是流动资金;而大宗商品交易则是全额流动资金,发生交易时产生手续费,不发生交易则是全额流动备用资金,且资金进出自由,由投资人自身决定。

(2)交易对象不同

传统商品现货交易买卖的直接对象是商品本身,有样品、有实物,看货定价;而大宗商品交易买卖的直接对象是商品的仓单合约,是商品的所有权而非商品本身,其商品本身为符合国家标准的且进入国家定点仓库的货物,交易者只考虑买卖的数量。

(3)交易成本不同

传统商品现货交易其价格因地理环境、各地区局部供需关系等原因而存在地区差价。如某人从甲地到乙地买入某地货物运回甲地,其间将会产生生活费用、运转费用、税金、场地租赁费用等购买成本;而大宗商品交易采用同货异地,同步集中竞价,最后在离购买者最近的定点仓库提货,这就大大降低其交易成本。

(4)资金结算不同

传统商品现货交易一般情况是买卖双方签订购销合同,然后双方按合同逐步完成货物的交换和资金的结算;而大宗商品交易由于运用货物履约金制度,买卖双方均受其约束,交易完结的同时计算机网络系统就马上结清双方的资金。

(5)保障制度不同

传统商品现货交易有《合同法》等法律进行保护,合同不能如期履行,往往诉诸法律解决,最终双方是否能够按照法院的判决或仲裁机关的裁决执行还是未知数。大宗商品交易除了遵守国家的法律、法规和行业交易规则以外,主要运用经济杠杆来平衡制约买卖双方,即买卖双方均以履约保证金为保障,约束双方交易兑现。

(6)商品范围不同

传统商品现货交易的交易品种是一切进入流通领域的商品,而大宗商品交易的交易品种要受国家标准的限制。

1.2 浙江构建大宗商品交易平台的理论分析

1.2.1 大宗商品交易平台的内涵

在概念上,交易平台是一个第三方的交易安全保障平台,主要作用是为了保障交易双方在进行交易的安全和诚信。这与交易市场的内涵基本相同,从这个意义上来讲,建设大宗商品交易平台,就是建设大宗商品交易市场。

因此,课题组认为,大宗商品交易平台作为浙江省"三位一体"港航物流服务体系建设的核心和主要内容,要充分发挥浙江省港口的区位优势、资源优势和市场优势,以大宗散货战略储备为基础,以港区、物流园区和电子商务平台为载体,建设石油化工、铁矿石、煤炭和粮食等大宗商品现货交易市场,逐步发展中远期电子化交易,编制发布商品交易价格指数,提升市场"话语权",完善现代市场体系。同时,积极发展临港型先进制造业和现代服务业,促进港口上下游产业链联动发展,带动浙江省海洋经济快速发展,增强浙江省在区域和全球产业链中的地位和影响力。

大宗商品交易平台建设,应以现有专业商品交易市场为基础,先行建成各类专业性大宗商品交易市场。在条件成熟后,争取国家支持,以石油化工、铁矿石、煤炭和粮食为主要交易品种,通过构建电子交易平台,实行会员制管理,现货交易和期货交易并举,有形市场和无形市场相结合,不断发展和完善市场交易方式、保证金结算方式、实货交割方式、客户服务方式,建立浙江省统一的综合性大宗商品交易中心,通过分化、整合、转型、提升等市场行为,对各专业市场交易市场进行战略性重组,打造在国际上具有重要影响力的商品交易、定价、信息和结算中心。

1.2.2 大宗商品交易平台的特点

大宗商品交易平台,是依托港口物流而建立的大型专业市场,是港口物流与专业市场功能的结合。大宗商品交易平台作为专业化的活动在空间集聚的载体,不仅是大宗商品的交易集散中心,而且是信息中心、财务中心、价格形成中心和统一结算中心,不仅包括有形市场和无形市场,也涵盖期货交易与现货交易等多种交易方式,具有产品集聚、检验、分配、价格发现、结算、融资和信息集散等功能。其特点主要表现在:

(1)系统性

大宗商品交易平台应用电子信息技术,通过现代化的网上交易平台和专业化、规范化的运营管理,以商贸交易为中心,整合信息、交易、结算、物流等各个环节,将银行、货源、货主和贸易商等联结起来,实现各种要素在交易平台上的集聚,具有商品交易、商贸物流、财务结算、信息传播和价格形成等功能。从这个方面来讲,大宗商品交易平台具有较强的系统性。

(2)交易以标准化商品为主

大宗商品交易经历从初级到高级发展过程,即从"现货交易"到"中远期交易"到"期货交易"的发展过程。从大宗商品交易市场的发展历程来看,标准化商品交易是促进大宗商品交易市场发展并发挥影响力的关键因素之一。只有进行产品的标准化交易,实现合约交易、仓单交易,才能简化交易环节,使交易具有公开性和公平性,提高交易结算效率,不断扩大交易对象和规模,提高市场交易的流动性,才能成为有影响力的交易中心。目前,大宗商品交易市场的核心交易品种是标准化商品。例如,煤炭作为可标准化的大宗商品,根据其发热量的不同加以分类,如发热量为 5 500 大卡的秦皇岛港山西优混动力煤。

(3)交易规模大

大宗商品由于是生产制造的基本原材料,具有大贸易、大物流的特点。大宗商品交易的成交数量和成交金额都非常大。在全球贸易中,大宗商品以万吨和亿美元为单位成交。原油、矿石、煤炭是全球交易量和贸易量最大的品种。据国际能源署(IEA)公布的数据,全球 2008 年原油需求量达到每天 8 658 万桶,到 2030 年这一数据将在张到 1.154 亿桶。全球铁矿石消费 8.85 亿吨。此外,有色金属、橡胶、大豆、玉米等在全球贸易中规模也比较大。

1.2.3 大宗商品交易平台的构建模式

大宗商品交易平台具有产品集聚、检验、分配、价格发现、结算、融资和信息集散等功能。从其构成要素来看,需要以物流、仓储、金融服务和信息技术等作为基础支撑条件,在功能实现上,由电子交易平台、物流配送平台、综合信息服务平台及门户入口三部分组成,如图 1-2 所示。

其中,电子交易平台实现电子交易模式的交易、交收、结算功能以及交易管理、交易监控、财务管理、行情分析、统计查询、系统管理等功能,以满足大宗商品生产商、供应商、采购商、贸易商等各类交易商的交易需求。物流配送平台实现交易、物流一体化管理,为电子交易中心和交易商提供电子交易所需的全程物流服务管理功能。综合信息服务平台及门户入口为交易商、电子交易中心管理人员、政府监管部门、公众用户等,提供交易信息、交易价格行情分析、物流信息、物流价格、综合查询、统计分析、决策支持等综合信息服务功能,并为电子交易、物流配送、系统管理、信息浏览等提供门户入口功能。

从大宗商品交易平台的组织结构上来看,可以通过在省内外设立分支机构(分市场)、授权服务机构和交割场所,构建遍布全国的面向交易商和合格现货投资者服务网络,来实行其服务功能和服务范围的延伸,如图 1-3 所示。在注册地以外设立分市场,需向分市场所在地工商行政管理部门办理登记注册手续,分市场的经营范围不得超出原市场的经营范围。授权服务机构的设立由原商品交易市场审核批准,在其授权范围内从事所授权业务。交割场所是指经交易所指定的,为履行实物交割提供仓储等服务的经营组织,其中的交割仓库需要具有工商行政管理部门颁发的营业执照和所在地仓储管理部门颁发的仓储许可证。

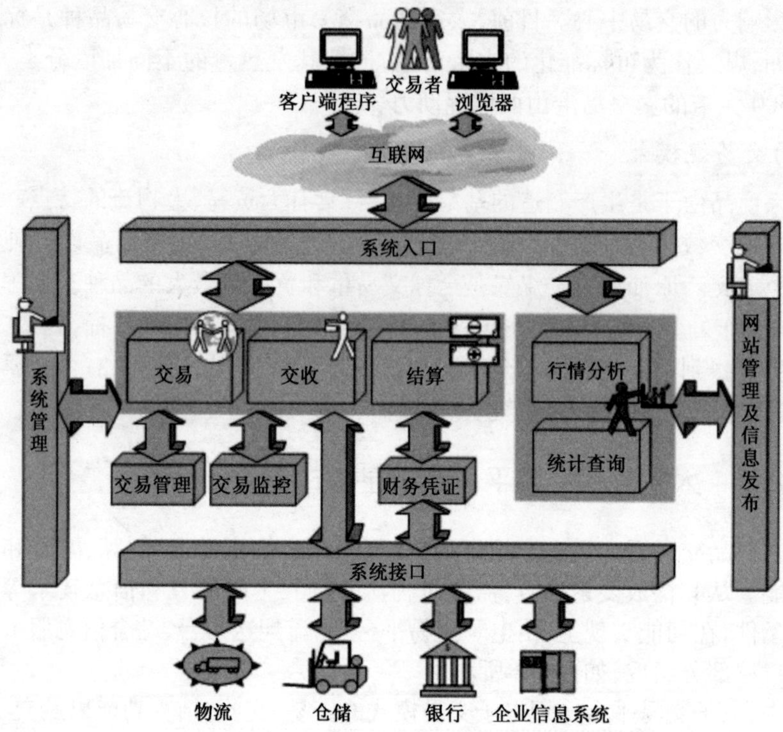

图 1-2　大宗商品交易平台的总体构架

资料来源:时力科技。

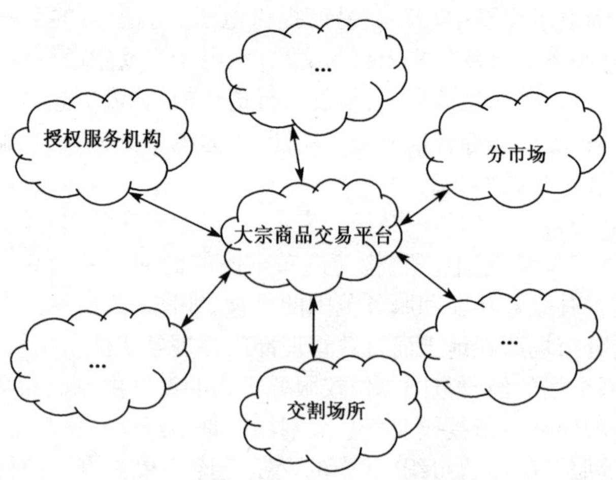

图 1-3　大宗商品(现货)交易平台组织结构

因此,在构建浙江省大宗商品交易平台时,可选择以现实基础或发展前景较好的市场为基础进行建设,在省内其他地市设立分市场,在省外需求旺盛地区设立授权服务机构,根据实际交易情况在省内外设立交割场所,并依托交易信息平台,进行网上结算。

1.2.4 大宗商品交易平台形成和发展的要素条件

大宗商品交易平台作为一种商贸发展模式,其形成和发展需要一定的条件。具体来讲,产业、贸易和物流集聚是大宗商品交易平台形成和发展的基础条件,良好的港口物流服务、金融、信息等配套服务是大宗商品交易平台形成和发展的支撑要素,充分竞争的市场结构是大宗商品交易平台形成和发展的必要条件,必要的政策扶持与制度规范是推动大宗商品交易平台形成和发展的保障条件(图1-4)。

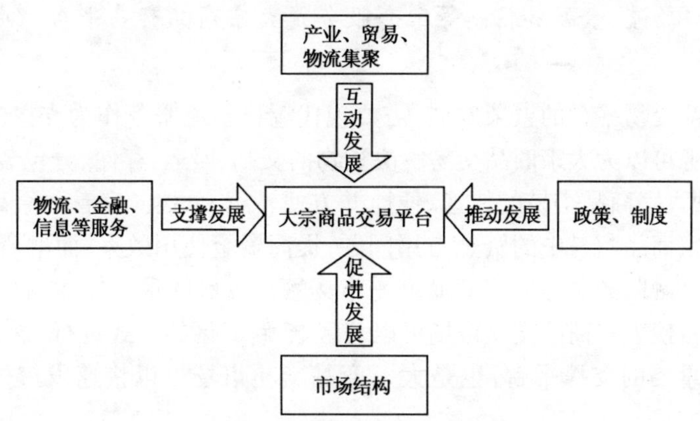

图1-4 大宗商品交易平台形成条件示意图

(1)产业、贸易和物流集聚是大宗商品交易平台形成与发展的基础条件

从国内外大宗商品交易市场的形成来看,商品消费地、生产地、贸易中转地往往是大宗商品交易市场的形成地,而沿海、沿江的港口城市,往往比内陆地区在地理位置上更具有区域优势,这些地方往往既是消费中心,也是生产制造中心,同时也是国际贸易中转地,最容易形成产业集聚。如,伦敦交易所的形成与英国当时是欧洲有色金属消费中心有密切关系;新加坡成为石油、橡胶等大宗商品交易中心,由亚洲转运中心(国际贸易中转地)地理位置决定;鹿特丹能够成为世界上最重要的石油化工产品中心之一,关键在于其是国际港口贸易地;上海石油交易所凭借的

是其国际贸易港口和金融中心的优势;大连石油交易所和郑州粮食交易所的建立在于大连和郑州是生产集散地;等等(表1-2)。

大宗商品市场形成条件和要素 表1-2

	市场名称	先天条件	后天因素
国外	伦敦金属交易所	消费地(历史)、贸易金融优势	市场需求、交割体系
	新加坡商品交易所	国际贸易中转地	政策、金融、物流配套设施
	鹿特丹石油交易所	国际港口贸易地	港口和内陆交通高度发展
国内	上海期货交易所	贸易和金融优势	政策支持、金融配套
	大连商品交易所	生产集散地	政策支持、金融配套
	郑州商品交易所	生产集散地	政策支持
	无锡不锈钢交易市场	消费地	企业创新
	青岛国际商品交易所	国际贸易地	企业创新、政策支持(园区支持)

资料来源:中国大宗商品交易市场研究。

(2)港口物流、金融和信息等配套服务是大宗商品交易平台形成和发展的支撑要素

大宗商品交易平台的繁荣发展,需要现代港口物流服务作为支撑。现代化的港口物流服务可以为大宗商品交易解决货物的交割、搬运、存储、分包装、二次运输等问题,实现大宗商品交易的快速、便捷并方便转运、分拨。完善的金融配套服务可以解决大宗商品贸易中的资金占用问题,提高资金使用效率,而融资、保险和保证金监管等金融服务也是大宗商品交易市场繁荣发展的重要保障。另外,高效运作的信息平台使大宗商品交易市场可以跨区域、跨时区的方式进行,这对交易机制是一个十分重要的支撑平台,也是大宗商品交易市场得以快速发展的关键要素之一。

(3)充分竞争的市场结构是大宗商品交易平台发展的必要条件

大宗商品交易平台的形成与市场结构有密切关系(表1-3)。两头分散、多方参与的市场结构才能够形成专业化的市场,一些垄断机构或者是政府管控的大宗商品很难形成集中的交易平台。例如,完全垄断的铁矿石很难形成集中的交易市场,因为这些大宗商品的定价往往采取协商定价方式。在国内,日照2008年曾经由五家贸易商建立铁矿石交易中心,却因受到国际垄断巨头和国内钢铁产业结构影响而暂停。由于我国的原油市场主要是由政府定价,虽然港口物流量大,但是国内没有成型的交易市场,石油交易市场不活跃,而钢铁、农副产品市场却非常活跃。

市场结构与商品交易市场形成的可能性 表1-3

市场结构	市场特征	市场形成可能性	备　注
完全竞争市场	多对多	容易	交易企业越多,市场越活跃
垄断竞争市场	N对多、多对N	容易	企业数量较多($N > 10$)
寡头垄断市场	1对多、多对1	可以做市商模式为主	企业在5家以内
完全垄断市场	1对1	较难,企业之间进行面对面交易	

资料来源:中国大宗商品交易市场研究。

(4)政策支持是大宗商品交易平台形成和发展的保障条件

大宗商品交易平台的形成和发展离不开国家和当地政府的政策和相关支持。在市场的筹建期间,需要政府在立项规划、土地征用、资金注入、税收管理和费用负担等方面作出配套的政策扶持和引导。从国内大宗商品交易市场的发展情况来看,政府的参与程度与市场的发展规模与速度有很大的关系。一方面,在大宗商品交易平台建设的初期,如减少税收甚至减免税收、某种形式的所得税减免、特定用途的低息贷款、政府直接提供资金等优惠条件与优惠政策,推动了市场的大发展;另一方面,政府规划市场,加强基础设施建设,大力发展现代物流运输业等,促进原有市场的升级改造,都会促进市场的发展。

另外,平台组织者和经销商等参与方良好的素质,以及严格的市场监管也是大宗商品交易平台形成和发展的重要因素。

1.3 建设大宗商品交易平台的作用和意义

依托港口物流而建立的大宗商品交易平台,具有产品集聚、检验、分配、价格发现、结算、融资和信息集散等功能,对港口的转型升级具有巨大促进作用。

1.3.1 延伸港口功能,促进港口和港口城市可持续发展

随着供应链管理的日趋成熟,港口在供应链中所扮演的角色也正相应的发生巨变,港口之间的合作和竞争正在逐步转向港口所在供应链内部合作。广义来说,港口可看作一个支持原材料生产、成品制造和分发的实体,是多个供应链的潜在成员,纵向合作对象涉及生产企业、物流企业、金融贸易、服务等不同类型企业。而狭义来说,港口所在的供应链主要包括货主及其代理、承运人及其代理等。依托港口

建立的大宗商品交易平台，具有集有形商品、技术、资本、信息集散于一体的商贸物流功能，是专业市场与港口物流的有机结合，可以集聚各种要素，实现生产企业、物流企业、金融贸易、服务等不同类型企业的纵向合作，拓展和延伸港口功能，有效促进港口大宗散货吞吐量的增长。同时，随着港口建设与生产的发展以及港口经济对港口城市及腹地经济的拉动，又会对港口的商贸流通和物流服务提供更大的商业市场和增值服务空间。仅利税一项，大宗商品交易平台就对港口城市贡献不菲。例如，2006 年宁波镇海液体化工产品交易市场实现交易额 90.2 亿元，税收近 5600 万元。2009 年通辽开发区煤炭交易市场煤炭交易量达 800 万吨，实现交易额 64 亿元，利税达 5 700 多万元。两者间的互动、互补将加速推进港口与港口城市发展进入良性循环的轨道，促进港口和港口城市可持续发展。

1.3.2 提高交易效率和生产效率，促使现代临港产业优势形成

由于专业市场的网络效应和集聚效应，依托港口建立的大宗商品交易平台交易效率的提高促使分工深化进而提高生产效率，可吸引有创新能力的企业集聚，带动区域产业的发展，其对产业的带动作用如图 1-5 所示。

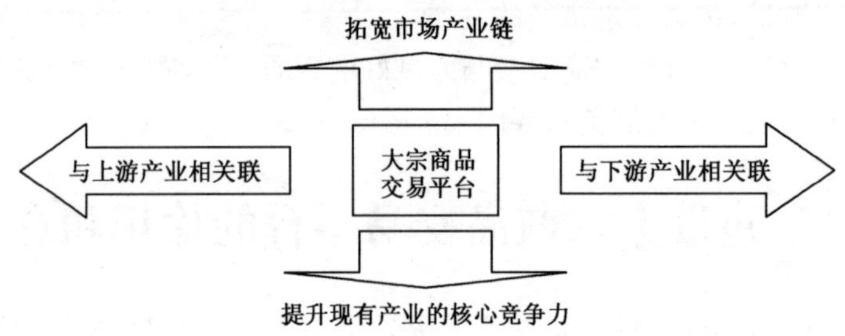

图 1-5　大宗商品交易平台的产业引导功能图

资料来源：中国商品交易市场 30 年。

交易规模的扩大，对货物运输也会提出更高的要求，促使港口码头的建设，集疏运系统的完善，新航线的开通和航班的增加，及各种装卸工具的更新。这不仅极大促进港口的发展，同时又反过来为专业市场的进一步发展创造条件，形成良性互促发展。随着煤炭、石化、钢材交易中心等大宗商品交易平台市场商贸物流功能的完善，交易规模的扩大，网络效应和集聚效应的增强，煤炭、石化、钢材、粮食等散杂货贸易、储存、分拨效率与效益不断提高，促使临港石化、汽车制造等产业比较优势的形成、聚集和扩散。

1.3.3　集聚现代服务要素,促进现代航运服务业发展

依托港口建立的大宗商品交易平台,作为专业交易的空间集聚的商贸交易平台所产生的规模经济与范围经济效益,可以扩大交易的规模与范围,促进港口物流的快速发展。同时,大宗商品交易平台作为产业链条的中心环节还能集聚各种服务要素,带动高端航运服务的发展。临港专业市场由交易、服务和管理三个子系统构成,交易系统是中心,服务系统和管理系统根据交易系统的需要而建立,包括运输服务、金融服务、信息服务、司法服务和生活服务等;管理系统涉及工商行政管理部门、财税管理部门、金融管理部门、商业管理部门、交通管理部门以及治安管理部门等。可见,大宗商品交易平台以交易为中心,连接货源、货主和贸易商,整合信息、交易、结算、物流等各个环节,整合货代、船代、港口装卸、仓储、运输、港口生产经营等运输服务要素,同时还可将海关、工商、商检和税务等政府管理职能,金融质押、银行结算、海运保险等金融服务,信息咨询,检测代理等集于一体,促使航运服务业不断向高端延伸,促进现代航运服务业快速发展(表 1-4)。

大宗商品交易平台对现代航运服务业发展的促进作用　　表 1-4

相关产业	促进作用
金融服务业	➢促进商业银行为大宗商品交易提高融资担保服务 ➢促进期货经济服务在浙江沿海港口城市的发展 ➢引入国际国内商品投资机构
物流服务业	➢带动水运、公路、铁路运输业务量的提高 ➢带动港口业务量的提高 ➢带动国际航运服务业发展(如航运、报关、船代等) ➢促进大宗商品标准化的仓储设施建设
信息服务业	促进信息平台建设,加快信息技术的创新和应用
会议会展服务业	带动国内外知名的行业会议召开,集聚商贸人气
商业配套服务业	带动交易市场周边高端商业楼宇、酒店餐饮服务的发展

资料来源:根据《中国大宗商品交易市场研究》整理。

1.3.4　扩大资源配置辐射半径,提升港口城市功能和国际影响力

依托港口建立的大宗商品交易平台为采购方、商品供应方及物流服务、金融服务等服务机构提供了一种共享网络,具有信息规模经济、外部规模经济功能,能极大地推动港口及所在城市的贸易、金融等现代服务业的发展。随着临港专业市场

的发展，其产品集聚、检验、分配、价格发现、结算、融资和信息集散等功能的完善，金融质押、银行结算、海运保险等金融服务不断繁荣，大宗商品期货市场或远期交易市场的衍生发展，特别是大宗散货价格形成的全球影响，将扩大资源配置辐射半径，推动港口所在城市成为具有强大辐射力的资源配置中心、价格形成中心和调节中心，及区域贸易中心和金融中心，促进城市对外开放，提升港口城市功能和国际影响力。

1.3.5 为社会提供大量就业机会

大宗商品交易平台具有强大的吸纳劳动力的能力。通常，在大宗商品交易平台中，直接就业有三类人员：第一是商户，第二是市场管理人员，第三是提供专业服务的人员。大宗商品交易平台具有商品交易、集散、价格、信息、物流与配送、商品展示甚至是旅游、城市名片等多种功能。商户主要完成商品交易、集散的功能，围绕商户实现其功能的过程，使一系列的专业服务得以开发和发展，除了饮食、卫生等基本生活服务以外，还有提炼、加工、发布信息技术含量更高的服务领域，以及物流配送等环节较多、操作复杂的作业都创造了大量的就业岗位。大宗商品交易市场平台规模越大，现代化水平越高，对服务的需求就越大，分工就越深化，创造的就业岗位就越多。此外，大宗商品交易平台的发展繁荣带来更多客流，必然带动为之服务的相关产业的兴旺发展。如餐饮、住宿、运输、旅游等，这些行业多为劳动密集型行业，对就业与再就业的拉动作用很大。大宗商品交易平台积聚的资本大量转化为工业资本，也会拉动浙江区域经济的发展，从而带来更多的就业机会。

第2章 大宗商品交易平台建设的典型案例分析

纵观我国依托港口发展大宗商品交易市场的实践,不难发现,这些大宗商品交易市场往往接近商品的原产地或者需求地,所在港口是该商品的重要集散地。政府的规划、引导、支持政策非常重要,特别是对专业市场的用地、功能及配套支持体系纳入港口发展战略,规划统筹发展非常关键。政府的财政优惠、金融支持等政策对吸引贸易企业、物流企业、金融服务机构等的集聚和大宗商品交易市场的发展都起到了重要促进作用。同时,信息化交易平台建设,完善的交易机制,专业化、规范化的运作与管理是大宗商品交易市场功能充分发挥的基础和保障。

2.1 典型案例

2.1.1 天津港散货交易中心

天津港散货物流中心规划面积26.8平方公里,分为商贸区、煤炭区、矿石区和油品区。天津港启动14.8平方公里的南扩区工程,建成中国北方最大的石油和石油制品仓储区,从而把散货物流中心建设成为设施完善、功能齐全、管理科学、效益领先、环境优美、集仓储、加工、贸易为一体的现代化物流中心。

散货交易市场有限责任公司是由天津港散货物流公司和天津港货运公司共同出资1 500万元共同组建。天津港散货交易市场坐落于天津港南疆散货物流中心大厦内,市场交易品种主要涉及煤炭、焦炭、矿石、油品等四个主要散货板块,分为即期现货和中远期现货交易模式。市场集信息服务、交易服务、金融服务、质押监管、委托监管、物流服务、品质和数量中介服务、综合服务“八大功能”于一体,采取电子商务信息交易方式,与传统的散货贸易方式相比,具有高效通畅、销售空间广阔、履约严格、价格透明且交易成本低等特点。

市场采用会员制的交易管理方式,可以通过完善的交易规则体系控制风险,连接买卖双方,与银行共铸物流金融链,最终形成以交易带动贸易,港口物流由装卸、储运中心向交易中心的转变。

2.1.2 天津保税区大宗商品交易市场

天津保税区大宗商品交易市场有限公司(TJBC,以下简称"市场")是全国唯一的保税区大宗商品交易市场,位于天津港保税区新港大道122号,建筑面积12000平方米,根据国务院《关于加快电子商务发展的若干意见》于2009年4月注册成功,是从事大宗商品电子化交易的专业市场,经天津相关政府、机构审批、备案。

公司经营国际、国内货运代理服务(海、陆、空运),船务信息咨询,国际贸易,投资咨询和管理,建筑材料、贵金属及金属材料的销售,承办粮食、煤炭、木材、钢材、化肥、交易市场,提供电子交易服务,代办保税仓储及物流服务,信息咨询服务,货物及技术的进出口。目前,市场在全国32个省市自治区已设有500多家会员企业和业务培训机构。公司注册资金2 000万元人民币。

天津保税区大宗商品交易市场有限公司推出了大宗商品交易市场网络交易平台,实现从信息咨询、商品报价、合同签订阶段,到物流配送、电子结算、诚信体系认证、电子合同、资金安全支付认证、产品质量检验等一系列囊括"信息流"、"资金流"、"物流"三大流程的真正"全流程"无纸化电子贸易,确保了信息服务的真实、准确和及时。目前,天津大宗商品交易市场是我国北方规模最大的大宗商品电子化交易市场。

经批准允许交易的品种范围包括农产品、建材、金属、化工和各类生产物资共五大类50多个品种,目前已经上市交易的有红小豆、烟煤、高粱、电解镍等。

2.1.3 国际铁矿石(日照)交易中心

由山东华信工贸有限公司、日照中瑞物产有限公司、山东万宝集团有限公司、日照联合矿石电子商务有限公司和山东龙鼎电子商务股份有限公司联合创建而成的交易中心是一个由政府主导推动、企业运营、市场化运作的电子商务平台,主要服务于国内钢厂、贸易商和国外矿山企业,为国际铁矿石大宗贸易提供交易、信息、质检、仓储、运输、保险、结算等第三方中介服务。日照港天然优良铁矿石大港的领先优势、日照获批国家B型保税物流园区的政策机遇以及下一步山东精品钢基地的建设,是交易中心建立的三大优势。中心预计第一年交易量在1 000亿元,以后每年将保持在2 000亿元以上。电子商务只是交易中心的一部分,"它的外延应该比电子商务要大得多,是一个宽泛的交易平台”。

2.1.4 秦皇岛海运煤炭交易市场

秦皇岛海运煤炭交易市场由秦皇岛港务集团有限公司、太原铁路辅业国有资产管理中心、中海发展股份有限公司、中能电力工业燃料公司和中国煤炭运销协会共同发起组建,目的是为了满足国家煤炭订货体制改革和煤炭市场建设的需要,满足煤炭供需企业的需要,充分发挥秦皇岛港作为最大煤炭枢纽港的优势,完善秦皇岛港作为最大的煤炭集散地的功能。发挥交易市场的各项服务功能,促进煤炭交易,增加港口煤炭下水量和市场煤炭占有率,巩固秦皇岛港作为国内最大煤炭贸易港和最大煤炭物流中心的地位,并成为国家煤炭市场交易的重要组成部分。

市场定位是依托煤炭最大的集散地秦皇岛港,煤炭运输的大动脉大秦铁路,开展港口煤炭现货交易、中长期合同交易、探索期货交易,采用市场化运作模式,客户自主选择交易方式,致力于为煤炭产、运、需各方搭建一个现代化的交易平台、信息平台和服务平台。目前,已有 30 多个省市以及各县市的企业在秦皇岛煤炭网注册成为会员,截止 2009 年 6 月,已有注册用户 62 000 多人,日点击量已达到 10 万余次,网站发布的秦皇岛煤炭价格,成为行业价格的风向标,交易市场的交易量也达到了 1 000 多万吨。

秦皇岛海运煤炭交易市场交易模式主要分为现货交易、中远期合同交易两种交易类型。现货交易包括场内和场外两种交易方式。场内方式包括委托交易结算、现货挂牌交易、委托交易、招投标等模式;场外方式指物权变更。中远期合同交易包括场内和场外两种交易方式。场内方式包括准班轮、合同交易;场外方式指订货会。

2.1.5 青岛前湾保税港区大宗原材料商品交易市场集群

青岛前湾保税港区大宗原材料商品交易市场集群是中国第一个大宗商品交易产业集群。近年来,青岛保税港区依据山东和沿海地区的产业特点,利用青岛乃至国内最大橡胶、棉花、原油进出口口岸的优势,把功能政策优势与腹地资源优势相结合,“以市场促物流、以物流兴市场”,积极培育和扩大大宗商品保税交易市场,着力构建国际商品电子交易市场体系,相继建成了以构建全国首家矿业投融资平台和矿权交易平台为目标的青岛矿产品交易市场、青岛矿权交易所;世界第一家乙内酰胺交易市场;中国第一家美元挂牌、保税交易的专业化国际橡胶交易市场;以及以国际化大型棉花现货超市为发展方向的青岛棉花交易市场、国际化工品交易市场等。

目前,青岛保税港区内仅橡胶、棉花、矿产三大市场就拥有会员6 600多家,年交易额超过300亿元。其中,国际橡胶交易市场填补国内一直没有专业化进口天然橡胶交易场所的空白,市场总交易额突破35亿美元,位居2008年“山东省十大工业品交易市场”首位。并与东京工业品交易所、新加坡商品交易所并称为世界天然橡胶三大机构,成为世界三大天然橡胶交易中心之一。

2.2 经验总结

2.2.1 充分利用优越的港口区位优势和资源

如天津保税区大宗商品交易市场、天津散货交易市场,有着得天独厚的港口区位优势。天津位于亚欧大陆桥的最东端,是中国11个省份连接世界最近的出海口。天津市是环渤海经济区的中心城市,中国北方最重要的金融中心。天津滨海新区纳入国家“十一五”规划全国总体发展战略布局,是国务院确立的金融改革试验区,具有国际贸易、临港物流、商品展销等功能。秦皇岛港口经济腹地辽阔,是中国华东、华南经济发达地区主要能源供给港,也是东北、华北两大经济区域的大型商贸港。秦皇岛港还是我国重要的对内对外贸易口岸,目前我国第一、世界最大的煤炭输出港。秦皇岛港区面积大,可以同时储存煤炭1 000万吨以上,为在港区进行煤炭交易提供了充足的储运空间和交易场地。

2.2.2 港口基础设施完善,集疏运网络发达

如秦皇岛港口有着便利的集疏港条件。京山、沈山、京秦、大秦4条铁路干线直达港口,京沈高速公路、102、205国道、秦承公路与疏港路相连。港口建有逾170km的自有铁路,拥有国内港口最先进的机车和编组站。先后修建了5座立交桥,改建扩建了港区公路,形成铁路、公路、管道、船载、空运等循环合理的港口集疏运网络。港口有10万吨级航道和先进的通信导航系统,利用GPRS技术,可保证超大型船舶在狭长航道安全通行,货物可直达仓库、码头、船边,为客户提供了极为便利的货运条件。京哈铁路和铁岭—秦皇岛—北京输油管通过这里。大同至秦皇岛运煤专用电气化铁路的配套工程——秦皇岛港煤码头三期工程的建成,使秦皇

岛港成为世界最大能源输出港,成为我国以煤炭、石油输出为主的综合性港口。

2.2.3 方便快捷的港口物流服务

如天津保税区大宗商品交易市场投资数百万元,在天津滨海新区建设面积15万平方米的仓储物流基地,为市场的进一步发展奠定坚实的基础。与中远集团、中海集团等国内知名物流企业结成战略合作伙伴关系;同天津华铁隆津泰储运有限公司、天保国际物流有限公司等仓储物流企业合作,使其成为市场的货物交割和仓储物流基地;与中央储备粮锦州直属库、中央储备粮兴隆直属库、唐山国家粮食储备库、营口新港储运有限公司、锦州金港粮食贸易有限公司、大连友谊国家粮食储备库等合作,使其作为市场的仓储运输合作企业,完善了市场的现货交割和物流服务功能。提供的物流配套服务如下:为交易商提供及时、便利的仓储服务、代理运输服务;指定交货仓库,并保证交货仓库的业务过程可控;与交货仓库共同保证交易货物的真实性,并有相应的措施保证;电子交易设施和通讯条件完备,满足24小时的服务;有提供配套的物流配送服务的能力;可以实时掌握交货仓库的货物情况。

2.2.4 金融信息保障系统功能齐全

如天津保税区大宗商品交易市场投资800万元,引进了国际先进的计算机系统和网络安全设备,构建了功能强大的网上交易系统,解决了大宗商品多种交易模式电子化交易的安全性和稳定性问题。市场委托银行向客户提供货款保存以及资金划转等金融服务,参与交易的客户资金实行银行第三方托管,统一结算划拨,确保了资金结算的快捷、安全。市场还开展为会员提供大宗商品的市场信息咨询、中介,组织电子交易、结算、交割、物流配送及代购代销服务。缜密快捷的结算体系与银行第三方资金托管模式相结合,建立信用保障体系。

再如,秦皇岛煤炭交易市场汇集港口生产动态、煤炭生产、经营、运输、仓储等信息资源,依托门户网站秦皇岛煤炭网、港口业务大厅等公共交流平台,发布煤炭生产信息、储量信息、供求信息、价格信息、运输信息、港口生产等相关行业数据信息。为解决企业资金不足,煤炭交易市场已与深圳发展银行联手推出现货核定货值质押融资业务、合同抵押业务,并与多家信用担保机构建立业务关系,为融资企业提供更宽松的融资环境。与保险公司合作,为货主办理海洋运输货物保险,使煤炭在国内运输过程中,货主遭受保险责任范围内的损失时能及时得到经济补偿。

2.2.5 不断创新探索多样化的交易模式和经营服务模式

如天津保税区大宗商品交易市场，采用挂牌交易、竞价交易、专场合同交易等多种交易模式为企业提供了一个安全、便捷的交易平台。主要运营及服务模式有现货电子交易、结算、交割；现货邀约电子挂牌交易、结算、交割；现货贸易和物流配送服务等。秦皇岛煤炭交易市场结合煤炭贸易的特点，先后推出了现货交易类型下的挂牌交易、信用中介交易、委托交易、招投标等多种灵活的交易模式和中远期合同交易类型，为煤炭供需企业提供安全、高效、便捷的货物购销渠道，提高交易效率，降低煤炭交易成本，化解买卖交易风险，有效保障交易各方的合同履约。另外，市场还推出了物权变更业务。青岛保税区大宗商品交易市场，改变传统的商品交易方式，利用先进的网络技术，采用电子商务方式，即期现货、远期现货、竞买竞卖等多种交易模式相结合，为国内外企业提供了良好的销购交易场所和网络信息服务，打造起全新的第三方交易平台。

2.2.6 专业性市场是大宗商品交易市场发展的主流

大宗商品细分专业市场较多，形成大宗商品交易体系。目前我国的大宗商品交易市场多为专业性市场，不仅在石油、有色金属、塑料、化工、钢铁（不锈钢）、白糖、大豆、甚至是消费量和出口量较大的大蒜，都形成了自身的专业市场，为中国在大宗商品领域争取价格主导权奠定了基础。国家期货交易所与机制灵活的地方大宗商品交易市场相结合，是我国大宗商品交易的特色。由于中国对大宗商品消费量大面广，才有可能容纳多个市场并存的局面。基于现有基础，将来如果能够有效地整体提高现有交易市场功能和业态，将加快我国在大宗商品交易市场取得定价权的步伐。

2.2.7 国家对大宗商品交易市场给予扶植与政策引导

大宗商品交易市场的发展离不开国家的政策和相关支持。在市场筹建过程中，天津、秦皇岛、青岛地方贸易局、工商局、保税区、保税港区均给予了有利支持。如，随着青岛保税区转型升级为保税港区，优惠政策越来越多，吸引了众多大宗商品市场入区。为了提高市场公信力，地方政府对大宗商品交易市场都有参股和监管。在当地政府的大力支持下，上述市场发展势头良好，特别是结合保税区、保税港区的功能优势，在大宗商品国际贸易中开发了对国内外企业的交易和服务功能。

2.3 教训分析

2.3.1 垄断的市场结构导致大宗商品交易市场夭折

就在国际铁矿石(日照)交易中心成立15天之后,中钢协于2009年6月9日发布声明表示,成立交易中心进行铁矿石交易,"违反了《钢铁产业调整和振兴规划》的规定,属于明显的炒卖进口铁矿石、扰乱市场行为,带有浓厚的投机性质,必须立即停止。"

相关分析显示,日照铁矿石交易中心获得了当地日照市和山东省的支持,但从股东结构上看还是民营行为,而中钢协代表的是国有大中型钢厂的利益,自然不乐意地方政府肆意而为,也不愿意一个民营联合企业经营该业务。因而,刚刚出生的日照铁矿石交易中心就这样夭折了。

2.3.2 没有建立国际转口贸易和分拨渠道

大宗商品交易市场与周边国家和地区还缺乏互动关系。随着全球制造业向亚洲和中国转移,大宗商品国际贸易和物流也在向中国和亚洲转移。中国及亚洲地区大宗原材料的需求日益上升,中国的许多沿海港口城市具有成为亚洲地区分销、分拨中心的区域优势,但是中国目前还没有形成真正意义上大宗商品的分销和分拨中心。目前开展转口功能相对完善的地区在上海,尽管在青岛、宁波地区借助保税区域特殊优势,提出建立国际分拨中心设想,但仍处于起步阶段。这些市场面临的是港口服务功能如何完善,如何与其他国家建立对接通道的问题。

2.3.3 发展步伐和创新能力受到制度制约

大宗商品交易市场,尤其是具有中远期合约交易功能的电子交易市场,由于曾经存在不规范操作,引起市场的大起大落,出现一些"坐庄"、"携款潜逃"等问题。为加强市场监管,商务部、证监会对不规范市场进行检查和处罚,取缔了一些严重违规的交易市场,并且对现有交易市场进行了严格规定,比如交割制度、保证金管理等制度。一些有意发展大宗商品交易市场的地区担心成为国家限制的"准期货",在大宗商品市场建设上望而却步。还有一些大宗商品交易市场,为尽量避免出现制度风险,近几年采取保持现状的策略和方针,由于缺乏交易和服务功能创新,逐渐有交易萎缩的迹象。

2.3.4 现代金融和物流服务配套能力不足

大宗商品市场需要现代金融服务、仓储物流等专业服务提供支持。但是国内与大宗商品市场发展相配套的金融服务和仓储物流功能仍很不完善。在仓单融资方面,银行发展贸易融资的积极性不强,融资额度有限,办理手续繁琐。提供贸易融资服务的商业银行,融资金额仅为抵押物价值的60% ~70%。而国际大宗商品贸易中,企业将货物存放到指定仓库即可获得仓单凭据,凭仓单可以在国际银行便利地获得80% ~90%的融资额度。此外,国内与大宗商品交易相结合的商品风险管理、委托代理交易等服务也比较缺乏。

第 3 章　大宗商品交易平台建设的现实基础

浙江省“三位一体”港航物流服务体系下的大宗商品交易平台，以港口资源为依托，以石油化工、铁矿石、煤炭和粮食几大散货货类为主要交易对象，以带动浙江海洋经济产业带快速发展和沿海港口转型升级为目的。就大宗商品交易平台建设而言，有需求才会形成市场，交易主体才会云集，同时，在港口集疏运网络基础之上的港口物流服务、金融和信息服务，以及政策与制度等也是不可或缺的支撑条件。

3.1　浙江省大宗商品交易平台建设的基础条件

3.1.1　地理区位和岸线资源条件

浙江省地处太平洋西岸、濒临国际主航道，与釜山、高雄、新加坡、香港、阪神等港口构成扇形海运网络，部分港口与香港、基隆、釜山、大阪、神户等港口间国际航线均在 1 000 海里之内，至美洲、大洋洲、波斯湾、东非等地港口距离在 5 000 海里左右，区位优势明显，具备发展国际物流中转的良好条件。

同时，浙江省位于我国华东地区中部、长江经济带与东部沿海经济带“T”型交汇的长江三角洲南部地区，海域位于长江黄金水道入海口，地理位置适中，是江海联运和国际远洋航线的紧密结合部，内外辐射便捷，不仅可便捷连接沿海各个港口，而且通过江海联运，沟通长江、京杭大运河，直接覆盖整个华东地区及经济较为发达的长江流域，具备成为我国的中转枢纽的巨大优势。作为上海国际航运中心的南翼，浙江省已初步形成以宁波—舟山港为龙头、嘉兴和温台港为两翼的沿海港口体系，为大宗商品交易平台建设提供了良好的依托条件（图 3-1）。

浙江省具有得天独厚的资源优势，拥有海岸线 6 646 公里，占我国海岸线总长的 21%，居全国第 1 位，岸线资源承载能力与开发空间明显好于周边省市。丰富的深水港口岸线资源为浙江省大宗商品交易平台建设提供了广阔的发展空间。

3.1.2 腹地经济基础

浙江沿海港口的直接腹地为浙江省内杭州、宁波、温州、嘉兴、湖州、绍兴、金华、衢州、舟山、台州和丽水等十一个市；其间接腹地为沪、苏、皖、赣、鄂、湘、川和渝等省市，横跨东、中部两个地带，其中，上海、江苏是我国经济最发达地区之一，湖北省是我国中部经济比较发达地区，湖南、安徽和江西经济发达程度相对较低。因此，将以长三角地区为重点，分析浙江沿海港口腹地经济和产业发展情况。

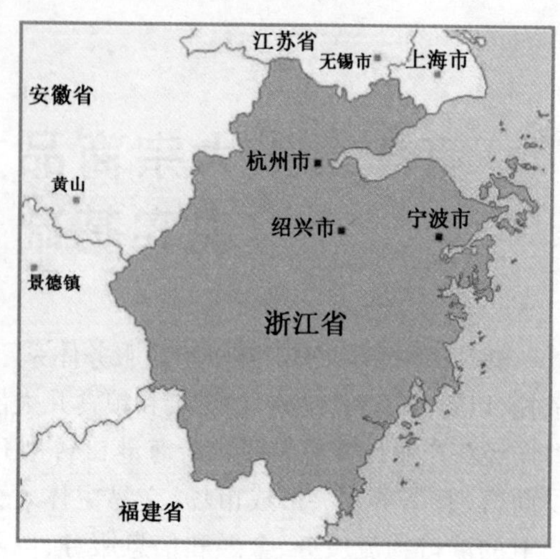

图 3-1 浙江省地理位置示意图

(1)浙江经济发达，资源需求对外依存度大

浙江的出口依存度高，受国际因素影响较大，同时，国内经济形势，尤其是国内市场也对浙江经济增长的影响大。2009 年，浙江省生产总值为 22 832 亿元，比上年增长 8.9%(图 3-2)。其中，第一产业增加值 1 162 亿元，第二产业增加值 11 843 亿元，第三产业增加值 9 827 亿元，分别增长 2.3%、6.8% 和 12.5%。人均 GDP 为 44 335 元(按年平均汇率折算为6 490 美元)，增长 7.6%。三次产业增加值结构从上年的 5.1∶53.9∶41 调整为5.1∶51.9∶43。从浙江的资源要素结构看，除部分非金属资源与海洋资源外，浙江自然资源缺乏，资源要素对浙江经济发展构成了制约，对交易市场的需求旺盛。

(2)长三角地区经济增长强劲，产业结构不断优化

长江三角洲地区[1]是推动全国经济高速增长的重要贡献区。2009 年，长三角

[1] "长江三角洲经济区"有三种不同的解释：一是"小长三角"的概念，是指由江浙沪三省市中包括上海、南京、杭州、苏州、无锡、扬州、南通、镇江、湖州、宁波、绍兴、舟山、温州、嘉兴、常州等 16 个地级以上城市组成的区域；二是"大长三角"的概念，是指包括上海市、江苏省和浙江省全部行政区；三是"泛长三角"的概念，是指包括上海市、江苏省、浙江省与安徽省等邻近省份。本报告中，如不做特别说明主要数据均指"大长三角"概念，即上海、江苏和浙江两省一市的全部。

地区经济保持增长，经济总量稳步扩大，地区生产总值占全国的比重继续上升，产业结构积极转变。2009年，长三角GDP总量达7.2万亿元，较上年增长10.4%，增幅高出全国水平1.7个百分点。产业结构优化调整，第一、第二、第三产业的结构比例从2008年的5.1:52.6:42.3转变为4.8:50.4:44.7，第三产业比重大幅上升，较上年提高2.4个百分点，第三产业实现增加值32 118亿元，增长15.9%，比上年提高3.9个百分点。

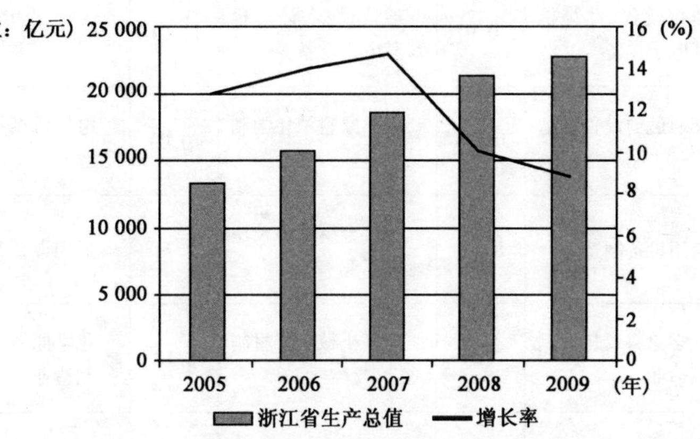

图3-2 浙江省经济发展概况

资料来源:2009年浙江省国民经济和社会发展统计公报。

第二产业在长三角地区产业结构中份额最大，具有重要的战略地位。2008年长三角地区工业增加值达到31 213.74亿元，占我国工业增加值的比重为24.18%。产值规模在前10位的十大行业分别是：电子及信息设备制造业、纺织业、化学原料和化学制品业、黑色金属和压延加工业，电器机械及器材制造业、普通机械制造业、交通运输设备制造业、金属制品业、石油加工及炼焦业、服装和其他纤维制品业。上海、江苏和浙江的具体情况见表3-1。这一产业结构决定了长三角地区对石油化工、铁矿石和煤炭等大宗商品会有大量需求。

(3)长三角区域规划出台，明确未来产业发展方向

2010年5月出台的《长江三角洲地区区域规划》，对长三角区域总体布局进行优化，明确了以上海为核心，沿沪宁和沪杭甬线、沿江、沿湾、沿海、沿宁湖杭线、沿湖、沿东陇海线、沿运河、沿温丽金衢线为发展带的“一核九带”空间格局，如图3-3所示。

沪苏浙前十大工业行业占工业总产值的比重(2008)　　表3-1

排名	上海市		江苏省		浙江省	
	行业	占工业总产值的比重(%)	行业	占工业总产值的比重(%)	行业	占工业总产值的比重(%)
1	通信设备、计算机及其电子设备	20.97	通信设备、计算机及其电子设备	15.01	纺织业	10.98
2	交通运输设备制造业	10.24	化学原料及化学制品制造业	10.03	电气机械及器材制造业	8.98
3	通用设备制造业	8.82	黑色金属冶炼及压延加工业	9.74	通用设备制造业	7.28
4	化学原料及化学制品制造业	7.41	电气机械及器材制造业	8.10	化学原料及化学制品制造业	6.48
5	电气机械及器材制造业	6.93	纺织业	7.41	交通运输设备制造业	6.43
6	黑色金属冶炼及压延加工业	6.52	通用设备制造业	6.43	电力、热力的生产和供应业	6.27
7	电力、热力的生产和供应业	—	交通运输设备制造业	5.30	金属制品业	4.33
8	石油加工、炼焦及核燃料加工	4.79	金属制品业	4.01	通信设备、计算机及其电子设备	4.18
9	金属制品业	3.88	电力、热力的生产和供应业	3.69	黑色金属冶炼及压延加工业	4.03
10	专用设备制造业	3.40	有色金属冶炼及压延加工业	3.15	化学纤维制造业	3.79

资料来源:长三角年鉴(2009年)。

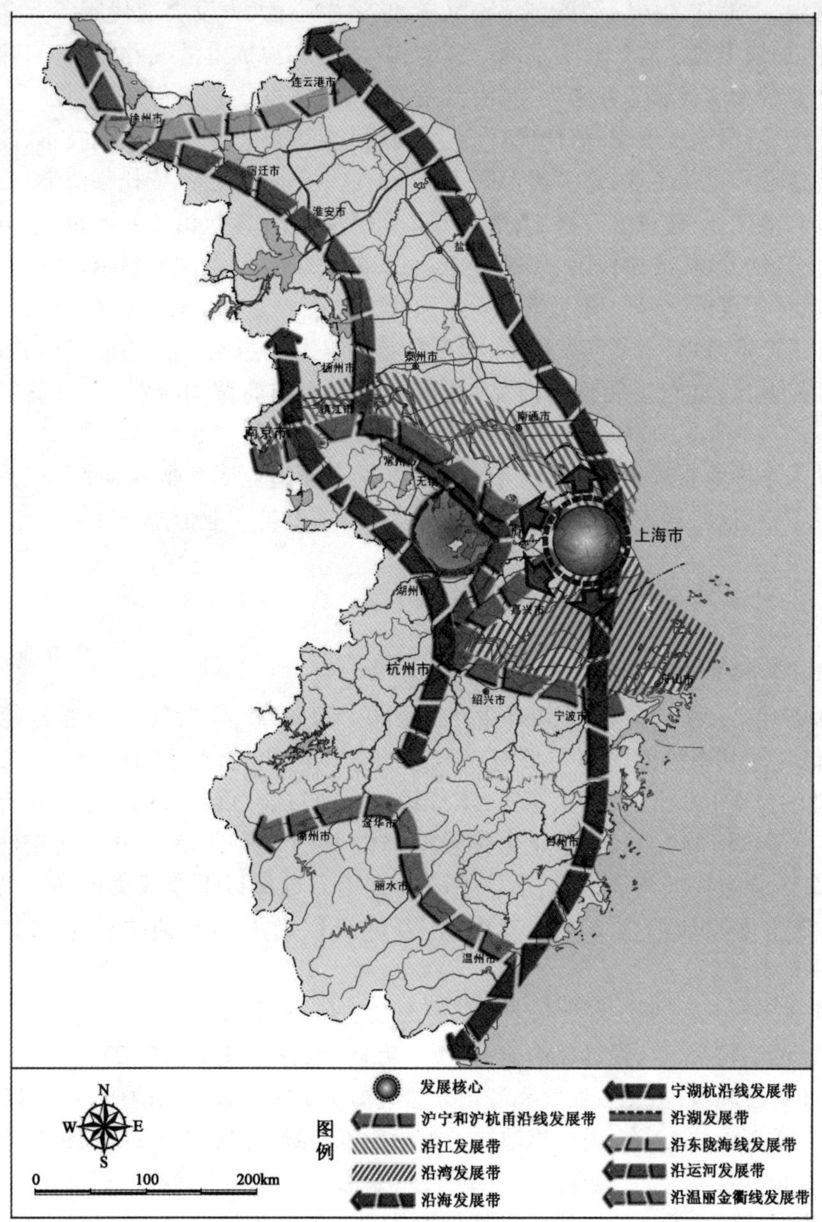

图 3-3　长江三角洲地区区域规划总体布局

资料来源:长江三角洲地区区域规划。

其中,上海作为国际经济、金融、贸易、航运中心,大力发展现代服务业和先进制造业,加快形成以服务业为主的产业结构;沪宁和沪杭甬沿线发展带,将建成高技术产业带和现代服务业密集带;沿江发展带,将适度集聚装备制造、化工、冶金、物流等产业;沿湾发展带,依托现有产业基础和港口条件,积极发展高技术、高附加值的制造业和重化工业,建设若干现代化新城区;沿海发展带,依托临海港口,培育和发展临港产业,建设港口物流、重化工和能源基地;宁湖杭沿线发展带,重点发展高技术、轻纺家电、旅游休闲、现代物流、生态农业等产业;沿湖发展带,适度发展旅游观光、休闲度假、会展、研发等服务业和特色生态农业;沿东陇海线发展带,建设资源加工产业基地;沿运河发展带,大力发展旅游休闲、文化创意等服务业;沿温丽金衢线发展带,重点发展日用商品、汽车机电制造和商贸物流业,大力发展生态农业。

从未来产业布局来看,化工、冶金、能源、装备制造业等产业是未来长三角地区发展的重点,这将对大宗商品交易平台建设提供有利的产业依托条件。

3.1.3 港口及相关设施条件

(1)主要货类的港口基础设施较为齐备

2009 年底,浙江省港口共有生产性泊位 5 279 个,年货物综合通过能力近 10.3 亿吨。其中沿海港口主要有:宁波—舟山、温州、台州和嘉兴等 4 个,共有生产性泊位 1 066 个,列全国第二,年货物综合通过能力 67 383 万吨、926 万标准箱,其中深水泊位 143 个;专业化集装箱泊位 19 个,其中 15 个分布在宁波—舟山港,2 个分布在温州港;矿石泊位 16 个,其中万吨级以上全部集中在宁波—舟山港;专业化原油泊位 20 个,其中 20 万吨级以上大型原油泊位全部集中在宁波—舟山港。

如表 3-2 所示,浙江省沿海港口共有原油泊位 19 个,设计靠泊能力 219.2 万吨级;成品油泊位 91 个,设计靠泊能力 57.2 万吨级;液体化工泊位 27 个,设计靠泊能力 58.9 万吨级;液化石油气和液化天然气泊位 10 个,设计靠泊能力 12.15 万吨级;金属矿石泊位 12 个,设计靠泊能力 112.7 万吨级;煤炭泊位 39 个,设计靠泊能力 107.28 万吨级;散装粮食泊位 3 个,设计靠泊能力 8.6 万吨级。石油化工、金属矿石、煤炭和粮食几大货类泊位设计靠泊能力占浙江沿海港口货运码头总设计靠泊能力的 64.76%,为浙江省大宗商品交易市场建设提供了货物集散的基础设施条件。

2009 年浙江省沿海港口货运码头分布情况 表 3-2

	泊位个数（个）	占沿海货运泊位的比例(%)	设计靠泊能力（吨级）	占沿海货运靠泊能力的比例(%)
沿海货运泊位①	966		8 895 305	
原油泊位	19	1.97	2 192 000	24.64
成品油泊位	91	9.42	572 000	6.43
液体化工泊位	27	2.80	589 000	6.62
液化石油气	9	0.93	120 500	1.35
液化天然气	1	0.10	1 000	0.01
金属矿石泊位	12	1.24	1 127 000	12.67
煤炭泊位	39	4.04	1 072 800	12.06
散装粮食泊位	3	0.31	86 000	0.97
集装箱泊位	23	2.38	1 865 000	20.97
多用途泊位	15	1.55	300 000	3.37
通用散货泊位	70	7.25	643 504	7.23
通用件杂货泊位	73	7.56	296 000	3.33

注①:沿海港口货运泊位中含客货滚装泊位 18 个,设计靠泊能力 30 500 吨级。

资料来源:2009 年浙江码头泊位一览表。

(2)沿海港口主要货类接卸量大

改革开放以来,浙江沿海港口取得了长足发展。2009 年浙江省港口完成货物吞吐量 10.31 亿吨,比上年增长 9.7%,占全国港口完成吞吐量的比重为 13.3%;其中沿海港口完成货物吞吐量 7.15 亿吨,列全国第三,比上年增长 10.9%。

2005 年～2009 年,浙江省沿海港口石化、金属矿石、煤炭和粮食等主要货类的吞吐量和接卸量如表 3-3、表 3-4 所示。从表中数据可以看出,近年来各货类吞吐量和接卸量都有显著增长,为浙江带来大量的煤炭、铁矿石、石油和粮食等主要货类的运输。2009 年,浙江省沿海港口大宗散货的吞吐量已达 3.93 亿吨(其中:石油及制品 1.23 亿吨、金属矿石 1.42 亿吨、煤炭 1.16 亿吨、粮食 689 万吨),占沿海港口总吞吐量的 55%。

2005 年～2009 年浙江省沿海港口主要货类的吞吐量(单位:万吨) 表 3-3

货 类	2005	2006	2007	2008	2009
石油、天然气及制品	10 941	11 303	11 471	11 884	12 866
原油	8 201	8 549	8 540	8 829	—
化工原料及制品	690	892	1 189	1 405	—

续上表

货　类	2005	2006	2007	2008	2009
金属矿石	9 341	11 038	11 508	13 529	14 190
煤炭	5 703	7 097	9 043	10 184	11 569
粮食	436	508	543	712	689

资料来源:交通运输部数据,浙江省交通统计报表(2009 年)。

2005 年~2009 年浙江省沿海港口主要货类的接卸量(单位:万吨)　　表 3-4

货　类	2005	2006	2007	2008	2009
石油、天然气及制品	7 425	8 148	8 144	8 515	9 492
原油	6 208	6 854	6 870	7 134	—
化工原料及制品	590	727	948	1 085	—
金属矿石	4 918	5 732	6 227	7 428	7 787
煤炭	4 972	6 252	8 052	9 021	10 056
粮食	324	369	387	506	489

资料来源:交通运输部数据,浙江省交通统计报表(2009 年)。

如图 3-4、图 3-5 所示,浙江省沿海港口作为全国重要港口群,2008 年石油天然气及制品、原油、化工原料及制品、金属矿石、煤炭和粮食六大主要货类的接卸量,在全国所占份额分别为 28.78%、35.79%、29.53%、26.98%、13.96%、8.66%;同时,也是长三角地区最主要的大宗商品接卸港,六大货类所占份额分别为 84.51%、94.47%、72.27%、57.42%、52.83%、57.57%,处于明显的优势地位。

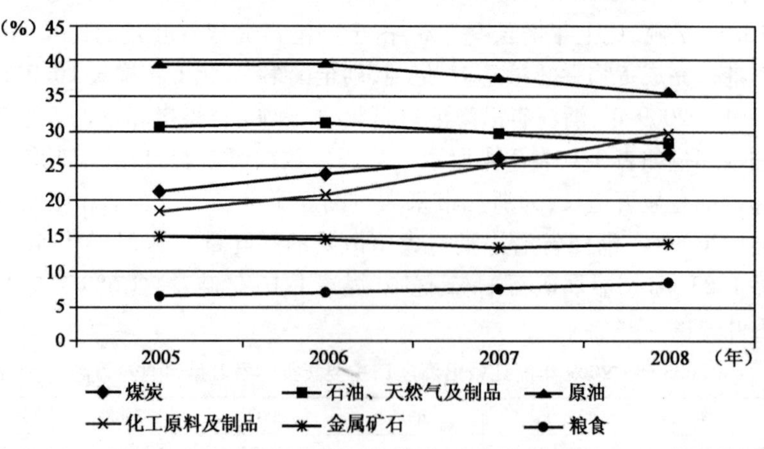

图 3-4　浙江沿海港口主要货类接卸量在全国的份额

注:全国总量按我国沿海港口接卸量汇总。

资料来源:交通运输部。

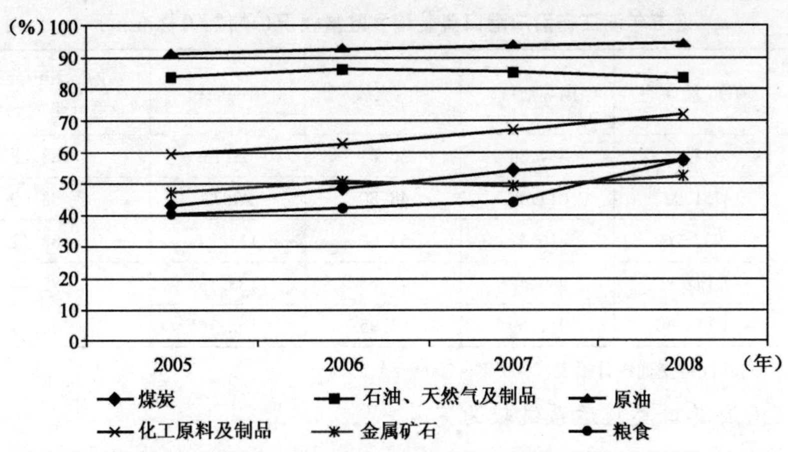

图 3-5 浙江沿海港口主要货类接卸量在长三角的份额

注:长三角总量按浙江、江苏和上海两省一市沿海港口接卸量汇总。

资料来源:交通运输部。

2009 年,浙江各沿海港口主要货类吞吐量和接卸量在浙江省所占份额如表 3-5 所示。在浙江沿海港口中,宁波—舟山港处于龙头地位,各货类的吞吐量和接卸量均占绝对优势地位,特别是石油、天然气及制品、金属矿石和粮食均占浙江省总量的 90% 以上,煤炭在省内所占份额相对较少,但吞吐量和接卸量也均在 50% 以上。对于温州、台州和嘉兴三个沿海港口而言,煤炭的吞吐量和接卸量所占份额稍大,其中,嘉兴港煤炭吞吐量和接卸量分别占 22.18% 和 17.69%;其他货类所占份额较少。

各港口主要货类吞吐量和接卸量在浙江省所占份额(%) 表 3-5

港口	石油、天然气及制品		金属矿石		煤　炭		粮　食	
	吞吐量	进港	吞吐量	进港	吞吐量	进港	吞吐量	进港
宁波—舟山港	92.01	91.99	95.96	93.58	59.62	53.30	94.19	91.82
嘉兴港	4.90	3.88	0.04	0.01	22.18	17.69	0.15	0.10
台州港	0.85	1.32	0.00	0.00	9.35	14.94	1.02	1.43
温州港	2.23	2.81	4.00	6.41	8.83	14.08	4.64	6.65

资料来源:浙江省交通统计报表(2009 年)。

此外,2009 年浙江省沿海港口集装箱吞吐量为 1 118.40 万吨,占全国总吞吐量的 10.1%,比上年减少 2.6%。近五年浙江省沿海港口集装箱吞吐量情况见表 3-6。

近五年浙江省沿海港口集装箱吞吐量情况(单位:万标准箱)　　表3-6

年份	吞吐量合计	国际航线	内支线	国内航线	国际和内支线占总吞吐量的比重(%)
2005	555.48	454.34	36.01	65.13	88.28
2006	751.92	617.40	48.80	85.72	88.60
2007	987.26	816.41	53.60	117.24	88.12
2008	1 147.86	969.48	45.25	133.13	88.40
2009	1 118.40	911.69	53.95	152.76	86.34

资料来源:浙江省交通统计报表(2005年~2009年)。

(3)沿海港口集疏运系统较为完善

集疏运系统是大宗商品交易平台形成和发展的基本条件之一,特别是对进行现货交割的市场而言,尤为重要。浙江省沿海四个港口已形成了较为完备的交通基础设施网络,拥有公路、铁路、内河和管道等较为门类齐全的集疏运方式,初步形成了以公路运输为主,内河航道和铁路运输为重要补充的集疏运体系,正在朝着加快构建水陆配套、江海联运的港口集疏运体系,实现港口与公路、铁路、航道、管道等集疏运网络顺畅衔接的方向迈进。各港口不同运输方式所占的集疏运比重,如表3-7所示。

沿海港口各种运输方式集疏运量及比重(陆向,%)　　表3-7

港　口	货类	公路	铁路	内河	管道	其他
宁波—舟山港	散杂货	55.7	3.7	18.5	17.3	4.8
	集装箱	99.1		0.9		
嘉兴港	散杂货	25.0		28.0	22.8	24.0
	集装箱	50		50		
台州港	散杂货	48.6			7.3	44.1
	集装箱	100.0				
温州港	散杂货	70.6		0.02	6.3	23.1

资料来源:浙江省交通统计报表(2009年)。

宁波—舟山港的集疏运方式中,公路主要承担集装箱和直接腹地的部分散杂货集疏运任务;内河主要承担宁波和长江沿江地区的矿石、煤炭、原油、液化气和液体化工品等货类的运输服务;铁路主要承担浙赣、宣杭铁路沿线的金属矿石、化肥、粮食等货物的运输;管道主要为镇海、协和石化的原油及成品油和液化气等提供运输服务；皮带机主要为电厂、钢厂、粮食加工厂等临港工业企业服务，运输货类主要包括煤炭、矿石、粮食等。

温州港的集疏运方式以公路为主，约占70%的散杂货和100%的集装箱集疏运量；部分油气品和电厂煤炭疏港运输采用管道和皮带机；铁路集疏运主要为龙湾作业区服务，目前集疏运量较低，集疏运货物全部为油品。管道承担一部分石油制品，约占6.3%；皮带机承担了沿港电厂的煤炭运输，占散杂货集疏运量的23%左右。

台州港的集疏运方式以公路为主，部分油气品和电厂煤炭疏港运输采用管道和皮带机，目前尚无铁路集疏运量。

嘉兴港的集疏运方式主要是公路和内河，大部分油气品、农林牧渔业产品和小部分化工原料及制品通过管道运输，基本还没有铁路参与集疏运。

(4)港口物流产业基础较好

近年来，浙江省加快了以港口物流为主导的现代物流业发展，规划、建设和运营了一批港口物流园区、临港工业区，并依托商品交易平台等开展物流业务，形成了较好的物流产业基础。

目前，宁波保税物流园区、镇海大宗货物海铁联运物流枢纽港、宁波化工区等港口物流园区和临港工业区已具有较大规模。例如，2009年宁波化工园区实现工业总产值853亿元，而镇海港区已初步形成以六大生产资料专业交易市场为主体的临港型特色物流产业，全区各市场总交易额在300亿元左右。同时，宁波梅山保税港区物流园区、镇海大宗货物流海铁联运枢纽港、北仑国际集装箱海铁联运中心站、宁波铁路北站及陆港物流园区、大榭集装箱物流中心等项目进行。舟山金塘物流园区、六横物流中心、老塘山现代粮油物流中心等正在建设当中。而温州、台州两市的临港物流园区也正在紧锣密鼓地规划当中。

另外，为了推进宁波港域现代物流的快速发展，将港口功能延伸至内陆腹地，近些年来宁波港集团开始着手建设无水港，目前在浙江省内外已建成和在建的无水港有9个，详见表3-8。其中，“义乌港”作为宁波—舟山港在内陆的无水港，已打造成为国际知名的小商品物流基地。

浙江省在建无水港分布 表3-8

名　称	监管面积(平方米)	集装箱年处理能力(标准箱)
杭州口岸国际物流中心	40 015	100 000
萧山陆路口岸国际物流中心	86 710	60 000
富阳口岸国际物流中心	50 000	100 000

续上表

名　称	监管面积(平方米)	集装箱年处理能力(标准箱)
绍兴袍江国际物流中心	30 000	60 000
嘉兴国际物流中心	50 000	50 000
湖州南浔国际物流中心	118 726	50 000
义乌国际物流中心	213 440	100 000
金华金东国际物流中心	172 760	100 000
衢州国际物流中心	50 000	50 000

资料来源:浙江省沿海港口综合集疏运网络规划(2010~2020)。

3.1.4 政策法规环境

原油成品油贸易管制。在原油进口管理方面,我国先后出台了《原油、成品油、化肥国营贸易进口经营管理试行办法》、《原油市场管理办法》等政策法规,以加强原油市场监督管理,规范原油经营行为,维护原油市场秩序。根据中国加入世界贸易组织的承诺,中国从2002年开始下达原油和成品油的非国营贸易配额,配额量须每年递增15%,直至政府管制解除。但同时规定,原油非国营贸易配额只能供中石油、中石化的炼厂加工,不得供应地方炼油企业。2010年全国政协会议提案中,全国工商联建议放开原油进口管制,允许部分非国有贸易的进口原油自由流通,允许合规的地方炼油企业进口自用原油,但未获批准。

能源战略规划或使远期煤炭市场逐步萎缩。国家能源战略和规划目前分三个层次,即国家能源战略、国家能源战略中长期规划,"十二五"能源规划。中国工程院负责的2050年中国能源中长期发展战略研究相关研究报告有望定稿,预计到2050年,能源结构中,清洁能源将占一半以上,主要能源煤炭消费能源总量比重下降至35%。根据中电联的初步测算,到"十二五"末,清洁能源发电量占全国总发电量的比重将超过30%,而水电、核电和风电将成为清洁能源的主力军。2015年,水电、风电、核电、太阳能、生物质能等可再生能源将贡献3.46亿吨标煤。相比之下,火电的比重将持续下降,但2015年煤炭需求量预计仍会创新高,达到38亿吨。煤炭企业的兼并重组依然是"十二五"规划中的重要内容,预计"十二五"期间,煤炭企业将由当前的11 000家减少到4 000家,到"十二五"末,将形成6~8个大型煤炭企业集团,煤炭资源将进一步集中。

粮食出口管制加强。由于国际粮价不断攀升,我国粮食制粉出口快速增长,为适度调整出口规模，稳定当前国内粮价，确保国内粮食安全，我国对粮食出口政策进行了调整。2007 年 12 月 20 日起，我国取消小麦、稻谷、大米、玉米、大豆等原粮及其制粉的出口退税。2008 年 1 月 1 日起对原粮及其制成品出口征收 5% ~25% 的暂定关税，对小麦粉、玉米粉、大米粉等粮食制粉实行临时性的出口配额许可证管理。

铁矿石交易管制加强。长期以来，我国进口铁矿石分为两种价格，一种是长期协议价格，只有获得国家颁布的铁矿石进口代理资质的企业才能享有这种优惠价格；而另一种是现货价格，主要的销售对象是一些没有进口资质的钢铁企业。而正是这种定价机制，导致部分企业为了赚取更大的利润，开始倒卖铁矿石。根据《钢铁产业调整和振兴规划》，行业协（商）会通过行业协调，加强自律，规范进口铁矿石市场秩序。探索、推行代理制。协调国内用户与铁矿石供应商，建立互惠互利的进口矿定价机制和长期稳定的合作关系。2009 年 7 月，为整顿国内市场进口铁矿石贸易秩序，中钢协要求严格实行进口铁矿石的代理制。2010 年，国际铁矿石定价机制已由年度协商固定价格机制转变为季度定价体制，定价机制逐步向市场价靠拢，国内铁矿石贸易代理制是否长期执行，还存在一定变数。

战略物资储备日益受到重视。矿产、石油、橡胶、粮食等物资，对国计民生和国防安全意义重大，属战略物资范畴。2010 年 2 月，全国人大常委会通过的《国防动员法》明确规定，国家实行适应国防动员需要的战略物资储备和调用制度。法律明确，战略物资储备由国务院有关主管部门组织实施。承担战略物资储备任务的单位，应当按照国家有关规定和标准对储备物资进行保管和维护，定期调整更换，保证储备物资的使用效能和安全。国家按照有关规定对承担战略物资储备任务的单位给予补贴。但战略物资的调用必须由国务院和中央军事委员会批准。

禁止新设中远期交易市场。2010 年 2 月，国家工商总局、商务部、公安部、法制办、银监会、证监会六部委联合下发了《中远期交易市场整顿规范工作指导意见》，要求“禁止新设市场和新上品种”：禁止设立新的大宗商品中远期交易市场；已注册但未开展交易的市场不得组织标准化合同交易，已开业交易的市场不得推出新品种的合同。

从现行政策来看，原油和成品油交易尚未放开、铁矿石贸易实行代理制，就目前而言，建设交易平台的可能性较小，但随着政策变化，如果市场能够逐步放开，可适时推进平台建设；煤炭市场随着我国能源政策变化，有缩减趋势，但近期影响不大；《国防动员法》的出台，明确了战略储备的重要地位，可考虑原油、粮食、煤炭、铁矿石战略储备基地的建设。此外，中远期市场正处于整顿阶段，未来建设条件尚不明朗,近期建设在兼顾中远期交易功能的基础上,主要着眼即期现货交易。

3.1.5 金融和信息配套服务

浙江省已初步形成了以银行、保险、证券等为主体的多元化金融服务主体。近年来,浙江省交通运输厅联合省金融办、浙江银监局积极推动建立银企合作平台,帮助浙江省70余家海运企业与21家银行开展信贷合作,省港航局与省工行、农行、中行、建行和国开行签订了《“十一五”期间海运发展合作框架协议》,为解决港航企业融资创造了有利条件。宁波等港口城市围绕建成区域金融服务中心的目标,努力建设金融创新试行区、金融机构集聚区、金融服务示范区、金融生态优化区,并计划通过重点引入银行、保险、证券、会计、咨询等国内外金融机构总部、地区总部和办事处。同时,宁波正在争取国家支持列入第二批人民币跨境结算试点城市,设立进出口银行宁波分行,将出台鼓励发展航运金融的举措。而为了促进港口物流发展,舟山于今年发布了《关于进一步促进航运业发展的实施意见》,扩大航运业临时周转资金规模和使用范围,将航运业临时周转资金规模由3 000万元扩大到6 000万元。

浙江省已初步建成了浙江省交通(港航)系统网络平台及网络化应用系统,水上交通指挥系统初具规模,信息化建设管理体系初步建立。电子口岸建设取得突破性进展,先后建成浙江电子口岸和宁波电子口岸,并建成了宁波第四方物流平台,搭建了大通关公共信息和协同作业平台。其中,宁波第四方物流平台,开创“政、企、银”互动模式,市场用户超过6 400家,开业一年多来实现交易额5亿元。另外,由交通运输部和浙江省共建的“交通运输物流公共信息共享平台”一期已建成,向1 000家省内企业推广使用了通用软件,并与17个省份和多家中央级物流企业、协会开展了合作共建,并计划向港口领域延伸。

3.2 大宗商品交易平台发展现状

3.2.1 商品交易市场发展概况

改革开放后特别是加入世贸组织以来,商品交易市场作为一种新型的商品流通组织形式,不断发展壮大。从全国成交额的变化看:2003年突破2万亿元;2005年突破3万亿元;2007年突破4万亿元;2008年突破5万亿元;年均增速始终保持在 15% 以上。相关研究表明,我国商品交易市场数量规模已经饱和,已经能够满足社会对商品交易市场的需求,但其结构性矛盾十分突出,需要在保持总量的基础上进行结构性调整与优化。

浙江有“市场大省”之称,商品交易市场数量多、规模大、综合能力强、辐射范围广,同时,网上商品交易市场迅速发展,有效降低了运营成本、拓展市场辐射面。截止 2009 年底,浙江已建立各类商品交易市场 4 194 家,全年交易总额首次突破万亿元大关,达到 10 744.9 亿元,比上年增长 9.71%。

2008 年我国网民接近 3 亿人,电子商务基础条件进一步完善,网上交易市场进入发展期。浙江网上商品交易市场 38 家,较 2008 年底增加 25 家,实现交易额 942.6 亿元,同比增长 73%。浙江省工商局 2008 年正式下发了《浙江省网上商品交易市场管理暂行办法》,对浙江省网上市场进行名称登记,对于网上市场举办者的职责、网上经营者的权利义务、网上消费纠纷的处理等方面提供了规范指导,成效明显。目前,浙江省网上交易形成了 4 种模式,即:现货网上中远期交易模式、现货网上即期交易模式、网上商铺模式、网上信息模式。

大宗商品电子交易市场作为市场组织形态的创新,至今仍没有合法的经济地位,使我国中远期交易仍然存在空白和法律“真空”,导致许多不规范运作的存在。依据《大宗商品交易市场管理办法》设立的大宗商品电子交易平台,到 2010 年 4 月浙江省有 7 家,分别为浙江塑料城网上交易市场、宁波大宗商品电子交易中心、宁波都普特液体化工电子交易中心、宁波众城钢铁电子交易中心、浙江中酒酒水网上交易市场、杭州临平轻纺原料网上交易市场和中国轻纺城网上交易市场。

3.2.2 浙江省现有大宗商品交易市场

从“三位一体”港航物流服务体系建设来看,浙江省在液体化工、煤炭、钢材、木材和塑料等交易市场方面已具有一定基础,温州粮食中心市场进入试营业阶段。此外,浙江是港航大省,船舶交易量较大,已经形成具有一定规模的船舶交易市场。

(1)液体化工品市场

宁波镇海液体化工产品交易市场于 1998 年建成营业,占地 34 600 平方米,建筑面积达 25 000 平方米,其后方有宁波化工园和中国石化镇海炼油化工股份有限公司等大型石化基地。目前,进场企业近 350 家,2008 年市场成交额超过 100 亿元,2009 年因经济危机仅 93 亿元,2010 年预计超过 120 亿元,有可能突破 130 亿元。该市场已建成“中国液体化工在线(http://www.nbzhlcm.net)”、“中国液体化工交易网(www.clc－ex.com)”两大信息平台。“中国液体化工在线”主要为进场企业现货交易提供信息服务;宁波都普特液体化工电子交易中心负责管理的“中国液体化工交易网”,已推出远期交易、订单交易和提单交易等多种灵活的交易模式,并且,已与银行合作,为会员提供在银行监管下的专用资金账户管理,以及货物质押等融资服务,同时,逐步推进市场的信用体系建设,保障交易各方的合同履约率。“中国液体化工交易网”交易品种有:甲醇、甲苯、二甲苯、苯乙烯等,已在多地设有交割仓库,其客户群从南到北覆盖全国16个省市,主要集中在华东地区,客户数量2 000余家,包括:液化产品生产企业、液化产品经营企业、液化产品使用企业。2009年成交量为731万吨,交易总额为211.8亿元。

(2)煤炭市场

镇海煤炭市场成立于2003年10月,2007年11月竣工落成,位于宁波市镇海区后海塘区域,占地608亩,计40.5万平方米。镇海煤炭市场紧邻港区,依托镇海港独特的码头中转优势,是目前华东地区规模最大的煤炭专业市场和浙江省重要的煤炭能源供给基地,现有进场煤炭经营企业70家。2008年,市场交易总额达71.5亿元,其中:年销售上亿企业达21家,年纳税300万元以上企业达12家。2009年,受全球金融危机影响,市场交易总额略有下滑,达67.7亿元。镇海煤炭市场与镇海新闻网联合主办的“宁波煤炭网”(http://www.nbmtw.com/),主要为煤炭经营、用户及运输企业提供及时、准确的市场动态、价格行情以及供求资讯等各类信息。该市场主要经营电煤和市场燃料煤,分别占总量的32.9%和68.1%,入场企业的产品销售辐射:东至舟山,西至衢州,南至台州,北至萧山。

(3)粮食市场

温州粮食中心市场位于龙湾作业区白楼下,总投资2.6亿元,占地总面积321 000m^2,建筑总面积120 619m^2,分设交易、仓储、商务、加工四大功能。交易市场可进行现货交易和粮食储存,年粮食可容交易量达100万吨,主要为温州地区和浙南闽北地区散装粮食市场服务。

(4)钢材市场

浙江省在钢材市场方面具有良好的基础,即期现货市场有宁波镇海钢材交易市场,中远期电子交易市场有宁波众城钢铁电子交易中心,此外,宁波大宗商品电子交易中心也涉及钢铁交易。

宁波镇海钢材交易市场由国家物资储备局浙江八三七处投资近亿元开办,仓库占地面积281亩,室内库房面积38 153平方米,库外堆场面积88 811多平方米,库存能力达20余万吨，库区配有铁路专用线长2 300米，其中货场站台双线300米，能保证各类物资进出及时、方便、快捷、准确、安全。2006年市场实现钢材交易总量80万吨，贸易总额近30亿元。市场具有较为完善的信息网络平台“镇海钢材网”，为市场客户提供场内及全国各地的市场信息和电子交易的报价；并与银行合作开展了“银行监管质压”业务。

宁波众城钢铁电子交易中心以中远期电子交易为基础，采用直接网上报价、配对，以网上订货、电子采购的方式，实现买卖双方跨区域、跨时空的钢铁原料的现货交易，主要以钢铁及相关矿产资源的现货电子仓单交易、市场信息咨询、钢铁中介、钢铁代购代销和储运配送业务为重点，组织并引导我国各地区的钢铁及相关矿产资源通过现代科学的方式进行采购和销售。该交易中心已成为全国规模最大的、服务功能最全的以钢铁及矿产资源电子交易为主的大宗商品交易市场。

宁波大宗商品电子交易中心有限公司成立于2007年9月，主要从事钢铁类、农产品类和纸浆等大宗商品电子交易及相关配套服务，推出现货交易、远期交易等多种灵活的交易模式，并在杭州、宁波、上海、江苏以及华北等地区设有交收仓库。目前，已成功推出20号管坯、45号碳素结构钢、热轧带钢、冷轧卷板、纸浆、苹果等6个交易品种，并陆续吸引了以华东地区为主、外省区为辅的百家贸易商和终端用户参与到交易平台中来，日成交量上万吨。

(5)木材市场

2006年8月，宁波红光装饰材料有限公司所属的宁波恒利木业有限公司和宁波雄镇运输有限公司合作建造了镇海木材市场，市场总建筑规划面积3万多平方米，由办公交易大楼、木料加工厂区和木材露天堆放场地三部分组成，首期开工建设16 660平方米，2008年，木材交易量约100万立方米，销售额达12亿元。

(6)塑料市场

中国(余姚)塑料城于1994年经国家工商行政管理局批准设立，现有建筑面积31.75万平方米，是国内最大的集塑料原料、配料(助剂)、机械、模具、制品、信息、会展于一体的专业市场之一。2009年，市场交易量达694.75万吨、交易额701.78亿元。

创建于2004年的浙江塑料城网上交易市场，是国内首家塑料电子交易中心，2008年列入第一批国家信息化试点单位。该市场通过“中塑仓单”、“中塑现货”电子商务模式，实现了塑料的在线购销、在线支付、在线物流配送。网上市场已在浙江、上海、天津、山东、广州、武汉等全国主要的塑料产销地设立了15个指定交货仓库和众多非指定仓库,是国内唯一实行交易商资金由政府实行第三方审计监管制度的电子交易市场,其发布的中国塑料价格指数已经成为东南亚塑料原料交易的"风向标"。

(7)船舶交易市场

浙江省已建成浙江船舶交易市场、台州市船舶交易中心、温州市海洋船舶交易中心等三个船舶交易市场,其中的典型代表是浙江省船舶交易市场。2010年,在浙江省港航工作报告中,已明确提出"培育一个品牌、形成一个网络,建设一个平台"的工作目标。

浙江船舶交易市场。1998年6月成立了浙江省船舶交易市场,已经成为国内同行业中市场规模最大、船舶交易额最大、交易覆盖面最广、服务功能最为完善的专业船舶交易市场,在国内同行业中确立了领先地位。市场的年船舶交易额2007年为41.69亿元,2008年为43.97亿元,2009年虽然受航运市场危机形势的影响,市场全年仍完成船舶交易额44.85亿元。目前,浙江船舶交易平台已建立了航运类专业垂直网站航运信息网(http://www.zjsem.com.cn/),搭建起网上无形市场和服务平台;并建立了交易船舶资金流转平台,为船舶交易双方提供第三方的资金流转保障平台。

台州市船舶交易中心。2004年6月,台州市也成立了台州市船舶交易中心有限公司,2009年船舶交易额达20亿元。

3.3 大宗商品交易平台建设面临的问题

3.3.1 参与交易的货物、大型生产商和贸易商相对不足

目前,浙江省接卸石油化工产品、煤炭和矿石的码头中,公用泊位的比例偏少,只有散装粮食码头,以公用泊位为主,如表3-9和图3-6所示,石油化工产品泊位(指原油泊位、成品油泊位、液体化工泊位、液化石油气和液化天然气泊位)中,公用泊位17个,设计靠泊能力为84.6万吨级,非公用泊位130个,设计靠泊能力为262.85万吨级;煤炭泊位中,公用泊位9个,设计靠泊能力12万吨级,非公用泊位30个,设计靠泊能力95.28万吨级;金属矿石泊位中,公用泊位6个,设计靠泊能力42.5万吨级,非公用泊位6个,设计靠泊能力70.2万吨级。由于沿海港口几大货

类接卸码头中，货主码头居多，接卸货物主要以企业自用为主，可用于交易的大宗商品货量相对较少。

2009年浙江省沿海港口泊位构成 表3-9

	泊位个数(个)			设计靠泊能力(吨级)		
	总计	公用	非公用	总计	公用	非公用
总计	966	125	323	8 895 305	3 967 500	4 927 804
原油泊位	19	3	16	2 192 000	570 000	1 622 000
成品油泊位	91	1	90	572 000	3 000	569 000
液体化工泊位	27	13	14	589 000	273 000	316 000
液化石油气	9	0	9	120 500	0	120 500
液化天然气	1	0	1	1 000	0	1 000
金属矿石泊位	12	6	6	1 127 000	425 000	702 000
煤炭泊位	39	9	30	1 072 800	120 000	952 800
散装粮食泊位	3	2	1	86 000	85 000	1 000
集装箱泊位	23	2	21	1 865 000	1 725 000	140 000
多用途泊位	15	15	0	300 000	300 000	0
通用散货泊位	70	20	50	643 504	277 000	366 504
通用件杂货泊位	73	40	33	296 000	174 500	121 500
客货滚装泊位	18	5	13	30 500	15 000	15 500

资料来源：2009年浙江码头泊位一览表。

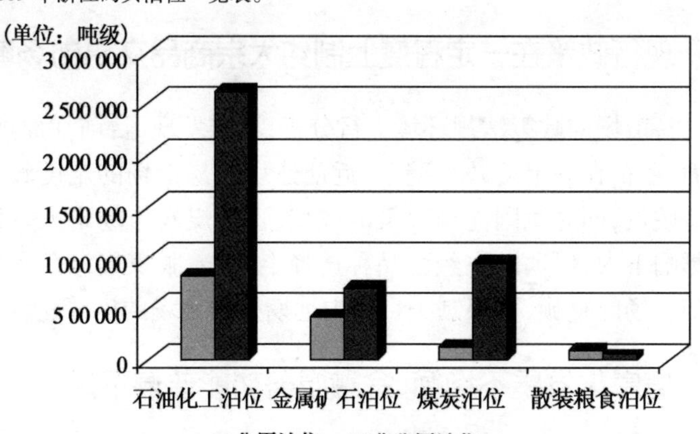

图3-6 主要货类泊位设计靠泊能力构成情况

同时,作为大宗商品交易的需求方,电厂、钢铁企业等大型生产商大多拥有自己的货主码头,参与平台交易的动力不足。从大宗商品交易的供应方来分析,由于煤炭、矿石等大宗散货多以企业自行采购为主,通过贸易商购入货量较少,尚未吸引到大型贸易商到浙江落户。总体来看,交易市场的经营主体偏小、偏散、偏弱。

3.3.2 港口集疏运以公路为主,运输成本较高

大宗商品交易平台作为大宗商品的集散地,对港口集疏运体系要求较高,目前,浙江省港口集疏运仍以公路运输为主,不能很好地适应煤炭、矿石、粮食等大宗商品的集疏运要求。就宁波—舟山港而言,公路承担着几乎全部的集装箱集疏运量和散杂货物集疏运量的55.7%;内河水运大约承担18.5%的散杂货集疏运量;铁路主要承担宁波—舟山港煤炭、矿石等大宗散杂货的运输任务,承担约3.7%的集疏运量。

3.3.3 港口物流与当地经济关联度较差

宁波—舟山港大宗散货中转运输数量较多,但与宁波、舟山两市的经济关联度还不大,港口商贸、加工、仓储、金融服务等功能拓展不够,未形成以现代港口物流带动相关产业链发展的运作平台,以港兴市的作用尚有巨大潜力可以挖掘,特别是在促进经济结构转型升级、带动区域经济协调可持续发展方面的作用仍有待进一步加强。

3.3.4 现行政策在一定程度上制约大宗商品交易市场建设

通过对交易市场的政策法规环境进行分析,不难发现,目前在原油、成品油、铁矿石交易方面,还存在一定的政策壁垒,近期建设交易市场的难度较大,需要积极争取相关支持政策;同时我国能源政策的改变,也给煤炭市场带来一定压力,对近期市场需求影响不大,但远期在经营品种选择上,应着眼煤炭绿色利用产品;当前我国对中远期市场的整顿,也限制了目前中远期交易市场的申请建设。

3.3.5 信息化发展不均衡、金融服务功能普遍不足

从现有大宗商品交易市场发展现状来看,有部分市场尚未建立自己的网站,而类似宁波都普特液体化工电子交易中心等大宗商品电子交易平台已组建并运营的

专业性第三方交易平台，并配备高强度数据加密、身份认证等技术，构建了功能强大、安全可靠的网上交易系统，各个市场的信息化水平存在较大差异，且尚无统一技术数据标准，难以实现互联互通、数据共享。此外，不同业务管理部门、港口企业在信息化建设和应用方面进展程度不同，信息化发展水平参差不齐，港口相关信息资源难以有效整合，而海关、检验检疫等地方监管部门还不愿意将相关信息共享等，尚未建立高效、便捷、安全的港口物流服务网络，经由港口的物流业务无法在统一的信息平台上“一站式”完成，影响了港口服务质量和效率。

目前，浙江大部分交易市场仍以即期现货交易为主，只有部分电子交易平台支持中远期交易方式，与银行等金融机构的合作主要处于电子结算阶段，金融服务仍以传统的存、贷、汇为主，高端金融服务不足、创新产品匮乏，而且，对中小企业融资授信力度也需进一步加强。缺乏与发展港口金融服务相适应的配套体系，如咨询、评估、保险、金融信息平台等建设发展滞后；缺少具有相关港口经济、海事、船舶和海商法知识的专业技术人才。而且，浙江省相关财税金融政策优惠力度弱于上海等地，也制约了金融服务体系支撑作用的发挥。

第 4 章 大宗商品交易平台建设的可能性分析

大宗商品交易平台的形成必须具备丰富而适销的商品货源、成熟的市场主体、基本适应的载体设施等内部条件,同时,也需要合理的经济政策、便捷的交通条件、历史习惯、经营环境、服务水平、管理水平等外部条件。在分析大宗商品交易平台的布局时,主要考虑经济需求、政府引导、交通条件和传统集散❷等因素的影响;其定位则需要在分析现有产业基础、物流交通条件、市场中长期需求和市场辐射力等要素的基础上加以确定。本章着重在前述对大宗商品交易平台的区位条件、经济产业、港口条件、政策环境和金融信息配套服务等现实基础分析的基础上,进一步对石油化工、铁矿石、煤炭和粮食四大货类的需求、区域市场环境进行分析,并且针对各沿海港口的具体情况,分析大宗商品交易平台建设的可能性。

4.1 石油化工交易平台建设的可能性

4.1.1 需求分析

(1)石油化工产业链长,影响因素较多

石油化工行业是国民经济的基础性和支柱性产业,主要经济指标在国民经济中占重要位置,其中,石油和化学工业企业完成工业总产值所占全国工业的比重一直都维持在 13% 以上。2008 年,石化工业完成工业总产值达65 842.9亿元,占工业的比重达 13.27%。

石油化工指以石油和天然气为原料,生产石油产品和石油化工产品的加工工业。石油产品又称油品,主要包括各种燃料油(汽油、煤油、柴油等)和润滑油以及液化石油气、石油焦炭、石蜡、沥青等,生产这些产品的加工过程常被称为石油炼制,

❷ 传统集散是指传统的商贸汇集区、有商贸汇集可能的地点,以及具有商品辐射潜力和可能的地区。

简称炼油。石油化工产品以炼油过程产生的原料油进一步化学加工获得。生产石油化工产品的第一步是对石脑油和天然气或油田伴生气进行裂解,生成以乙烯、丙烯、丁二烯、苯、甲苯、二甲苯为代表的基本化工原料。第二步是以基本化工原料生产多种有机化工原料(约 200 种)及合成材料(塑料、合成纤维、合成橡胶)。

石油石化是重要的基础产业,它为国民经济的运行提供能源和基础原材料。石化产业链大致截为三段:上游产业以炼油为主,中游产业是以烯烃和芳烃为主,下游则是三大合成材料(合成树脂、合成橡胶、合成纤维)产业,如图 4-1 所示。石油化工产业产品链长而广,生产流程复杂,一般采用上下游一体的集群式发展模式,一个石化基地往往有上百种产品,数十套石油化工联合装置,上游装置的产品一般可为下游装置原料,以循环经济的原则组织生产,因而投资大,是资金密集型产业(图 4-2)。

目前,我国石化工业管理体制的实质,就是国家依靠严格的市场准入制度维持三大国有石油集团的垄断地位,通过三大集团把石油领域的上中下游控制在国家手中,同时,以国家定价为手段调控国有企业的行为,维护消费者和社会利益。石化工业尽管有其特殊性,但仍然具有很强的竞争性行业特征,放松经济性管制实行市场化改革是其必然的改革方向。在石化工业的系统化改革中,法制完备条件下的市场监管制度、多元竞争主体的形成、市场化的价格形成机制将是其基本构成。

石油化工行业发展受到的影响因素较多。原油价格起伏波动、产品的竞争力,以及日益严格的环保标准和安全措施都会影响石化行业的未来发展。特别是在当前国际高油价时代,我国作为石油净进口国,国家为保证能源安全出台一系列国家宏观产业政策将会影响石化行业长远发展,如:国家鼓励的产业与产品,限制产业和产品、淘汰产业和产品,对生产规模和布局也有具体的规定。

(2)我国石油化工行业需求快速增长,对外依存度高

金融危机使 2009 年全球能源消费有所减少,世界石油日均需求量约在 84.4 百万桶,这是自 1981 年以来全球能源消费的首次下降。随着全球经济缓慢复苏,原油需求最坏的时候已经过去,全球石油需求已在 2010 年末恢复同比增长。石油输出国组织(欧佩克)近日发布报告,预计 2011 年国际油市对欧佩克原油平均需求为 2 920 万桶/日,较 2010 年增长 30 万桶/日;世界石油需求增长将达到 120 万桶/日,国际石油市场整体需求水平有望恢复到国际金融危机之前的水平。

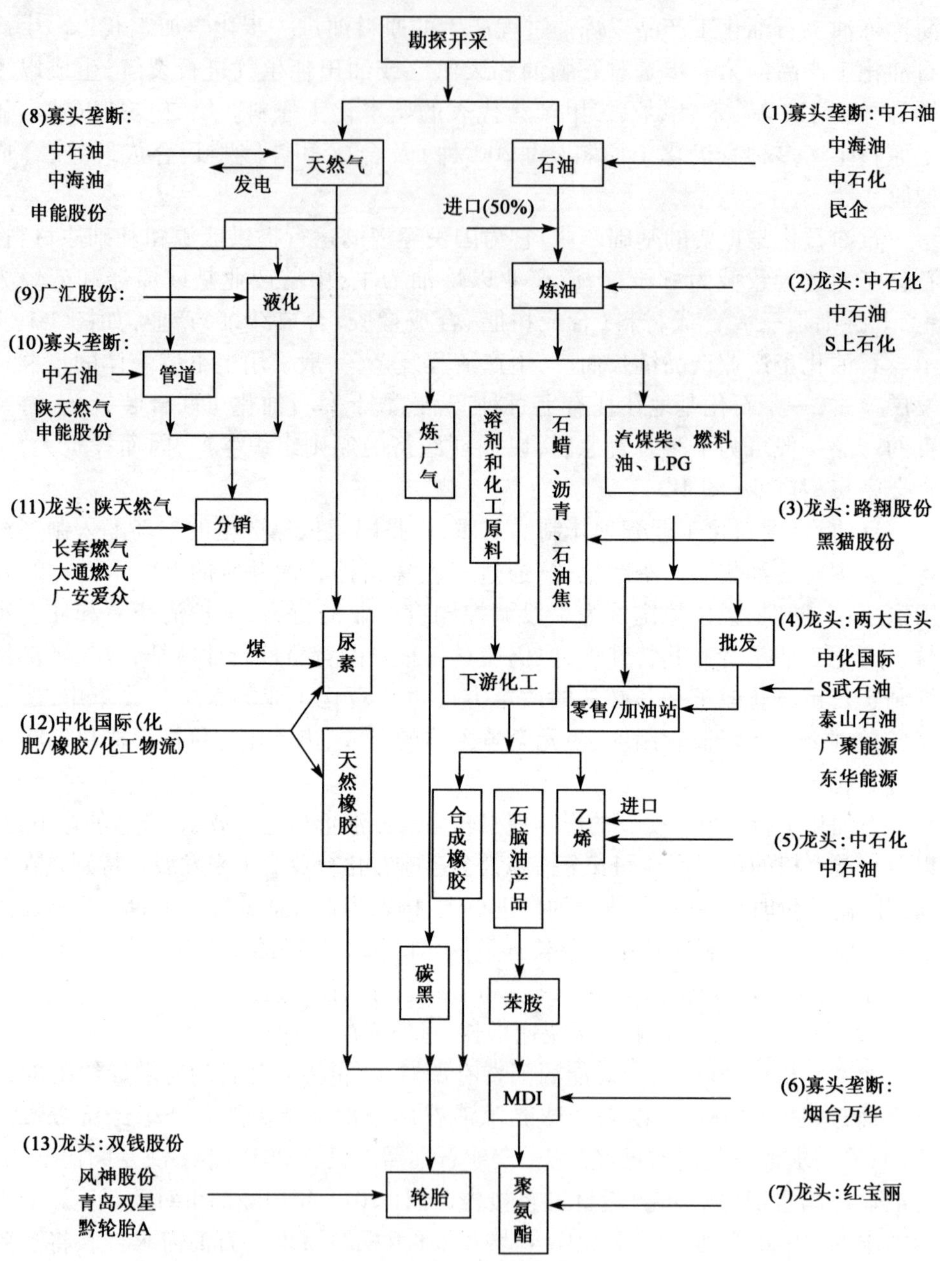

图 4-1 石化产业上中下游产业链

资料来源:厦门黑岩 2008 石油化工行业分析。

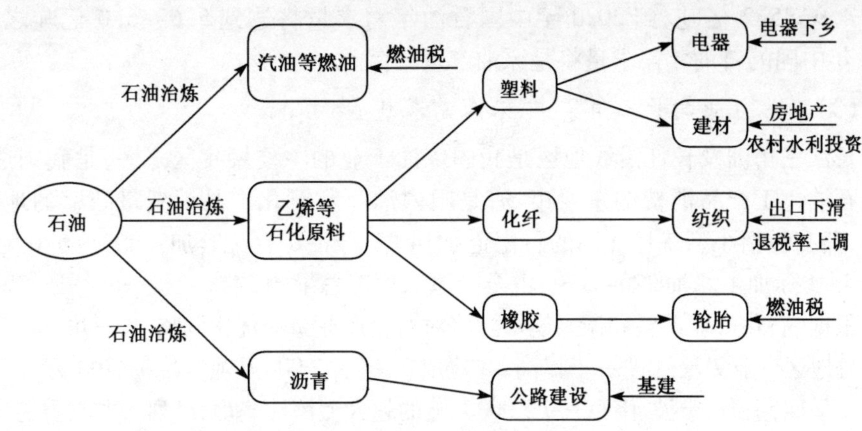

图 4-2　石油化工产业链全景图

资料来源:浙商证券研究所。

中国石油和天然气需求正处在快速增长期,如图 4-3 所示,2008 年,中国石油和天然气需求量已达到63 983万吨标准煤,但石油消费在一次能源消费结构中仅占 18%,消费水平仍然偏低。

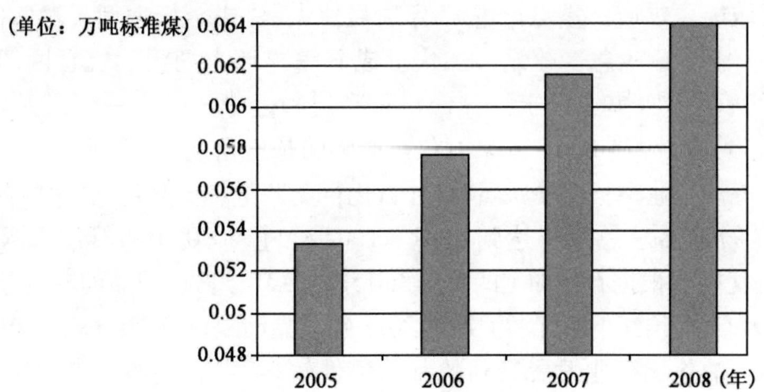

图 4-3　我国石油和天然气需求量变化趋势

数据来源:中国统计年鉴。

2008 年,中国国内原油产量达 1.9 亿吨,其中 84.8% 的产量来自于陆上油田,净进口石油近 2 亿吨,石油对外依存度达到 51%。未来中国国内石油供应主要依靠西部油田和海上油田的增产以及老油田的稳产。预计,到 2010 年中国原油产量将达到 2 亿吨,到 2020 年中国原油产量将位于 2 亿至 2.2 亿吨之间。综合多家机构研究结果,并结合中国新能源的发展状况,预计到 2015 年中国石油年需求量将达到4.9～5.2亿吨，到2020年中国石油年需求量将达到5.6～6.0亿吨之间，2020年中国的石油年需求量将是原油产量三倍。

(3)石化行业向长三角集中，未来需求旺盛

长江三角洲及长江沿线地区是我国炼油工业的主要聚集区之一，是我国成品油和石油化工产品消费的重要市场，是国内油品和石化产品消费最旺盛的地区。目前，拥有包括小型炼厂在内的石化企业14家，原油综合配套加工能力9 570万吨，2008年实际加工原油8 204万吨，占全国原油加工总量的24%。

根据《石化产业调整和振兴规划》，将对石化产业布局优化调整，长三角、珠三角、环渤海地区产业集聚度进一步提高，并建成3～4个2 000万吨级炼油、200万吨级乙烯生产基地，上海、宁波、南京三个3 000万吨的超大型炼油基地，已列入发改委能源局的规划。《长江三角洲地区区域规划》进一步明确：重点建设宁波—舟山石油中转港口，完善宁波北—上海、宁波北—南京的输油管道，规划建设日照—仪征输油管道连云港支线。在沿海规划布局油气储备基地，加强舟山等油气储备基地建设。加快洋山港区、大榭港区油品码头、台州大陈岛石油储运设施建设。开展区域石油流通枢纽和天然气交易中心建设的可行性研究，推动长三角地区天然气主干管网互连互通，保障区域能源供应。重点推进LNG项目建设，建成金坛大型天然气储气库，扩建上海五号沟LNG应急事故站。加快形成并完善环太湖天然气管网，完善苏中、苏北天然气管网，加快建设宁波—台州—温州和金华—丽水—温州天然气管网。具体布局方案如图4-4所示，未来石化产业将向长三角地区进一步集聚。

结合《炼油工业中长期发展规划》、《石化行业调整和振兴规划》，估计到2015年长三角地区石油需求总量将达到0.82～1.02亿吨，2020年的石油需求总量将达0.97～1.33亿吨。根据石油加工的布局，2015、2020年该区域成品油缺口分别为3 800万吨和4 600万吨，长江下游江浙沪地区2015年成品油缺口将在1 600万吨左右。

但是，石油化工行业发展受到的制约条件较多，主要制约因素如图4-5所示，未来发展仍存在一定变数。

4.1.2 区域市场环境分析

2008年，浙江省化工材料及制品交易市场共有7个，总成交额为766.1亿元，约占全国总成交额的38%。从交易市场规模来看，浙江省平均单个交易市场成交额为109.44亿元，远高于全国的48.22亿元；平均摊位成交额略高于全国平均水平，单位营业面积成交额则稍低于全国平均水平。

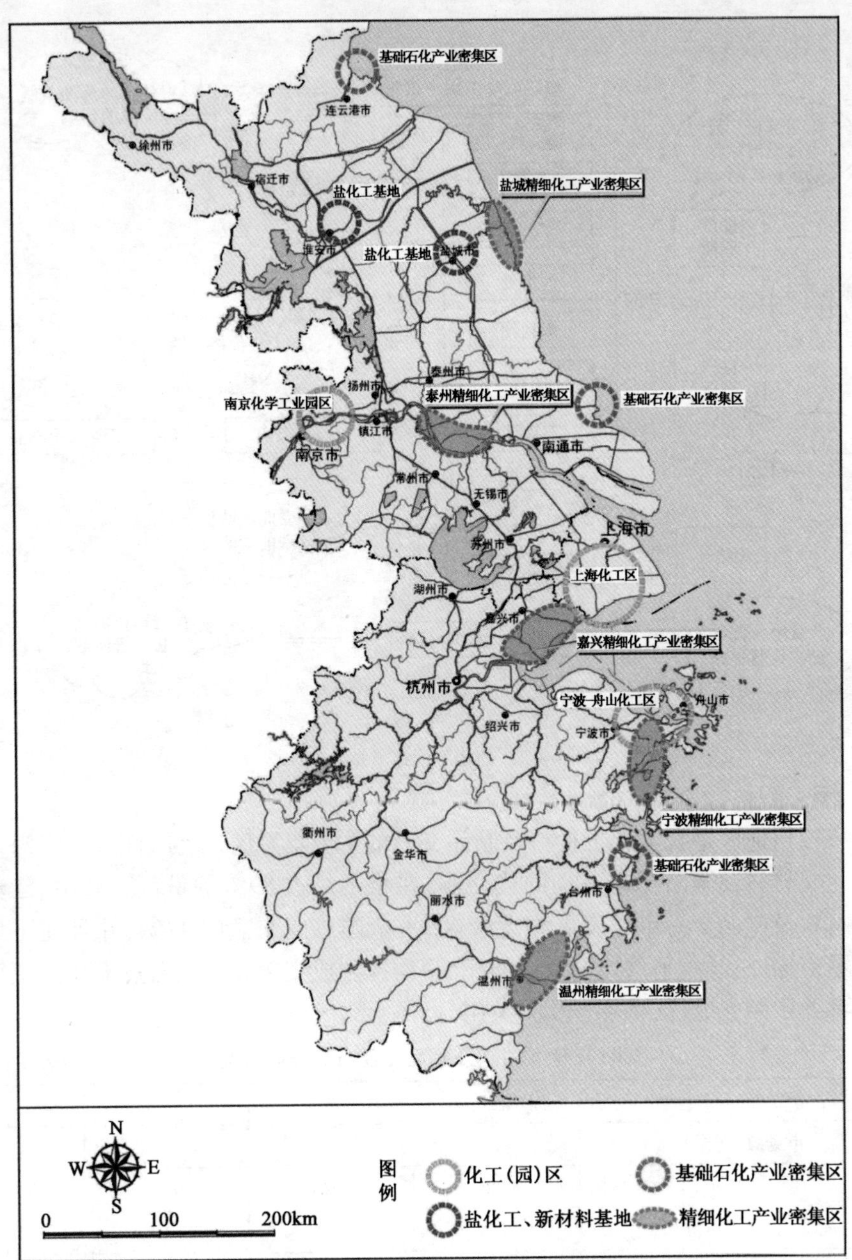

图 4-4　长三角地区石油化工产业布局规划

数据来源:长江三角洲地区区域规划。

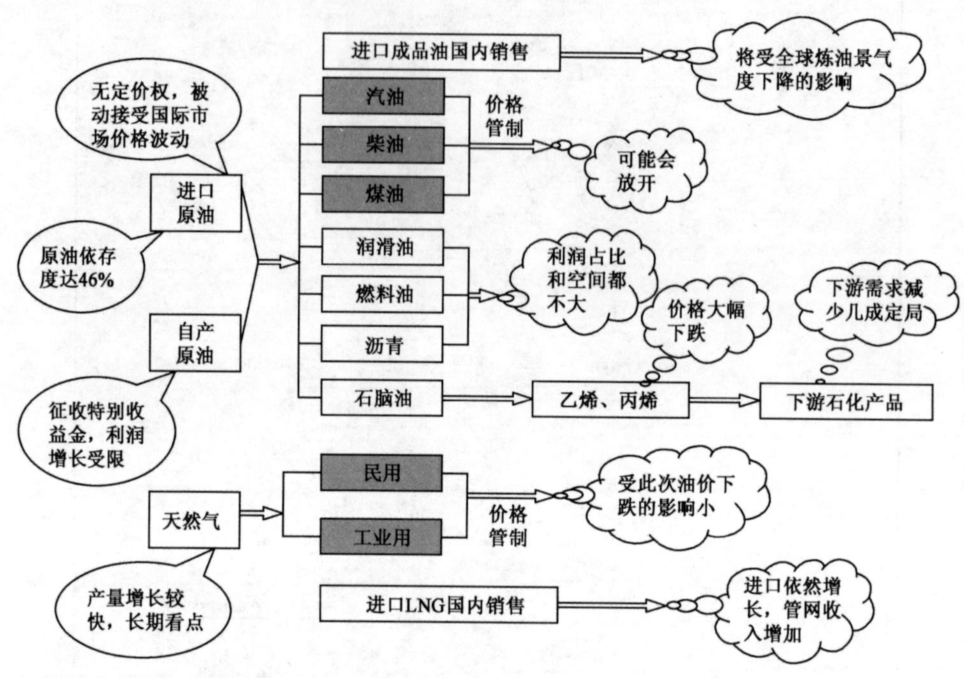

图 4-5　石油化工产业主要制约因素

资料来源:厦门黑岩 2008 石油化工行业分析。

长三角地区是我国化工材料及制品交易的主要集聚区,浙江、江苏和上海两省一市化工材料及制品交易市场的成交额,在全国约占 89% 的份额。其中,江苏省化工材料及制品交易市场发展程度较高,占全国总成交额的 47%,并且在平均单个交易市场成交额、平均摊位营业面积、平均摊位成交额和单位营业面积成交额等方面都处于领先地位(表 4-1 及图 4-6)。

2008 年化工材料及制品交易市场发展情况　　表 4-1

	浙江省	江苏省	上海	全国
市场数量(个)	7	8	2	42
摊位数(个)	4 720	2 164	966	13 174
营业面积(万平方米)	62.4	38.99	2	154.9
成交额(亿元)	766.1	952.64	80	2 025.1
平均市场成交额(亿元)	109.44	119.08	40.00	48.22

续上表

	浙江省	江苏省	上海	全国
平均摊位营业面积(平方米)	132.20	180.18	20.70	117.58
平均摊位成交额(万元)	1 623.09	4 402.22	828.16	1 537.19
单位营业面积成交额(亿元)	12.28	24.43	40.00	13.07

注:表中数据按亿元以上专业市场统计,未包含综合市场中化工材料及制品交易部分。

数据来源:中国商品交易市场统计年鉴(2009)。

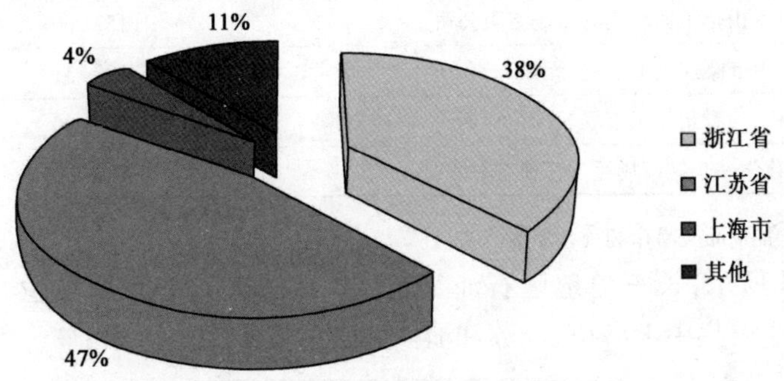

图 4-6　2008 年浙江省化工材料及制品交易市场份额

从 2008 年处于全国前 20 家的化工材料及制品市场来看,江苏省有 7 家,浙江省有 5 家,上海市 2 家,与江苏省相比,浙江省仍处于弱势(表 4-2)。

2008 年全国前 20 家化工材料及制品市场(单位:万元)　　表 4-2

市场名称	成交额
张家港保税区华东化工电子交易市场有限公司	3 785 900
余姚市中国塑料城(宁波)	3 170 000
钱清中国轻纺原料城(绍兴)	2 817 900
张家港保税区化工品交易市场有限公司	2 520 000
常州长江塑料化工交易市场有限公司	1 305 000
江苏华东石化物资交易市场(无锡)	1 200 925
宁波镇海液体化工产品交易市场	1 018 000
成都坤泽物流有限公司	429 667
绍兴燃料城	425 070
天津石化交易中心市场	405 066
上海中山化工市场	400 000

续上表

市场名称	成交额
上海危险化学品交易市场经营管理有限公司	400 000
江苏国际塑化城有限公司(常州)	357 549
成都西部化工市场	279 058
齐鲁化工商场(淄博)	235 120
河北衡水橡胶城	195 000
张家港市香山化工原料交易市场有限公司	152 060
江阴市橡胶化工市场(无锡)	108 731
温州化工市场	108 000
天津危险化学品交易市场经营管理有限公司	100 060

数据来源:中国商品交易市场统计年鉴(2009)。

如表4-3所示,长三角地区石油及制品类市场约有285个摊位,成交额约为500.3亿元,主要集中上海市,江苏和浙江两省所占份额不足0.1%。

长三角地区石油及制品类交易市场概况　　表4-3

	长三角	上海	镇江	宁波
摊位数(个)	285	274	7	4
成交额(万元)	5 003 389	5 000 000	1 785	1 604

数据来源:中国商品交易市场统计年鉴(2009)。

通过对区域石油化工市场发展现状进行分析,可以看到,在石油及制品类市场中,上海处于绝对的优势地位;在化工材料及制品类市场中,浙江省具有良好的发展基础,但是与江苏省相比,在市场份额和规模等方面仍存在一定差距。由于上海、江苏与浙江的交易市场服务范围存在重合部分,未来浙江省石油化工交易平台在开拓江苏和上海的市场方面将存在较大难度。

4.1.3 沿海港口基础条件

(1)港口泊位情况

根据2009年浙江省码头泊位一览表统计,对浙江省各沿海港口原油泊位、成品油泊位、液体化工泊位、液化石油气和天然气泊位基本情况进行整理,如表4-4、表4-5、表4-6、表4-7所示。目前,浙江沿海港口原油泊位主要集中在宁波—舟山港,共有 15 个泊位,设计靠泊能力 210.9 万吨级;成品油泊位也主要布局在宁波—舟山港,共有泊位 66 个,设计靠泊能力 48.2 万吨级;液体化工泊位主要分布在宁波—舟山港,共 22 个,设计靠泊能力 56.1 万吨级;液化石油气和液化天然气泊位规模较小,宁波港域有 3 个,设计靠泊能力 6 万吨级,温州港有 4 个泊位,设计靠泊能力 5.8 万吨级。但公用泊位少,除宁波港域有 3 个公用原油泊位、1 个成品油泊位、12 个液体化工泊位,嘉兴港有 1 个公用液体化工泊位外,其余均为非公用泊位,这将会在一定程度上制约未来大宗商品交易市场的发展。

浙江省各沿海港口原油泊位基本情况 表 4-4

港口	泊位个数(个)			设计靠泊能力(吨级)		
	总计	公用	非公用	总计	公用	非公用
宁波港域	9	3	6	1 126 000	570 000	556 000
舟山港域	6	0	6	983 000	0	983 000
台州港	0	0	0	0	0	0
温州港	2	0	2	8 000	0	8 000
嘉兴港	2	0	2	75 000	0	75 000

浙江省各沿海港口成品油泊位基本情况 表 4-5

港口	泊位个数(个)			设计靠泊能力(吨级)		
	总计	公用	非公用	总计	公用	非公用
宁波港域	20	1	19	154 000	3 000	151 000
舟山港域	46	0	46	328 000	0	328 000
台州港	15	0	15	34 500	0	34 500
温州港	8	0	8	15 500	0	15 500
嘉兴港	2	0	2	40 000	0	40 000

浙江省各沿海港口液体化工泊位基本情况 表 4-6

港口	泊位个数(个)			设计靠泊能力(吨级)		
	总计	公用	非公用	总计	公用	非公用
宁波港域	19	12	7	471 000	253 000	218 000
舟山港域	3	0	3	90 000	0	90 000
台州港	0	0	0	0	0	0
温州港	4	0	4	8 000	0	8 000
嘉兴港	1	1	0	20 000	20 000	0

浙江省各沿海港口液化石油气和液化天然气泊位基本情况　　表 4-7

港口	泊位个数(个)			设计靠泊能力(吨级)		
	总计	公用	非公用	总计	公用	非公用
宁波港域	3	0	3	60 000	0	60 000
舟山港域	1	0	1	1 000	0	1 000
台州港	1	0	1	1 000	0	1 000
温州港	4	0	4	58 000	0	58 000
嘉兴港	1	0	1	1 500	0	1 500

注:除台州港为液化天然气泊位外,其余均为天然石油气泊位。

数据来源:2009 年浙江省码头泊位一览表。

(2)港口接卸量

2009 年,浙江省各沿海港口石油、天然气及制品的吞吐量如表 4-8 和图 4-7 所示,浙江省石油、天然气及制品的接卸主要集中在宁波—舟山港,其中宁波港域接卸量为 5 326.2 万吨,舟山港域为 3 179.3 万吨。嘉兴港、温州港和台州港接卸量较少,分别为 477.6 万吨、346.6 万吨和 161.8 万吨。

2009 年浙江沿海港口石油、天然气及制品吞吐量构成(单位:万吨)　　表 4-8

港口	吞吐量	进港			出港		
		合计	外贸	内贸	合计	外贸	内贸
宁波港域	7 567.3	5 326.2	4 282.1	1 044.1	2 241.1	185.3	2 055.9
舟山港域	4 215.7	3 179.3	2 814.4	365.0	1 036.4	108.5	927.9
嘉兴港	480.7	477.6	68.2	409.4	3.1	0.0	3.1
台州港	166.9	161.8	0.0	161.8	5.0	0.0	5.0
温州港	435.5	346.6	22.9	323.6	88.9	0.1	88.9

资料来源:浙江省交通统计报表(2009 年)。

2009 年,浙江省各沿海港口化工原料及制品的吞吐量如表 4-9 和图 4-8 所示,浙江省化工原料及制品的接卸主要集中在宁波港域,2009 年接卸量为 966.6 万吨,此外,舟山港域接卸量为 192.0 万吨,嘉兴港接卸量为 138.1 万吨。

(3)港口辐射范围

从 2009 年沿海港口石油、天然气及制品流量流向分析来看(表 4-10、表 4-11),宁波港域的石油、天然气及制品主要流向长三角地区,约占总流出量的 60.25%;舟山港域也主要流向长三角地区,约占总流出量的 71.12%,其中流向江苏的约占 35.9%;嘉兴港的石油、天然气及制品在省内流转的比例约占 43.08%;台州港的辐射范围仅为浙江省内,约占总量的 97.04%。

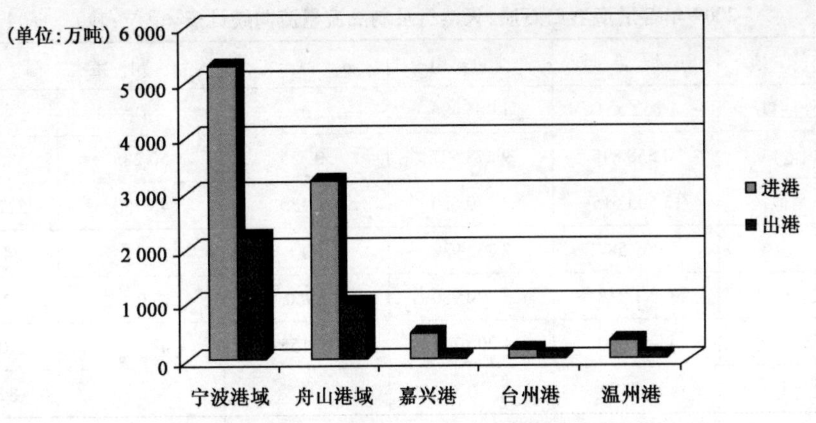

图4-7 2009年浙江沿海港口石油、天然气及制品吞吐量

2009年浙江沿海港口化工原料及制品吞吐量构成(单位:万吨) 表4-9

港口	吞吐量	进港			出港		
		合计	外贸	内贸	合计	外贸	内贸
宁波港域	1 119.2	966.6	775.9	190.7	152.6	12.3	140.3
舟山港域	317.9	192.0	0.0	192.0	125.9	0.0	125.9
嘉兴港	178.5	138.1	92.7	45.3	40.5	0.0	40.5
台州港	26.8	23.4	5.2	18.1	3.5	0.0	3.5
温州港	66.7	64.0	20.2	43.9	2.7	0.0	2.7

资料来源:浙江省交通统计报表(2009年)。

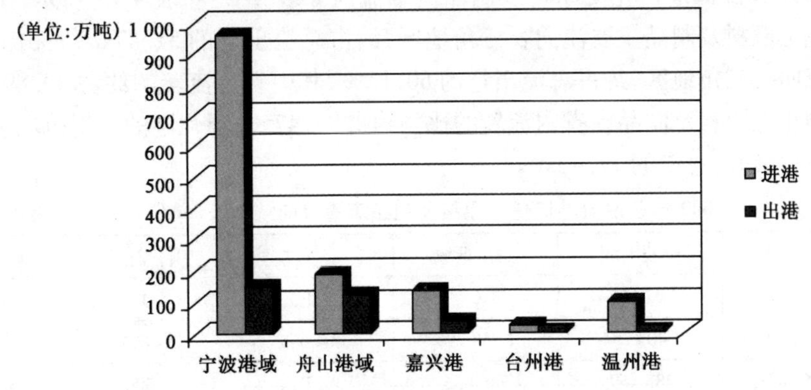

图4-8 2009年浙江沿海港口化工原料及制品吞吐量

2009 年各沿海港口石油、天然气及制品流量流向统计表(单位:吨)　　表 4-10

目的地	宁波港域	舟山	嘉兴港	台州港	温州港
国外港口	1 852 524	1 085 496	0	0	800
国内港口	20 558 845	9 278 527	30 535	50 235	888 506
长三角地区	13 503 615	7 370 620	16 135	48 750	327 067
上海	5 069 587	2 252 932	0	0	24 513
江苏	3 491 718	3 720 980	2 980	0	92 314
浙江	4 942 310	1 396 708	13 155	48 750	210 240
长江港口①	36 737	0	0	0	8 396
合计	22 411 369	10 364 023	30 535	50 235	889 306

注:①长江港口指芜湖以上干线港口。

资料来源:浙江省交通统计报表 2009 年。

2009 年沿海港口石油、天然气及制品流量流向分析(%)　　表 4-11

地区	流向国内	流向长三角	流向上海	流向江苏	省内流转
宁波港域	91.73	60.25	22.62	15.58	22.05
舟山港域	89.53	71.12	21.74	35.90	13.48
嘉兴港	100	52.84	0	9.76	43.08
台州港	100	97.04	0	0	97.04
温州港	99.91	36.78	2.76	10.38	23.64

2009 年沿海港口化工原料及制品流量流向如表 4-12 和表 4-13 所示,宁波港域的化工原料及制品主要流向长三角地区,约占总流出量的 51.47%;舟山港域也主要流向长三角地区,约占总流出量的 60.13%,其中省内流转的约占 30.89%;嘉兴港的化工原料及制品在省内流转的比例约占 93.47%;温州港的辐射范围主要在浙江省内,约占总量的 77.48%。

2009 年各沿海港口化工原料及制品流量流向统计表(单位:吨)　　表 4-12

目的地	宁波港域	舟山港域	嘉兴港	台州港	温州港
国外港口	122 655	0	0	0	0
国内港口	1 403 284	1 258 794	404 655	34 877	26 811
长三角地区	785 469	756 955	386 074	1 600	25 594
上海	97 436	129 887	0	800	0

续上表

目　的　地	宁波港域	舟山港域	嘉兴港	台州港	温州港
江苏	340 980	238 246	7 827	0	4 822
浙江港口	347 053	388 822	378 247	800	20 772
长江港口①	0	0	0	0	0
合计	1 525 939	1 258 794	404 655	34 877	26 811

注:①长江港口指芜湖以上干线港口。

资料来源:浙江省交通统计报表 2009 年。

2009 年沿海港口石油、天然气及制品流量流向分析(%)　　表 4-13

地　　区	流 向 国 内	流向长三角	流向上海	流向江苏	省内流转
宁波港域	91.96	51.47	6.39	22.35	22.74
舟山港域	100	60.13	10.32	18.93	30.89
嘉兴港	100	95.41	0	1.93	93.47
台州港	100	4.59	2.29	0	2.29
温州港	100	95.46	0	17.99	77.48

(4)港口吞吐量预测

依据《浙江省沿海港口布局规划》以及各港口总体规划,对沿海各港口到 2015 年和 2020 年石油及制品的吞吐量进行初步估计,预测结果见表 4-14。宁波全港化工原料及制品吞吐量,预计 2015 年、2020 年将分别达到 970 万吨、1 520 万吨,其中,镇海港区化工原料及制品吞吐量将达到 590 万吨、1 100 万吨。

浙江沿海港口石油及制品吞吐量预测(单位:万吨)　　表 4-14

年　　份	宁波—舟山港	嘉兴港	台州港	温州港
2015	15 335	769	335	791
2020	19 100	1 136	600	1 300

4.1.4　沿海港口石油化工交易平台的建设要素比较

1)宁波—舟山港(宁波港域)

(1)优势条件

基础设施:宁波港域拥有石油化工类泊位共 51 个,设计靠泊能力为 181.1 万吨级。

镇海港区拥有液化储罐总量达70多万立方米。码头装卸具备船—船—罐—汽车(火车)联运和罐桶等多种功能,拥有9座液化品装卸专用码头,其中万吨级1座、5万吨级2座,可以靠泊装卸目前世界上最大的散装液体化工船。

市场基础:

①宁波市镇海液体化工产品交易市场,进场企业近350家,2009年成交额为93亿元;宁波都普特液体化工电子交易中心,注册会员逾2 000家,2009年成交量为731万吨,交易总额为211.8亿元,其客户群从南到北覆盖全国十六个省市,主要集中在华东地区,如张家港、常州、南通、山东、上海,包括贸易商(内贸为主)和部分终端用户(如新奥燃气和上海焦化等大型化工企业)。

②国家石油战略储备镇海基地,储存容量为520万立方米。

③中国(余姚)塑料城,2009年市场交易量达694.75万吨、交易额701.78亿元。

产业依托:

①宁波化工园区,是一个高科技产业和支柱产业相对集聚的世界一流的国家级石化产业基地,被列入国家“十二五”期间,通过改造扩建和联合布局建设的4000万吨级大型炼油及200万吨级乙烯产业区之一,区内形成了以大中型炼油、化工项目为主,以基础无机化工、精细化工、有机中间体等产业为辅的石化和化工新材料产业。

②中国石化镇海炼油化工股份有限公司,是由中国石油化工股份有限公司控股的特大型企业,是亚太地区十大炼油厂之一、中国最大的进口原油加工基地、含硫原油加工基地和成品油出口基地。

潜在客户:电子交易中心在长三角地区,潜在客户主要是尚未进场交易的上游厂家、下游终端用户以及一些新开业的贸易商。在全国范围,相关产品的经营企业均是潜在客户。保守估计全国范围内潜在客户数量有五千家,潜在交易量5 000万吨,江西、湖南、江苏等地潜在客户数量上千家,潜在交易量1 000万吨。

金融信息:金融投资氛围浓厚,电子交易理念接受度高,已建成“中国液体化工交易网”、“浙江塑料城网上交易市场”等大宗商品电子交易平台;并且政府给予了税收优惠方面的扶持政策。

(2)欠缺(或劣势)条件

①受江苏张家港、南京等液化品交易市场的竞争压力较大,贸易性货源有一定分流,呈现逐年萎缩趋势;

②对中小企业融资授信力度有待加强；

③政府的扶持政策需长期稳定；

④原油、成品油贸易尚未放开。

2）宁波—舟山港（舟山港域）

(1)优势条件

基础设施：舟山港域拥有石油化工类泊位共 56 个，设计靠泊能力为 140.2 万吨级。

浙江舟山马岙液体化工品中转基地项目拟建储油罐 400 万立方米，15 万吨级码头 1～2 座，5 万吨级以下泊位 8～9 座，总占地面积 100 公顷。并且，具有充足的岸线资源配置余地。目前，一期建物料储罐 78 万立方米，5 万吨级（兼靠 8 万吨）泊位 1 个，3 万吨级、1 万吨级泊位各 1 个，码头年吞吐能力 330 万吨；并完成 10 万立方米保税储罐的设立，并可随时根据市场需求快速完成保税储罐扩容的办理。

市场基础：舟山已成为全国最大的油品储运基地，目前已建成项目有：国家 500 万立方石油储备项目；中石化册子原油中转项目，年转运能力 2 500 万吨；中化中兴储运基地，年转运能力 2 200 万吨；浙江液体化工中转基地项目；六横 PX 储运项目。在建项目有：万向石油储运基地一期；中化兴中岙山基地二期；光汇外钓油品项目；广厦能源黄泽山油品中转基地；六横小郭巨石油化工品基地。

金融信息：已与上海的银行完成洽谈，开展银行质押授信金融仓储业务，2010 年 6 月底进入实质性的操作阶段。

(2)欠缺（或劣势）条件

①尚未从事石油化工产品交易；

②金融和信息支撑不足；

③缺乏贸易税收、金融、口岸和人才引进等政策支持；

④原油、成品油贸易尚未放开。

3）嘉兴港

(1)优势条件

基础设施：嘉兴港拥有石油化工类泊位 6 个，设计靠泊能力为 13.65 万吨级。

嘉兴港区内陆续建成泰地石化、嘉港石化、美福石油、华晟能源等液化石化码头，同时乍浦港一期内建成了大庆油库（现通过资产重组更名为中石油天然气浙江嘉兴销售分公司)。嘉兴销售分公司的年销量将达到60万吨、嘉港石化年设计吞吐能力160万吨、美福石油设计吞吐能力195万吨、华晟能源设计吞吐能力195万吨。

市场基础:据预测,泰地石化、嘉港石化、美福石油、华晟能源再加上嘉兴销售分公司这些公用码头年经销石油类产品达300万吨。

产业依托:嘉兴港区是国家命名的化工新材料园区,2008年,园区内聚碳酸酯产量10.3万吨,占全国产量的50%以上;有机硅混合单体产能6万吨,居全国第三;新型阻燃剂产能5.5万吨,居全国第一;多晶硅、桐昆PTA等项目即将投产。壳牌公司、日本帝人、德山化工、韩国晓星、三江化工等大批国内外知名企业在区内落户。

规划项目:独山港区即将建成的3万吨级(兼靠5万吨级)独山港务化工泊位。并依托此泊位打造专业化物流基地,占地274亩,规划建设40万立方米成品油仓储库区,预计2011年10月进行中间交接。

(2)欠缺(或劣势)条件

①嘉兴港三港区没有专门的疏港公路,地方政府在港口公共基础设施配套上投入不足;

②金融信息配套服务水平落后;

③原油、成品油贸易尚未放开。

4)台州港

(1)优势条件

基础设施:2009年,台州港拥有石油化工类泊位16个,设计靠泊能力为3.55万吨级。

规划项目:

①台州石化基地规划面积24.4平方公里(其中大陈岛码头配套用地0.16平方公里),最终形成3 000万吨/年炼油能力、240万吨/年乙烯生产能力。

②台州炼化一体化项目是台州石化基地的龙头项目。其中,一期工程(至2015年),形成炼油能力2 000万吨/年,配套乙烯能力120万吨/年,规划总用地面积约9.1平方公里;在上大陈岛配建30万吨级原油码头及原油罐区和20万立方米液化天然气罐区,原油通过海底管道送到园区的炼油区域,满足年进口3 000万吨原油要求;二期工程(至2025年),新增炼油能力1 000万吨/年,乙烯能力120万吨/年,规划总用地面积约15.14平方公里;同时,根据发展的实际需求,增设30万吨级原油码头1座,并扩大相应后方仓储设施规模。

(2)欠缺(或劣势)条件

①石化产业尚未形成,交易需求尚不明确;
②金融信息配套水平落后;
③原油、成品油贸易尚未放开。

5)温州港

(1)优势条件

基础设施:2009 年,温州港拥有石油化工类泊位 18 个,设计靠泊能力为 8.95 万吨级。

计划 2010 年开工状元岙化工码头。一期工程拟建 5 万吨级兼靠 8 万吨级液体化工泊位 1 座,陆域面积约 500 亩,建设化工品储罐 56 座,总容量 20.4 万立方米,年吞吐量 249 万吨;二期工程将建设 5 万吨级以上化工码头、储罐等设施。

规划项目:

①规划在大小门岛形成临港化工产业区,30 万吨级油轮码头项目可行性论证已通过评审,并已有浙江中油华电能源有限公司(LPG 储罐、化学品储罐及轻、重油库 30 多万立方米)、温州中油石化燃料有限公司(年生产 80 万吨高等级沥青)两家石化企业入驻。

②乐清湾港区规划成品油中转库项目,拟建油库总库容为 2×104 立方米,占地面积 202.5 亩,主要存储和中转汽油、石油。

产业依托:温州的化纤、纺织、塑料、橡胶制品加工、不锈钢等产业已具备相当规模,成为我国最大的塑料制品生产地区。周边台州、丽水、闽东北地区石化行业发展迅速,形成对液体化工原料巨大需求。

潜在需求:预测 2010 年,温州及周边地区主要液体化工原料需求量约 679 万吨,其中有机类 412 万吨;2015 年需求量约 910 万吨,其中有机类 562 万吨。

(2)欠缺(或劣势)条件

①目前温州港液体化工仓储在龙湾东港区和大小门岛港区有储罐,由于受港区陆域和交通条件的限制,港区吞吐能力非常有限;
②仅龙湾作业区建有铁路支线,接并到金丽温地方 I 级铁路,疏运能力低;
③石化产业尚未形成,需求尚不明确;
④金融信息配套服务水平落后;
⑤原油、成品油贸易尚未放开。

4.1.5 小结

基于浙江沿海港口石油化工产品吞吐量预测和港口腹地经济发展和需求分析,结合港口基础设施条件和既有交易市场发展现状,可以看到:长三角地区是我国炼油工业的主要聚集区之一,未来石油化工品需求旺盛。但目前成品油和原油进口尚未放开,可考虑先期开展化工品交易,从现有市场构成来看,江苏省的化工品市场是浙江的主要竞争对手,但竞争威胁不大,未来可考虑通过合理规划,在整合现有石油化工品市场的基础上,在规模上形成优势。从浙江省内各沿海港口来看,宁波镇海地区现有基础最佳;舟山马岙发展空间最大;嘉兴独山虽然优势并不突出,但是从基础设施和需求来看,都存在建成交易市场的可能,只是辐射范围相对较小;温州乐清湾港区、大小门岛港区以及台州海门港区,也都规划有石油化工项目,待基本条件成熟后,可适时参与浙江省石油化工交易市场建设。

对浙江省建设石油化工交易平台的可能布局(或交割地)和功能定位进行简单归纳,如表4-15所示。

浙江石油化工交易平台的可能布局(或交割地)和定位　　表4-15

功能定位	可能交割地	服务范围
全国性现货电子交易平台: 近期以即期现货和中远期现货相结合主; 远期着眼期货功能	舟山港域马岙港区	未来需充分利用深水岸线资源优势,积极参与国际市场竞争,力争替代韩国和新加坡,成为东北亚的液货转运基地
	宁波港域镇海港区	受发展空间所限,考虑发挥杭甬运河的作用,为省内中小用户提供更大范围的服务
	宁波余姚	依托中国(余姚)塑料城,建设中国最重要的塑料原料交易中心和塑料机械展销中心
	嘉兴港独山港区	考虑借助联通内河航道的优势,建设成为浙北地区液货交易市场,服务杭嘉湖地区

4.2 金属矿石交易平台建设的可能性

4.2.1 需求分析

近年来,随着中国消费结构的升级和重工业的快速发展,全球制造业向我国转移步伐不断加快,现阶段中国已经进入矿产资源的大量、高速消费期,而且还会持续相当长的时间。到2020年,中国绝大多数重要矿产资源的自我保障程度会在不同程度上大幅度下降，其中，铁矿石为 35%、铜为 27.4%、铝土矿为 27.1%、铅为 33.7%、锌为 38.2%、金为 8.1%。由于金属矿石中，铁矿石的需求最大，因此，本部分以铁矿石为主进行分析。

(1)钢铁行业面临产业结构调整

2008 年，国家颁布的与钢铁行业相关的政策中，最主要的就是节能减排，淘汰落后产能，产业结构调整。从相关政策的内容来看，节能减排几乎都涉及其中，成为考核的重要指标之一。相关政策的执行，主要目的就是希望通过政策调整，淘汰落后产能，实现节能减排，保护环境，并促进产业的结构调整(表 4-16)。

2008 年钢铁行业相关政策汇总　　表 4-16

时　　间	政 策 名 称	政 策 思 路
2007.06	《节能减排综合性工作方案》	节能环保、结构调整
2008.02	《铁合金行业准入条件》2008 年修订	遏制重复建设，调整产业结构
2008.02	《电解金属锰企业行业准入条件》2008 年修订	遏制重复建设，调整产业结构
2008.02	《关于加强上市公司环保监管工作的指导意见》	遏制"双高"行业扩张
2008.04	建设项目竣工环境保护验收技术规范 黑色金属冶炼及压延加工(HJ/T 404—2007)	环境保护验收
2008.05	《关于下达 2008 年钨矿和稀土矿开采总量控制指标的通知》	稀有资源保护开发
2008.05	国家发改委公布钢铁产品强制能耗标准	节能减排、结构调整
2008.06	《关于对港存进口铁矿石进行疏港的通知》	解决铁矿石港口积压
2008.07	《出口收结汇联网核查办法》	出口交易与收结汇真实性及 其一致性的审核
2008.07	《关于进一步加强和规范外商投资项目管理的通知》	外商投资管理
2008.08	关于贯彻实施《中华人民共和国节约能源法》的通知	节能减排
2008.08	《国务院关税税则委员会关于调整铝合金 焦炭和煤炭出口关税的通知》	限制资源性产品的出口
2008.09	《铁合金出口许可申领条件和程序》	节能减排、产业调整

2009 年 3 月国务院办公厅公布了《钢铁产业调整和振兴规划》，提出我国钢铁产业要以控制总量、淘汰落后、企业重组、技术改造、优化布局为重点，着力推动钢铁产业结构调整和优化升级，切实增强企业素质和国际竞争力，加快钢铁产业由大到强的转变。在规划目标中明确提出：2009 年我国粗钢产量 4.6 亿吨，

同比下降8%;表观消费量维持在4.3亿吨左右,同比下降5%。到2011年,粗钢产量5亿吨左右,表观消费量4.5亿吨左右,工业增加值占GDP的比重维持在4%的水平。

2008年末,我国粗钢的产能达到6.0亿吨,实际钢、生铁的产量分别达5.0亿吨和4.71亿吨,与2007年相比分别增长了2.3%、0.3%,钢材产量达到5.82亿吨,同比增长3.0%。2009年1~9月,我国粗钢、生铁产量分别为4.2亿吨和4.1亿吨,增速与"十五"期间的高增速相比,大幅度回落(图4-9)。

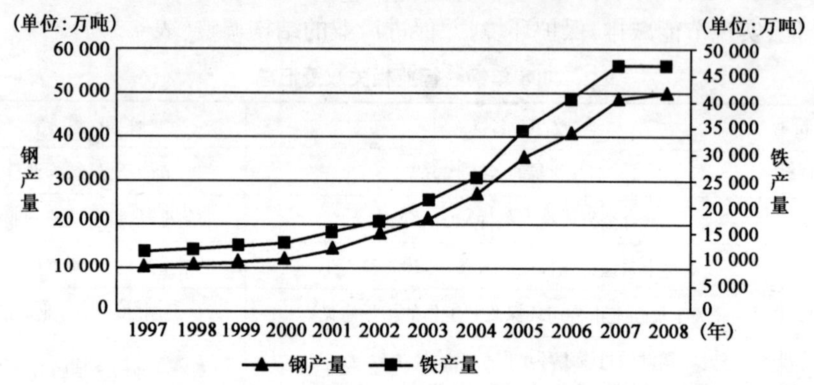

图4-9　1997年以来我国钢铁产量情况

资料来源:《中国钢铁工业年鉴》。

(2)我国铁矿石的需求量仍将大幅上升

我国铁矿石资源丰而不富,品位较低,平均品位仅为31%~32%,且布局分散,大多数矿山资源规模小,经济开采价值低。自2004年后,我国铁矿石对外依赖度已经逐步增长到50%以上,并基本维持在这个比重,即使在经济环境不太景气的2008年,我国对进口矿的依存度仍然达到了49.5%。

由于2007年以前国内铁矿石开采投资大幅度增加,2008年部分产能开始释放,2008年我国国内铁矿石产量达到8.2亿吨,同比增长16.5%,大大缓解了铁矿石市场供应紧张的压力。根据国家海关统计数据,2008年我国外贸进口铁矿石4.44亿吨,比2007年增长15.8%(图4-10),2009年1~9月,我国外贸进口铁矿石4.7亿吨。

我国进口铁矿石主要来源于澳大利亚、巴西、印度、南非等国家。1995年~2008年我国铁矿石进口总量中,澳大利亚矿石占40.8%,巴西矿石占22.7%,印度矿石占20.6%(图4-11)。

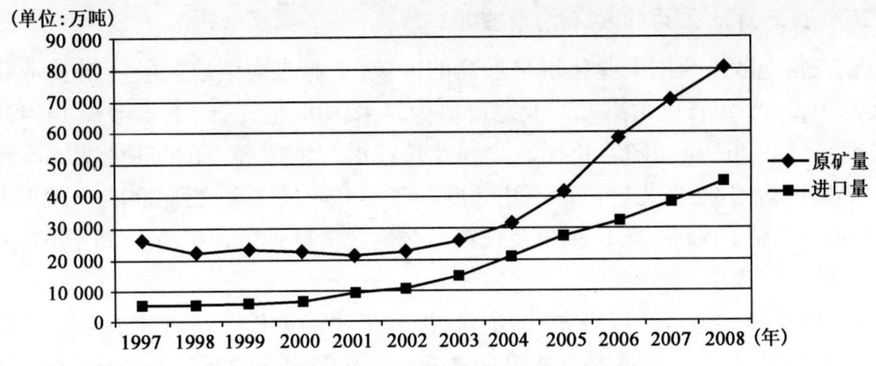

图 4-10　近年来我国铁矿石产量和进口量变化情况

资料来源:国家海关。

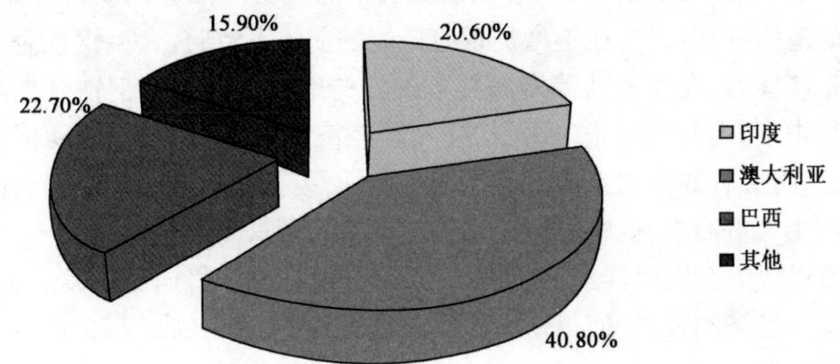

图 4-11　2001 年～2008 年我国进口铁矿石主要来源国占比情况

资料来源:《中华人民共和国海关统计年鉴》。

根据十七大提出的我国 2020 年人均 GDP 较 2000 年“翻两番”的战略目标,结合我国人口增长状况和城镇化、工业化进程和产业结构发展趋势,以及区域经济发展、进出口等因素,预测 2015 年我国粗钢产量为 6.4 亿吨,生铁产量为 5.9 亿吨。根据以上预测,估计 2015 年我国钢铁工业对成品矿石的总需求量将达到 9.4 吨。

2008 年我国已形成大约 9.7 亿吨铁矿石原矿、3.6 亿吨成品矿生产能力,但是部分国产矿区开采深度越来越深,品味越来越低,开采成本越来越大,因此产量有下降趋势。从环保和可持续发展的角度出发,我国应充分利用外贸进口铁矿石。在建和拟建将要形成的生产能力,2015 年国产铁矿石将达到 10.5 亿吨原矿、3.7 亿吨成品矿的生产能力,如果按照 85% 的实际开工率(2008 年实际开工率为 85.0%)计算,2015 年我国成品矿的实际产量将达到大约 3.1 亿吨,估计 2015 年我国外贸进口铁矿石将达到 6.3 亿吨。

(3)长三角地区为铁矿石消费重地

长三角地区是全国工业化水平最高的区域,工业成为该地区经济增长带动的主要动力,2008年长三角第二产业总产值为34 480.06亿元,比上年增长14.42%,是2000年的3.63倍。随着长江三角洲及长江沿线地区经济的飞速发展,该地区的钢产量迅猛增长,外贸进口矿石由2000年的3 884万吨增长到2005年10 355万吨,增长近2倍。2008年,长三角及长江沿线地区消耗外贸铁矿石1.55亿吨,占全国总量的32.3%。

《长江三角洲地区区域规划》的出台,进一步明确了长三角将建成全球先进制造业中心的发展方向,未来将在提升制造业的层次和水平的基础上,打造若干规模和水平居国际前列的先进制造产业集群。根据《长江三角洲地区区域规划》,未来将依托上海、江苏的大型钢铁企业,积极发展精品钢材。推进钢铁产业结构调整,充分利用海港的有利条件,在不增加现有产能的前提下,结合大型钢铁企业搬迁和淘汰落后生产能力,在连云港等沿海具备条件的地方建设新型钢铁基地。并按照提高产业集中度、提升国际竞争力、构建循环经济产业链的原则,推动钢铁产业集约式发展,这将会有效带动铁矿石的需求。此外,装备制造业和修造船业的发展也会对钢铁产生大量需求,也将间接拉动对铁矿石的需求。

浙江省已成为全国海洋经济发展试点省份,海洋经济将向纵深发展,尤其是浙江省沿海板块经济的发展,使得铁矿石需求更为集中,这为铁矿石交易平台建设奠定了坚实的基础。

此外,温州、台州沿海产业带的发展,使得浙江省对铜、镍等有色金属矿石有着比较宽阔的市场需求。据海关统计数据显示,2009年宁波—舟山港接卸进口铜159万吨,占全国进口铜总量的20.9%。温台沿海产业带发展市场需求,为在温州港、台州头门港等后方构建有色金属交易市场平台提供了基础条件。

4.2.2 区域市场环境分析

目前,全国范围内尚无铁矿石交易市场。2009年5月25号,日照国际铁矿石交易中心正式成立,为客户提供铁矿石交易、融资等第三方中介服务,并欲择机推出中国版铁矿石价格指数——"日照指数"。但在交易中心成立不久,中钢协便发布声明表示:成立交易中心进行铁矿石交易,"违反了《钢铁产业调整和振兴规划》的规定,属于明显的炒卖进口铁矿石、扰乱市场行为,带有浓厚的投机性质,必须立即停止。"

4.2.3 沿海港口基础条件比较

(1)港口泊位情况

根据 2009 年浙江省码头泊位一览表统计,对浙江省各沿海港口金属矿石泊位基本情况进行整理,如表 4-17 所示。目前,浙江沿海港口金属矿石泊位主要集中在宁波—舟山港,共有 11 个泊位,设计靠泊能力 112.6 万吨级,其中,宁波港域的 6 个泊位均为公用泊位,设计靠泊能力 42.5 万吨级;舟山港域的 5 个泊位均为非公用泊位,设计靠泊能力为 70.1 万吨。台州港还有 1 个金属矿石泊位,设计靠泊能力仅为 1 000 吨级。

浙江省各沿海港口金属矿石泊位基本情况 表 4-17

港口	泊位个数(个)			设计靠泊能力(吨级)		
	总计	公用	非公用	总计	公用	非公用
宁波港域	6	6	0	425 000	425 000	0
舟山港域	5	0	5	701 000	0	701 000
台州港	1	0	1	1 000	0	1 000
温州港	0	0	0	0	0	0
嘉兴港	0	0	0	0	0	0

数据来源:2009 年浙江省码头泊位一览表。

(2)港口接卸量

2009 年,浙江省各沿海港口金属矿石的吞吐量如表 4-18 和图 4-12 所示,浙江省金属矿石的接卸主要集中在宁波—舟山港,其中,宁波港域接卸金属矿石 4 491.93万吨,舟山港域接卸金属矿石3 218.19万吨。其余三个港口中,金属矿石接卸量较小,温州港接卸金属矿石 75.63 万吨,嘉兴港接卸金属矿石 1.65 万吨,台州港无金属矿石接卸量。

2009 年浙江沿海港口金属矿石吞吐量构成(单位:万吨) 表 4-18

港口	吞吐量	进港			出港		
		合计	外贸	内贸	合计	外贸	内贸
宁波港域	7 626.14	4 491.93	4 432.39	59.54	3 134.21	0.00	3 134.21
舟山港域	6 462.42	3 218.19	3 218.19	0.00	3 244.23	0.00	3 244.23

续上表

港口	吞吐量	进港			出港		
		合计	外贸	内贸	合计	外贸	内贸
嘉兴港	6.54	1.65	0.65	1.00	4.89	0.00	4.89
台州港	0.00	0.00	0.00	0.00	0.00	0.00	0.00
温州港	94.56	75.63	51.94	23.69	18.94	0.00	18.94

资料来源:浙江省交通统计报表(2009 年)。

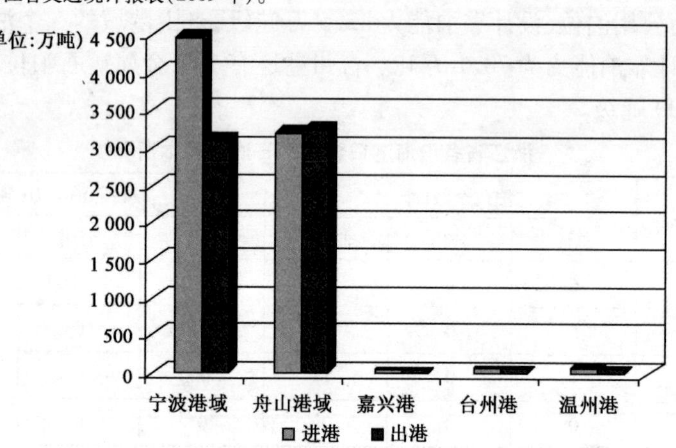

图 4-12　2009 年浙江沿海港口金属矿石吞吐量

(3)港口辐射范围

从表 4-19 和表 4-20 来看,2009 年沿海港口金属矿石流量流向中,宁波—舟山港域的金属矿石主要服务于长三角地区。经由宁波港域流向长三角的占 85.25%,其中,流向江苏的有 84.06%;经由舟山港域流向长三角的占 83.82%,其中,流向江苏的有 37.51%,流向上海的有 43.82%。经由嘉兴港和温州港中转的金属矿石总量较小,嘉兴港的服务范围仅为长三角地区,其中流向江苏的有 50.62%,省内流转的有 49.38%;温州港的金属矿石主要流向福建省,占总量的 93.35%,其余货量均流向天津。

2009 年各沿海港口金属矿石流量流向统计表(单位:吨)　　表 4-19

目 的 地	宁 波 港 域	舟 山	嘉 兴 港	台 州 港	温 州 港
国外港口	—	—	—	—	—
国内港口	31 342 146	32 442 296	48 884	—	189 360
长三角地区	26 718 333	27 193 414	48 884	—	—

续上表

目的地	宁波港域	舟山	嘉兴港	台州港	温州港
上海	324 662	14 215 900	—	—	—
江苏	26 347 388	12 167 946	24 744	—	—
浙江	46 283	809 568	24 140	—	—
长江港口[①]	2 454 362	—	—	—	—
合计	31 342 146	32 442 296	48 884	—	189 360

注:①长江港口指芜湖以上港口。

资料来源:浙江省交通统计报表 2009 年。

2009 年沿海港口金属矿石流量流向分析(单位:%)　表 4-20

地区	流向国内	流向长三角	流向上海	流向江苏	省内流转
宁波港域	100	85.25	1.04	84.06	0.15
舟山港域	100	83.82	43.82	37.51	2.50
嘉兴港	100	100	—	50.62	49.38
台州港	—	—	—	—	—
温州港	100	—	—	—	—

(4)港口吞吐量预测

依据《浙江省沿海港口布局规划》以及各港口总体规划,对沿海各港口到 2015 年和 2020 年金属矿石的吞吐量进行初步估计,预测结果见表 4-21。

浙江沿海港口金属矿石吞吐量预测(单位:万吨)　表 4-21

年份	宁波—舟山港	嘉兴港	台州港	温州港
2015	16 869	40	18	97
2020	19 600	174	200	100

4.2.4　沿海港口矿石交易平台的建设要素比较

1)宁波—舟山港(宁波港域)

(1)优势条件

基础设施:2009 年,宁波港域拥有金属矿石泊位 6 个,设计靠泊能力为 42.5 万吨级,完成铁矿石吞吐量7 558万吨。

企业需求:2009 年,宁波港域接卸铁矿石4 500万吨,其中,2 500万吨左右通过二程船江海联运服务于长江沿线钢厂,850 万吨通过海铁联运至江西、湖南的中小钢厂,580 万吨中转至秦皇岛、广州等沿海港口,其余服务宁波、杭州钢厂。宁波—舟山港接卸进口铜 159 万吨。

金融信息:宁波市建有"第四方物流平台"等多个信息平台,总体信息化水平较高,且拥有多家金融机构,金融支撑环境较好。

市场基础:宁波神化化学品公司镍金属交易规模已达到 100 多亿元。

(2)欠缺(或劣势)条件

①铁矿石交易限制;

②钢铁产业结构调整,中小型钢铁企业淘汰加快。

2)宁波—舟山港(舟山港域)

(1)优势条件

基础设施:2009 年,舟山港域拥有金属矿石泊位 5 个,设计靠泊能力为 70.1 万吨级。

凉潭武港矿砂码头工程、鼠浪湖矿砂中转、马迹山矿砂三期等重大项目。其中,鼠浪湖码头条件优越,是国内仅有几处可建设 40 万吨级矿石码头的选址之一。建设规模为 40 万、20 万卸船泊位各 1 座,10 万吨级 1 座、5 万吨级装船泊位 2 座,设计铁矿砂年吞吐量能力8 000万吨左右。一期计划矿石吞吐量3 000万吨,二期计划吞吐量5 000万吨。港区陆域总面积为 120 公顷,布置矿石堆场、生产、生活辅助设施区等功能区。

企业需求:鼠浪湖矿砂中转项目潜在客户有:沙钢(2010 年进口量约 3000 万吨)、中天钢铁(2010 年进口量约 900 万吨)、马钢(2010 年进口量约1 200万吨)、湘钢(2010 年进口量约 800 万吨)、萍钢(2010 年进口量约 800 万吨)、涟钢(2010 年进口量约 750 万吨)、联峰钢铁(2010 年进口量约 150 万吨)、中国五矿(2010 年进口量约1 800 万吨)、宝钢资源(2010 年进口量约1 800万吨)。

(2)欠缺(或劣势)条件

①铁矿石交易限制;

②钢铁产业结构调整,中小型钢铁企业淘汰加快;

③金融信息配套服务支撑不足。

3) 嘉兴港

(1)优势条件

企业需求:在港中转的铁矿砂绝大部分是杭钢的货源,最近杭钢与海盐县政府签订了“关于杭钢整体搬迁至海盐县”的框架协议,2015 年整体搬迁完成后,将产生1 200万吨的物流量(其中 400 万吨钢铁产量)。

(2)欠缺(或劣势)条件

①铁矿石交易限制;

②2009 年,嘉兴沿海港口无金属矿石泊位;

③嘉兴港三港区没有专门的疏港公路,地方政府在港口公共基础设施配套上投入不足;

④海河联运工程进展缓慢;

⑤存在沿海和内河两个管理部门,存在重复收费现象;

⑥钢铁产业结构调整,中小型钢铁企业淘汰加快;

⑦金融信息配套服务水平落后。

4) 台州港

(1)优势条件

产业依托:温台沿海产业带对铜、镍有一定的市场需求。

(2)欠缺(或劣势)条件

①铁矿石交易限制;

②2009 年,台州沿海港口只有 1 个金属矿石泊位,设计靠泊能力为1 000吨级;

③甬台温铁路(2009 年 9 月 28 日通车)台州段尚未开通货运,由于以客运为主,未来矿石等重装货物运输可能会受到限制;

④钢铁产业结构调整,中小型钢铁企业淘汰加快;

⑤金融信息配套水平落后。

5) 温州港

(1)优势条件

基础设施:清湾港区规划建设 5 万吨级(兼靠 10 万吨级)专业矿石泊位 2 个。

企业需求:2008 年,浙西南、赣东主要大型钢铁企业和金属企业,矿石主要需求为铁矿和镍矿,总需求约1 065万吨。其中,仅元立集团需求铁矿 500 万吨。

市场基础:温州港已成功依托状元岙港区和龙湾作业区,通过公路运输和短驳方式,为内地企业开展镍矿、铁矿等大宗散货矿石运输服务。

产业依托:温台沿海产业带对铜、镍有一定的市场需求。

(2)欠缺(或劣势)条件

①铁矿石交易限制;

②状元岙港区铁矿石接卸量小;

③乐清湾港区后方公路、铁路集疏运通道尚待完善;

④钢铁产业结构调整,中小型钢铁企业淘汰加快;

⑤金融信息配套服务水平落后。

4.2.5 小结

基于浙江沿海港口金属矿石吞吐量预测和港口腹地经济发展和需求分析,结合各沿海港口基础设施条件和既有交易市场发展现状,可以看出:长江流域作为铁矿石消费重地,《长三角地区区域规划》又明确了将在宁波、连云港和上海等地建设钢铁基地,未来该地区对铁矿石需求量较大;且目前我国铁矿石大部分需要进口,对港口的依赖性较大;但是,中钢协规定国内铁矿石贸易必须实行代理制,对于铁矿石进场交易有较大制约,可考虑先期以铁矿石中转储备基地为主,逐步推进交易市场建设。从浙江省内各沿海港口来看,舟山港域集中了多个矿石中转项目,特别是鼠浪湖码头条件优越,堆场充足,适宜作为矿石中转基地选址;2009 年,宁波港域接卸量仍居浙江省首位,经港口中转量仅次于舟山港域,其辐射范围相对舟山港域而言更大,主要中转至长三角地区,特别是至江苏省的份额较高,因此,也可作为中转储备基地的选址,以便在铁矿石交易放开后,占有长江沿线市场;嘉兴港、台州港和温州港三港铁矿石接卸和存储的基础设施条件较差,海铁联运尚未形成,且无明确铁矿石需求,未来可根据钢铁产业发展情况,完善港口基础设施,并适时推进铁矿石交易市场建设。此外,温台产业带发展对铜、镍等有色金属存在一定的需求,可考虑在宁波、温台地区建设有色金属交易平台。

对浙江省建设金属矿石交易平台的可能布局和功能定位进行简单归纳,如表 4-22 所示。

浙江金属矿石交易平台的可能交割地和定位　表 4-22

功能定位	可能布局	服务范围
区域性现货电子交易平台： 近期：以中转储运为主； 远期：着眼现货交易	舟山港域（鼠浪湖、马迹山、凉潭武港）	建设矿石中转基地和国家矿石储运基地，根据国家对铁矿石采购政策的变化，适时推进浙江矿石交易平台建设
	宁波港域	主要服务于长江沿线钢厂，并且为江西、湖南和浙江省内宁波、杭州地区的中小钢厂提供矿石中转
	宁波、温州和台州	建设以铜、镍为主的有色金属交易平台，主要服务于温台产业带发展

4.3　煤炭交易平台建设的可能性

4.3.1　需求分析

(1)煤炭产销区域结构不均衡

中国煤炭禀赋的地区差异决定了煤炭生产的地区不平衡。我国煤炭资源较为丰富，产量位居世界前列。据《BP 世界能源统计 2008》数据显示，2007 年年底我国煤炭资源探明储量为 1145 亿吨，占世界探明储量的 13.5%。2008 年全球煤炭产量 58.5 亿吨，我国煤炭产量达到 27.16 亿吨，占全球的 46.4%，稳居世界第一（图 4-13）。然而在高产量的背后，产地分布极为不平衡。华北地区所占比例最高，近两年呈上升趋势；其次是西南地区；华东地区居第三，呈快速下降趋势；西北地区居第四，呈升高趋势；中南地区居第五，总体平稳；东北地区所占比例最低，呈下降趋势。上述地区中又属晋、陕、蒙地区煤炭产量增长较快。2001 年 ~ 2007 年间该三个省区合计煤炭产量年均增长 22%，比全国煤炭产量年均增幅高 11.6 个百分点；占全国原煤产量比重从 2001 年的 35% 升高至 2007 年的 47%。

我国不仅是煤炭资源大国，而且是煤炭生产大国，更是煤炭消费大国。从我国煤炭消费分布看，东部沿海地区人口密集，经济相对发达，生产、生活煤炭消耗量大，尤以环渤海经济圈、长江三角洲和珠江三角洲地区最为集中，消费的煤炭分别约占了全国总消费量的 32%、23% 和 10%。而中西部地区经济欠发达，煤炭消耗量较小，但却是我国主要的产煤区。对于煤炭保有量较小甚至没有的经济发达地区来讲,今后煤炭消耗依然通过大区间调运来满足生产、生活的需要,而有着一定的煤炭可开采或新发现的煤炭储量地区,煤产量将保持稳定增长态势。

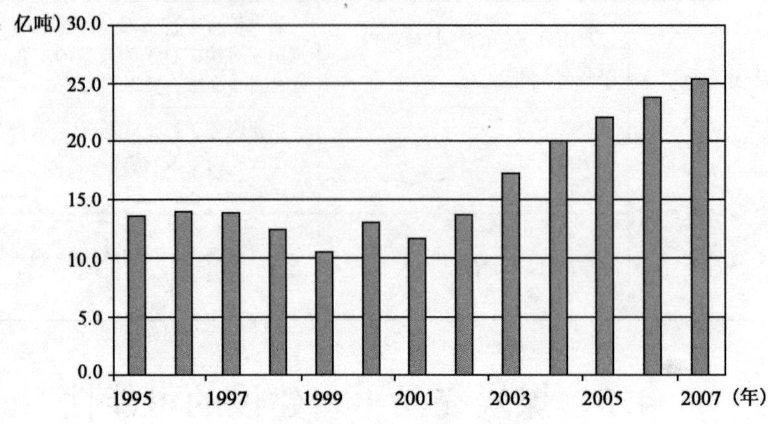

图 4-13　1995 年以来我国原煤产量增长率走势

资料来源:《中国煤炭工业年鉴》。

我国地区之间煤炭生产和消费结构不均衡,区域间煤炭调运量呈现继续加大趋势。目前,煤炭生产主要集中在以山西、陕西、内蒙古西部地区为中心的能源基地,而煤炭主要消费区,也是电力的主要消费区为东北(包括内蒙古东部)、京冀、长江三角洲、东南沿海等经济较发达地区。东南沿海地区需求的煤炭,必须从主产区大量调入。我国煤炭运输的基本流向是“西煤东运、北煤南运”,目前煤炭调出省主要是山西、内蒙、黑龙江、安徽、陕西、河南、贵州、宁夏和新疆九个省区,缺口较大的主要是沿海地区的京津冀、辽宁和华东、华南沿海省份,以及内陆地区的吉林、湖北、湖南和四川等省。山西煤炭产量大,种类全,调出量居全国之首,供应范围达 20 多个省份,几乎遍及全国,并有部分外贸出口。

(2)我国煤炭消耗量呈增长态势

煤炭是我国最主要的能源和化工原料,在我国一次性能源生产和消费比例中均占 65% 以上,是我国能源的基石和安全保障。随着国际能源危机加剧和我国石油对外依存度不断提高,煤炭在我国国民经济发展和能源安全中起到越来越重要的支撑作用。

自 2002 年开始,我国煤炭消耗量呈逐年稳步增长的态势。据国家统计局的数据显示,2003 年至 2006 年,我国煤炭消费增速持续保持在 10% 以上,2007 年虽然有所放缓,但仍高达 8% 。2008 年,全球煤炭消费量 47.3 亿吨,我国煤炭消费量约

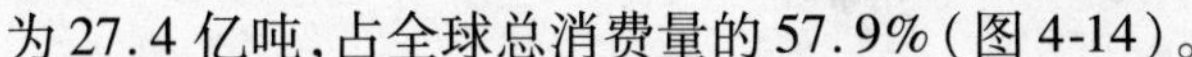
为27.4亿吨,占全球总消费量的57.9%(图4-14)。

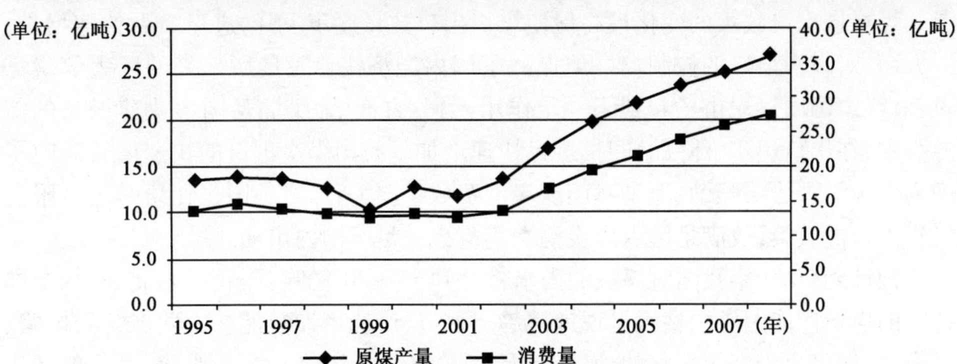

图4-14 我国煤炭产销量变化趋势

资料来源:《中国煤炭工业年鉴》。

从我国煤炭需求构成看,电力、冶金、建材和化工是煤炭的主要消耗行业。这四大行业的煤炭消费量在全国煤炭消费量中的比重已由1990年的52.8%上升到2008年的90%以上(图4-15)。

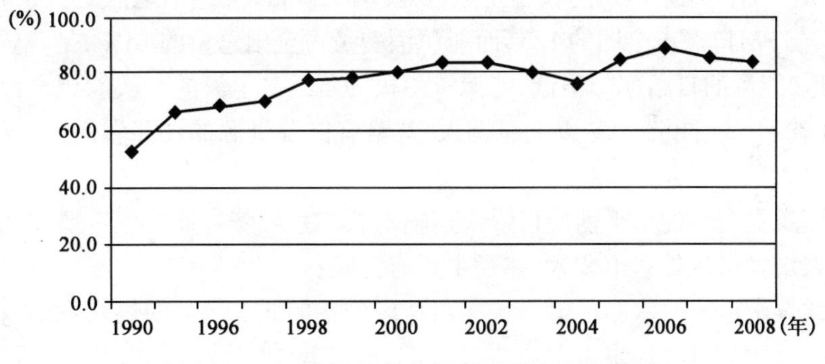

图4-15 四行业煤炭消费占全国煤炭消费总量的比重

资料来源:《中国煤炭工业年鉴》。

为了优先保障国内煤炭稳定供应,近年来我国政府逐步收紧煤炭出口,鼓励进口。首先,为了保障国内煤炭供应,稳定国内市场,2004年,国家发改委、商务部和海关总署联合制定了《煤炭出口配额管理办法》,当年下发煤炭出口配额8 000万吨,此后,随着国内经济快速发展对煤炭需求日益加大,配额数量逐步下降,2008年全年仅下发煤炭出口配额4 770万吨。其次,在煤炭出口配额逐步下降的同时,煤炭进出口关税也在调整,煤炭出口关税逐步提高,进口关税则逐步取消。2008年8月20日开始,对煤炭出口征收10%的暂定关税,进口关税则于2008年1月1

日起完全取消。

煤炭进出口政策的变化最终促使煤炭出口数量逐步下降,进口数量快速增加。一方面,对煤炭出口的控制较好地保障了国内经济快速发展所带来的巨大煤炭需求,对稳定国内煤炭市场起到了一定作用;另一方面,为了满足国内快速增长的能源需求,在出口逐步下降的同时,进口快速增加。我国煤炭进口的快速增长反映了国内煤炭需求势头强劲,但是我国煤炭消费数量庞大,加之各国也在纷纷出台限制煤炭出口的政策,故满足国内煤炭消费仍应该立足于国内市场。

预计到2020年我国对煤炭的需求将达到35~40亿吨,而我国东北部、东中部地区的煤炭产能因资源枯竭呈现递减趋势,煤炭产能增加只能在山西、陕西、内蒙、甘肃、青海等煤炭资源丰富的地区,预计将在现产能基础上翻一番,而这一地区正是生态环境脆弱和水资源贫乏的地区。国家经济发展对能源的需求保障和煤炭资源型地区生态环境保护的矛盾日益突出。

(3)长三角煤炭供给主要依靠水运调入

华东地区是我国煤炭最为缺乏的地区之一,年煤炭调入量约占当地煤炭需求量的50%左右。地处华东的长三角地区是我国经济最发达的地区之一,GDP占全国的1/5,进出口额占全国的1/3,而能源消费量占全国总量的15%,是我国煤炭主要消费地,能源的自给率却很低,能源资源极为贫乏。上海的一次能源全部需要调入,浙江省的一次能源95%以上靠调入,就略有能源资源的江苏省而言,煤炭的自给率也仅25%。

我国煤炭产销的不平衡使得煤炭运输对长三角经济发展产生重要作用。长三角地区煤炭大量从外省市调入,路径主要有三条:

①北煤南运——水路运输。长三角地区到达的北煤南运的煤炭主要有两种方式:一种是沿海运输,煤炭由北方煤港装船,经海运至宁波或上海卸下,再转水、转陆运输至长三角其他地区,长江三角洲主要有上海港、宁波—舟山港(宁波港域);另一种是京杭运河内河运输,近几年电力紧缺,运河每年承担了7 000万吨的煤炭供应华东地区,占到全国内河煤炭运量的三分之二;一部分(主要是来自鲁西南地区的煤炭)在江苏省境内的镇江港卸下,中转苏、浙、沪三地;还有一部分在杭州港卸下,转运至杭嘉湖地区。

②北煤南运——铁路运输。长三角地区的煤炭铁路运输主要是通过南京港的专线连接津浦铁路,将北方煤炭运至南京港浦口专业煤炭码头,转水运至华东、华南地区。

③西煤东运——长江干线运输。长江沿线的“三口一枝”(裕溪口、浦口、汉口、枝城)煤炭码头,接卸通过铁路运达的北方“三西”地区和中西部的安徽、四川等地的煤炭,转水路沿长江运至华东地区,在长江港口卸下。

根据《长江三角洲地区区域规划》,未来将重点建设宁波—舟山、连云港、盐城等沿海煤港,南京、镇江、扬州、泰州、南通等沿江煤港及徐州沿运河煤港,有选择地建设煤炭储备、配送基地,提高煤炭安全供应能力,基本满足区内煤炭需求。疏浚京杭运河苏北段,使全线达到二级标准,将大运河煤炭运力提高20%左右。预计2010年,长三角地区煤炭需求量约3.4亿吨,其中电煤2.7亿吨,调入量3.2亿吨。

浙江省煤炭资源匮乏,原煤探明储量1.68亿吨,煤炭供应对外依存度高达99.2%。需求方面,浙江省煤炭消费量逐年扩大,2008年~2010年间煤炭需求的年增长率均在10%以上;2010年煤炭需求将接近1.4亿吨,其中统调电厂需求7 700万吨。未来浙江发展所需增加调入的煤炭,运输方式主要以大运河运输和海运中转方式实现。

根据有关机构的预测,江苏省2010年煤炭调入量8010万吨,其中铁路运量3 520万吨,水路运输调入量为4 490万吨,占56%;2020年浙江省煤炭调入量为9 800万吨,铁路调入量为4 200万吨,水路调入量为5 600万吨,占57%,未来江苏省经济发展,需要的电力、工业用煤等大量增加,煤炭调入量也将增长,水路运输调入煤炭成为江苏省煤炭调入的主要方式。

上海市煤炭全部依靠市外供应。煤炭来源主要是山西、内蒙古(神华)、陕西、河北、河南和山东。上海煤炭的主要消费主体是电厂和钢铁厂、煤气厂等特大用户,用户少、消费量大,并且企业都建在沿海、沿江,采用万吨级船舶输送。从需求和消费情况来看,上海煤炭消费占一次能源消费的比重继续下降,但用煤量仍呈上升的趋势。

《长江三角洲地区区域规划》重点强调了新能源项目,将建设上海崇明等20万~30万千瓦、江苏沿海500万千瓦、浙江沿海100万千瓦风电项目,加强潮汐能、洋流能的开发,积极利用太阳能、生物质能及集中型沼气等技术成熟的新能源,在沿海滩涂资源丰富的地区发展太阳能光伏发电。到2015年,新能源在能源结构中的比重提高到4%左右。新能源项目的发展,势必会影响到煤炭的需求量,但对近期需求影响不大。

4.3.2 区域市场环境分析

2008年,浙江省煤炭市场只有1家,总成交额为69.8亿元,约占全国总成交额的35%。从交易市场的规模和效率来看,浙江省平均单个交易市场成交额为69.8

亿元、平均摊位成交额为10 264.71万元、单位营业面积成交额1.72亿元，均明显高于全国平均水平(分别为15.08亿元、1 390.07万元、0.31亿元)；浙江省交易市场平均摊位营业面积为5 955.88平方米，也大于全国平均水平(表4-23及图4-16)。

2008年煤炭市场发展情况 表4-23

	浙江省	江苏	上海	全国
市场数量(个)	1	2	1	13
摊位数(个)	68	71	10	1 410
营业面积(万平方米)	40.5	4.07	0.15	628.0
成交额(亿元)	69.8	16.9	1.2	196.0
平均市场成交额(亿元)	69.8	8.45	1.2	15.08
平均摊位营业面积(平方米)	5 955.88	573.24	150	4 453.90
平均摊位成交额(万元)	10 264.71	2 380.28	1 200	1 390.07
单位营业面积成交额(亿元)	1.72	4.15	8	0.31

注：表中数据按亿元以上专业市场统计，未包含综合市场中煤炭交易部分。
数据来源：中国商品交易市场统计年鉴(2009)。

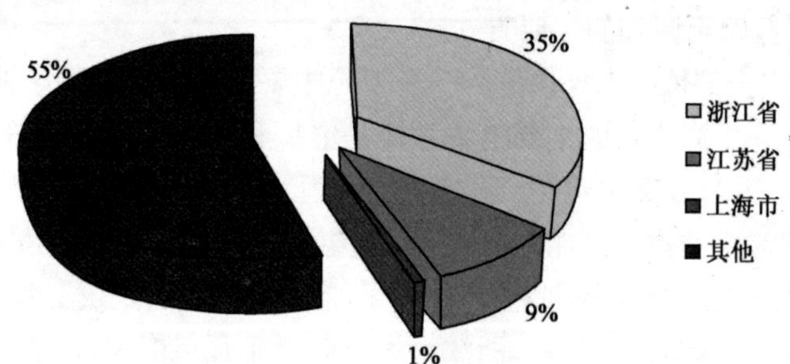

图4-16 2008年浙江省煤炭市场份额

长三角地区浙江、江苏和上海两省一市煤炭交易市场的总成交额为87.9亿元，在全国约占45%的份额。浙江省煤炭市场在长三角地区占有明显优势，无论是成交额、营业面积等总体指标，还是平均单个交易市场成交额和平均摊位成交额等平均指标都远远高于江苏和上海同类市场发展水平。但是，浙江省平均摊位营业面积为5 955.88平方米，大于江苏省的573.24平方米和上海市的150平方米；而从单位营业面积成交额来看，浙江省为1.72亿元，与江苏省的4.15亿元和上海市的8亿元相比，市场运营的效率还有提升空间。

2008 年,全国共有煤炭市场 13 家,按成交额排名见表 4-24,其中,浙江省的宁波市镇海煤炭交易市场有限公司成交额居全国第一位,江苏和上海地区煤炭市场规模相对较小。

2008 年全国 13 家煤炭市场(单位:万元) 表 4-24

市场名称	成交额
宁波市镇海煤炭交易市场有限公司	698 119
通辽经济技术开发区煤炭市场	480 000
盂县煤炭运销公司发运站(阳泉)	192 154
江苏徐州港务(集团)有限公司煤炭交易市场分公司	158 880
天津港散货交易市场有限责任公司	158 398
张家口市怀来县土木煤炭市场	106 441
天津市煤炭交易市场有限公司	60 726
宁夏平罗县崇港镇煤炭市场(石嘴山)	27 714
张家口市宣化区煤炭市场	23 875
宣化县煤炭市场(张家口)	17 000
万全县逯家湾市场(张家口)	15 000
上海华电煤炭交易市场有限公司	11 725
张家港市恒丰港务有限责任公司盐铁塘钢材交易市场	10 014

数据来源:中国商品交易市场统计年鉴(2009)。

此外,我国近两年内还将在北京建全国统一的煤炭交易中心,以保证金为手段,实行会员制管理,主要采用电子交易,从事远期现货交易,并依托重点铁路线段在各产煤地设立储备库。其储备库也是交割库,煤运来后要在此进行配煤、洗煤等一系列的处理,形成品质稳定的煤种便于交割。该中心建成后,将形成以全国煤炭交易中心为主导的交易平台、以区域煤炭交易中心为辅助交易平台、以地方煤炭市场为补充市场的全新煤炭市场体系。

4.3.3 沿海港口基础条件比较

(1)港口泊位情况

根据 2009 年浙江省码头泊位一览表统计,对浙江省各沿海港口煤炭泊位基本情况进行整理,如表 4-25 所示,目前,浙江沿海港口煤炭泊位主要集中在宁波—舟山港,共有 29 个泊位,设计靠泊能力 73.1 万吨级,其中,公用泊位 9 个,设计靠泊能力12万吨级。

浙江省各沿海港口煤炭泊位基本情况　　表4-25

	泊位个数(个)			设计靠泊能力(吨级)		
	总计	公用	非公用	总计	公用	非公用
宁波港域	16	6	10	414 000	85 000	329 000
舟山港域	13	3	10	317 000	35 000	282 000
台州港	4	0	4	161 800	0	161 800
温州港	4	0	4.	110 000	0	110 000
嘉兴港	2	0	2	70 000	0	70 000

数据来源:2009年浙江省码头泊位一览表。

(2)港口接卸量

2009年,浙江省各沿海港口煤炭及制品的吞吐量如表4-26和图4-17所示,浙江省煤炭的接卸主要以宁波港域为主,舟山、嘉兴、台州、温州都有一定接卸量。其中宁波港域接卸量为4 512.39万吨,舟山港域为773.75万吨。嘉兴港、温州港和台州港接卸量较少,分别为1 810.45万吨、1 527.97万吨和1 440.72万吨。

2009年浙江沿海港口煤炭及制品吞吐量构成(单位:万吨)　　表4-26

	吞吐量	进港			出港		
		合计	外贸	内贸	合计	外贸	内贸
宁波港域	4 788.77	4 512.39	423.92	4 088.46	276.39	0.00	276.39
舟山港域	1 438.51	773.75	152.93	620.82	664.77	0.00	664.77
嘉兴港	2 369.85	1 810.45	71.79	1 738.66	559.40	0.00	559.40
台州港	1 528.03	1 527.97	490.11	1 037.85	0.06	0.00	0.06
温州港	1 444.04	1 440.72	1.60	1 439.13	3.32	0.00	3.32

资料来源:浙江省交通统计报表(2009年)。

(3)港口辐射范围

从2009年沿海港口煤炭及制品流量流向分析来看(表4-27和表4-28),宁波港域的煤炭及制品主要流向长三角地区,约占总流出量的92.56%,省内流转的份额为62.43%;舟山、嘉兴和台州港中转的煤炭主要为省内服务,其中经由舟山港域的煤炭在省内流转的比例约占总流出量的87.35%;嘉兴港的煤炭及制品全部流向长三角地区,省内流转部分约占总量的99.73%,其中,流向嘉兴内河港口的约占总量的 99.35%，可见嘉兴港的煤炭主要为嘉兴本地服务；台州港中转的煤炭总量很小，其辐射范围仅为浙江省内，全部流向温州地区；温州港中转的煤炭也有大部分在省内流转，占总量的 60.5%。

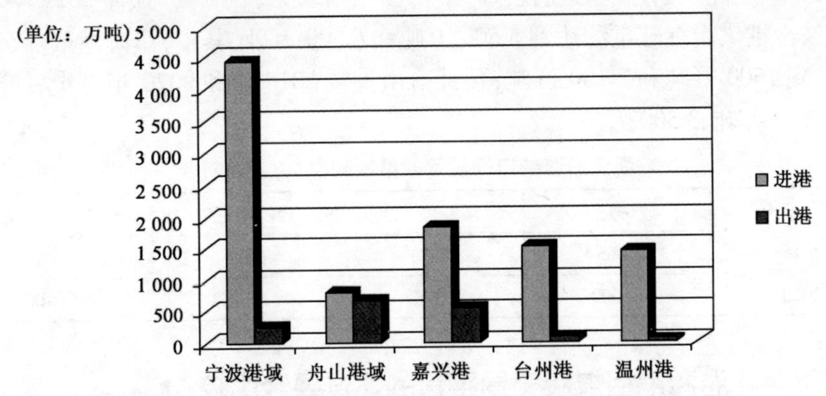

图 4-17 2009 年浙江沿海港口煤炭及制品吞吐量

2009 年各沿海港口煤炭及制品流量流向统计表(单位:吨) 表 4-27

目的地	宁波港域	舟山港域	嘉兴港	台州港	温州港
国外港口	0	0	0	0	0
国内港口	2 763 862	6 647 661	5 593 970	600	33 195
长三角地区	2 558 183	6 183 719	5 593 970	600	20 633
上海	318 042	75 674	15 000	0	550
江苏	514 592	301 532	0	0	0
浙江	1 725 549	5 806 513	5 578 970	600	20 083
长江港口①	60 008	0	0	0	0
合计	2 763 862	6 647 661	5 593 970	600	33 195

注:①长江港口指芜湖以上港口。

资料来源:浙江省交通统计报表 2009 年。

2009 年沿海港口煤炭及制品流量流向分析(单位:%) 表 4-28

地区	流向国内	流向长三角	流向上海	流向江苏	省内流转
宁波港域	100	92.56	11.51	18.62	62.43
舟山港域	100	93.02	1.14	4.54	87.35
嘉兴港	100	95.93	0.27	0.64	95.02
台州港	100	100	0	0	100
温州港	100	62.16	1.66	0	60.5

(4)港口吞吐量预测

依据《浙江省沿海港口布局规划》以及各港口总体规划,对沿海各港口到2015年和2020年煤炭的吞吐量进行初步估计,预测结果见表4-29。预计2015年、2020年,宁波全港煤炭吞吐量约达到5 500万吨和6 500万吨,其中,镇海港区煤炭吞吐量将达到1500万吨和2 100万吨;预计舟山港域2015年和2020年煤炭吞吐量分别为3 700万吨、3 500万吨。

浙江沿海港口煤炭吞吐量预测(单位:万吨)　　表4-29

年　份	宁波—舟山港	嘉　兴　港	台　州　港	温　州　港
2015	8 063	1 971	1 999	2 072
2020	10 000	1 690	2 500	2 800

4.3.4　沿海港口煤炭交易平台的建设要素比较

1)宁波—舟山港(宁波港域)

(1)优势条件

基础设施:2009年,宁波港域拥有煤炭泊位16个,设计靠泊能力为41.4万吨级。

镇海港区共有煤炭码头4个,可停泊2万吨级以下各类煤船,市场和港口煤炭堆场达1 000亩,可储煤300万吨左右。

此外,铁路洪镇支线贯穿整个区域,直接连入镇海港作业区,年运量1 500万吨,通过萧甬铁路与全国铁路网相连,已具备了开展海铁联运的铁路条件。目前,煤炭出港公路疏运占80%,铁路疏运占20%。

市场基础:镇海煤炭交易市场,进场煤炭经营企业70家,2009年,市场交易总额达67.7亿元,主要用户为宁波和周边地区的热电厂,化工、印染冶金、水泥等行业锅炉燃煤。

企业需求:镇海港区的煤炭需求主要由燃料煤、电厂用煤和镇海炼化用煤三部分组成。燃料煤主要供给宁波和绍兴等地。电厂用煤主要供给兰溪、钱清电厂等浙西南地区及长兴电厂,以及甬江、奉化江沿线镇海热电、小港电厂等企业。

金融信息:镇海新闻网和镇海煤炭交易市场联合主办了宁波煤炭网,为华东地区最大的煤炭交易网。

(2)欠缺(或劣势)条件

①宁波地区市场已饱和,煤炭供大于求的状态较为突出;

②浙西的金华和衢州地区年耗煤量 1500 万吨左右,但运达价格过高;

③国家“节能减排”及淘汰落后产能,关闭小电厂等措施的实施,今后煤炭需求有减无增。

2)宁波—舟山港(舟山港域)

(1)优势条件

基础设施:舟山港域拥有煤炭泊位 13 个,设计靠泊能力为 31.7 万吨级。

舟山六横码头已建成的并投入运营的一期工程,年吞吐能力 3 000 万吨,拥有 15 万吨级(兼靠 20 万吨)、5 万吨级卸船泊位各 1 个;3.5 万吨级、2 万吨级、5 000 吨级装船泊位各 1 个;建有占地面积 50 万平方米的后方堆煤场,一次可堆存 310 万吨原煤。二期工程已预留岸线及后方陆域堆场,年吞吐能力3 000万吨,增加堆存能力 150 万吨。

规划项目:为推进六横煤电一体化二期工程等重大项目,规划建设为钢企配套的煤炭(焦煤)加工配送基地。

产业依托:在六横码头附近将建设 2 × 100 万千瓦的电厂,现正在开展前期工作,已获国家发改委的路条。

(2)欠缺(或劣势)条件

①尚未从事煤炭交易;

②国家“节能减排”及淘汰落后产能,关闭小电厂等措施的实施,今后煤炭需求有减无增;

③金融信息配套服务支撑不足。

3)嘉兴港

(1)优势条件

基础设施:2009 年,嘉兴港拥有煤炭泊位 2 个,设计靠泊能力为 7 万吨级。后方仓储、海河联运以及高速公路等方面有了较快发展。

独山港区规划建设 3 个 3.5 万吨级外海卸煤泊位(水工结构按照 5 万吨级设计)以及 18 个 500 吨级内河装船和待装泊位,年吞吐量为 3 000 万吨。

企业需求:2008 年煤炭吞吐量 1 930 万吨,其中嘉兴电厂 731 万吨,社会用煤 810 万吨,主要销往为杭嘉湖地区的热电厂、造纸厂等用煤大户及绍兴地区的印染企业,少量销往毗邻的上海金山地区、江苏等地。据预测,随着杭嘉湖地区经济的持续快速发展,煤炭需求量将以年均 10% 的增速上升。

政策影响:由于在上海举行世博会,黄浦江两岸煤炭码头关闭和外迁,使得嘉兴港近年来煤炭吞吐量大幅增加。

(2)欠缺(或劣势)条件

①嘉兴港三港区没有专门的疏港公路,地方政府在港口公共基础设施配套上投入不足;

②国家"节能减排"及淘汰落后产能,关闭小电厂等措施的实施,今后煤炭需求有减无增;

③海河联运工程进展缓慢;

④存在沿海和内河两个管理部门,存在重复收费现象。

4)台州港

(1)优势条件

基础设施:台州港拥有煤炭泊位共 4 个,设计靠泊能力为 16.18 万吨级。

大麦屿港区拥有 7.5 万吨兼靠 10 万吨级煤炭专用码头、5 万吨级多用途码头,2009 年煤炭吞吐量为 1051 万吨。

(2)欠缺(或劣势)条件

①甬台温铁路(2009 年 9 月 28 日通车)台州段尚未开通货运,由于以客运为主,未来煤炭等重装货物运输可能会受到限制;

②主要煤炭用户华能电厂浙江分公司煤炭需求由集团统一调配,并拥有货主码头;

③尚未进行交易,具体需求方不明确;

④国家"节能减排"及淘汰落后产能,关闭小电厂等措施的实施,今后煤炭需求有减无增;

⑤金融信息配套水平落后。

5)温州港

(1)优势条件

基础设施:温州港拥有煤炭泊位共 4 个,设计靠泊能力为 11 万吨级。

乐清湾港区一期工程拟建 5 万吨级多用途泊位 2 个，陆域面积约 807 亩，设计吞吐能力 380 万吨，计划今年开工建设。另外，规划建设 5 万吨级（兼靠 10 万吨级）煤炭泊位 3 个。

企业需求：2008 年，浙西南、赣东主要大型钢铁企业和电力企业，煤炭总需求约 6 750 万吨，以电力用煤和工业用煤为主。浙西南地区的电力用煤炭需求主要是三大火力电厂，分别是温州市和金华兰溪电厂，三厂每年总需要 1 500 万吨左右的煤炭；煤炭磐石电厂、乐清浙能电厂主要通过电厂自备的码头进行中转。工业用煤，主要涉及冶炼、陶瓷、水泥、化工和皮革制造等行业。陶瓷、水泥、化工和皮革制造等行业用煤单位较多，温州腹地用煤企业对煤炭的需求每年大约在 1 000 万吨以上。

(2) 欠缺（或劣势）条件

①铁路集疏运落后，只有龙湾作业区有水铁联运；

②国家“节能减排”及淘汰落后产能，关闭小电厂等措施的实施，今后煤炭需求有减无增；

③金融信息配套服务水平落后。

4.3.5 小结

基于浙江沿海港口煤炭吞吐量预测和港口腹地经济发展和需求分析，结合港口基础设施条件和既有交易市场发展现状，可以看到：受我国能源政策变化的影响，未来煤炭需求将逐步减少，但短期内影响不大。从长三角地区来看，浙江省煤炭交易市场已占有优势地位，区域内竞争威胁相对较小；但以北京全国统一的煤炭交易中心为主的，全国煤炭交易体系的建立，将会对浙江省交易平台产生较大影响。就省内各沿海港口而言，宁波现有市场基础最佳，舟山港域的港口和堆场等基础设施条件良好，同时也存在相关产业的发展需求，未来发展空间较大；嘉兴具有海河联运的独特优势，且政策导向使得杭嘉湖地区煤炭需求量不断增多，存在交易可能；台州和温州铁路集疏运条件相对落后，对于拓展服务范围产生较大制约。目前，大型电厂在各港口拥有货主码头的比例较高，参与煤炭交易可能性不大，将在一定程度上影响煤炭交易市场的发展。因此，可考虑在现有煤炭即期现货交易的基础上，如考虑拓展煤炭加工业务，开发节能环保的新型煤炭制品，仍有发展空间，并进一步加强煤炭储备功能。

对浙江省建设煤炭交易平台的可能布局（或交割地）和功能定位进行简单归

纳,如表4-30所示。

浙江煤炭交易平台的可能布局(或交割地)和定位　　表4-30

功能定位	可能交割地	服务范围
区域性现货电子交易平台: 近期以即期现货交易为主; 远期着眼中远期现货交易	舟山港域六横港区	依托长江三角洲广阔的经济腹地,充分利用深水岸线资源优势,开展北煤南运,为沿海电厂服务,同时审视进口煤与国产北方煤的价格差异,谋划进口煤业务,将业务范围扩展至浙江省沿海、长江沿线和华南地区
	宁波港域镇海港区	该市场应考虑发挥杭甬运河的作用,通过海河联运,拓展钱塘江以南市场
	嘉兴港独山港区	利用浙北地区发达内河航道进行煤炭海河联运中转运输,主要服务于杭嘉湖地区社会用煤及浙能集团四大内河电厂用煤。今后,随钱江中上游航道的建设,将重点为浙西地区的经济发展服务
	温州、台州	服务于本地区的煤炭交易市场

4.4　粮食交易平台建设的可能性

4.4.1　需求分析

(1)粮食产销形成“北粮南调”格局,区域性矛盾日益突出

我国粮食生产区域分布广,全国31个省(自治区、直辖市)都有粮食生产活动,但由于耕地面积、农业人口、自然气候条件和生产技术水平的不同,各地区粮食生产的规模、品种、结构差异很大,全国粮食区域性、结构性矛盾日益突出。

20世纪80年代以后至今,我国粮食主产中心逐步北移。南方粮食生产在全国的比重下降,北方粮食呈增长趋势,同时,中部地区的粮食产量占全国的比重提高,东北地区和黄淮地区共同形成了全国粮食增长中心,粮食的增长主要靠小麦和玉米。东北地区由于结构调整,在水稻种植上发展较快,替代了传统的春小麦种植,由于水稻单产水平大大高于春小麦,不仅大幅度提高了其粮食总产量水平,而且改善了其粮食的构成。

黑龙江、吉林、内蒙古、河南、江西、安徽、河北、辽宁、湖北、湖南、江苏、山东、四

川 13 个省区作为粮食主产区，据 2006 年统计，这 13 个省区粮食产量占到全国的 74%，耕地面积占全国的 64%，粮食作物播种面积占全国的 70%。四大直辖市和东南、华南地区，包括广东、浙江、福建、四川、北京、上海、天津、重庆、河北、海南、青海等地区，耕地资源短缺，人多地少，粮食生产资源不足，2006 年 11 个省市农村提供的社会商品粮为3 443.2万吨，占全国的 13%；用于本地消费后，粮食总量短缺 4 656.2万吨，其中，北京、天津、上海、广东、浙江、福建、海南 7 个省市长期以来都被称为主销区。

我国粮食短缺区覆盖面积大，数量多，播种面积呈不断减少态势，粮食增产潜力小，粮食供给的对外依存度高，工业化、城市化进程中流动人口的增加增大粮食供给的压力，粮食产需缺口较大，在本省市范围内缺乏市场自发调节余地，容易出现粮食安全问题。

(2)我国粮食供需处于紧平衡状态，粮食安全仍为首要问题

粮食安全始终是关系我国国民经济发展、社会稳定和国家自立的全局性重大战略问题。保障我国粮食安全，对实现全面建设小康社会的目标、构建社会主义和谐社会和推进社会主义新农村建设具有十分重要的意义。党中央、国务院始终高度重视粮食安全，把这项工作摆在突出的位置。

随着人口增长、城市化、工业化发展，我国粮食消费需求总量平稳增加。2009 年国内粮食消费量 5.2 亿吨左右，小麦、稻谷、玉米三大品种消费量在 4 250 万吨到 4 350 万吨左右，除大豆有一定缺口需依靠进口弥补外，产需总量基本平衡（表 4-31）。

我国粮食生产和消费情况（单位：万吨） 表 4-31

年 份	粮 食 产 量					粮食消费量		
	合计	#稻谷	#小麦	#玉米	#大豆	合计	口粮	工业用粮
2001	45 264	17 758	9 387	11 409	1 541	48 242	28 030	4 077
2005	48 402	18 060	9 745	13 940	1 635	50 450	28 938	4 399
2006	49 804	18 172	10 446	14 549	1 597	50 600	28 900	4 450
2007	50 160	18 603	10 600	15 200	1 480	51 500	28 850	4 950
2008	52 850	19 300	11 000	16 000	1 650	52 000	29 000	5 200

注：粮食消费量为估计数字。

资料来源：《中国粮食年鉴》。

由于2007年国内外粮价倒挂严重造成的粮食出口规模大增现象对国内粮食安全产生了一定影响，为此，国家分别于2007年末和2008年年初出台了有关限制粮食出口的政策❸，使2008年粮食出口规模大幅下降。目前，我国已经成为粮食净进口国，粮食进口呈逐步提高趋势，而出口量则成波动下降态势（图4-18）。2004年以来我国粮食净进口规模基本上维持在2000万吨以上，主要是由于我国大豆消费快速增长，且每年需进口2/3的消费量来弥补国内产需缺口。2009年1～8月，我国累计进口粮食3579.2万吨，1～7月，我国累计出口粮食203.3万吨。

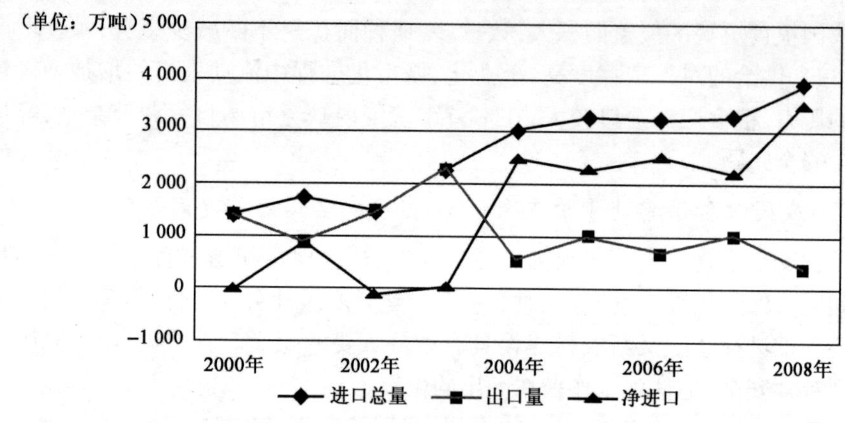

图4-18　2000年以来我国粮食进出口情况

资料来源：《中国粮食年鉴》。

从需求趋势来看，随着城乡居民收入和消费水平的不断提高，我国城乡居民的恩格尔系数和人均粮食直接消费量不断下降，全国口粮需求总量呈不断下降趋势。近年来我国粮食消费的增长，主要表现为饲料粮的增长，随着畜牧业的迅速发展和城乡居民对畜产品消费水平的迅速提高，饲料粮将会继续成为我国粮食需求增长的主体。随着我国粮食加工业的加快发展，1995年～2005年间工业用粮年均递增3.5%，但2007年以来，粮食加工业的支持政策已经开始有所降温，至2020年，我国粮食加工业仍将迅速增长，对工业用粮的需求仍将迅速扩张，但难以在长期内再现最近几年持续高速增长的局面。目前，我国以粮食为原料生产的生物能源主要是燃料乙醇，但我国政府一贯坚实粮食安全比能源安全问题更重要，明确提出支持

❸ 2007年12月20日取消小麦、稻谷、大米、玉米、大豆等84类原粮及制粉产品的出口退税后，2008年1月1日起对小麦、玉米、稻谷、大米、大豆等57类原粮及其制粉产品征收为期一年5%至25%不等的出口暂定关税，并对部分粮食制粉实行出口配额许可证管理。

生物能源要坚持以"非粮为主"。因此,按照现行政策,今后我国生物能源生产对粮食的需求将不会有明显增加,未来如果对利用粮食生产生物能源的政策限制不放松,生物能源生产难以根本影响粮食需求的大局。

随着工业化、城镇化的发展以及人口增加和人民生活水平提高,粮食消费需求将呈刚性增长,据国务院发展研究中心预测,到 2010 年和 2020 年,我国粮食需求总量将会分别达到 53000 万吨和 56500 万吨。但是,耕地减少、水资源短缺、气候变化等对粮食生产的约束日益突出。总体而言,当前我国粮食安全形势较好,粮食综合生产能力稳步提高,但我国人口众多,对粮食的需求量大,粮食安全的基础比较脆弱,我国粮食供需将长期处于紧平衡状态,仍需将保障粮食安全作为首要任务。

(3)长三角粮食供给长期依赖调运,产销体系尚未形成

长江三角洲是我国主要的粮食流入区,仅江苏省有部分粮食(主要是稻谷)运往周边省份。随着长江三角洲城市化、工业化的不断发展,长江三角洲总耕地面积呈逐年缩减态势,已由 1980 年的 681.55 万公顷下降至 2007 年的 653.38 万公顷。其中,上海市和浙江省历年来基本呈下降趋势,耕地面积分别减少了 14.81 万公顷和 22.57 万公顷,仅江苏省耕地面积总体呈上涨趋势。随着农业生产结构调整力度加大,城市建设迅速发展,城镇化率不断提高,长江三角洲粮食播种面积与粮食产量双双减少。2008 年长江三角洲粮食播种面积为 698.18 万公顷,相比 2000 年减少了 81.46 万公顷,下降幅度达 10.45%;粮食总产量为 4066.22 万吨,减少了 411.33 万吨,下降幅度为 9.19%。此外,长江三角洲还存在着农田基础设施普遍薄弱、农业投入品利用效率不高,农业机械化水平较低等问题。

但是,长江三角洲作为经济比较发达的区域,其城镇化发展很快,每年都有大量的农村劳动力转移到城市,使得粮食需求和供应的缺口日渐加大。同时,其以粮食为主的食品结构也随之被城镇居民所同化,食物消费的层次与质量要求在不断提高。2008 年,长江三角洲区域粮油在城镇居民家庭人均食品消费中的比重仅为 10.06%,而肉禽蛋水产类占的比重则达 28.16%,而且这一趋势还在继续,说明长江三角洲区域膳食中对粮食的直接需求会减少而对工业制成品的需求会增加,即需要更多的粮食转化为肉、鱼、蛋、奶等高蛋白食物。长江三角洲粮食综合生产能力下降以及粮食销量不断扩大的矛盾日益突出(表 4-32)。

2008 年长三角地区城镇居民家庭人均食品消费构成(单位:元)　表 4-32

	食品支出	粮油	肉禽蛋水产	蔬菜	奶及奶制品
江苏	4 544.64	518.76	1 418.87	424.59	216.44
上海	7 108.62	672.38	1 934.94	508.40	341.69
浙江	5 522.56	536.84	1 482.99	413.54	210.20
合计	17 175.82	1 727.98	4 836.8	1 346.53	768.33
比例(%)	—	10.06	28.16	7.84	4.47

资料来源:中国统计年鉴(2009)。

长三角地区处于我国东南沿海,粮食运输以铁路和水运为主,公路运粮所占比重相对较少。粮食调运主要来自东北三省(大米、玉米、大豆)、河南(小麦、玉米)、山东(小麦、玉米)、江西、湖南、湖北(大米),粮食运输通道主要是通过东北经山海关,由京沪线运入;海上通道主要是起于辽宁北良港经沿途港口调入;另外有部分粮食是通过京杭大运河和长江水道进行运输。2005 年以来,中储粮总公司大力推进系统内产销协作,长三角区域的三个分公司与其他分公司之间每年产销协作数量 2009 年已近 50 万吨,但这种协作关系还不够稳定,难以经受起“粮食行情突变”与“粮食运输瓶颈”的双重压力。当出现地区性粮食供给偏紧状况时,首要的问题是粮食调运困难,受到铁路运力限制而出现“抢车皮运粮”的现象,不仅难以及时发挥北粮南运对粮食安全的保障作用,而且还直接影响产销区之间的协作,进一步加剧了本已非常紧张的铁路运输状况。

此外,与粮食运输基础设施相配套的辅助设施也难以满足不同品种粮食的装卸要求,限制了无缝衔接的实现。目前,长江三角洲粮食物流资源分属于不同的行政区域、分散于不同所有制性质的粮食企业,不仅物流设施设备运作上难以按现代物流要求实现无缝化链接,而且在信息、需求、管理、体制等很多方面也难以实现无缝化链接。总的来说,长三角地区散粮发运接卸能力不足。主要表现在粮油中转运输设施不配套,销区接卸能力严重不足,产销对接不顺畅,未形成产销衔接的有效散粮流通网络。

4.4.2 区域市场环境分析

2008 年,浙江省粮油市场只有 14 家,总成交额为 127.3 亿元,约占全国总成交额的 15%。从交易市场的规模和效率来看,浙江省平均单个交易市场成交额为 9.09亿元,略高于全国平均水平 8.58 亿元;平均摊位成交额为 896.48 万元、单位营业面积成交额 4.44 亿元，均明显高于全国平均水平（分别为 264.58 万元、2.72 亿元）；浙江省交易市场平均摊位营业面积为 202.11 平方米，也大于全国平均水平 97.26 平方米（表 4-33）。

如图 4-19 所示，长三角地区浙江、江苏和上海两省一市粮油市场的总成交额为 241 亿元，在全国约占 28% 的份额。虽然浙江省粮油市场的成交额在长三角地区占一半以上，但是从平均单个交易市场成交额和平均摊位成交额来看，浙江省粮油市场的平均效率要低于江苏省。不过，浙江省和江苏省两地粮油市场营业总面积相差不多，浙江省实现的成交额比江苏省要高 43.1 亿元。上海的粮油市场规模相对较小。

2008 年粮油市场发展情况 表 4-33

	浙 江 省	江 苏 省	上 海	全 国
市场数量（个）	14	7	4	99
摊位数（个）	1 420	651	1 240	32 089
营业面积（万平方米）	28.7	26.1	3	312.1
成交额（亿元）	127.3	84.2	29.5	849.0
平均市场成交额（亿元）	9.09	12.03	7.38	8.58
平均摊位营业面积（平方米）	202.11	400.92	24.19	97.26
平均摊位成交额（万元）	896.48	1 293.39	237.90	264.58
单位营业面积成交额（亿元）	4.44	3.23	9.83	2.72

注：表中数据按亿元以上专业市场统计，未包含综合市场中粮油交易部分。

数据来源：中国商品交易市场统计年鉴（2009）。

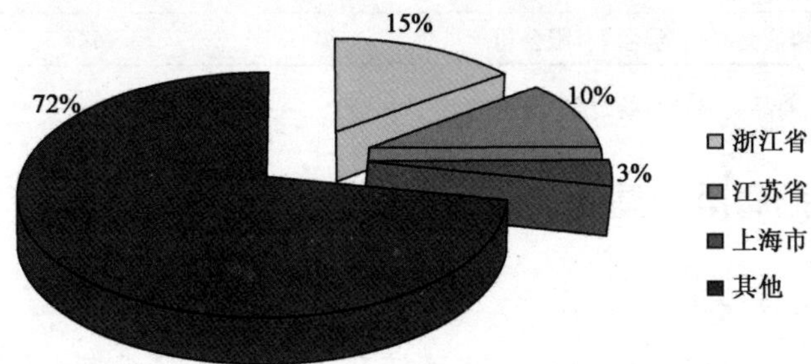

图 4-19 2008 年浙江省粮油市场份额

从 2008 年处于全国前 20 位的粮油市场来看（表 4-34），大型粮油市场主要分布在河南、吉林、山东等粮食产地，在前 20 位的市场中，浙江省有 3 家，江苏有 3

家,上海只有1家。

2008年全国前20家粮油市场(单位:万元)　　表4-34

市场名称	成交额
扶余县三井子杂粮市场(松原)	392 600
北京盛华宏林粮油批发市场有限公司	347 319
临沂鲁南国际粮油市场	335 736
庆云县粮油交易市场(德州)	296 272
兴化市粮油交易市场(泰州)	269 800
广州市瑞宝粮油食杂批发市场	262 940
贵阳谷丰粮油食品批发市场有限公司	248 000
惠州江北农产品中心批发市场	235 623
杭州粮油批发交易市场有限公司	215 369
中国天津粮油批发交易市场	213 838
衢州市粮油批发交易市场	198 013
金华市粮食批发市场	197 535
北京锦绣大地玉泉路粮油经营有限公司	185 534
福州杜坞粮食交易市场有限公司	184 800
广州市海珠区粮油综合交易城	173 660
山东沂蒙山花生电子交易市场(临沂)	171 699
无锡市粮油中转储备仓库	166 690
上海真新粮食交易市场经营管理有限公司	154 236
福建省南官桥粮油批发市场(泉州)	148 167
南京粮油交易市场经营有限公司	145 597

数据来源:中国商品交易市场统计年鉴(2009)。

4.4.3　沿海港口基础条件比较

(1)港口泊位情况

根据2009年浙江省码头泊位一览表统计,对浙江省各沿海港口散装粮食泊位基本情况进行整理,如表4-35所示。目前,浙江沿海港口散装粮食泊位较少,只有宁波港域有2个,设计靠泊能力5.1万吨级,嘉兴港有1个,设计靠泊能力为3.5万吨级,其中,非公用泊位只有1个,设计靠泊能力仅1 000吨级。

浙江省各沿海港口散装粮食泊位基本情况　　表 4-35

	泊位个数(个)			设计靠泊能力(吨级)		
	总计	公用	非公用	总计	公用	非公用
宁波港域	2	1	1	51 000	50 000	1 000
舟山港域	0	0	0	0	0	0
台州港	0	0	0	0	0	0
温州港	0	0	0	0	0	0
嘉兴港	1	1	0	35 000	35 000	0

数据来源:2009 年浙江省码头泊位一览表。

(2)港口接卸量

2009 年,浙江省各沿海港口粮食的吞吐量如表 4-36 和图 4-20 所示。浙江省粮食的接卸主要以宁波—舟山港为主,其中,宁波港域接卸粮食 205.72 万吨,舟山港域接卸粮食 242.16 万吨,嘉兴、台州、温州所占份额较小,相对而言,温州港存在一定接卸量,约有 33.49 万吨。

2009 年浙江沿海港口粮食吞吐量构成(单位:万吨)　　表 4-36

	吞吐量	进港			出港		
		合计	外贸	内贸	合计	外贸	内贸
宁波港域	239.70	205.72	167.70	38.02	33.98	0.00	33.98
舟山港域	406.95	242.16	6.25	235.91	164.79	0.00	164.79
嘉兴港	0.54	0.54	0.00	0.54	0.00	0.00	0.00
台州港	7.40	7.40	0.00	7.40	0.00	0.00	0.00
温州港	33.90	33.49	0.00	33.49	0.41	0.00	0.41

资料来源:浙江省交通统计报表(2009 年)。

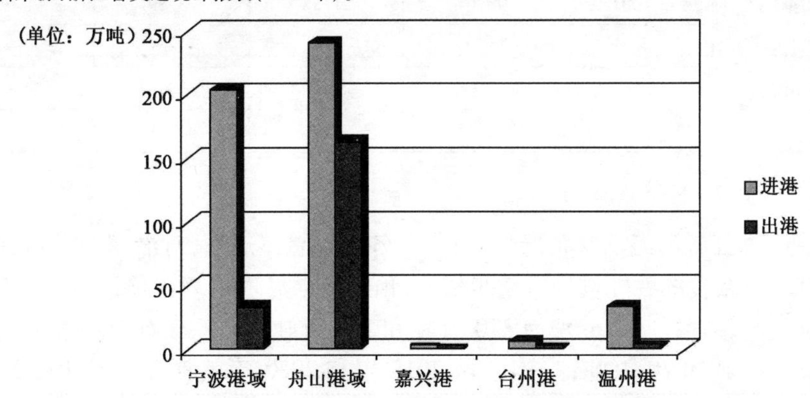

图 4-20　2009 年浙江沿海港口粮食吞吐量

(3)港口辐射范围

从表4-37和表4-38来看,2009年沿海港口粮食流量流向中,尚没有经由嘉兴港和台州港出港的粮食,宁波—舟山港的粮食主要服务于长三角地区,其中,宁波港域流向长三角地区的占总量的90.77%,舟山港域流向长三角地区的占98.67%,主要是为江苏省服务。温州港的粮食有34.31%流向江苏,其他均流向广东省,但总量偏小。

2009年各沿海港口粮食流量流向统计表(单位:吨)　　表4-37

目的地	宁波港域	舟山	嘉兴港	台州港	温州港
国外港口	—	—	—	—	—
国内港口	339 797	1 647 908	—	—	4 080
长三角地区	308 433	1 625 978	—	—	1 400
上海	—	351 256	—	—	—
江苏	305 862	1 250 675	—	—	1 400
浙江	2 571	24 047	—	—	—
长江港口①	—	—	—	—	—
合计	339 797	1 647 908	—	—	4 080

注:①长江港口指芜湖以上干线港口。

资料来源:浙江省交通统计报表2009年。

2009年沿海港口粮食流量流向分析(单位:%)　　表4-38

地　　区	流向国内	流向长三角	流向上海	流向江苏	省内流转
宁波港域	100	90.77	—	90.01	0.76
舟山港域	100	98.67	21.32	75.89	1.46
嘉兴港	—	—	—	—	—
台州港	—	—	—	—	—
温州港	100	34.31	—	34.31	—

(4)港口吞吐量预测

依据《浙江省沿海港口布局规划》以及各港口总体规划,对沿海各港口到2015年和2020年粮食的吞吐量进行初步估计,预测结果见表4-39。预计2015年、2020年,宁波全港粮食吞吐量分别为370万吨和550万吨;其中,镇海港区粮食吞吐量分别为35万吨和70万吨;舟山港域2015年和2020年粮食吞吐量1 030万吨、1 050万吨。

浙江沿海港口粮食吞吐量预测(单位:万吨)　　表 4-39

年　份	宁波—舟山港	嘉兴港	台州港	温州港
2015	1 060	23	44	119
2020	1600	320	200	340

4.4.4　沿海港口粮食交易平台的建设要素比较

1) 宁波—舟山港(宁波港域)

(1) 优势条件

基础设施:2009 年,宁波港域有散装粮食泊位共 2 个,设计靠泊能力为 5.1 万吨级。

金融信息:宁波市建有“第四方物流平台”等多个信息平台,总体信息化水平较高,且拥有多家金融机构,金融支撑环境较好。

(2) 欠缺(或劣势)条件

尚无明确需求,未从事粮食交易。

2) 宁波—舟山港(舟山港域)

(1) 优势条件

基础设施:老塘山港区三期码头,建设规模为一座 5 万吨级(兼靠 8 万吨)多用途泊位,码头年设计通过能力为 250 万吨。扩建工程建设 5 万吨级(兼靠 7 万吨级)散杂货泊位一座,扩建泊位后侧可停靠 2 万吨级散货船舶。

企业需求:为后方的浙江粮食储备库(2009 年通过三期码头进入的粮食达到 39 万吨)、中海粮油(2009 年中海粮油通过三期码头进筒仓的粮食作物达到 70.74 万吨)加工提供运输配套。

(2) 欠缺(或劣势)条件

①尚未从事粮食交易;

②金融信息配套服务支撑不足。

3)嘉兴港

(1)优势条件

基础设施:2009 年,嘉兴港拥有散装粮食泊位 1 个,设计靠泊能力为 3.5 万吨级。

2008 年初,独山港区内粮食专业码头建成投产;2009 年下半年,嘉兴港独山粮食码头的配套工程将全面开工,建设粮食筒仓等配套仓储设施。

产业依托:嘉兴是浙江省的重要养殖业产区和饲料生产基地,对饲料原料的消化能力很强,每年都在 50 万吨以上。

《全国沿海港口布局规划》中将嘉兴港定位在长三角地区"粮食中转储运系统"中的组成港口,并且在港口后方的嘉兴港区有国家级储备粮库。粮食码头是嘉兴、杭州两市的战略联盟码头,担负着确保嘉兴、杭州两市粮食安全的重任。

企业需求:腹地内饲料加工企业、粮食加工厂等。

(2)欠缺(或劣势)条件

①嘉兴港三港区没有专门的疏港公路,地方政府在港口公共基础设施配套上投入不足;

②海河联运工程进展缓慢;

③存在沿海和内河两个管理部门,存在重复收费现象;

④装卸散粮的配套设施(高架廊道、圆筒仓等)没有同步建成、后方输运的内河港池工程迟迟没启动,粮食码头功能没有发挥;

⑤金融信息配套服务水平落后。

4)台州港

(1)优势条件

基础设施:2009 年,台州港拥有煤炭泊位共 4 个,设计靠泊能力为 16.18 万吨级。

大麦屿港区规划有 2 万吨兼靠 3 万吨级粮食码头。

(2)欠缺(或劣势)条件

①2009 年,台州港尚无专用散装粮食泊位。

②甬台温铁路台州段尚未开通货运;

③金融信息配套水平落后。

5)温州港

(1)优势条件

市场基础:已建有温州粮食中心市场,占地总面积321 000m²,建筑总面积120 619m²,年粮食可容交易量达100万吨,分设交易、仓储、商务、加工四大功能。

规划项目:依托温州粮食中心市场和白楼下现有码头,建设散装粮食港口运输与存储市场。项目拟建规模为:粮食筒仓总容量5.5万吨,堆场面积3.5万平方米,及散粮装卸输送设备等,改造堆场面积2万平方米,设计年储运量达80万吨以上,可满足温州地区乃至浙南闽北地区散装粮食市场需求。

潜在需求:为温州地区和浙南闽北地区服务,主要为口粮、工业用粮及饲料用粮。2009年,温州粮食缺口为123万吨,温州港腹地的台州和丽水的粮食缺口大致在170万吨左右,主要从黑龙江等省份通过公路、铁路、水路运输,据统计目前由水路运输只占到20%。

(2)欠缺(或劣势)条件

①2009年,温州沿海港口尚无专用散装粮食泊位;

②仅龙湾作业区建有铁路支线,接并到金丽温地方I级铁路,疏运能力低;

③金融信息配套水平落后。

4.4.5 小结

基于浙江沿海港口粮食吞吐量预测和港口腹地经济发展和需求分析,结合各沿海港口基础设施条件和既有交易市场发展现状,可以看到:目前,大型粮油市场主要集中在粮食产地,长三角地区作为粮食的主销区,建设粮食交易市场的需求程度较高。从各沿海港口粮食吞吐情况来看,粮食接卸主要集中在宁波—舟山港,特别是经由舟山港域进行中转的粮食量较大,且后方需求旺盛,具备建设交易市场的可能;作为长三角地区“粮食中转储运系统”中组成港口的嘉兴港,其腹地嘉兴市是浙江省的重要养殖业产区和饲料生产基地,具备建设交易市场的基本条件;温州港龙湾作业区已建有温州粮食中心市场,随着港口基础设施和集疏运条件的改善,若通过水路中转比例得到提升,未来市场规模还有扩大空间;经由宁波港域出港的粮食量相对较小,台州港粮食吞吐量也较小,且两港腹地交易需求均不明确,建议待条件成熟后适时推进。

对浙江省建设粮食交易平台的可能布局(或交割地)和功能定位进行简单归纳,如表4-40所示。

浙江粮食交易平台的可能交割地和定位　　表4-40

功能定位	可能交割地	服务范围
区域性现货电子交易平台: 近期以即期交易为主; 远期着眼于中远期交易	舟山港域老塘山码头	建设国际粮油集散中心、信息中心,临港粮油食品加工基地,力争打造我国沿海粮油运输主通道和粮食及其加工成品进出口主枢纽之一
	嘉兴港独山港区	将发展成为浙北粮食的“中转站”,并逐步建设成国际粮油集散中心、信息中心,临港粮油食品加工基地
	温州港瓯江港区	主要为温州地区和浙南闽北地区散装粮食市场服务

4.5 钢材交易平台建设的可能性

4.5.1 需求分析

2009年全年国内市场粗钢实际消费量是5.3亿吨左右,较2008年增加6 700万吨。随着国内外经济的企稳回升,钢铁下游需求增长仍会保持稳步回升态势。据国外媒体报道,力拓(Rio Tinto Ltd)铁矿石业务首席执行官萨姆·沃尔什(Sam Walsh)表示,随着城市化和工业化继续进行,到2020年,中国钢铁需求将翻番。

但是,我国各地区钢材需求量与资源量是不平衡的。其中,东北地区、华北地区属于钢材供大于求的区域,而华东地区、中南地区和西北地区属于钢材资源量小于需求量地区。同时,我国铁矿石产量分布严重不平衡,河北、辽宁、内蒙,这3个省市占全国的比例约7成。这些不平衡的发展为钢铁内贸也提出巨大的挑战,加上我国物流行业发展极其分散,竞争混乱而又激烈,因此,导致我国的钢铁流通行业业态落后,没有形成大流通的体系,流通成本高,流通效率却非常低。

从钢材销售区域流向来看,我国钢材流向最大的地区是华东、华北和中南地区,这三大区是我国工业基础较好的地区。其中,华东地区是国内钢材流向最大的地区,集中了大量消耗钢材的下游行业(例如钢制船舶生产占全国60%左右),也是消费量增量最大、增幅最高的地区。近几年华东地区的经济增长速度高于全国平均水平,对钢材的消费需求也急剧放大,占国内钢材资源总投放量的37%。

按照《长江三角洲地区区域规划》,该地区将以上海为龙头,沿沪宁、沪杭甬线及沿江、沿湾和沿海集聚发展,建设具有世界影响的装备制造业基地:以上海、南京、杭州为先导,苏州、无锡、宁波、徐州、台州等为骨干,提升机械装备制造业水平和核心竞争力;上海、南京、杭州、宁波、台州和盐城积极发展轿车产业,形成区域性轿车研发生产基地;以苏州、常州、扬州和金华为重点,加快形成国内重要的客车生产基地;以上海、南京、常州为重点,加快形成轨道交通产业基地;围绕汽车整车制造,鼓励沿海、沿江等地区发展汽车零部件生产,形成汽车零部件产业带;以上海、南通、舟山等为重点,建设大型修造船及海洋工程装备基地;结合上海地区船舶工业结构调整和黄浦江内部船厂搬迁,重点建设长兴岛造船基地(图4-21)。未来装备制造业的发展将对钢铁带来大量需求。

4.5.2 区域市场环境分析

目前的统计中,未将钢材市场与其他金属材料市场分开,从统计资料来看,金属材料市场中,钢材市场占有很大份额,因此,这里借用金属材料市场来进行分析。

2008年,浙江省金属市场有44家,总成交额为1 533.92亿元,约占全国总成交额的14%。从交易市场的规模和效率来看,浙江省平均单个交易市场成交额为38.35亿元,平均摊位成交额为1 278.69万元,均低于全国平均水平(分别为41.33亿元、1 314.19亿元);单位营业面积成交额8.58亿元,高于全国平均水平5.13亿元;浙江省交易市场平均摊位营业面积为149.00平方米,远低于全国平均水平256.04平方米(表4-41)。

2008年金属材料市场发展情况 表4-41

	浙江省	江苏省	上海	全国
市场数量(个)	40	37	22	267
摊位数(个)	11 996	14 467	6 045	83 972
营业面积(万平方米)	178.74	225.77	79.50	2 150.01
成交额(亿元)	1 533.92	2 294.72	2 341.40	11 035.55
平均市场成交额(亿元)	38.35	62.02	106.43	41.33
平均摊位营业面积(平方米)	149.00	156.06	131.51	256.04
平均摊位成交额(万元)	1 278.69	1 586.18	3 873.28	1 314.19
单位营业面积成交额(亿元)	8.58	10.16	29.45	5.13

注:表中数据按亿元以上专业市场统计,未包含综合市场中金属材料交易部分。

数据来源:中国商品交易市场统计年鉴(2009)。

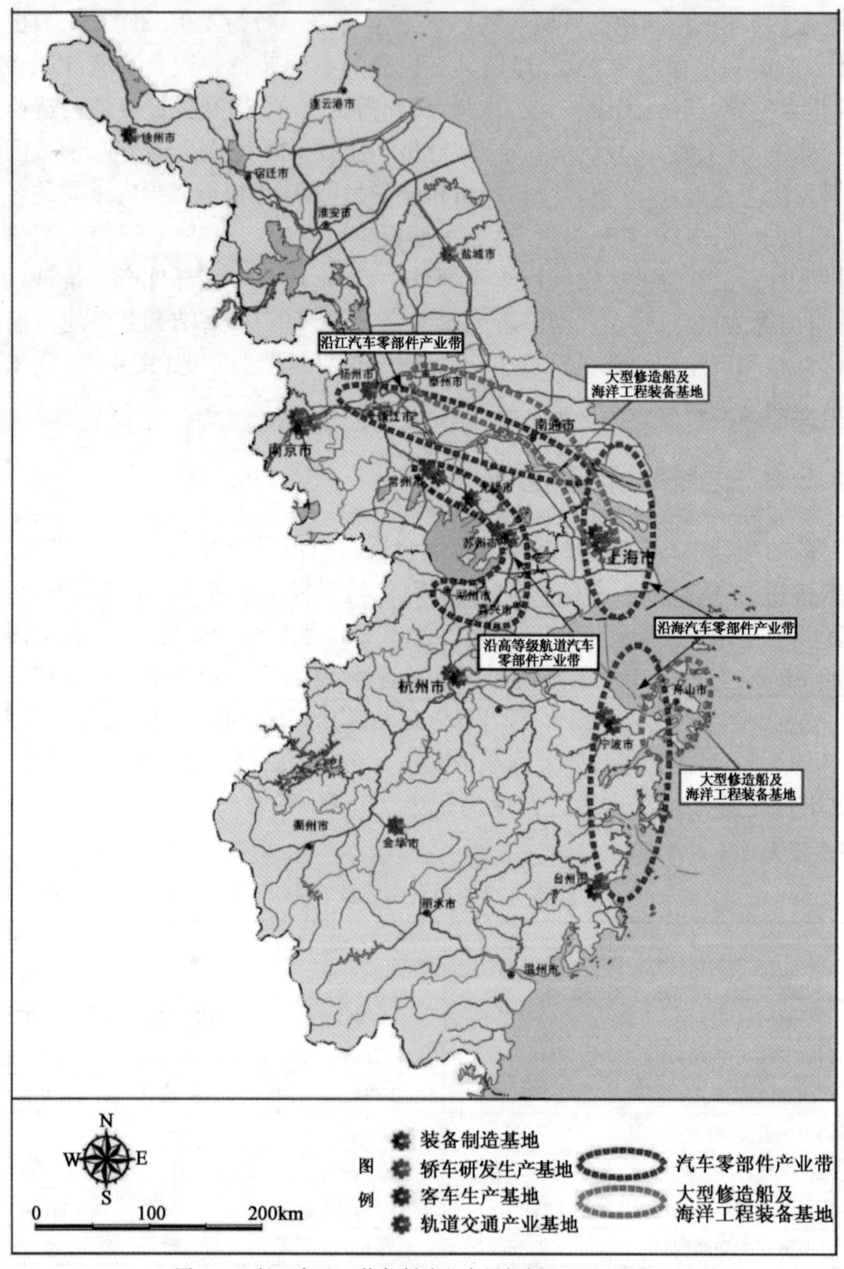

图4-21　长三角地区装备制造业布局规划（2009～2020）

资料来源：长江三角洲地区区域规划。

如图 4-22 所示,长三角地区浙江、江苏和上海两省一市金属材料市场的总成交额为 6 170.04 亿元,在全国约占 56% 的份额。浙江省成交额均低于江苏省和上海市,而且从平均单个交易市场成交额和平均摊位成交额来看,浙江省金属材料市场的平均效率要低于江苏省和上海市。可见,浙江省金属材料市场在长三角地区不占优势。

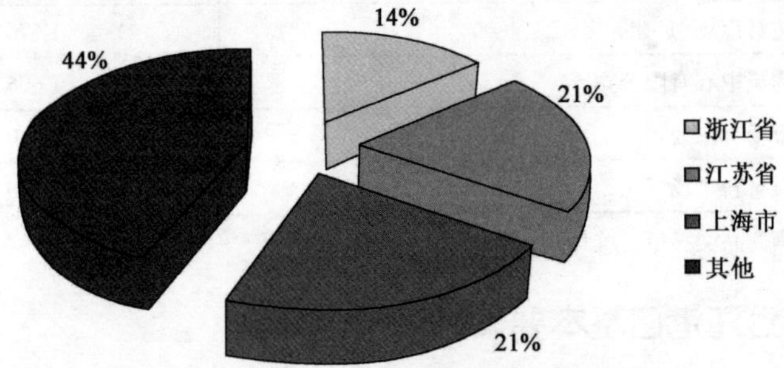

图 4-22 2008 年浙江省金属材料市场份额

从 2008 年处于全国前 20 位的金属材料市场来看(见表 4-42),上海虽然只有 3 家,但市场规模较大,分别位居第一、二、四位;江苏省规模较大的金属材料市场数量较多,在全国前 20 位的有 7 家;浙江省仅有 4 家。

2008 年全国前 20 家金属材料市场(单位:万元) 表 4-42

市场名称	成交额
上海市物贸中心有色金属交易市场	9 199 053
上海逸仙钢材市场经营管理(集团)有限公司	4 700 000
中储发展有限公司天津储宝分公司	3 617 800
上海宝山钢材交易市场管理有限公司	2 988 585
江苏无锡生产资料交易市场	2 855 696
博兴县兴福镇黑白铁市场(滨州)	2 800 000
江阴市金属材料市场(无锡)	2 558 130
杭州城北金属材料市场有限公司	2 485 364
无锡南方不锈钢市场	2 310 000
安徽省徽商钢材市场	2 060 051
杭州运河钢材市场有限公司	2 034 714
江阴景澄物流交易市场(无锡)	2 030 974
杭州物资城	1 992 856

续上表

市场名称	成交额
南京生产资料中心批发市场	1 925 600
江阴长江港口物流园区交易中心(无锡)	1 913 434
浙江新世纪金属材料现货市场	1 797 000
广东鱼珠国际建材市场(广州)	1 676 521
南京幕燕金属物流中心有限公司	1 606 346
南宁虎丘钢材市场有限公司	1 540 790
揭阳市国际金属材料市场	1 500 000

数据来源:中国商品交易市场统计年鉴(2009)。

4.5.3 沿海港口基本要素比较

2009年,浙江省各沿海港口钢铁的吞吐量如表4-43和图4-23所示。浙江省钢铁的接卸主要集中在宁波—舟山港,其中,宁波港域接卸钢铁693.7万吨,舟山港域接卸钢铁121.3万吨。其余三个港口,钢铁接卸量较小,嘉兴港接卸钢铁11.9万吨,台州港钢铁接卸量224万吨,温州港接卸钢铁293万吨。

2009年浙江沿海港口钢铁吞吐量构成(单位:万吨)　　表4-43

	吞吐量	进港			出港		
		合计	外贸	内贸	合计	外贸	内贸
宁波港域	812.7	693.7	129.6	564.1	119	32.5	86.5
舟山港域	156.1	121.3	17.5	103.8	34.8	0	34.8
嘉兴港	12.3	11.9	6.1	5.8	0.4	0	0.4
台州港	240.6	224.2	0.3	223.9	16.4	0	16.4
温州港	303.7	292.6	1.6	291.0	11.0	0	11.0

资料来源:浙江省交通统计报表(2009年)。

依据《浙江省沿海港口布局规划》以及各港口总体规划,对沿海各港口到2015年和2020年钢铁的吞吐量进行初步估计,预测结果见表4-44。其中,镇海港区钢铁吞吐量将分别达到320万吨、640万吨。

浙江沿海港口钢铁吞吐量预测(单位:万吨)　　表4-44

年份	宁波—舟山港	嘉兴港	台州港	温州港
2015	1 478	200	339	407
2020	2 100	300	450	520

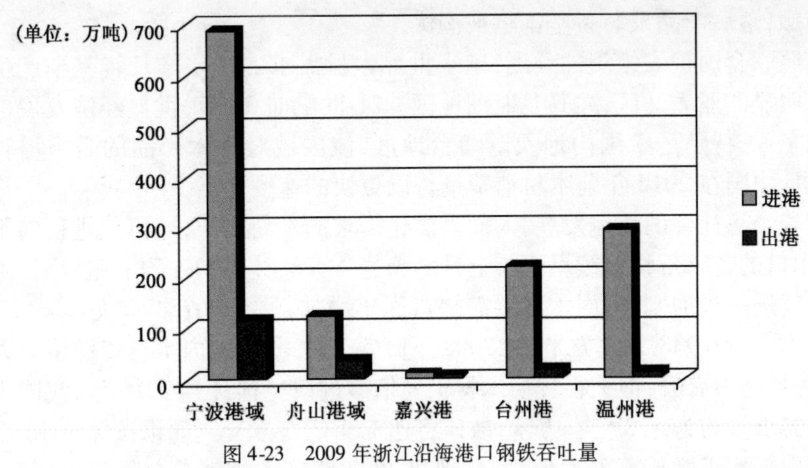

图4-23 2009年浙江沿海港口钢铁吞吐量

4.5.4 小结

目前,镇海钢材交易市场已具备一定的基础,长三角地区金属材料市场整体发展较好,但从长三角地区范围来,浙江省金属材料市场与江苏和上海相比,总体发展上不占优势。而且,浙江省沿海港口钢铁吞吐量主要集中在宁波—舟山港,其他三港吞吐量较少,但从未来发展来看,仍有一定的发展空间。因此,可以依托宁波镇海钢材市场,近期以现货即期交易为主,着眼中远期电子化交易,积极推进钢材交易平台建设。同时,在嘉兴、台州、温州港后方,依托当地钢材市场需求,在原有钢材交易市场基础上扩大规模、拓展功能。

4.6 木材交易平台建设的可能性

4.6.1 需求分析

目前,中国已是世界上最大的木业加工、木制品生产基地和最主要的木制品加工出口国,同时也是国际上最大的木材采购商之一。我国的人造板、家具、地板年产量已经位居世界前列。近年来,我国木材工业呈现出投资主体多样、产业规模扩大、产业聚集度提高的良好趋势。2009年,除地板产量下降以外,其他木制品产量同比均是增长。2009年10月,国家林业局等五部委共同制定的《林业产业振兴规划(2010~2012年)》,明确指出,此次林业调整振兴的方向和重点是受金融危机冲击最严重的人造板等木材工业及相关产业,以人造板为主的木材加工企业将得到全面整顿,落后产品及装备基本将被淘汰。

按照联合国粮农组织的预测,未来世界木材需求的主要增长将基本产生在经济增长明显的亚太地区,尤其是亚洲地区。21 世纪前 30 年,世界经济发展的热点主要在东亚,特别是中国内地及港澳台地区,该区域对林木产品的需求增长将最快。预计中国在 2015 年前木材消费量将以更快的速度递增。

随着经济社会的快速发展,人们多样化需求的不断增长,城市化进程的不断推进,对木材的需求量将继续呈逐年上升的趋势。天然林保护工程实施以后,木材的供需矛盾进一步加剧,国内木材供需缺口逐年增加。受 2007 年雪灾影响,2009 年我国原木产量 6 938 万立方米,比 2008 下降 5.7%,今后国内木材资源将以人工林为主,数量稳中有升,但大径优质木材仍要依靠进口。预计到 2015 年,我国生产建设用材需求量约为 4.8 亿立方米,缺口将达 1.9 亿立方米。如果按照近 10 年我国木材消费平均年增长率 3.71% 计算,到 2020 年我国木材消费总量将达到 6.78 亿立方米,供需矛盾有增无减。

4.6.2 区域市场环境分析

2008 年,浙江省木材市场有 14 家,总成交额为 126.82 亿元,约占全国总成交额的 29%。从交易市场的规模和效率来看,浙江省平均单个交易市场成交额为 9.06 亿元,单位营业面积成交额 1.84 亿元,高于全国平均水平(分别为 7.68 亿元、1.05 亿元);平均摊位成交额为 227.03 万元,低于全国平均水平 258.41 万元;浙江省交易市场平均摊位营业面积为 123.22 平方米,也大于全国平均水平 246.00 平方米(表 4-45)。

2008 年木材市场发展情况 表 4-45

	浙江省	江苏省	上海	全国
市场数量(个)	14	11	6	56
摊位数(个)	5 586	4 127	653	16 633
营业面积(万平方米)	68.83	67.76	18.69	409.17
成交额(亿元)	126.82	63.49	19.43	429.82
平均市场成交额(亿元)	9.06	5.77	3.24	7.68
平均摊位营业面积(平方米)	123.22	164.19	286.22	246.00
平均摊位成交额(万元)	227.03	153.84	297.55	258.41
单位营业面积成交额(亿元)	1.84	0.94	1.04	1.05

注:表中数据按亿元以上专业市场统计,未包含综合市场中木材交易部分。

数据来源:中国商品交易市场统计年鉴(2009)。

如图 4-24 所示，长三角地区浙江、江苏和上海两省一市木材市场的总成交额为 209.74 亿元，在全国约占 49% 的份额。从成交额上看，浙江省占长三角地区的一半以上；从平均单个交易市场成交额和单位营业面积成交额来看，浙江省木材市场的平均效率也好于江苏省和上海市，江苏和浙江两省木材市场营业总面积相差不多，浙江省的总成交接近江苏省的 2 倍。不过，与江苏省和上海市相比，浙江省单位摊位营业面积相对较小。

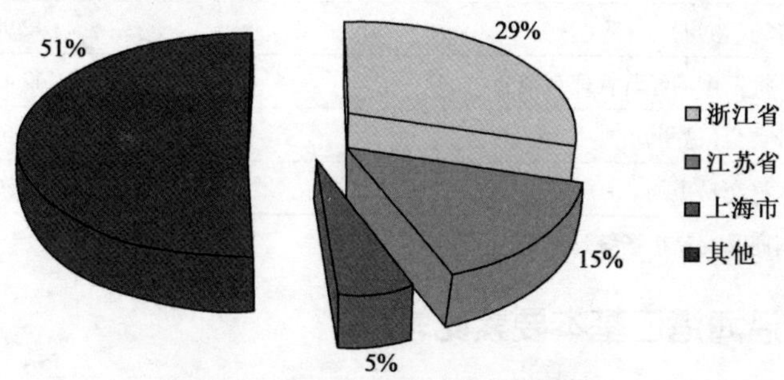

图 4-24 2008 年浙江省木材市场份额

从 2008 年处于全国前 20 位的木材市场来看（表 4-46），大型木材市场在山东和浙江两省较为集中，在前 20 位的市场中，浙江省有 7 家，江苏有 3 家，上海只有 2 家。

2008 年全国前 20 家木材市场（单位：万元） 表 4-46

市场名称	成交额
华东胶合板市场（临沂）	760 290
浙江南浔建材市场（湖州）	697 350
常州长贸中心市场发展有限公司	356 000
德州鲁北木材市场	260 000
广东鱼珠国际木材市场（广州）	240 771
通辽经济技术开发区木材市场	200 000
碑廓木材市场（日照）	198 000
莱阳市胜隆建材批发市场（烟台）	106 000
浙江贺村木业市场（衢州）	98 160
诸城市舜王街道钢材市场（潍坊）	86 000
绍兴市塔山竹木交易市场	84 468
上海金翔木材批发市场经营管理有限公司	84 380

续上表

市场名称	成交额
南浔地板城(湖州)	81 850
宁波现代家园市场	50 850
东阳国际建材城(金华)	50 100
嘉善县华东建材市场(嘉兴)	49 170
临邑县建材大市场(德州)	42 900
上海福人林产品批发市场经营管理有限公司	42 459
丰县木材市场管委会(徐州)	40 670
南通市郁家店木材交易市场	38500

数据来源:中国商品交易市场统计年鉴(2009)。

4.6.3 沿海港口基本要素比较

2009 年,浙江省各沿海港口木材的吞吐量如表 4-47 和图 4-25 所示,浙江省木材的接卸主要集中在宁波—舟山港宁波港域,接卸木材 42.4 万吨,宁波—舟山港舟山港域、嘉兴港、台州港和温州港木材接卸量都较小。

2009 年浙江沿海港口木材吞吐量构成(单位:吨)　　表 4-47

	吞吐量	进港			出港		
		合计	外贸	内贸	合计	外贸	内贸
宁波港域	432 631	424 144	152 638	271 506	8 487	80	8 407
舟山港域	12 003	9 793	0	9 793	2 210	0	2 210
嘉兴港	15 012	12 951	3 034	9 917	2 061	0	2 061
台州港	22 360	22 360	0	22 360	0	0	0
温州港	19 471	19 471	5 822	13 649	0	0	0

资料来源:浙江省交通统计报表(2009 年)。

依据《浙江省沿海港口布局规划》以及各港口总体规划,对沿海各港口到 2015 年和 2020 年木材的吞吐量进行初步估计,预测结果见表 4-48。

浙江沿海港口木材吞吐量预测(单位:万吨)　　表 4-48

年份	宁波—舟山港	嘉兴港	台州港	温州港
2015	95	20	18	7
2020	180	180	100	20

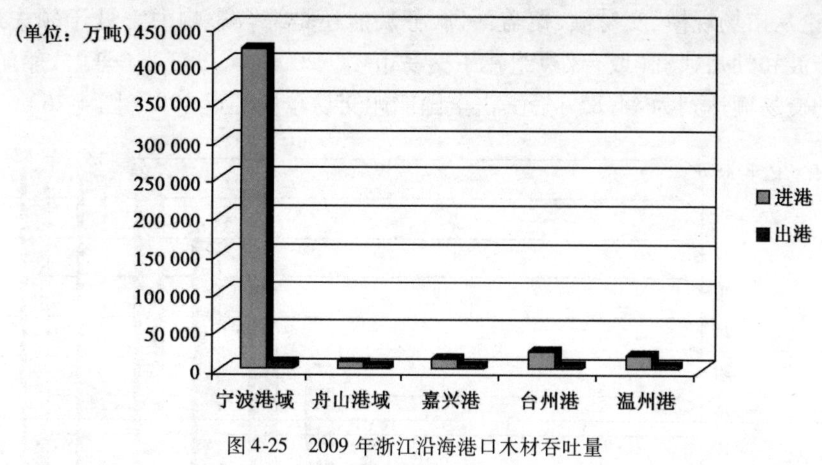

图 4-25　2009 年浙江沿海港口木材吞吐量

4.6.4　小结

我国木材需求呈上升趋势，且长三角地区木材市场较为发达，浙江省市场基础较好，湖州、宁波、嘉兴、衢州和金华等地都建有木材市场。尽管沿海港口木材吞吐量较少，但利用宁波、嘉兴等木材交易市场发达的基础优势，可考虑在镇海、嘉兴、温州、台州等港口建设服务于省内的木材即期现货交易市场。

4.7　浙江船舶交易平台前景分析

船舶交易平台所交易货类——船舶，不属于大宗散货，其客户群分布和需求等均与前面分析的四大交易市场有着明显不同，而且，浙江省船舶交易市场发展已比较成熟，未来发展思路也十分明确，这里仅对浙江省船舶交易市场的发展基础、政策环境和发展前景进行简单分析。

4.7.1　发展基础

目前，浙江省内船舶交易市场包括舟山、宁波、台州、温州和湖州等地，2009 年船舶交易额约为 100 亿元，占全国船舶交易总额的 60% 左右。浙江是国内船舶交易量最大、交易最活跃的省份，并占据着国内一半以上的船舶交易信息资源，在国内的船舶交易市场中占据着非常重要的地位和作用。从行业的经营主体来看，浙江省拥有目前国内最具代表性的交易市场——浙江船舶交易市场，在国内同行业中,无论从市场规模、交易额、覆盖面、服务功能还是综合影响力都处于领先地位,并在宁波和湖州独资(或合作)组建了交易市场。2009 年,浙江省(舟山)船舶交易市场的交易额达到为 44.85 亿元,占全国船舶交易总量的近 30%(图 4-26)。

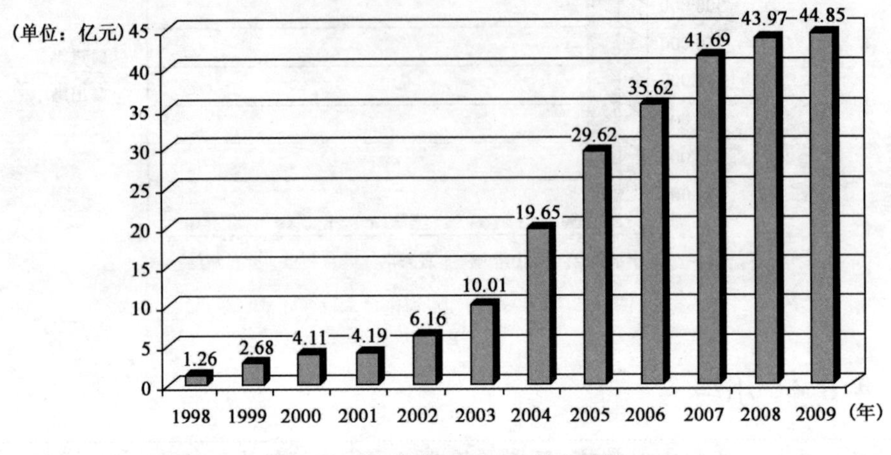

图 4-26 浙江船舶交易市场历年交易额

4.7.2 政策环境

目前,船舶交易已纳入国家行业管理。原来,船舶交易没有行业主管部门,随着船舶交易市场的发展,国家相关管理部门逐步认识到:船舶交易已逐渐成为吸引其他航运服务要素集聚的一个基础和原动力,在整个港航服务产业链中占据了越来越重要的地位。为推动航运服务业发展,2010 年 3 月,交通运输部正式发布了《船舶交易管理规定》,把船舶交易纳入国家行业管理,国内船舶交易有了第一个法规性文件,为船舶交易市场长远发展奠定了法律保障,更有利于浙江船舶交易市场的快速发展。

4.7.3 发展前景

浙江省近年来运力规模发展迅速,2009 年浙江省水运运力规模达到 1 550 万载重吨,其中海运运力约为 1 250 万载重吨,内河运力约为 300 万载重吨。海运运力中,宁波、舟山两市的海运运力约有 800 万吨,约占浙江省海运总运力的 65% 左右。航运业的较快发展和运力规模的增长,必然带动船舶交易市场的活跃。预计今后浙江省船舶交易总量将呈快速增长趋势。预测浙江省船舶交易额 2009 年 ~

2015 年每年增长率为 13.59%,2015 年~2020 年每年增长率为 11.51%(表 4-49)。

浙江省船舶交易额预测结果(单位:亿元) 表 4-49

年 份	2009	2012	2015	2020
交易额	100	146.56	214.80	370.34

4.7.4 小结

船舶交易在浙江省有着良好的行业发展环境和坚实的发展基础,是浙江涉港涉航领域交易市场中的佼佼者,具有发展成为全国性船舶交易平台的巨大潜力。鉴于国家对上海船舶交易所有着较为明确的功能定位,建议浙江船舶交易市场在发展定位上要充分考虑到这一因素,并充分利用自身的发展优势,与上海船舶交易所协调发展,共同促进上海国际航运中心的建设。

第5章 建设大宗商品交易平台的总体思路与主要任务

5.1 指导思想

以科学发展观为统领，按照国家关于“全国海洋经济发展规划”、上海“两个中心”建设、“十大产业振兴规划”、长三角地区发展规划和浙江海洋经济带规划等战略部署，紧密结合浙江省港口区位优势和现实基础，围绕“加快港口转型升级、促进经济发展方式转变”这一主线，坚持依托沿海港口资源，立足现有市场基础，着眼长三角地区经济发展和国家战略物资安全，以宁波—舟山港为核心，打造集仓储、集散、交易、物流服务、金融和信息等功能为一体的石油化工、铁矿石、煤炭、粮食、钢材、木材、塑料和有色金属等大宗商品的高层次交易平台，并在此基础上做大做强1个战略物资储备基地，建设1个综合性大宗商品交易中心，为将宁波—舟山港建设成为与上海港错位发展、亚太地区重要的综合性国际枢纽港提供支撑。

5.2 基本原则

(1)政府主导，企业运作

充分发挥政府在制订发展规划、出台扶持政策、确定设施标准、提供良好服务、规范经营秩序等方面的引导作用。着力培育或引入大型物流或相关企业，对大宗商品交易平台进行运作，遵循市场经济规律，运用市场机制优化各种要素资源配置，引导市场实现经济效益和社会效益的双赢，推进市场体系健康、有序、稳定发展。

(2)发挥优势，错位发展

港口作为国际供应链的重要节点，在现代生产、贸易和物流领域具有重要战略地位。浙江省港口资源丰富，地处长三角区域，毗邻上海，区位优势明显。在建设大宗商品交易平台时，需结合长三角地区区域规划和上海国际金融中心和国际航运中心的定位，充分考虑浙江港口的比较优势，错位发展。

(3)科学整合,统筹发展

目前,浙江省已有一定的建设大宗商品交易平台的基础条件,但也存在不同程度的重复建设现象。因此,需根据港口差异化的区位优势、资源优势和功能定位,结合相关经济社会发展规划、港口规划和城市规划等,从更好地服务浙江省乃至长三角经济发展的角度,对现有和规划的大宗商品交易市场进行整合,促进在产业链接、功能定位、硬件设施、配套服务等之间的相互协调,集合优势力量打造高层次交易平台。

(4)立足现有,创新发展

在建设大宗商品交易平台时,要以现有交易市场为基础,创新市场发展理念,拓展市场服务功能,改善市场交易方式,改革市场经营模式,提高信息化和金融服务水平,推动现有交易市场向大宗商品交易平台转型升级。

(5)依托产业,联动发展

港口进出港货物作为一种派生性需求,其需求总量与腹地国民经济发展水平和产业结构密切相关,经济发展水平和产业结构的变化会导致港口货物吞吐量的需求在质量上和数量上的差异。大宗商品交易平台作为港航物流服务体系的一个重要组成部分,其建设应结合浙江省和长江三角洲地区经济水平和产业发展情况联动发展。

(6)适度超前,分步推进

结合浙江省和长江三角洲地区经济发展实际情况,在客观分析经济发展对石油化工、铁矿石、煤炭、粮食、钢材、木材、塑料和有色金属等大宗商品的需求基础上,适度超前进行规划,并要统筹部署,分步实施,有次序的、系统地实现规划的建设内容。

5.3 主要任务

重点推进石油化工、铁矿石、煤炭、粮食、钢材和木材、塑料和有色金属等工业原材料、船舶等7大交易区的建设,打造以现货即期交易为基础,中远期交易为目标,以全国性交易平台为龙头、区域性(跨省或长三角地区)交易平台为骨干、地方性交易平台为基础的多形式、多层次的大宗商品交易市场体系,在此基础上做大做强1个战略物资储备基地,建设1个综合性大宗商品交易中心。

依托宁波—舟山港为核心的浙江沿海港口群，规划建立交易市场园区，实现大宗商品交易市场集聚的集群发展，形成浙江省甚至全国的大宗商品交易、定价、信息和结算中心，以及区域性港口物流中心和国际性采购、物流配送中心，促进大宗商品流通，拉动商流、人流、资金流和信息流在浙江高度集聚，带动金融、保险、仓储、物流等现代服务业的发展。为兼顾省内各市利益，可选择以现实基础或发展前景较好的市场为基础进行建设，在省内其他地市设立分市场或授权服务机构，根据实际交易情况在省内外设立交割场所，并依托交易信息平台，进行网上结算。考虑到当前国家对中远期交易市场的政策，浙江新建的商品交易市场应以即期现货交易为主，未来可根据国家相关政策扩展中远期现货交易功能，并适时开展期货业务。建议借鉴天津渤海商品交易所、上海石油交易所等经验，设立石油化工、铁矿石、煤炭和粮食等为主要货种的综合性大宗商品交易所或交易中心。

另外，为了推动大宗商品交易平台的信息资源整合，可以根据浙江省大宗商品交易市场建设的推进情况，待条件成熟后，通过整合、提升，选择合适的地点，建设浙江省统一的综合性大宗商品交易中心；并且，按照国家战略物资储运安全要求、浙江省海洋经济发展规划和浙江省沿海港口布局规划，建议在部分港区规划建设战略储备基地。

打造大宗商品综合交易中心。宁波以大宗生产资料交易中心为基础，充分发挥第四方物流信息平台作用，开展大宗商品综合交易中心建设试点工作。舟山抓紧开展大宗商品综合交易中心的规划筹建工作。经过一定时期的积累与探索，在条件成熟后，通过整合、提升，选择合适的地点，建设统一的综合性大宗商品交易中心。该中心将采用标准化合约、电子化集中撮合方式进行大宗商品的中远期交易。配置相应的交易、仓储、物流、金融、信息等经营设施和配套服务设施，实现大宗商品的价格发现、套期保值等功能。在此基础上，积极争取国家支持，发展大宗商品期货交易。

做大做强国家大宗散货战略储备基地。按照国家战略物资储运安全要求、浙江省海洋经济发展规划和浙江省沿海港口布局规划，建议在以下港区建设战略储备基地：油品选址在宁波镇海、舟山定海（岙山）、台州大陈岛等港区；矿石选址在舟山鼠浪湖、马迹山、凉潭和宁波北仑等港区；煤炭选址在舟山六横、衢山、宁波穿山、嘉兴独山、温州乐清湾等港区；粮食选址在舟山老塘山、嘉兴独山、温州龙湾等港区。

5.4 建设目标

(1)近期目标

至2012年,以现有大宗商品交易市场和电子商务交易平台为基础,选择若干个交易平台进行先行试点,完成综合性大宗商品交易中心建设规划,引进若干个国内外大型港口物流企业和大宗商品运营商;石油化工、铁矿石、煤炭和粮食等大宗商品力争实现交易额780亿元。

至2015年,基本建成石油化工、铁矿石、煤炭、粮食、钢材和木材、塑料和有色金属等工业原材料7大交易区,基本完成信息服务平台的搭建,实现沿海港口与内陆腹地的有效衔接,在此基础上,编制并定期发布大宗商品价格指数;同时,搭建完成综合性大宗商品交易中心主体框架并选择若干货种进行试点交易。浙江省大宗商品交易平台力争达到交易额2 020亿元。

(2)远期目标

至2020年,全面建成浙江省大宗商品交易市场体系,搭建以安全、高效、统一的信息平台为基础,以具有电子结算、融资、保险等功能的金融服务体系为支撑,在国内具有较强影响力的大宗商品的交易中心、信息中心、定价中心和战略物资储备基地,在有效支撑浙江省和长三角经济社会发展的同时,保障国家战略物资安全。浙江省大宗商品交易平台力争实现交易额4 560亿元。

5.5 重点项目

5.5.1 交易平台建设项目

根据“边谋划、边启动”和“立足基础、解放思想做大平台,立足市场、抓住重点做优平台,立足特色、突出错位做强平台”的总体要求,结合浙江省沿海港口布局规划,建设重点详见《总论篇》中相关内容。

(1)石油化工交易区

由于受进口油品贸易政策管制,近期宜先行建设燃料油和液体化工品的交易平台,引进大型石油化工交易运营商,从现货即期交易做起,逐步向现货中远期和期货交易发展,同时努力争取扩大油品的国家战略储备规模。在培育和扩大宁波、舟山、嘉兴、台州等地的石油化工交易市场基础上，通过政府引导、市场运作，形成分工合作、区别服务对象的石油化工交易平台，成为泛长三角及长江沿线地区石油化工的重要物流基地和交易中心，远东地区油品和液体化工品的分拨中心；并积极鼓励中化、中石化等大型石油公司利用在岙山、镇海和大榭的储油设施，发展市场交易。

一是提升宁波镇海液体化工产品交易市场、宁波长三角固体石化产品交易中心和舟山世纪太平洋化工基地等；

二是启动宁波大榭能源化工交易中心、舟山光汇石油储运基地、天禄能源储运基地、舟山纳海油污处理（油品储运、贸易）中心，以及浙江嘉兴石油化工品市场等项目；

三是规划中石化长三角汽柴油交易中心、台州石油化工产品交易市场和临海（头门）石油产品交易市场等项目。

(2)铁矿石交易区

顺应国际铁矿石定价机制的调整，着眼于减轻市场剧烈波动对我国钢铁产业的冲击，充分发挥浙江省港口资源和现有设施的基础优势，争取国家在浙江省沿海港口开展铁矿石战略储备或者争取大型矿山、矿石贸易商、钢铁企业设立商业储备和物流基地，以此为依托发展铁矿石贸易，建设形成长江流域铁矿石物流交易中心。加强与宝钢、马钢、沙钢、南京梅钢、张家港联峰、芜湖新兴铸管和中天钢厂等长江沿线主要钢铁企业、国内外大型矿山企业，以及矿石贸易商的合作，引导武港凉潭岛、衢山港区鼠浪湖岛、马迹山和北仑等矿石中转码头开展矿石贸易；同时出台优惠政策，吸引矿石贸易商落户宁波和舟山，开展铁矿石物流、贸易业务。同时，争取国家政策支持，规划建设铁矿石国家战略储备基地。

一是启动舟山铁矿石交易中心建设，加快推进武港凉潭岛铁矿石中转码头和宁波—舟山港衢山港区鼠浪湖岛铁矿石中转基地等项目；

二是规划宁波铁矿石交易中心。

(3)煤炭交易区

依托舟山六横、宁波镇海、嘉兴独山等煤炭码头设施和市场基础，先从现货交易起步，逐步发展中远期交易。重点加快六横煤炭中转基地建设，启动煤炭交易平台试点，并争取开展煤炭国家战略储备。同时，根据当地煤炭市场需求，规划建设区域性煤炭交易市场。

一是提升宁波镇海煤炭交易市场和嘉兴煤炭交易市场；

二是启动长三角国际煤炭交易中心和温州煤炭交易市场等交易平台项目,加快建设永晖洗煤项目、国电进口煤项目和浙能六横煤电一体化项目;

三是规划宁波进口煤炭交易中心、台州临海头门煤炭交易市场和大麦屿煤炭交易市场等交易平台项目。

(4)粮食及其他农产品交易区

以舟山老塘山、嘉兴独山、温州龙湾等港区为重点,争取国家粮食储备政策支持,引入国内外大型粮食供应商,发展对台农产品贸易,增强港口粮食接卸、加工能力,发展粮食物流和集中交易,建设成为我国重要的粮食储备基地和粮油交易中心。充分利用粮食专用码头条件,加强与北粮集团、中粮集团、路易达福、托福等国内外大型粮食供应商的合作,提升加工、贸易功能,建设成为面向长三角地区的粮食物流和交易中心、进口粮食的主要储备中转基地。

一是提升舟山国际粮油集散中心;

二是启动嘉兴粮食交易市场、温州粮食交易市场和台州海峡两岸(玉环)商品交易物流中心等项目;

三是规划宁波粮食交易中心和台州粮食及粮油产品交易市场等项目。

(5)钢材和木材交易区

钢材交易平台方面,利用镇海现有钢材交易市场基础,发挥浙江物产集团、中国五矿等大企业落户优势,继续引进专业钢材贸易经销商,积极利用海铁联运与内河运输条件,构建千万吨级钢材交易市场。同时,在嘉兴、台州、温州港后方,依托当地钢材市场需求,在原有钢材交易市场基础上扩大规模、拓展功能。木材交易平台方面,利用宁波、嘉兴等木材交易市场发达的基础优势,在镇海、嘉兴和舟山等港口后方整合发展木材交易市场。

一是提升宁波镇海钢材交易市场、宁波镇海木材交易市场、宁波华东物资城钢材交易市场、嘉兴·中国杭州湾钢贸城、嘉兴长三角国际木(石)材交易市场等;

二是启动玉环大麦屿钢材交易市场和舟山木材建材市场等项目;

三是规划台州临海头门钢材交易市场、台州水泥熟料建材交易市场和温州钢材交易市场等项目。

(6)塑料和有色金属等工业原材料交易区

塑料交易平台方面,进一步扶持中国(余姚)塑料城发展,在现有功能基础上,发展物流、金融、检测认证等功能,真正成为中国最重要的塑料原料交易中心、信息发布中心、价格形成中心和结算中心,以及中国最大的塑料机械展销中心,并带动形成国际一流的涉塑产业集群。有色金属交易平台方面，积极制定交易平台建设实施方案，引导和支持铜、镍等进口或转口贸易商，进一步拓展规模、强化资源掌控能力，在宁波、温州和台州等地，规划建设有色金属交易平台。

一是提升余姚中国塑料城和中国镍金属交易中心；

二是启动浙北生产资料交易市场、嘉兴平湖金属交易市场项目和台州工业原材料交易市场等项目；

三是规划温州工业原材料交易市场等项目。

(7)浙江船舶交易区

提升浙江船舶交易市场、台州船舶交易市场、温州船舶交易市场和宁波国际航运中心船舶及船用产品交易市场等，完善市场布局，拓展市场份额，提升平台功能，实现与国内其他船舶交易平台的对接，并向内河航区扩展，建设成为全国性船舶交易中心；争取率先发布"中国二手船舶价格指数"，打造具有国际影响力的服务品牌。并在此基础上，开拓渔船交易，探索进口二手船交易。

5.5.2 配套项目

(1)港口基础设施及集疏运项目

加快推进宁波—舟山港大榭、册子原油接卸码头，宁波—舟山港武港凉潭、鼠浪湖矿石中转码头，宁波—舟山港六横、穿山煤炭码头，嘉兴港独山煤炭中转码头，嘉兴港独山粮食码头的建设；加强蛇移门航道、樱连门航道、双屿门航道、乐清湾进港航道建设；推进甬台温公路复线、六横—梅山疏港公路、杭绍甬公路、77省道龙湾延伸段，甬台温铁路(货运专线)、金甬铁路、宁波铁路枢纽北环线及疏港支线铁路、九景衢铁路和金温铁路扩能工程；推进京杭运河及二通道、湖嘉申、乍嘉苏、杭平申干线航道改造工程、贯通杭甬运河、加快钱塘江中上游航运复兴工程。继续完善港口基础设施建设体系，充分发挥其对大宗商品交易平台和港口物流发展的基础支撑作用。

(2)金融配套服务项目

加快推出与交易货种自身特点和商品交易模式相适应的融资、保险、结算、监管等配套服务和资产增值方面一系列的个性化金融服务方案；提供船舶融通、石油化工产品融通、煤炭融通、粮食融通、铁矿石融通等特色金融服务方案；发展多种形式的质押融资、货物保险、支付结算、委托监管、定购定销等物流金融业务，为大宗商品交易提供金融便利环境。

(3)信息配套服务项目

以现有液体化工、煤炭与船舶信息平台为基础,建设石油化工、铁矿石、煤炭、粮食和船舶等电子商务平台。利用市场数据,提供交易货类的供应信息,为流通、生产、物流企业服务;实现网上现货交易及期货交易,逐步向内陆地区辐射,形成有影响力的价格指数。加快推进大宗商品电子商务平台与浙江电子口岸、浙江港口政务服务系统、浙江物流公共信息服务平台、浙江港口公共信息服务平台、上海国际航运中心综合信息共享平台、长江三角洲地区区域内综合性的软件和信息服务公共技术平台的衔接。

(4)企业引进和培育项目

积极出台税收、土地等优惠政策,有选择性地鼓励石油化工、钢铁生产、煤炭绿色加工、饲料加工和粮食加工等企业到浙江落户,推进生态工业园区建设,培育具有规模优势的特色产业;引进大型贸易商参与平台建设,鼓励到浙江注册设立分支机构;通过政策引导,加快现有中小型贸易企业的整合,培育大宗商品交易市场主体。

第6章 促进大宗商品交易平台的政策建议

6.1 规划和引导大宗商品交易平台建设

大宗商品交易平台建设是一项跨行业、跨部门、跨地区的系统工程,需要政府和相关部门加强组织领导,成立大宗商品交易市场建设领导小组,建立和完善政府层面的工作机制,明确政府各职能部门在大宗商品交易平台建设中的主要职责,统筹解决大宗商品交易平台建设中的重大问题。

建议在进一步加强研究的基础上,加快编制国家战略储备物资基地布局规划,编制大宗商品交易市场平台建设规划,建议明确专业交易市场的总体布局和发展方向,研究筹建综合性大宗商品交易中心。同时,应充分借鉴学习、探索创新,加快相关政策意见出台。

6.2 争取国家对大宗商品交易平台建设的政策支持

6.2.1 积极申请将浙江省作为中远期交易规范化运行试点

建议积极争取将浙江省作为我国中远期市场交易规范化运行试点省份,立足规范交易体系、风险体系和决算体系建设,探索确立全国大宗商品中远期交易市场的交易规则标准、交易模式标准、结算模式标准,以及资金存管系统标准,努力建设全国业内的标杆。鼓励大宗商品交易市场在交易品种、交易规格、交易方式、合约品种、风险管理等多方面开展创新,以满足多样化市场交易需求,有效控制市场风险,不断增强市场的活力和竞争力。

6.2.2 支持浙江省建立战略物资储备基地的政策

争取国家发改委国家物资储备局、海关总署等部门的支持,将浙江省作为长三角地区铁矿石和煤炭的国家级重要战略储备基地，并批准在宁波—舟山港建立铁矿石、煤炭保税库，同时允许一定比例的矿、煤、油等储备物资进行加工增值和交易。

6.3 加强对大宗商品交易平台的政策扶持

6.3.1 支持大宗商品交易平台市场主体引进和培育

引导市场按照现代流通方式转换经营业态，不断扩大自身规模，向现代企业方向发展，让企业、公司等现代组织形式成为市场主体的中坚力量。有计划、有步骤地引进大生产商、大批发商入场经营，特别是国内外知名企业，要积极创造条件，吸引企业入市，增强市场品牌效应。同时，也要培育本地企业集团参与到大宗商品交易平台中，并规范和激励中小物流企业间资源整合，分工合作；支持具备条件的浙江大宗商品交易市场，在全国实行兼并扩张，建立分支机构，形成以浙江为中心的市场体系；积极支持有条件的公司上市，拓展融资渠道，形成一批全国领先的交易公司。

6.3.2 保障大宗商品交易平台建设用地

依据现有港口总体规划、城市发展规划，建立大宗商品交易市场园区，为大宗商品交易平台建设所需的堆场和仓库等进行合理规划，预留未来发展建设用地；并积极整合提升现有堆场和仓库等用地，提升土地利用效率和集约水平；对于大宗商品交易平台建设重点项目，在用地指标、占补平衡、土地价格等方面给予倾斜支持。

6.3.3 加大财政资金投入和税收优惠

积极完善财政政策，加大龙头企业、重点项目的扶持。鼓励民间资本参与，在财税、投融资、土地等政策方面享受同等待遇。加大政府对大宗商品交易平台基础设施建设的支持力度，通过提供引导资金、提高补助标准、政府贴息、减免税收等手段给予扶持。建议对在浙江省落户的大宗商品交易市场，给予一次性资金扶持，并参照物流等服务业税收优惠政策，实行营业税减免或差额抵扣，并解决交割中增值税差额问题，以及交易价格结算差价形成的税收问题。

6.3.4 保障大宗商品口岸通关顺畅

伴随我国经济外向度的不断提高,加上浙江作为自然资源小省的省情实际,包括原油及成品油、金属矿砂、煤炭、粮油等在内的大宗商品进口数量有不断增加的态势。发挥浙江省深水岸线丰富、战略区位优越、已是全球最大的大宗商品集散基地等优势,加强口岸开放,特别是新建港区、泊位的一级开发,同时合理增加海关、商检、边检、质检等口岸监管部门的人员编制,保证大宗商品便捷进出口,推进大宗商品交易健康发展。

6.3.5 加强人才培养和引进的政策支持

积极研究制定人才培养计划,采用大学新学科开辟、海内外人才招聘等多途径培养、引进各类物流、金融等专业人才,制定针对性人才引进办法,积极扩大人才总量、优化人才结构,增强人才储备和竞争力。研究制订人才柔性流动和各种激励政策,营造良好的居住、创业、发展环境,加快引进高技能人才。

6.4 完善大宗商品交易平台配套服务体系

6.4.1 改善大宗商品交易平台的集疏运条件

根据大宗商品交易"大进大出"的特点,完善交易平台的集疏运条件,大力发展海铁联运、水水中转等运输方式,为大宗商品交易平台建设提供支撑。积极统筹推进舟山武港凉潭矿石码头、鼠浪湖矿石中转码头、独山港区煤炭中转码头、绿华油品储运中转码头等大宗商品公共泊位建设,提高大宗商品集疏运能力。统筹内河主骨干航道联网改造、重要疏港通道、油品及天然气输送管道等建设,加强浙江省快速通道、管网等廊道资源的统筹规划建设,加快镇海海铁联运枢纽等可满足多式联运的大型枢纽建设,提升江海联运、海陆联运和海空联运能力。

6.4.2 提高大宗商品交易平台的信息化水平

大宗商品交易信息平台的开发,一方面满足内部生产管理需要,实现内部管理的信息化和自动化;另一方面满足贸易市场及物流链的运作需要,将货主、船公司、代理、银行、各级港口集疏运及口岸单位有机集成，实现整个贸易市场及物流链的信息整合与共享。推进技术数据的标准化；实现与政府监管及 EDI(数据交换)系统的良好对接；并逐步发展成为该类大宗商品的信息中心、价格中心、交易中心；加强与国际市场信息的紧密链接，增强经营者对国际市场变化的预测能力和抗风险能力。

6.4.3 加强大宗商品交易平台的保税服务功能

保税储罐及保税区的设立一方面能减少货主需直接支出的资金成本，另一方面则能充分发挥大型液体石化品船舶运输的规模优势，使项目成为从大规模海运到河运、陆路运输的集散分拨节点，从一定程度上降低贸易综合成本，从而促使项目吸引大量的市场参与者聚集从事液体石化品的交易，推动贸易市场的建立形成。

6.4.4 创新大宗商品交易平台的金融服务功能

建立大宗商品电子交易结算中心，为浙江省大宗商品电子交易提供统一结算清算服务，并对所有交易资金实行第三方结算管理，有助于加强交易资金管理，降低交易风险。积极与银行合作开展金融服务，有利于使贸易市场的参与方能够更为及时灵活地调配资金资源，吸引更多的市场参与者。提供货物检验等其他服务，确保配套服务项目的全面性，从而促进贸易市场的形成与升级，并力争在市场内发生贸易额的税收全部落地——即加强贸易市场各项配套服务的综合利用，尤其是以加强银行质押授信金融服务为重点，并通过保税服务、信息服务等其他必要服务项目的支撑配合，促使贸易在当地实质发生。

6.5 出台大宗商品交易平台建设的保障措施

6.5.1 促进与大宗商品相关产业的发展

大宗商品交易平台的发展与区域经济发展对该类大宗商品的需求密切相关，二者相互促进。因此，在制定经济社会发展规划或者进行招商引资时，应向与大宗商品相关的产业进行倾斜，以期在为大宗商品交易平台提供支撑的同时，更好地发挥港口和大宗商品交易平台对区域经济发展的带进作用。

6.5.2 加强大宗商品交易平台法治建设

大宗商品交易平台发展初期主要以现货交易为基础,要提升现货交易的定位,真正为现货生产商、贸易商提供规避风险、发现价格的工具,应尽快制定大宗商品交易平台(电子交易)行业标准,制定大宗商品交易市场的行业资质、品种创新、交易规则、风险管理等方面规章,建立法律、法规体系,加强执法力度,使行业标准、法律法规能够在行业发展中起到应有的引导作用。

6.5.3 加强对大宗商品交易平台的监管

行业监管是大宗商品交易市场规划、健康发展的必要条件。因此,政府主管部门还应成立专门的市场监管机构,对交易行为、交易风险等进行全面监管:严格审批设立,规范市场准入,防止无序竞争;推动建立交易商资格认证体系,整体提高全行业素质;严格规范交易行为及其股东参与交易的行为,加强信息披露制度,加强市场高管人员的管理;设立中介组织,对大宗商品交易市场在交易品种、交易模式、资金存管等方面进行监督和检查,及时发现排除隐患,促进大宗商品交易市场规范健康发展。

集疏运网络篇

海陆联动集疏运网络建设

HAILU LIANDONG JISHUYUN WANGLUO JIANSHE

第 1 章　海陆联动集疏运网络的理论及认识

1.1　基本内涵

港口集疏运网络是港口赖以生存和发展的重要基础和有力支撑，其作为连接港口与腹地的"大动脉"，对区域经济发展起着至关重要的引导和汇聚作用。

1.1.1　概念阐述

港口集疏运是各种运输方式与港口相互衔接，形成集中与疏散港口吞吐货物的系统，它由水运（沿海和内河）、铁路、公路、城市道路、管道及相应的站场组成，为货物完成全程运输提供重要基础设施和衔接场所，提供便捷的、实现物理和逻辑上的"无缝连接"，是港口与广大腹地相互联系的通道。它是各种运输方式在社会化的运输范围内和统一的运输过程按照各自技术经济特征，形成分工协作、有机结合、高效联动、顺畅贯通的交通运输综合体。港口集疏运强调"集、疏、运"三个基本组成部分之间的协调运作，主要包括两方面的协调：集疏运环节的内部协调，主要基于各环节之间的协同效应，使系统内各组成部分在总量配比、空间布局、技术水平、组织管理和措施政策上相协调；集疏运环节与外界需求总量以及区域空间分布上的协调。

港口集疏运提供以下基本功能：①为港口集结、疏散被运送的货物；②是保持港口畅通、提高港口综合通过能力的必要手段；③有机衔接水上运输和陆上运输，是水运系统在陆上的延续和扩展；④是水运系统综合能力得以充分发挥的基本保证。

集疏运网络可划分为两个部分：一是主要服务于纵深腹地中长途运输的对外集疏运通道，二是主要服务于港口城市、周边城镇和衔接集疏运大通道的区域集疏运网络。对外集疏运通道中包含公路、铁路、内河、管道等多种运输方式；区域集疏运网络中，既有衔接港区与集疏运大通道的铁路、内河支线和疏港高速公路、干线公路，也有衔接周边城镇的疏港高速公路、干线公路和城市道路，还有服务于临港工业的皮带机和油气管道。

在对港口集疏运基本概念和功能分析的基础上,结合浙江省港航强省战略以及"三位一体"港航物流服务体系建设要求,对浙江海陆联动集疏运网络建设进行诠释:以浙江省主要沿海港口为枢纽,以公路、铁路、水路、管道、航空多种运输方式形成的综合运输体系为基础,发展江海、海铁、海河、公水、区港五大联动体系,构建联通南北沿海、长江沿线、西南内陆和海洋四大运输通道,加快完善干支相连、江海互通、水陆配套、公铁衔接、分工协作的现代化港口集疏运网络,进一步增强浙江省沿海港口群的集聚和辐射能力,促进浙江省、长三角及内陆地区经济社会持续快速发展。

1.1.2 主要构成

海陆联动集疏运网络是保证生产地和市场相互联系、保证货物服务集中和疏散的交通运输系统,其基础硬件部分由节点、运输(物流)通道、网络三大部分组成。

1)节点

节点的选择是一项重要工作,节点位置确定之后,才能对通向各节点之间的运输物流通道走向进行合理安排。选择节点位置时既要满足技术上的要求(如港口水深),又要符合区域总体发展利益。

(1)港口和码头

港口具有水陆联运的设备和条件,是供船舶安全进出与停泊的运输枢纽、水陆交通的集结点和枢纽,是产品和贸易的集散地之一。由于港口是联系内陆腹地和海洋运输的天然界面,因此港口是集疏运网络中的特殊节点。根据港口营运组织的特点,一般可以把港口分为枢纽港、干线港和支线港。不同类型的港口在一定程度上决定了港口的设施规模、吞吐量及腹地范围,也反映港口的集疏运规模。

(2)运输枢纽

运输枢纽是运输网络上多条运输干线通过或连接的交汇点,主要由为周边国家之间、区域之间、省际之间以及大中城市之间提供客货运输组织及相关服务的客货运输站场组成,是运输网络的重要组成部分,贯通不同方向上的客货流,对运输网络的畅通起着重要作用。

(3)集装箱堆场(场站)

主要用于货物的存储和装配。以仓库为例,现代仓库更多地考虑经营收益而不仅是储存。因此,现代仓库从运输周转、储存方式和建筑设施上都重视通道的合理布置、货物的分布方式及堆积高度,并配置经济有效的机械化、自动化存取设施,以提高储存能力和工作效率。

(4)物流园区

物流园区是对物流组织管理节点进行相对集中建设与发展、具有经济开发性质的城市物流功能区域,也是依托相关物流服务设施降低物流成本、提高物流运作效率及改善与企业服务有关的流通加工、原材料采购和便于与消费地直接联系、具有产业发展性质的经济功能区。

(5)保税区(港区)

保税区是一国海关设置的或经海关批准注册、受海关监督和管理的可以较长时间储存商品的区域。保税区能便利转口贸易,增加有关费用的收入。进入保税区的货物可以进行储存、改装、分类、混合、展览以及加工制造,但必须处于海关监管范围内。在我国,保税区又称为保税仓库区,是经国务院批准设立的、海关实施特殊监管的经济区域,是我国目前开放度和自由度最大的经济区域,其功能定位为保税仓储、出口加工和转口贸易3大功能。

(6)经济腹地

港口的经济腹地主要指港口辐射服务的城市或区域,是集疏运网络物流需求和供给的物资提供者,也是集疏运网络内陆部分的终端。在这个节点上,物资生产和加工规模最大,存储能力最强,同时也是物资消费最多的环节。这一终端(节点)通过运输通道、临时节点与港口和外部经济产生联系,既是海陆联动集疏运网络构建的物质基础,也是海陆联动集疏运网络的具体承载者。

2)运输(物流)通道

运输通道理论是交通网络发展到一定阶段后形成发展起来的。关于运输通道的含义存在多种解释。“国际公共运输联盟”和“原联邦德国公共运输企业联盟”主编的《公共运输词典》对运输通道的解释为:“在某一区域内,连接主要交通流发源地,有共同流向,可以有几种运输方式线路供选择的宽阔地带,它顺着共同方向的交通流向前延展”;美国加州大学教授 Willian. L. Garrison 对交通运输通道解释为:“在交通运输投资集中的延伸地带内,运输需求非常大,交通流非常密集,各种不同的运输方式在此地带内相互补充,提供服务”;国内学者张国伍教授认为:“某两地之间具有已经达到一定规模的双向或单向交通流,为了承担此强大交通流而建设的交通运输线路的集合,称之为交通运输通道”;刘舒燕在《交通运输系统工程》一书中提到:“运输通道是国家的产业通道,是运输的大动脉。运输通道具有高密度、高效能、高效益的特点。它是各种运输方式的最佳组合和相互补充”。

运输通道又称为运输走廊,是区际或区内货流发源地与目的地的密集地带,是社会经济关联发展的桥梁和纽带,一般是由平行的多种运输方式的运输线路组成,具有形成综合物流运输的能力和条件。不同层次的运输物流通道通过运输物流枢纽形成有效衔接,运输通道是构建港口集疏运网络的最重要的基本要素,对于港口物流在区域经济发展起着极其重要的作用。

运输通道是一个客观存在。运输通道具有以下特征:是区际或区内客货流发源地与目的地的密集地带,是社会经济关联的桥梁和纽带;是一个运输带状地区,是客货流的主动脉,客货流包括区际运输流、过境运输流和区域内运输流;运输通道具有层次性,一级运输区域通道和次级运输区域通道通过交通枢纽或运输枢纽形成有效衔接;运输通道不仅包括运输线路,还包括运输工具以及枢纽设施,是相对完整的特定的空间域、时间域上的运输系统。

形成大通道一般具备两个基本条件:大流量,通道内要有密集的货流;高效率,在通道内运输能节约时间,降低运输成本。

运输物流通道一般由以下几种运输方式发展形成:

(1)水路运输

水路运输受自然条件限制和影响大;开发利用涉及面较广;对综合运输依赖性较大,要与铁路、公路和管道等运输方式配合,实行联运。

(2)公路运输

公路运输机动灵活,公路网纵横交错、布局稠密;具有投资相对较少,回收快,设备容易更新等优点。公路运输的局限性,主要是所用汽车与铁路车辆、船舶等相比装载量小,单位运输量能源消耗大,运输成本高,容易发生交通事故、排放污染物和产生噪声污染等。

(3)铁路运输

铁路运输具有安全程度高、运输速度快、运输距离长、运输能力大和运输成本低等优点,且具有污染小、潜能大及不受天气条件影响的优势。

(4)航空运输

航空运输具有快速、机动的特点,为国际贸易中的贵重物品、鲜活货物和精密仪器运输所不可或缺。

(5)管道运输

管道运输不仅运输量大、连续、迅速、经济、安全、可靠、平稳,而且投资少、占地少、费用低,并可实现自动控制,除广泛用于石油、天然气的长距离运输外,还可运输矿石、煤炭、建材、化学品和粮食等。

各种不同运输方式的技术经济特征互不相同。目前,以铁路、公路和水路为主的多式联运成为港口集疏运发展的主流。

3)网络

当前,全球贸易的繁荣和对原材料、零部件以及最终产品交易的不同需求,对港口集疏运和物流发展提出更高要求。经济全球化加大了货物流动对基础设施网络的依赖程度,特别是加大了对与港口衔接的集疏运网络的依赖程度。建设层次分明、布局优化、结构合理、功能完善的基础设施网络,促使铁路、公路、水路、航空和管道各种集疏运通道之间,港口与港口之间,省际与区域之间的互联互通、有机衔接,逐步形成四通八达的海陆联动集疏运网络是当前港口集疏运发展的迫切要求。

1.1.3 发展趋势

(1)全球港口是集疏运网络的重要环节

随着世界经济联系日益紧密、船舶的大型化及专业化,新型的港口网络将逐步替代原有的港口结构。据预测,未来 10 年至 20 年,全球将出现新型的以赤道环球线中心港为核心层的港口网络,在这条航线上约有 5 ~ 8 个中心大港,并有可能承担世界贸易量中逾 50% 的运量。这一网络的形成将主要依托区域性的国际枢纽港,集散区域国际贸易货物。对浙江沿海港口来讲,全球除了香港港和新加坡港之外,釜山、高雄、神户、横滨、上海、天津和青岛等港口都具有较强的国际竞争力。新环境下,加快推动海陆联动集疏运网络建设,对巩固提升浙江沿海港口在全球港口集疏运网络中的地位有着重要意义。

(2)集疏运网络的海陆双向特征

港口是海向与陆向衔接的窗口,港口的集疏运网络也具有同样的海陆双向特征。港口集疏运网络的发展要立足海陆,注重衔接。比如,以海向腹地为主要经济腹地的港口,将周边区域内国家和地区的国际贸易货物作为主要服务对象,依靠其海向腹地的干线港及支线港的喂给实现其强大的货物中转功能,这类型的港口对海运的依赖性更强。以陆向腹地为主要经济腹地的港口,依靠四通八达的综合运输网络与腹地进行密切业务往来,集结腹地丰富的货源,对腹地经济依赖性比较强。目前,我国大部分港口属于内陆腹地型港口,如何依托内陆腹地,向海向腹地延伸,是集疏运网络建设面临的重要问题。

(3)区域性、规模化港群式发展

港口群主要为特定的共同区域尤其是同一大城市带或都市圈提供服务的,处于港口群中的各港口在发展与性质上既相互制约又相互补充,存在竞争与合作的关系。因此,港口的集疏运网络发展一般需满足这一特定空间的节点的集聚和整合协调,促进港区和港口群组合与发展。

(4)建设高效率的综合运输网

随着腹地范围的逐渐扩大以及相关产业的不断转移,各种运输方式之间的合理分工与协作显得尤其重要。由于各种运输方式的技术性能(速度、运输能力、通用性、连续性和机动性等)、对地理环境的适应程度及经济指标(投资、运输成本、运输能耗、固定资产效率和劳动生产率等)不同,产生的运输需求特征(包括对运输量、运输时间、运输速度和运输成本的具体要求)也有所不同。因此,建设分工与协作的综合运输网络将成为未来集疏运网络建设的重要特征之一。

1.2 基本功能

1.2.1 建立"三位一体"体系的基础支撑

"三位一体"港航物流服务体系建设,是以构建大宗商品交易平台为核心,以完善海陆联动集疏运网络为基础,以发展港口金融、信息配套服务为支撑,三者相互协同、相互作用、相互促进,打造集运输、物流、贸易、金融、信息和咨询等功能为一体的现代港口服务业,推动港口转型升级,更好地服务于浙江乃至全国经济社会发展。

海陆联动集疏运网络对港口物流发展起着重要引导和集聚作用。港口只有具有高度发达的集疏运网络,搭建包括铁路、公路、沿海、内河和航空所形成的水陆空立体运输通道,才能吸引各种货物源源不断汇集到港口及其服务区域内进行中转、加工、储存、贸易等物流增值活动。

集疏运系统是保证港口通畅的基本条件。发达的集疏运系统能够加速实现港口运输现代化,促进港口多式联运发展,将各种运输方式有机地联系起来,实现"门到门"运输。对港口而言,高效的集疏运网络体系能够减少货物在港口的停留时间,缓解由于大量货物滞港对码头堆场造成的堆存压力,同时也可以不断加强港口与腹地之间的联系,从而促进港口腹地的不断扩大,提高港口的竞争力;对船舶公司来讲,高效的港口集疏运体系可以减少船舶在港等待时间,提高船舶的利用率和船舶公司的运营效益,从而也会吸引更多的船舶在港口挂靠;对外贸商而言,高效的港口集疏运体系可以提高货物运输的可靠性和安全性,缩短货物的滞港时间,加速贸易资金的周转。

1.2.2　港口物流综合服务能力提升的保障

随着经济全球化的进一步加快,许多沿海大港逐渐发展成为集国际物流、国际贸易和国际金融于一身,能够提供高附加值服务的物流中心、贸易中心和商业中心,成为国际海陆之间运输物流大通道的重要枢纽和节点、区域性乃至国际性的商务中心。新形势下,抓住机遇,尽早建立和完善多种运输方式有机衔接的海陆联动集疏运网络成为一项紧迫任务,势在必行。

集疏运网络是港口物流发展的基础环节,其优劣水平直接影响港口物流服务能力的提升。集疏运网络的不断完善,尤其是港口与海向和陆向腹地间的通达程度不断提高,将为港口物流提供强有力支撑。发达的海陆联动集疏运网络能够将各种运输方式有机衔接起来,提高码头装卸速度、加快车船周转、确保货物准时送达、缩短货物周转时间、实现货物门到门运输,有利于港口多式联运的发展,将极大提升港口物流服务效率和整体水平。

1.2.3　综合交通运输现代化重要表征之一

交通运输现代化是国民经济现代化的重要组成部分和必要条件。交通运输现代化可以通过多个指标来衡量,比如基础设施水平(规模、结构、衔接性等)、运输服务水平(网络、水平等)等。完善的网络化基础设施是综合交通运输现代化最基本的特征,而海陆联动集疏运网络则是港口交通运输现代化最直观的表征指标。建设层次分明、布局优化、结构合理、功能完善的基础设施网络,使得铁路、公路、水路、航空和管道各种交通线网之间,区域间交通线路与城市交通线路之间,城市各交通线路之间互联互通，有机衔接，形成统一通达的综合交通网络是交通运输的发展趋势。

1.2.4 区域经济和产业集聚扩散的大动脉

交通运输在近二十年中取得了长足的发展，尤其是沿海港口城市的快速发展，很大一部分得益于港口的扩张和快速发展。港口对于城市具有一种强有力的纽带作用。这种纽带作用表现为以港口为结合部的由多种运输方式构成的综合运输网络，可以大大提高城市运输效率，强化区域内城市间的经济联系。利用水运通道的网络特点，通过港口物流这一纽带，可以建立与发达港口城市的横向联合。利用港口的集散、中转和外运作用，可以建立起区域内以城市为集汇点的物流运输服务网络，更好地发挥中心城市的集聚和扩散作用。

港口的发展离不开港口集疏运网络的建设发展，两者紧密相连。港口集疏运网络是港口经济成长扩张的动脉，是港口与海向腹地和陆向腹地相互联系的重要纽带，是港口赖以存在与发展的主要外部条件，是多种运输方式无缝衔接的运输服务系统，对整个港口的效率和区域经济发展起着至关重要的引导作用，是促进“三位一体”港航物流服务体系发展的“大动脉”。如果说港口经济是母体，港口城市是中枢，那么港口集疏运网络就是“大动脉”，源源不断地向各个部位输送能量。完善的集疏运网络对其所在区域经济发展具有强大的集聚效应和扩散效应。港口基础设施状况可以提高区位的吸引力，强化区域经济活动的集中，加强不同区位之间的经济联系，港口集疏运功能的集中可以提供更有效地专业化运输物流服务。港口的兴盛和发展与腹地经济的发展相辅相成、互相影响。腹地范围的扩大，要求“纽带”数量增加和质量提高；而“纽带”数量增加和质量提高，又直接关系到港口的腹地范围以及港口的集聚和扩散能力。

第 2 章　海陆联动集疏运网络建设发展条件分析

2.1　发 展 优 势

2.1.1　区位优势

从全球来看,浙江省地处太平洋西岸、濒临国际主航道,浙江省部分港口与香港、基隆、釜山、大阪、神户等港口间国际航线均在 1 000 海里(1 海里 = 1 852 米)之内,至美洲、大洋洲、波斯湾、东非等地港口距离在 5 000 海里左右,具有成为亚太地区航运枢纽的区位优势,具备发展国际物流的良好条件。

从全国来看,浙江省位于我国华东地区中部、长江经济带与东部沿海经济带"T"形交汇的长江三角洲南部地区,海域位于长江黄金水道入海口,地理位置适中,内外辐射便捷,不仅可便捷连接沿海各个港口,而且通过江海联运,沟通长江、京杭大运河,直接覆盖整个华东地区及经济较为发达的长江流域,是我国经济发展水平较高、最具活力的地区之一。

浙江是上海国际航运中心的重要组成部分。自 1995 年党中央国务院作出以上海为中心、江浙为两翼建设上海国际航运中心决策以来,经过 10 余年的发展,上海国际航运中心已成为全球航运体系的重要枢纽。随着国发〔2009〕19 号文的出台,上海国际航运中心建设必将进一步加快,浙江省作为上海国际航运中心的重要组成部分,必将与上海国际航运中心形成分工合作、优势互补、共同发展的格局。

从浙江省来看,浙江省基本形成了以宁波—舟山港为龙头、浙北和温台港口为两翼的沿海港口体系。宁波—舟山港是我国港口体系重要节点,地处长江航道"龙口",远洋、近海和海进江航运都十分便利,嘉兴港和温台港口分处其两翼,在宁波—舟山港龙头带动下可以分别服务浙北、浙南[1]。

[1] http://www.csi.com.ch/face/hyzxNews/20100602101420.html

2.1.2 资源优势

(1)港口岸线资源

浙江是海洋大省,沿海岸线曲折、岛屿星罗棋布,有面积500平方米以上的岛屿2878个,拥有丰富的港湾和岸线资源,岸线总长6646公里,占我国海岸线总长的21%,居沿海各省市之首。

宁波—舟山港离太平洋国际主航线最近,可建40万吨以上的泊位,虾峙门口外30万吨级航道去年整治完成后超大型船舶可直接进出,其岸线和航道资源优势在我国沿海港口中独一无二。宁波—舟山港已跻身国际大港行列,2009年宁波—舟山港货物吞吐量达到5.7亿吨,位居全球海港吞吐量首位,总量比2008年增加了0.5亿吨,增幅10%,增速迅猛。

(2)滩涂围垦

滩涂围垦建设是实施“创业富民、创新强省”总战略、拓展浙江省新的发展空间、促进经济社会可持续发展,特别是环杭州湾和温台沿海两大产业带发展的迫切需要,也是“扩内需、保增长”的有力措施。浙江境内河流纵横阡陌,岛屿星罗棋布,长江及内陆江河的泥沙逐年下泄和近海泥沙的运动迁移使浙江东南沿海的海岸带以堆积地貌为主,形成了浙江沿海的广阔滩涂并不断地淤积扩展,这一丰富的滩涂资源已成为浙江得天独厚的后备土地资源。据浙江省三年滩涂围垦实施计划,2010~2012年,浙江省将围垦面积42.0万亩(1亩=666.6平方米),其中相当一部分可用于港口物流基础设施建设。

2.1.3 需求优势

浙江省港口经济腹地范围除本省外,还包括上海、江苏、安徽、江西、湖南、湖北、重庆、四川等长江沿线地区(图2-1),占我国国土面积的近1/4,其中主要经济腹地长三角是我国发展基础最好、体制环境最优、整体竞争力最强的地区。2009年长三角地区“两省一市”共完成国内生产总值71 794亿元,占全国总量的21.4%。浙江省经济发展的特征是:产业发展迅猛、民营经济活跃、外贸需求量大,“两头在外”、“大进大出”特点突出。浙江省是个“资源小省”,所需的大量能源、原材料从省外、国外运入,70%以上产成品销往国内和国际市场;浙江省也是“市场大省”,专业市场繁荣,以义乌小商品市场为代表的专业市场已成为地方工业、融入国际经济、参与国际分工的重要平台；浙江省还是“外贸大省”，2009 年浙江省外贸进出口总值达1 887.3亿美元，占全国进出口总值 8.5%，浙江省 90% 以上的外贸货物通过港口进出，2009 年外贸吞吐量达到 2.58 亿吨。腹地经济的持续快速发展，为浙江省沿海港口提供了充足的货源，也提出了更高的物流服务需求；同时，浙江省“大进大出”的运输格局为港口物流发展提供了强劲动力。

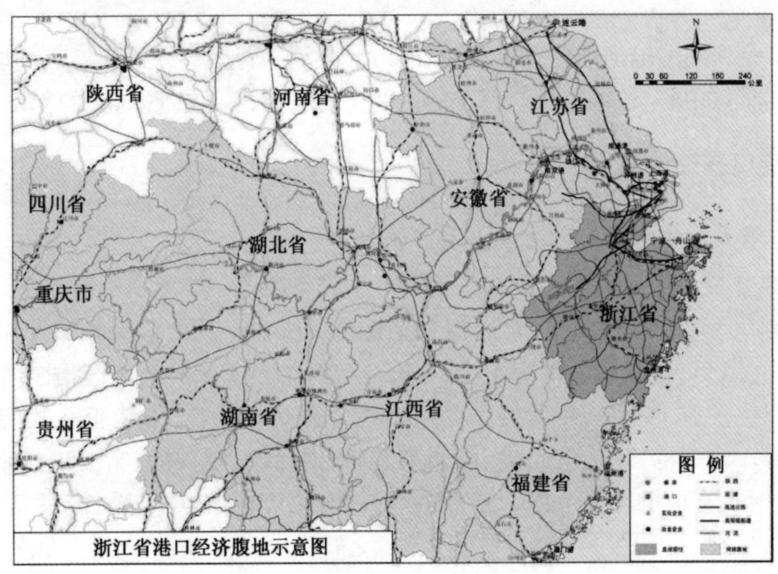

图 2-1　浙江省港口经济腹地示意图

2.1.4　政策优势

保税港区优势。宁波梅山保税港区是我国第五个，也是目前浙江省唯一一个保税港区。国家对保税区在关税、财政、金融、贸易等方面实行了特殊政策，保税区成为各地区经济发展的增长点、吸引外商投资的热土。而保税港区将港口的物流功能和保税区的特殊政策完美结合，实行出口加工区、保税区和港区的“三区合一”，更能充分发挥区位优势和政策优势。保税港区将成为沟通国际、国内两个市场的重要桥梁，其物流功能和优惠政策既可为外商进入中国市场创造条件，也为国内企业参与国际市场竞争架起便捷的桥梁，促进进出口贸易、转口贸易、出口加工业等的发展。设立保税港区对我国经济和对外贸易的发展意义非凡。

2.2 现实基础

2.2.1 港口基础设施与生产

港口是海陆运输通道的重要枢纽和节点,既承担着运输方式交换点的职能,又是货源的集散中心、运输组织与用户的主要交易场所,是本专题研究的基础。

1)港口基础设施

(1)码头泊位

2009 年底,浙江省港口共有生产性泊位 5 279 个,年货物综合通过能力近 10.3 亿吨。浙江省沿海港口布局规划如图 2-2 所示。其中沿海港口主要有:宁波—舟山、温州、台州和嘉兴等 4 个,共有生产性泊位 1 066 个,列全国第二,其中万吨级以上泊位 143 个,年货物综合通过能力逾 6.7 亿吨,集装箱吞吐能力 926 万标准箱。内河港口有:杭州港、湖州港、嘉兴内河港、绍兴港、宁波内河港、金华兰溪港、丽水青田港等 7 个内河重点港口,拥有生产性泊位 4 213 个,年综合通过能力 3.5 亿吨。

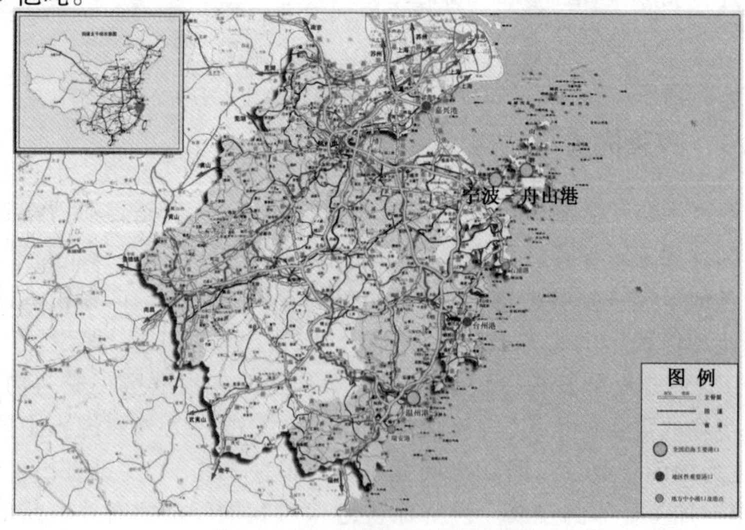

图 2-2 浙江省沿海港口布局规划图

浙江省码头泊位基本情况:沿海港口中,10万吨级以上泊位26个,5万~10万吨级泊位42个,3万~5万吨级泊位18个,1万~3万吨级泊位57个,万吨级以下泊位923个;内河港口中,1 000~3 000吨级泊位13个,500~1 000吨级泊位676个,400~500吨级泊位1个,300~400吨级泊位1 066个。浙江省港口(沿海和内河)专业化泊位主要分布:专业化集装箱泊位共25个,万吨级以上集装箱泊位共23个,其中21个分布在宁波—舟山港,2个分布在温州港;矿石泊位共16个,其中万吨级以上矿石泊位共10个,全部集中在宁波—舟山港;专业化原油泊位共23个,万吨级以上原油泊位共13个,其中20万吨级以上大型原油泊位全部集中在宁波—舟山港;液体化工泊位共62个,万吨级以上液体化工泊位共15个,其中14个分布在宁波—舟山港,1个在嘉兴港;煤炭泊位共124个,万吨级以上煤炭泊位共27个,其中21个集中在宁波—舟山港,2个在嘉兴港,2个在台州港,4个在温州港;散装粮食泊位共21个,万吨级以上散装粮食泊位共2个,分布在宁波—舟山港和嘉兴港。

(2)航道

进港航道。宁波—舟山海域码头布局广,航路复杂,按地理位置可划分为:北部海域、中部海域和南部海域。各区域内主要航道现状情况见表2-1。需特别说明的是,宁波—舟山港第一条主要进港航道是虾峙门航道,是我国首条30万吨级人工航道;第二条主要进港航道是条帚门航道,条帚门航道建成后,六横港区及梅山港区等地的船只将不必绕道走虾峙门航道,既减少运输距离,又提高通航安全性。温州港、台州港和嘉兴港主要进港航道见表2-2。

宁波—舟山港各海域主要航道现状表 表2-1

海域位置	主要航道	航道性质	通航标准	底宽(米)	水深(米)
北部海域	洋山进港航道	天然,人工	10万吨级集装箱	300~550	>16.0
	马迹山进港航道	天然	25万	1 000	>22.1
	马迹山中转东航道	天然	3.5万	500	10.7
中部海域	金塘水道	天然	20万乘潮	>2 600	20~91
	册子水道	天然		3 900~8 900	20.5~60
	螺头水道	天然		2 200	>40
	虾峙门水道	天然		750~2 800	20~123
	象山港航道	天然	万吨级	—	7.9~26
南部海域	石浦航道	天然	5 000吨级	300~600	5.7~60

温州、台州、嘉兴进港航道现状 表 2-2

港口名称	进港航道名称	通航标准	水深(米)
温州	瓯江口进出海航道	500~2 万吨级	—
	小门岛航道	5 万~15 万吨级	>14
	飞云江航道	—	2
	鳌江航道	—	1.5~2.5
台州	海门港区航道	3 000 吨级(乘潮)	—
	大麦屿港区航道	>3 万吨级	10.8~15
	健跳港区航道	3 000~5 000 吨级	>5
嘉兴	杭州湾南航道	万吨级	>7.5
	借宁波—舟山港水域进港	万吨级	>8

内河航道。2009 年底,浙江省内河航道通航里程 9 704 公里。其中等级航道 4 840公里,占总里程的 49.9%;三级及以上航道 173 公里,占总里程的 1.8%;五级及以上航道 1 833 公里,占总里程的 18.9%。各等级内河航道通航里程分别为:一级航道 14 公里,二级航道 12 公里,三级航道 147 公里,四级航道 1 118 公里,五级航道 542 公里,六级航道 1 523 公里,七级航道 1 484 公里。

2)港口的生产情况

2009 年,全国港口完成货物吞吐量 76.57 亿吨,比上年增长 9.0%,增速比上年回落 0.5 个百分点;完成外贸货物吞吐量 21.80 亿吨,增长 9.8%,增速提高 2.4 个百分点。全国沿海港口完成货物吞吐量 48.74 亿吨,比上年增长 8.6%;完成外贸货物吞吐量 19.94 亿吨,增长 9.3%。全国内河港口完成货物吞吐量 27.83 亿吨,比上年增长 9.9%;完成外贸货物吞吐量 1.86 亿吨,增长 15.3%。

改革开放以来,浙江沿海港口取得了长足发展。目前,浙江省以宁波—舟山港为龙头、浙北和温台港为两翼的沿海港口体系已初具规模。2009 年浙江省港口完成货物吞吐量 10.31 亿吨,比上年增长 9.7%,占全国港口完成吞吐量的比重为 13.3%;其中沿海港口完成货物吞吐量 7.15 亿吨,列全国第三,比上年增长 10.9%,其中宁波—舟山港货物吞吐量 5.77 亿吨,位居世界前列;内河港口完成 3.16亿吨,比上年增长 1.6%;2005~2009 年,全国沿海港口完成货物吞吐量的年均增长率为 12.81%;浙江省沿海港口完成货物吞吐量的年均增长率为 13.03%,高于全国平均水平 0.22 个百分点,如图 2-3 所示。

2009 年,全国港口集装箱吞吐量为 1.22 亿标准箱,比上年减少 4.6%。其中

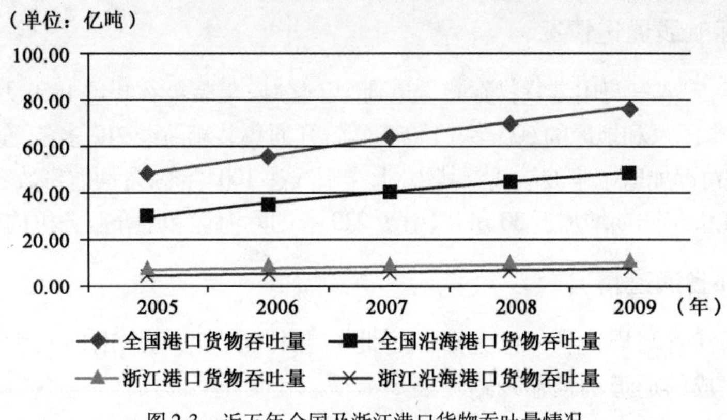

图 2-3　近五年全国及浙江港口货物吞吐量情况

沿海港口完成 1.10 亿标准箱，比上年减少 5.6%，内河港口完成 1220 万标准箱，实现比上年增长 5.4%。2009 年全国港口集装箱吞吐量超过 100 万标准箱的港口有 16 个，其中前五名的港口分别为：上海港 2 500.23 万标准箱、深圳港 1 825.01 万标准箱、广州港 1 119.99 万标准箱、宁波—舟山港 1050.33 万标准箱、青岛港 1 026.24 万标准箱，宁波—舟山港集装箱吞吐量居全国第四位。

2009 年，浙江省沿海港口集装箱吞吐量为 1 118.40 万吨，占全国总吞吐量的 10.1%，比上年减少 2.6%。

近五年浙江沿海港口集装箱吞吐量情况见表 2-3，其中，外贸箱量占总吞吐量的绝大比例。

近五年浙江省沿海港口集装箱吞吐量情况（单位：万标准箱）　　表 2-3

年份（年）	吞吐量合计	国际航线	内支线	国内航线	国际和内支线占总吞吐量的比重（%）
2005	555.48	454.34	36.01	65.13	88.28
2006	751.92	617.40	48.80	85.72	88.60
2007	987.26	816.41	53.60	117.24	88.12
2008	1 147.86	969.48	45.25	133.13	88.40
2009	1 118.40	911.69	53.95	152.76	86.34

2.2.2　集疏运网络总体情况

从三个层次分析浙江省集疏运网络情况：一是国际通道情况；二是对外省通道情况（公路、铁路、水路）；三是省内集疏运网络情况。

1) 国际航线通道情况

2009 年,宁波—舟山港货物吞吐量达到 5.7 亿吨,集装箱吞吐量 1050 万标准箱,与全球 100 多个国家和地区的 600 多个港口通航,开通集装箱航线 210 多条,全球前 20 位国际班轮公司都加盟了宁波航线。其中,远洋干线达 100 余条,月均航班数突破 800 班,达 822 班,比去年同期增加近 30 班,吸引了 239 家国际海运和中介服务机构落户。

2) 对外省通道情况

目前浙江省与周边省份已经形成了北向、西向、西南向和南向几大运输通道,规划和已建成的通道的运输线路见表 2-4。

对外省通道情况　　表 2-4

运输通道	连接省份	高速公路	航道	铁路
北向通道	上海	杭浦高速公路 沪杭高速(枫泾接口) 沪杭高速(亭枫接口) 申嘉湖(杭)高速	杭申线 杭平申线	沪杭线 沪杭客专
	江苏	杭州湾大桥北接线北延段 乍嘉苏高速 钱江通道北接线北延段 申苏浙皖高速 杭宁高速 杭长高速北延段	乍嘉苏线 京杭运河 杭湖锡线 长湖申线	宁杭客专
西向通道	安徽	申苏浙皖高速 申嘉湖高速西延段 临金高速 杭徽高速 千黄高速 黄衢南高速	新安江	宣杭线 杭黄铁路
西南向通道	江西	杭金衢高速 杭新景高速	—	浙赣线 杭长客专 九景衢铁路
南向通道	福建	黄衢南高速 龙浦高速 丽龙庆高速 龙丽温泰顺支线 甬台温高速 甬台温高速复线	—	甬台温铁路

3) 省内集疏运网络情况

(1) 总体情况

浙江省已初步形成以高速公路为骨架,国省道及区域干线公路为支撑,农村公路为补充的三级网络体系,公路总里程达 106 952 公里,其中高速公路 3 298 公里,二级以上公路 16 279 公里,公路密度达 105.06 公里/百平方公里,高速公路密度达 3.24 公里/百平方公里,居全国第二位。三网的有机结合,形成了长三角区域公路网的重要组成部分,构筑了浙江沿海沟通我国中西部地区的公路运输大通道,也是连接长三角与海西区的重要走廊。此外,截至 2009 年底,浙江省共建成特大桥梁 153 座,位居全国第三位,并建成世界级的杭州湾、舟山跨海大桥。浙江省公路布局如图 2-4 所示。

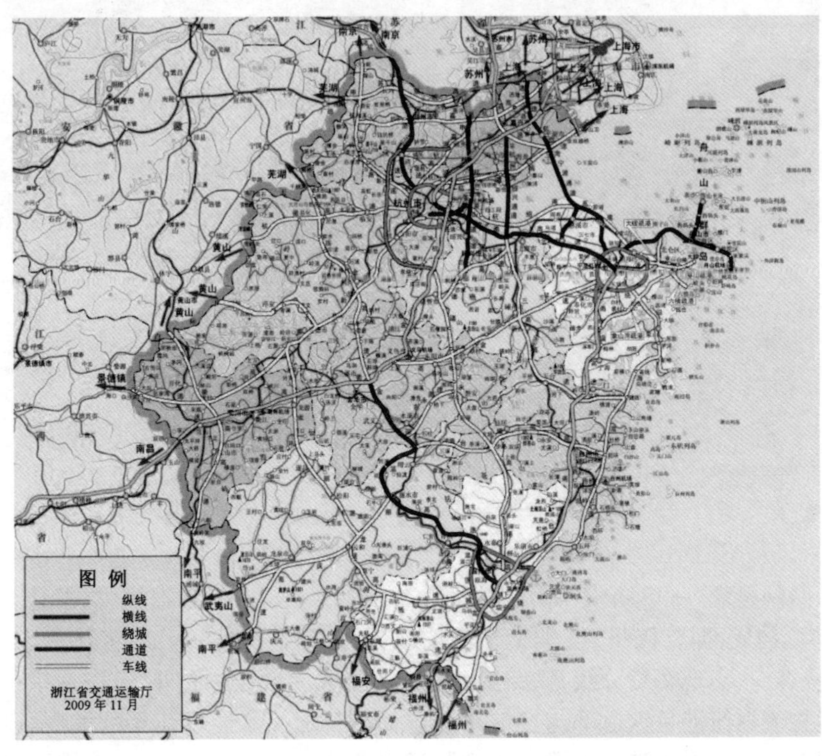

图 2-4　浙江省公路布局示意图

内河航道不断完善,基本形成了连接浙南、浙北、浙东,以"北网南线"骨干航道为依托,干支相连的内河航道网络,通航里程达 9 704 公里,四级及以上高等级航道 1 291 公里,密度为 1.27 公里/百平方公里,密度居全国第二位。浙北杭嘉湖地区位于太湖流域平原水网区,区内河道纵横、湖荡众多、水流平缓,具备发展内河航运的优越条件,也是目前我国内河航运最为发达的地区之一。京杭运河、长湖申线、杭申线是长江三角洲地区跨省市主要航道,区内百舸争流,航运繁忙,具有较好发展前景。浙江省内河航道布局如图 2-5 所示。

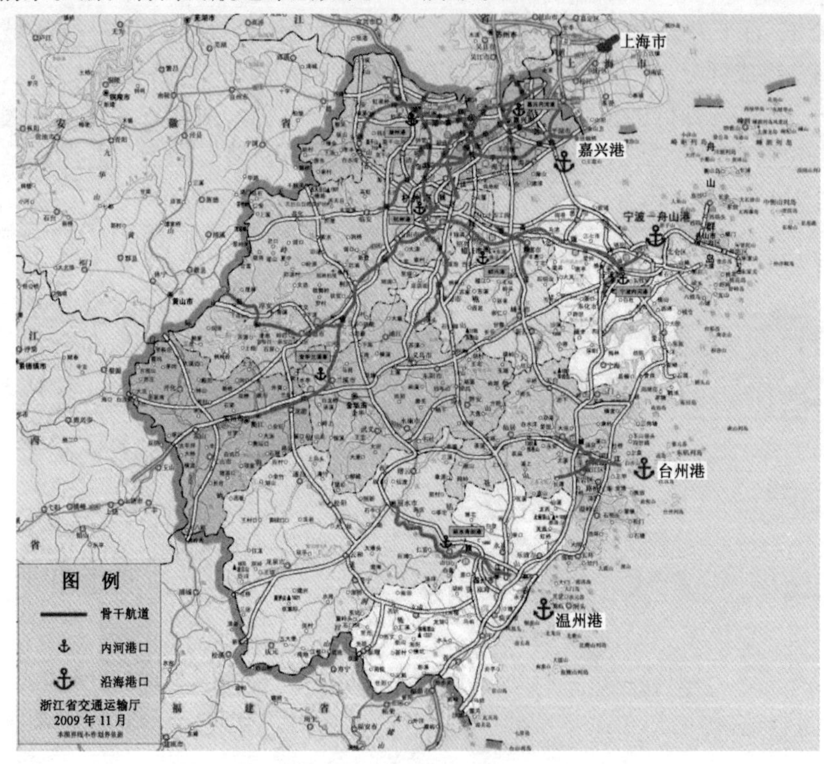

图 2-5　浙江省内河航道布局示意图

铁路网呈现"一纵两横"布局,主要由沪杭、浙赣"一纵"和宣杭、杭甬、金千、金温"两横"构成,拥有杭州、金华、宁波、长兴、温州 5 个铁路站。即将建成宁杭、杭甬、沪杭客专,实现客货分线,铁路集疏运能力将大大增强。此外,宁波大宗货物海铁联运物流枢纽港是铁道部与宁波市的合作项目之一。经过几年的发展,已经初步构建起以内陆无水港为支撑的海铁联运服务体系,有利于进一步推进港口腹地范围向内陆省市延伸。浙江省铁路布局如图 2-6 所示。

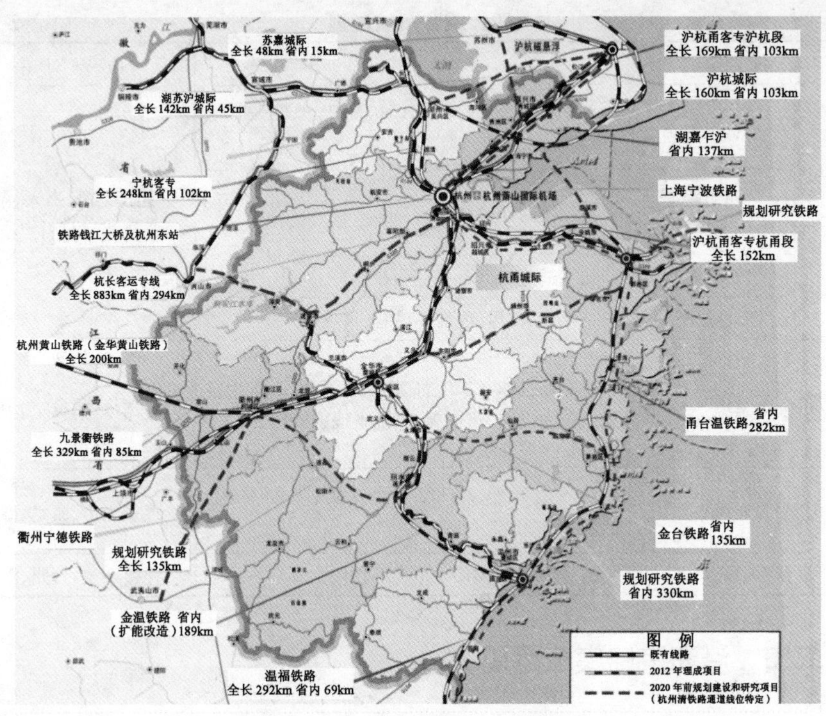

图 2-6　浙江省铁路布局示意图

航空运输比较发达，现有杭州、宁波、温州、义乌、衢州、黄岩、舟山共 7 个民航干支线机场，共开通国内航线 248 条、国际航线（含地区航线）17 条，已基本实现省内城市间及长三角区域中心城市的“1 小时交通圈”联系，基本形成了 3 500 万人次的机场旅客吞吐能力和 40 万吨的邮货吞吐能力。

随着综合运输体系建设步伐不断加快，浙江省交通基础设施规模日益扩大，网络覆盖面和通达度不断提高，总体基础设施水平进一步提高。浙江省已基本形成以高速公路为骨架、干线公路为支撑、农村公路为补充的公路网，以“一纵两横”为主骨架的铁路网，以浙北国家高等级航道网为骨干，干支相连、通江达海的内河航道网，四个沿海主要港口已基本形成多种运输方式相连接的集疏运网络。

(2) 综合运输通道情况

目前浙江省基本形成四大综合运输通道，主要有：环杭州湾通道（沪杭甬通道、杭州湾跨海通道、杭湖通道）、杭金衢通道、金丽温通道和甬台温通道，见表2-5。

四大综合运输通道 表2-5

综合运输通道		构　成	服务对象
环杭州湾通道	沪杭甬通道	沪杭甬高速、G320-G104-G329、沪杭—萧甬铁路	连接上海、嘉兴、湖州、杭州、绍兴、宁波
	杭州湾跨海通道	杭州湾跨海大桥	
	杭湖通道	杭宁高速、G104、铁路宣杭线	
	浙北航道网	杭平申、杭申、乍嘉苏、湖嘉申	
杭金衢通道		杭金衢高速、G320、浙赣铁路、沪杭铁路杭新景—建龙高速、甬金高速、杭申线、钱塘江	连接杭州、金华、衢州
金丽温通道		金丽温高速、G330、金温铁路、龙丽高速、瓯江	连接金华、丽水、温州
甬台温通道		甬台温高速、G104、甬台温铁路	连接宁波、台州、温州

2.2.3 沿海港口集疏运现状

浙江省沿海四个港口已形成了较为完备的交通基础设施网络，拥有公路、铁路、内河和管道等较为门类齐全的集疏运方式，初步形成了以公路运输为主，内河航道和铁路运输为重要补充的集疏运体系，正在朝着加快构建水陆配套、江海联运的港口集疏运体系，实现港口与公路、铁路、航道、管道等集疏运网络顺畅衔接的方向迈进。

(1)宁波—舟山港

宁波—舟山港主要为省内腹地物资进出口及长江沿线地区钢铁、石化企业的铁矿石、原油中转运输服务，并为铁路沿线江西、安徽、湖南等省的部分物资中转服务。因此，宁波-舟山港的直接经济腹地为浙江省，间接腹地则延伸至上海、江苏、安徽、江西、湖南、湖北、重庆、四川等长江沿线地区。

宁波—舟山港的集疏运方式中，公路主要承担集装箱和直接腹地的部分散杂货集疏运任务；内河主要承担宁波和长江沿江地区的矿石、煤炭、原油、液化气和液体化工品等货类的运输服务；铁路主要承担浙赣、宣杭铁路沿线的金属矿石、化肥、粮食等货物的运输；管道主要为镇海、协和石化的原油及成品油和液化气等提供运输服务；皮带机主要为电厂、钢厂、粮食加工厂等临港工业企业服务，运输货类主要包括煤炭、矿石、粮食等。

(2)温州港

温州港的直接经济腹地主要包括温州市、丽水、衢州、金华和台州南部地区。随着温州综合交通基础设施网络的不断完善,温州港间接经济腹地将逐步扩大到浙西南、闽北、赣东、皖南等部分地区。随着温州港自身条件的改善,目前通过宁波、上海等港转运的部分货物将直接从温州港进出,其地位将得以进一步确立和增强。

温州港的集疏运方式以公路为主,约占70%的散杂货和100%的集装箱集疏运量;部分油气品和电厂煤炭疏港运输采用管道和皮带机;铁路集疏运主要为龙湾作业区服务,目前集疏运量较低,集疏运货物全部为油品。管道承担一部分石油制品,约占6.3%;皮带机承担了沿港电厂的煤炭运输,占散杂货集疏运量的23%左右。

(3)台州港

台州港担负着台州市客货运输服务,其主要腹地为台州市。随着港口的规模不断扩大,台金、金丽温高速公路建成通车和乐清湾跨海大桥的开工建设,台州港集疏运网络逐步改善,腹地范围将逐步扩大到浙中南和闽北等部分地区。台州港的集疏运方式以公路为主,另外部分油气品和电厂煤炭疏港运输采用管道和皮带机,目前尚无铁路集疏运量。台州港的集运量主要由海运承担,集运的主要货物为煤炭、矿建材料、水泥、钢铁、石油及制品、粮食;公路承担少量的集装箱、矿建材料和钢铁集运。疏运量主要由公路和皮带机承担,公路主要承担矿建材料、水泥、钢铁和集装箱的疏运任务,约占集疏运总量的50%;皮带机承担了沿海电厂的煤炭运输,约占散杂货集疏运量的44%。

(4)嘉兴港

嘉兴港直接经济腹地为杭州、嘉兴、湖州三市,间接经济腹地主要包括苏南、皖南等部分地区。随着杭州湾港口集疏运条件和港口功能的逐步完善,嘉兴港的腹地还将扩展至绍兴、宁波和浙江中部地区。

目前嘉兴港的集疏运方式主要是公路和内河,大部分油气品、农林牧渔业产品和小部分化工原料及制品通过管道运输,基本还没有铁路参与集疏运。嘉兴港集运量以海运和内河运输为主,占总集运量的80.7%,主要是干散货和液体散化货物。公路运输占总集运量的10.6%,主要是件杂货。管道运输占总集运量的8.7%,主要是液体散化,油品经过码头进口后由管道直接进入用户。嘉兴港近1/3

的疏运量由皮带机承担,全部是煤炭运输;其余 2/3 由公路、水运(包括沿海和内河)和管道共同承担。公路主要承担 1/4 煤炭、金属矿石、木材、盐、机械设备和电器、化工原料及制品、轻工医药产品和集装箱,水运主要承担 1/4 煤炭、化工原料制品和集装箱,管道主要承担石油和农林牧渔业产品的疏运任务。

2.2.4 沿海港口主要货种流量流向

2009 年,浙江省沿海港口货物吞吐量为 71 461.83 万吨,其中:液体散货吞吐量为 13 943.1 万吨,占 20%;干散货吞吐量 33 698.51 万吨,占 47%;件杂货吞吐量 3 544.12 万吨,占 5%;集装箱吞吐量 1 118.4 万标准箱,见表 2-6。

2009 年浙江省沿海港口分货类吞吐量(单位:万吨,万标准箱)　　表 2-6

分　类	合计	其中:外贸	出港	其中:外贸	进港	其中:外贸
合计	71 461.83	25 791.61	26 075.81	5 039.22	45 386.02	20 752.39
煤炭及制品	11 567.46	1 140.35	1 503.83	0.00	10 063.63	1 140.35
石油、天然气及制品	12 460.68	7 412.34	3 281.12	289.75	9 179.55	7 122.59
其中:原油	9 724.28	6 926.14	1 626.53	102.30	8 097.75	6 823.84
金属矿石	14 189.66	7 703.17	6 402.27	0.00	7 787.39	7 703.17
散水泥	92.37	0.00	15.70	0.00	76.67	0.00
散粮	583.61	164.56	181.45	0.00	402.16	164.56
散化肥	9.62	4.34	2.62	0.00	7.00	4.34
件杂货	3 544.12	535.79	787.41	54.76	2 756.71	481.03
其中:木材	50.15	16.16	1.28	0.01	48.87	16.15
集装箱(万标准箱)	1 118.40	959.16	565.34	491.05	553.06	468.11
重量	9 838.59	7 842.81	5 399.12	4 662.66	4 439.47	3 180.15
滚装船汽车吞吐量(万辆)	469.63	0.00	235.64	0.00	233.99	0.00

2009 年,宁波—舟山港完成货物吞吐量为 57 684.33 万吨,占沿海港口完成货物吞吐量的 80.7%;温州港为 5 998.81 万吨,占 8.39%;台州港为 4 293.94 万吨,占 6.0%;嘉兴港为 3 484.74 万吨,占 4.87%。宁波—舟山港完成货物吞吐量占浙江沿海港口完成货物吞吐量的绝大部分,因此,本报告重点对宁波—山港主要货种运输方式进行分析。

(1)集装箱

2009 年,宁波—舟山港集装箱吞吐量为 1 050 万标准箱,约占沿海港口集装箱总吞吐量的 93.9%,宁波—舟山港集装箱集疏运情况详见表 2-7。

2009 年宁波—舟山港集装箱集疏运方式统计表(单位:万标准箱)　　表 2-7

	合计	铁路	水运				公路
			合计	内河	沿海	国际海运	
总计	1 819	0.5	1 042.3	5.4	100	936.6	776.3
集运	904	0.2	514.3	3.3	53.7	457.3	389.7
占比	—	0.1%	56.9%	—	—	—	43%
疏运	915	0.3	528	2.1	46.3	479.6	386.6
占比	—	0.0%	57.7%	—	—	—	42.3%

集运体系:集运总量为 904 万标准箱,其中一半为国际进口;43% 通过公路集运,水运与铁路分别占集运总量的 56.9% 和 0.1%。

疏运体系:疏运总量为 915 万标准箱,其中 52% 为国际出口;42.3% 通过公路疏运,水运占疏运总量的 57.7%。

(2)煤炭及其制品

2009 年,宁波—舟山港煤炭及其制品吞吐量为 6227.29 万吨,约占浙江省沿海港口煤炭总吞吐量的 54%,宁波—舟山港煤炭及其制品流量流向和集疏运情况详见表 2-8、表 2-9。

2009 年宁波—舟山港煤炭及其制品流量流向统计表(单位:吨)　　表 2-8

进港		出港	
来源地	规模	目的地	规模
国外港口	5 768 535	国外港口	0
北方港口	45 421 090	省内港口	7 532 062
天津	7 907 188	嘉兴	44 560
秦皇岛	26 336 653	台州	4 396 273
唐山	1 292 723	温州	226 772
黄骅	5 506 206	内河	102 106
锦州	355 661	上海	393 716
葫芦岛	104 489	长江港口	685 698

续上表

进港		出港	
来源地	规模	目的地	规模
营口	48 978	南京	205 416
日照	417 361	泰州	31 472
		南通	50 215
		江阴	68 775
		苏州	170 157
		安庆	26 096
		芜湖	33 912
		池州	11 379
国内其他港口	1 671 714	国内其他港口	800 047
合计	52 861 339	合计	9 411 523

注:北方港口包括吉林、辽宁、河北、天津、山东省市沿海港口。

2009 年宁波—舟山港煤炭及其制品集疏运方式统计表(单位:吨)　　表 2-9

	合计	铁路	水运					公路
			水运合计	内贸			外贸	
				小计	内河	沿海		
总计	79 430 288	3700 468	63 802152	58 033 617	895 987	57 137 630	5 768 535	11 927 668
集运	54 533 340	39 250	54 390 629	48 622 094	95 555	48 526 539	5 768 535	103 461
占比	—	0.1%	99.7%	—	—	—	—	0.2%
疏运	24 896 948	3 661 218	9 411 523	9 411 523	800 432	8 611 091	0	11 824 207
占比	—	14.7%	37.8%	—	—	—	—	47.5%

集运体系:进港总量为 5 286 万吨,其中 86% 是从北方沿海港口下水,国际进口占 10.9%;集运总量 5 453 万吨,其中水路集运占 99.7%,公路集运占 0.2%,铁路集运占 0.1%。

疏运体系:出港总量为 941 万吨,其中 80.0% 流向省内港口,4.2% 流向上海,7.3% 流向长江港口;疏运总量 2 490 万吨,其中 47.5% 通过公路疏运,37.8% 通过水路疏运,14.7% 通过铁路疏运。

(3)金属矿石

2009年,宁波—舟山港金属矿石吞吐量为14 088.56万吨,约占浙江省沿海港口金属矿石总吞吐量的99%,宁波—舟山港金属矿石流量流向和集疏运情况详见表2-10、表2-11。

2009年宁波—舟山港金属矿石流量流向统计表(单位:吨) 表2-10

进港		出港	
来源地	规模	目的地	规模
国外港口	76 505 728	国外港口	0
南非	5 117 651	上海	14 540 562
印度	1 011 968	长江港口	27 505 972
巴西	23 190 671	南京	4 691 195
澳大利亚	39 348 446	镇江	4 072 814
国内港口	595 403	泰州	2 349 190
		南通	1 067 606
		江阴	1 293 228
		苏州	4 996 560
		马鞍山	1 353 734
		武汉	1 765 608
		江苏沿海港口	3 669 208
合计	77 101 131	合计	63 784 442

2009年宁波—舟山港金属矿石集疏运方式统计表(单位:吨) 表2-11

	合计	铁路	水运					公路
			水运合计	内贸			外贸	
				小计	内河	沿海		
总计	186 198 012	8 761 161	173 067 447	96 561 719	25 490 171	71 071 548	76 505 728	4 369 404
集运	110 405 691	0	109 283 005	32 777 277	81 158	32 696 119	76 505 728	1 122 686
占比	—	0.0%	99.0%	—	—	—	—	1.0%
疏运	75 792 321	8 761 161	63 784 442	63 784 442	25 409 013	38 375 429	0	3 246 718
占比	—	11.5%	84.2%	—	—	—	—	4.3%

集运体系:进港总量为7 710万吨,其中国际进口占99%(澳大利亚、巴西、南非、印度);集运总量11 041万吨,其中水路集运占99.0%,公路集运占1.0%。

疏运体系:出港总量为6 378.4万吨,其中43.1%流向长江港口(南京、镇江、苏州),22.8%流向上海,5.8%流向江苏沿海港口;疏运总量为7 579万吨,其中84.2%通过水路疏运,11.5%通过铁路疏运,4.3%通过公路疏运。

(4)石油天然气及制品

2009年,宁波—舟山港石油天然气及制品吞吐量为11 783.08万吨,约占浙江省沿海港口石油天然气及制品总吞吐量的94%,宁波—舟山港石油天然气及制品流量流向和集疏运情况详见表2-12、表2-13。

2009年宁波—舟山港原油、成品油流量流向统计表(单位:吨) 表2-12

进港				出港			
原油		成品油		原油		成品油	
来源地	规模	来源地	规模	目的地	规模	目的地	规模
国外港口	68 154 687	国外港口	2 359 560	国外港口	1 022 966	国外港口	1 873 728
沙特	10 769 582			国内港口	15 242 316	国内港口	14 129 680
安哥拉	12 402 862	日本	362 682	上海	5 781 357	上海	1 528 952
伊朗	11 617 460	韩国	154 695	长江港口	6 226 711	江苏沿海	350 940
伊拉克	5 932 183	新加坡	225 023	南京	4 845 051	长江港口	1 012 620
科威特	3 525 554	俄罗斯	216 913	镇江	170 912	南京	331 233
阿曼	2 305 799	国内港口	4 741 275	江阴	240 700	镇江	129 921
俄罗斯	1 486 456	大连	1 186 593			南通	167 258
南非	5 117 651	上海	121 714			江阴	283 823
国内港口	8 805 076	营口	245 358			省内沿海港口	2 031 112
		香港	942 923			台州	875 000
						温州	1155 150
合计	76 959 763	合计	7 100 835	合计	16 265 282	合计	16 003 408

2009 年宁波—舟山港石油天然气及制品集疏运方式统计表(单位:吨) 表 2-13

	合计	铁路	水运					公路	管道
			水运合计	内贸			外贸		
				小计	内河	沿海			
总计	145 623 361	66 193 073	66 193 073	30 922 868	7 497 314	23 425 554	2 938 020	66 193 073	31 743 093
集运	79 430 288	3 700 468	63 802 152	—	—	—	—	11 927 668	—
占比	—	0.0%	99.8%	—	—	—	—	0.2%	0.0%
疏运	66 193 073	965	33 860 888	30 922 868	7 497 314	23 425 554	2 938 020	588 127	31 743 093
占比	—	0.0%	51.1%	—	—	—	—	0.9%	48.0%

集运体系:原油进港总量为 7 696 万吨,其中国际进口占 89%;成品油进港总量为 710 万吨,其中国际进口占 33%;石油天然气及制品集运总量为 7 943 万吨,其中水路集运占 99.8 %,公路集运占 0.2%。

疏运体系:原油出港总量为 1 627 万吨,其中 6.3% 流向国外港口,35.5% 流向上海,38.3% 流向长江港口;成品油出港量为 1 600 万吨,其中 11.7% 流向国外港口,9.6% 流向上海,2.2% 流向江苏沿海,6.3% 流向长江港口,12.7% 流向省内沿海港口。石油天然气及制品疏运总量为 6 619 万吨,其中 51.1% 通过水路疏运,48% 通过管道输运,0.9% 通过公路疏运。

(5)化工原料及制品

2009 年,宁波—舟山港化工原料及制品吞吐量为 1437.1 万吨,其流量流向和集疏运情况详见表 2-14、表 2-15。

2009 年宁波—舟山港化工原料及制品流量流向统计表(单位:吨) 表 2-14

进港		出港	
来源地	规模	目的地	规模
国外港口	7 758 929	国外港口	122 655
日本	1 176 148	国内港口	2 662 078
韩国	1 876 659	上海	227 323
		广州	197 615
新加坡	429 594	珠海	112 855
国内港口	3 827 318	海口	102 949
大连	199 544	长江港口	275 715

表2-14

进港		出港	
来源地	规模	目的地	规模
青岛	129 531	南京	82 348
上海	252 446	苏州	130 088
惠州	330 109	江阴	38 940
台湾	1 796 634	南通	13 923
合计	11 586 247	合计	2784 733

吞吐量合计:14 370 980

2009年宁波—舟山港化工原料及制品集疏运方式统计表(单位:吨)　　表2-15

	合计	铁路	水运					公路	管道
			水运合计	内贸			外贸		
				小计	内河	沿海			
总计	17 848 300	133	14 370 980	6 489 396	277 934	6 211 462	7 881 584	3 472 187	5 000
集运	11 898 112	—	11 586 247	3 827 318	155 234	3 672 084	7 758 929	306 865	5 000
占比	—	—	97.4%	—	—	—	—	2.6%	0.0%
疏运	5 950 188	133	2 784 733	2 662 078	122 700	2 539 378	122 655	3 165 322	—
占比	—	—	46.8%	—	—	—	—	53.2%	0.0%

集运体系:进港总量为1159万吨,其中国际进口占67%;集运总量1189万吨,水路集运占97.4 %,公路集运占2.6%。

疏运体系:出港总量为278万吨,其中4.4%流向国外港口,9.9%流向长江港口,8.2%流向上海;疏运总量595万吨,53.2%通过公路疏运,46.8%通过水路疏运。

(6)粮食

2009年,宁波—舟山港粮食吞吐量为646.65万吨,其流量流向和集疏运情况详见表2-16、表2-17。

2009 年宁波—舟山港粮食流量流向统计表(单位:吨)　　表 2-16

来源(进港)		流出(出港)	
来源地	规模	目的地	规模
国外港口	1 739 510	国外港口	0
美国	810 910	国内港口	1 987 705
巴西	649 920	上海	351 256
法国	55 000	长江港口	1 479 584
加拿大	78 790	苏州	1 195 239
国内港口	2 739 330	南通	281 471
大连	187 452		
上海	45 566		
合计	4 478 840	合计	1 987 705

吞吐量合计:6 466 545

2009 年宁波—舟山港粮食集疏运方式统计表(单位:吨)　　表 2-17

	合计	铁路	水运					公路
			水运合计	内贸			外贸	
				小计	内河	沿海		
总计	6 900 100	—	6 529 074	4 789 564	308 490	4 481 074	1 739 510	371 026
集运	4 560 984	—	4 541 369	2 801 859	2 628	2 799 231	1 739 510	19 615
占比	—	—	99.6%	—	—	—	—	0.4%
疏运	2 339 116	—	1 987 705	1 987 705	305 862	1 681 843	—	351 411
占比	—	—	85.0%	—	—	—	—	15.0%

集运体系:进港总量为 448 万吨,其中国际进口占 38.8%;集运总量 456 万吨,水路集运占 99.6%,公路集运占 0.4%。

疏运体系:出港总量为 199 万吨,其中 74.4% 流向长江港口,17.7% 流向上海;疏运总量 234 万吨,85% 通过水路疏运,15% 通过公路疏运。

2.2.5　多种方式联运现状

(1)江海联运

江海联运的实施重点体现在宁波—舟山港,2009 年经由宁波—舟山港进入长江的货运总量为3 769.6万吨,占出港总量的15.9%。进江货物主要流向江苏、安徽、湖北、湖南等沿江主要省份,分别占到73.1%、19.9%、5.1%、1.9%。

(2)海铁联运

海铁联运的实施重点体现在宁波—舟山港,其中:集装箱运输已开通了宁波—义乌、宁波—江西上饶、浙江衢州—北仑港站国际集装箱海铁联运班列,2009年集装箱海铁联运累计完成1 690标准箱;大宗货物运输主要集中在北仑和镇海两大港区,北仑港区大宗货物海铁联运以金属矿石和盐为主,镇海港区以煤炭为主,2008年铁路集疏运比例达2.8%。

(3)海河联运

海河联运的实施重点体现在嘉兴港进入嘉兴内河和杭州内河,2009年嘉兴港“海进河”货运量为594.4万吨,占总出港量的86.2%。货物主要流向嘉兴内河和杭州内河港。

(4)公水联运

公路及城市道路仍是沿海港口的最主要的陆向集疏运方式。宁波—舟山港中,公路占近100%的集装箱集疏运量和56%散杂货;温州港,公路占100%的集装箱和70%散杂货;台州港也是以公路为主,嘉兴港比重较小,占集运量的10%。

(5)区港联运

浙江省港口城市依托沿海港口,大力发展临港工业,通过港口与后方陆域的联动发展,带动区港经济一体化发展。宁波、舟山重点依托梅山保税港区,探索港口与保税区的联动发展,推动沿海港口与省内外主要物流园区的联通,加快布点建设内陆无水港。嘉兴港充分利用其区位交通、岸线资源和腹地经济优势,积极发展海洋经济,港口建设和陆域经济相互支撑、互动发展、成效初显,形成了“前港后区”的区域经济发展格局。

2.2.6 港口物流业发展现状

(1)物流业发展总体状况

道路运输是浙江省物流的主要承担者,水路运输在浙江占有重要的地位,港口物流是浙江与其他区域和国际之间货物流通的主要途径。

现代物流业是支撑浙江省工业化、城市化、市场化、信息化和国际化的重要基础,浙江省物流需求主要由工业物流、商贸物流、配送物流和国际物流构成。

物流运行质量处于全国领先。浙江省物流费用占GDP的比重较全国低0.2个百分点,同时物流行业增加值占GDP的比重较全国高约2.5个百分点,浙江省物流运行明显优于全国平均水平。

(2)物流企业运营发展现状

2007年浙江省以物流命名的企业有1 997家,其中以运输为主的1 565家,以仓储为主的141家。物流企业形态趋向多元化,综合型物流势头明显,一批传统货运企业正积极向第三方物流企业转型和发展。但总体上比较分散,组织化、规模化程度较低。浙江省汽车运输经营业户中,车辆规模5辆以下占98.62%,拥有100辆以上的仅占0.06%;个体运输户占全部运输业户的86%(表2-18)。

2007年浙江省道路运输企业构成 表2-18

货运类型	企业数量			个体运输户	合计
	100辆及以上	50~99辆	10~49辆		
普通货物运输	126	177	1 311	254 487	295 366
集装箱运输	30	41	219	—	413
大型物件运输	1	3	9	17	52
危险货物运输	10	45	248	—	497
其他	—	6	9	8 381	8 780

(3)物流基础设施发展现状

2009年浙江省政府与交通运输部签署了共同促进浙江省交通物流发展的会谈纪要,浙江省被列为全国首个物流建设试点省份,重点推进物流基地建设、龙头企业培育、物流信息化建设等。浙江省现有物流园区54个,A级以上物流企业118家,为全国最多的省份。

浙江省在建无水港详见表2-19,集装箱年处理能力达67万标准箱,其中杭州、富阳、义乌、金华集装箱年处理能力均达到10万标准箱。目前,宁波—舟山港在金华、义乌、萧山、衢州及江西上饶、鹰潭等地布局建设"无水港",已初具规模并发挥了效应,与重庆等地的海铁联运工作也在积极推进。浙江"无水港"的不断推进建设,对浙江港口物流的发展起到了积极推动作用。

浙江省在建无水港分布 表2-19

名 称	监管面积(平方米)	集装箱年处理能力(标准箱)
杭州口岸国际物流中心	40 015	100 000
萧山陆路口岸国际物流中心	86 710	60 000
富阳口岸国际物流中心	50 000	100 000
绍兴袍江国际物流中心	30 000	60 000
嘉兴国际物流中心	50 000	50 000
湖州南浔国际物流中心	118 726	50 000
义乌国际物流中心	213 440	100 000
金华金东国际物流中心	172 760	100 000
衢州国际物流中心	50 000	50 000

2.3 存在问题

在看到浙江省海陆联动集疏运网络建设发展优势和已形成的现实基础的同时,也应该清醒地认识到制约港口集疏运网络发展的一些障碍。浙江省港口集疏运网络虽然发展很快,但有些对外通道尚未打通,各种运输方式的结构还不尽合理,尚未形成能力充足、相互补充、衔接有效的海陆联动集疏运网络,集疏运供给能力和运输结构尚不能适应快速发展的港口集疏运需求,主要表现在以下几方面。

2.3.1 各种运输方式衔接不顺畅,运输效率比较低

浙江省各种运输方式之间衔接不足,尤其是公路、铁路、水路(特别是内河)之间的衔接,已经成为港口集疏运网络建设的最薄弱环节。目前,沿海各种运输方式发展不平衡、不协调,与之配套的货物集疏运场站设施不完善,海陆联动衔接不畅,综合运输效率低;与铁路配套的物流中心场站设施缺乏,铁路线路单一、联通度差,铁路集疏运功能发挥受限;沿海港口运输体系与内河并未有效衔接,部分需要"海河联运"货物仍需经汽车短驳;港区与外部干线公路网络衔接不畅,直接连接港区的"最后一公里"道路普遍缺乏,港口、港区间的集疏运道路缺乏有效衔接,影响沿海资源整合发展。

2.3.2 铁路、内河集疏运基础设施发展滞后，集疏运结构不尽合理

浙江省多种集疏运方式发展不平衡，集疏运过于依赖公路，特别是集装箱，个别港口公路集疏运比例达到90%以上，铁路和内河集疏运基础设施发展滞后，与港区衔接不畅。沿海缺少贯通南北各港口的铁路货运专线；宁波—舟山港铁路设施不完善，集装箱的铁路集疏运量不到1万标准箱，占整个港口内陆陆路集疏运量的比例不足1%，集装箱班列亟待增加。宁波—舟山港尚未与长江三角洲内河航道网有效衔接；嘉兴港内河航道等级普遍偏低，制约海河联运的发展；温台地区内河通航能力低，范围小，辐射能力有限。

2.3.3 集疏运基础设施建设资源紧缺，供需矛盾突出

国家实施宏观调控政策以来，实行了最严格的用地政策，交通建设与基本农田保护的矛盾突出，耕地占补平衡和基本农田补划难度空前提高，土地问题已严重制约着交通发展。同时，融资环境日趋紧张，尤其是浙江省欠发达地区的交通建设和作为公共产品的内河航道，由于自身筹资能力和外部对其投资热情有限，政府投入又相对不足，建设资金筹措十分困难。此外，资源、环境对交通发展提出的要求也越来越高，成品油价格、电价和劳务价格上涨等因素，都给交通发展带来了新的挑战。

2.3.4 管理体制机制存在障碍，制约港口物流发展

(1)综合运输体系发展存在体制机制障碍

目前，我国不同运输方式基础设施的规划建设归口不同的行业主管部门，综合交通运输发展的各种机制体制障碍依然存在，行业间无序竞争、地区分割、衔接不畅等问题日益凸显，交通行业管理体制机制亟待改革和创新。

(2)水域多头管理

钱塘江杭州湾北岸，在港口项目使用水域管辖权上，钱塘江管理局和浙江省海洋局有用江、用海两种不同管理标准，涉及不同的法规体系，造成港口项目两次审批、两次收费。钱塘江管理局收的是水域占用费(一次性收取)，浙江省海洋局收的是海域使用权证费(每年收取)，双重收费，多头审批，企业负担加重。水域多头管理，一定程度上影响了港口建设和经营。

(3)“区港联运”的效率有待提高

区港联运体系是指港口与物流园区、保税区、开发区、无水港等之间的联动运输,拓展港口腹地。目前“区港联运”存在的问题有:一是,各主体以各自行政辖区为规划地域单元,缺乏与总体规划的对接,发展思路各异,港口管理体制的整体性与腹地行政区划的割裂性之间的矛盾,导致资源要素特别是港口岸线、土地资源配置不合理,制约了“区港联运”作用的有效发挥;二是,公共设施无法实现资源共享,各开发主体出于对各自资源的最佳组合考虑,都在各自建设疏港道路等各项基础设施,没有完全与港口的发展相配套,导致港口综合服务支持系统功能分散,难以提升“区港联运”发展水平。

第 3 章　海陆联动集疏运网络建设发展的国内外经验借鉴

3.1　国外港口集疏运网络发展情况

3.1.1　鹿特丹港集疏运网络发展情况

鹿特丹港位于莱茵河和马斯河入海的三角洲，地理位置优越，是荷兰和欧盟的货物集散中心，有“欧洲门户”之称。鹿特丹港的港区面积 105 平方公里，水域面积 34.4 平方公里，工业用地 51 平方公里，港口及工业区横跨长度达 40 公里，共有 7 个港区，可以停靠从内河驳船到 50 万吨级的特大油轮等各类船舶。鹿特丹港的基础设施和配套设施完备，港口集疏运顺畅，货物能实现门到门运输，进入鹿特丹的货物通过内河、公路、铁路、管道及海路高效快捷地被运往半径 500 公里以内的 1.5 亿消费者，乃至拥有 3.5 亿消费者的欧洲内陆。

鹿特丹港除了优越的地理位置、良好的水深条件及高效的港口管理模式外，逐渐形成了多模式集疏运系统。鹿特丹港现拥有 500 多条班轮航线，与世界上 1 000 多个港口通航。港口便捷的集疏运条件，使得货物能做到门到门运输。其集疏运系统内连接各港区码头，衔接港口工业区和市区，外通欧洲综合交通网络（内河、高速公路和铁路网）。鹿特丹港货物吞吐量的 80% 来自于国外而不是荷兰，大量的货物在港口中转，通过铁路、海运、河道、管道、公路、空运等多种运输方式运送到荷兰和欧洲的目的地。鹿特丹有高速公路、铁路、水路与欧洲各国连接，覆盖了从法国到黑海、从北欧到意大利的欧洲各主要市场和工业区，空运货物可以通过鹿特丹国际机场进出。中转的货物可在 24 小时到达西欧各主要的工业和经济中心，48 小时内运到欧洲内陆各目的地，已形成以水运为主的集疏运体系。尤其是被称作“1 000公里长的传送带”的莱茵河及其他内河航道，构成了通达的运输网。通过莱茵河及其他内河航道，利用驳船将数量庞大的货物运往荷兰上游及德国、比利时、法国、瑞士和奥地利等目的地，具有运量大、成本效益比高、有利环保等优势。铁路系统每天有几十列火车抵达或离开鹿特丹港,以适应远距离的陆地运输。货运专线的开通,为鹿特丹与德国之间开通直达运输提供了便利,每个星期900班次。此外,还有连接欧洲100多个港口的近海、支线定期航班,高密度的航班替代了部分公路运输,因其相对于公路运输的环保效果,得到了欧盟的推广。鹿特丹港还拥有庞大的地下管道网络,把大量的石油及其产品输往欧洲客户。此外,鹿特丹港还为客户提供个性化运输和中转服务与多式联运相结合。

鹿特丹港口物流园区规模大,专业化程度高。鹿特丹港在货物码头和联运设施附近大力规划建设物流园区,先后建成了3个港口物流园区。物流园区均建有与码头连接的专用运输通道,具有物流运作的必要设备,采用最先进的信息技术,为客户提供增值服务以及海关的现场办公服务。物流园区的主要功能有拆装箱、仓储、再包装、组装、贴标、分拣、测试、报关、集装箱堆存修理以及向欧洲各收货点配送等。比如,Eemhsven物流中心面积50万平方米,主要提供木材、钢材等大宗货物的储存和配送服务;Botlek物流中心面积87万平方米,是石油、化工产品专业配送中心;Maasvlaskte物流园区,面积达125万平方米。依托这些物流园区的建设,鹿特丹港的物流服务取得了长足发展。

鹿特丹港的铁路可直接进入鹿特丹港码头。港区内有2个中转站,通过完善的铁路运输网,集装箱可从鹿特丹港运达欧洲主要国家。每天都有多列集装箱班列发往欧洲各地,运输时间由于距离的差异而不同:到达比利时及德国只需12小时,而运至捷克、意大利和波兰则需要48小时。鹿特丹港的集装箱海铁联运比例为10%。

3.1.2 汉堡港集疏运网络发展情况

汉堡港地处欧洲东西、南北两大贸易线的交汇点,由于其毗邻欧洲主要市场,且有纵深的腹地,因此成为该地区最佳的货物配送和物流集散点之一,其港口面积73.99平方公里,是欧洲仅次于鹿特丹港的第2大港。作为近年来北欧地区货运量增长最迅速的港口,汉堡港目前已发展成为德国、波罗的海地区、东欧、俄罗斯地区各类进出口货物的主要运输枢纽和物流中心。此外,汉堡港设有16.2平方公里的自由港区,经营转口贸易,特别是对斯堪的纳维亚半岛和中欧地区各国货物的转口贸易。

汉堡港拥有发达、均衡的集疏运体系,公路、铁路、水路运输均衡发展,如图3-1所示。发达的内河水路运输与德国境内丰富的水网及欧洲内河航道网相连,内河集装箱和散货运输便捷;发达的沿海支线运输则可以连接波罗的海沿岸国家和英伦三岛;通过铁路可以直接到达东欧、南欧等地。

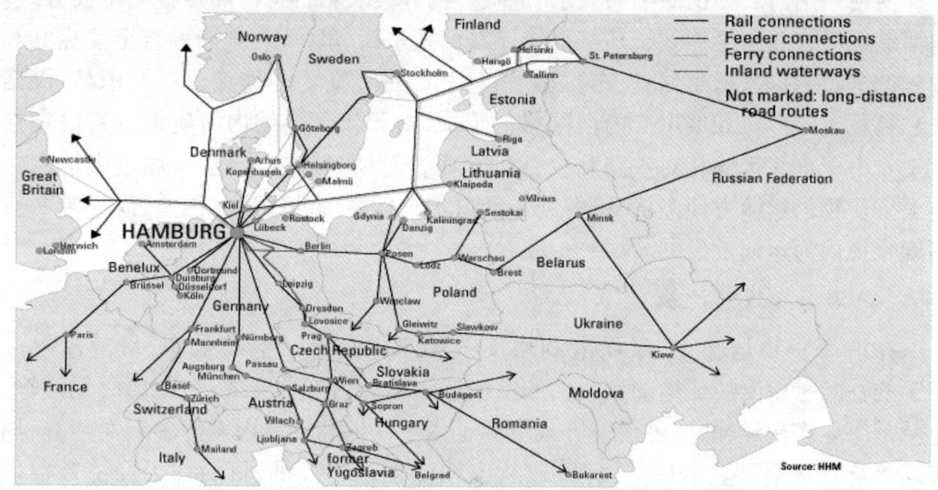

图 3-1　汉堡港腹地集疏运系统示意图

(1)铁路运输

汉堡港是欧洲最大的集装箱铁路转运地。汉堡港的铁路运输已有很长历史,铁路运输占汉堡港集疏运货物总量的 30%,长途货物的进出在这里大多采用利于环保的火车运输方式进行。长途货物的进出港量中铁路占 70% 以上的份额。目前,每天都有大约 190 列国际和国内集装箱列车进出汉堡港。除了集装箱码头建有多式联运枢纽之外,汉堡还在比尔菲尔德区拥有一个德国最大和最现代化的转运火车站。汉堡港铁路集疏运系统的运输组织是通过四个铁路运输编组站来完成的,设有一个总的铁路调度中心,编组站的调度工作与码头调度系统可以实现信息交换。每列火车从驶进港口到离开需要 6 小时,可完成大约 6000 吨货物的装卸。除集装箱外,还可以通过铁路运输将危险品货物、液体货物、矿石、煤炭、粮食、糖以及其他货物,从内陆运到汉堡港,或者由汉堡港运往欧洲腹地。

(2)公路运输

汉堡的城市道路网与城际公路网相连,通过城际公路网络,将汉堡港与附近地区的经济中心高效地连接在一起。港区内公路网长度达 170 公里,连接港内部所有码头。为了进一步确保汉堡港和经济中心之间的物资流通,德国政府正在改进汉堡港周边地区的道路交通网和交通状况。

(3) 内河航运

内河航运已成为汉堡港的大宗、危险货物和集装箱货物内陆运输的主要方式。内河航运沿易北河延伸到了马格得堡、阿肯、托尔高、里萨、德累斯顿直至捷克共和国到德辛、乌兹提、梅尔尼克、布拉格、科林和帕都比斯。并连接沿岸的柏林、汉诺威和吕贝克等港口和城市。内河网络的形成,对于汉堡港的内河航运有着决定性意义。由于内河运输相对铁路和公路运输而言有明显的成本优势,通过内河运输使大宗货物的运输方便经济,更有利于港口集疏运系统的畅通。因此,汉堡港一直高度重视内河运输的发展。

(4) 沿海支线船运输

在沿海货物运输上,汉堡港利用支线船来保证干线船的效率,目前汉堡港45%的吞吐量由支线船运输。主要的支线船运输分为三种方式:短距离海船运输,也就是海船多次运输,这种运输方式主要是由于环保和政治因素的影响而建立;用海船将货物从主要港运往支线港,或从支线港运往干线港,目的在于经济效益优化;在两个近距离港口间用船舶进行直接运输。

欧洲目前主要的内支航线包括英国港口—鹿特丹、Zeebrugg、安特卫普;波罗的海港口—汉堡、不来梅、威廉港;其他的内支船航线,西班牙—地中海—荷兰沿海港口。

从沿海支线船运输的经济意义上来看,目前汉堡港45%的吞吐量由支线船运输;Bremen和Bremen HV港55%的吞吐量由支线船运输;1999年以来,整个欧洲支线船的运输量增加300万标准箱;汉堡港—波罗的海港口运输量的95%依靠支线船运输;汉堡港-法国、西班牙等地运输量的50%通过支线船运输,可见沿海支线船运输在汉堡港集疏运体系中占有的重要地位。汉堡港腹地集疏运系统示意图如图3-1所示。

3.1.3 釜山港集疏运网络发展情况

釜山港位于朝鲜半岛的东南端,位于世界三大主干航线上,有着极佳的位置优势。作为韩国的第一大贸易港也是太平洋地区通往欧亚大陆的门户港口,釜山港海岸线长179公里。面对近年来上海港集装箱吞吐量的飞速增长,釜山港仅依靠集装箱吞吐量的增长来提高港口竞争力已不现实,他们及时调整战略,积极开发以中国为对象的"背后物流中心"等高增值服务业务,努力实现将釜山港建成东北亚国际航运及物流中心的目标。

港口集疏运网络发展较为迅速。韩国的集装箱运输虽然起步较晚,但是发展速度很快,全国已建立起完备的集装箱运输体系。从汉城到釜山的集装箱,除公路运输外,铁路运输业占很大比重。汉城—釜山集装箱铁路运输,每日往返 4 次,25 ~ 30 个车皮组成一列专车,每节车皮装 2 个 20 英尺(1 英尺 = 0. 304 8 米)集装箱,每天单向运输能力为 200 ~ 240 标准箱。

建立港口物流园区,促进区域物流合作。为了保障釜山新港顺利运营,紧靠集装箱枢纽港,建设了便捷的铁路和公路网络,利用港口的仓储、堆场等基础设施和集装箱码头,形成一个紧密的自由贸易园区。建设的物流园区占地 120 万平方米,内设自由贸易区和自由经济区,并实施一系列优惠措施。如取消集装箱进出港税,对使用港口的航运公司采取积分制,积分达到一定标准时可以给予现金或打折优惠,区内中转货物深加工、物流配送等业务的费用低廉等。这有助于加强韩国港口与中国港口和日本港口的物流合作,最大限度吸引海内外客户。

3.2 国内港口集疏运网络发展情况

3.2.1 上海港集疏运网络发展情况

上海港是一个典型的河口港,而且也是一个经济腹地型的港口,其货源主要是长三角地区以及长江沿岸的进出口物资。近年来,上海港的集装箱集疏运主要以公路运输为主,水路运输次之,铁路运输最为薄弱(表 3-1),公路承担集疏运份额过高,铁路没有充分发挥长距离、大批量、低成本、快速干线运输的优势。具体情况如下:

上海港各种运输方式所占集疏运的比例 表 3-1

运输方式	公路	水路	铁路及其他
所占集疏运比例	85% 以上	10% 以上	3% ~5%

(1)公路集疏运系统

上海港的集装箱集疏运大都是由公路运输来完成。目前,上海港主要有 3 个集装箱港区:上海集装箱港区(含军工路码头、宝山码头、张华浜码头)、外高桥港区和洋山港区。上海市对外连接的高速公路主要有沪嘉浏高速、沪宁高速、沪杭高速、申嘉湖高速、杭浦高速、江苏沿江高速等。此外,还有多条一般干线公路。张华浜和军工路码头的集疏运通道,对外,往北经外环线和郊环线与沪宁、沪杭高速公路联网；对内，往南经逸仙路高架或军工路与城市中心区相连。目前外高桥港区的集疏运方向主要为西向，即通过外环线和郊环线向上海、江苏、浙江等地集散。

（2）水路集疏运系统

长江三角洲地区具有极为优越的内河航运条件，区内有大小通航河流数千条，航运里程共3.68万公里，占长江沿线地区内河航道里程的48%，占全国内河航道里程的34%，航道密度高达36.8公里/百公里。其中，苏申外港线、杭申线、太浦河、赵家沟、大芦线、大浦线等6条航道已纳入国家水运主通道，通过京杭大运河与长江水运网相连接，是江、浙、沪及周边地区互相连通的水上集装箱集疏运快速通道。但是由于长期以来内河运输网建设受到忽视，上海港的水路集疏运一直未能较快发展。2007年交通部提出了建设长江“黄金水道”的“十一五”规划，上海市积极地投入到长江水道的建设中，希望更多的货物通过水路进行集疏运，缓解公路集疏运系统的压力。

（3）铁路集疏运系统

上海港铁路集疏运设施相对来说还比较落后，铁路集疏运系统仍是整个集装箱集疏运系统较为薄弱的环节。虽然上海港的直接经济腹地为长三角地区，与直接经济腹地的联系以公路运输为主，但是铁路运输的比例过低仍是上海港集装箱集疏运系统存在的主要问题。目前外高桥港区和洋山港区都没有铁路直达码头的港站，因此海铁联运集装箱经上海口岸进出，必须经过车站至港区间的短驳。

海铁联运方面，上海港海铁联运1996年开通，现已有多家船公司和货代企业参与，船公司有中远、东方海外、中外运、美国总统、川崎汽船、太平船务、以星轮船、韩进、铁行渣华等；铁路承包代理有上铁集运、铁洋、路港等三家公司。除此以外，铁路各车站均有独立管理任一家货主和船公司委托的运输，其运费的优惠政策均可享受。目前上海已开通至成都、合肥、蚌埠、长沙、西安、郑州、重庆、义乌、南京、温州、宁波、南昌、昆明等地海铁联运班列。2008年上海港海铁联运集装箱运量11.2万标准箱，占全港集装箱总吞吐量的0.4%。

3.2.2 天津港集疏运网络发展情况

天津港除石油、天然气主要利用管道运输以外，其他货物主要利用公路和铁路两种集疏运方式，公路以运送集装箱、散杂货为主，铁路以运送大宗散货为主。

(1)港口后方集疏运通道

天津港后方公路集疏运通道为“四横两纵”的路网体系。“四横”为:京津塘高速公路二线收费站至海滨大道段,泰达大街(京津塘高速公路延长线),新港四号路(津滨高速公路、津塘公路延长线),津沽二线(津晋高速公路延长线)。“两纵”为:海滨大道和唐津高速公路塘沽段。

天津港后方铁路集疏运通道主要由北环线、东南环线、京山线和李港线组成。天津港后方铁路集疏运总能力约为 10 000 万吨,天津地方铁路局近期规划将对疏港铁路进行自动闭塞和电气化改造,改造后将扩能为 14 000 万吨。

(2)天津港外部通道

公路外部通道包括:西走向的京津塘高速公路、京津塘高速公路二线、津滨高速公路、津晋高速公路、103 国道(即津塘公路)、杨北公路;东北和西南走向的唐津高速公路,北走向的津蓟高速公路;南走向的京沪高速和津汕高速。外部铁路通道包括:京山线、津浦线、京九线、津蓟线、津霸线,经过北京、霸州、蓟县、山海关分别与西北、华北、东北等腹地连接。目前天津港铁路集疏运的主要货种是煤炭。

3.2.3 青岛港集疏运网络发展情况

青岛港与世界 130 多个国家和地区的 450 多个港口有贸易往来,是中国沿黄河流域和环太平洋西岸重要的中转港、国际贸易口岸和海上运输枢纽。集装箱航线已经达到 80 多条,每月航班 350 多个。青岛港集装箱集疏运总量的 90% 以上由公路承担,前湾港集装箱公路运输压力较大。铁路集疏运系统正处于快速发展阶段。管道方面,青岛港与胜利油田、齐鲁石化及华北管网相连,青岛港进口原油的中转运输可以实现大范围的联通,腹地内输油管道共有 15 条,形成了我国港口腹地原油集疏运最发达的管道运输网络。

青岛港海铁联运始于 1994 年,2000 年率先开行至郑州、西安、成都、太原等地的五定班列;2002 年开发建设黄岛港区码头作为海铁联运集装箱专用码头;2007 年试点开通了双层集装箱班列,取得了很大的成效。目前,青岛港已开通至郑州、西安、成都、太原等海铁联运五定班列线路。而国际过境集装箱班列则确保每天至少 1.5 列,进出青岛港的集装箱量的 60% 以上都是内地货源。2008 年青岛港海铁联运集装箱运量近 20 万标准箱,占全港集装箱总吞吐量的 2.0% 。

另外,大连港和连云港等港口也十分重视海铁联运的发展。大连港海铁联运比例达到8.9%以上,连续多年位居国内沿海港口首位;2008年连云港海铁联运集装箱运量14万标准箱,占全港集装箱总吞吐量的4.7%。

3.3 集疏运网络建设发展经验借鉴

与国内外港口相比,浙江港口集疏运网络的建设发展具有良好的基础条件,但也存在许多亟待改善和提升的方面。浙江具备海陆联动集疏运网络建设发展的良好条件,主要体现在港口集疏运网络已初具规模,港口腹地广阔,深水岸线资源丰富,拥有世界级大港宁波—舟山港等;不足方面主要体现在多种运输方式衔接不畅,海河联运和海铁联运基础设施建设明显滞后等。纵观国内外先进大港集疏运网络的发展规律和趋势,浙江有必要吸取以下几方面经验和启示,以进一步推动海陆联动集疏运网络的建设发展。

3.3.1 统筹规划,严格执行,分步实施

欧洲港口在进行建设之前,充分考虑港口的运输需求、岸线、陆域、各种集疏运方式、物流设施、环境保护、生态平衡等多种因素,统筹考虑、合理规划,明确港口战略发展定位。在实施规划的过程中,不仅实现码头前方装卸作业的现代化,还将其与堆存、后方的物流系统紧密衔接,同时采取港区环境保护措施。港口建设按照规划逐步实施,受法律保护,严格执行。例如,汉堡港的CTA码头作为世界先进的集装箱码头,其港区规划十分全面合理,码头水工、疏港公路和铁路等基础设施以及物流园区等物流设施的建设,都是严格按照规划有序进行。

由于海陆联动集疏运网络是一项复杂的系统工程、长期的发展任务。因此,浙江省要从综合交通运输系统实际出发,着眼于长远发展要求,统筹制订海陆联动集疏运网络建设发展战略。在此战略指导下,根据不同时期的发展需要,组织分阶段实施。在实施过程中,注重港口公共基础设施的建设,促进港口多种运输方式的有效衔接;在实施策略和全面启动、整体推进过程中,应以某一种或几种运输方式为抓手,培育一批试点项目,争取在重点项目和重点工作上取得突破,加快推进“三位一体”港航物流服务体系的建设发展。

3.3.2 因地制宜,促进港口集疏运方式多样化发展

因地制宜,引导港口集疏运方式朝多样化方向发展。港口应根据现有的集

疏运基础设施条件,制订科学合理的发展战略,避免单一发展某种运输方式,确保各种集疏运方式协调发展。由于各种集疏运方式对不同货种的适应性不同,因此,港口集疏运方式选择受货种及相应货种运量的影响。例如,管道一般只能运输石油、天然气及固体浆料等;公路(公路直接运输、公铁联运、公水联运等)一般为集装箱提供门到门的运输服务,而不适合为大宗散货提供运输服务;水路或铁路适合长距离的散货运输(建材、木材等材料);公路对时间要求高的集装箱、件杂货运输有相对优势。因此,对港口集疏运来讲,短距离运输宜采用公路运输,长距离运输则宜选择与铁路、水路有关的海—铁、公—铁、公—水的多式联运。

3.3.3 加强多种运输方式的有效衔接,推动多式联运

复合式、多模式集疏运系统是建设国际枢纽港的重要保证。公路、铁路、水运及管道等多方式的集疏运系统既便捷又高效,特别是铁路、河道与海运的零距离对接。加快铁路进港的实践,大力发展海铁联运,并且继续加大内河航道网的投资力度和发展水水中转运输业态,是港口集疏运的一个重要发展方向。鹿特丹现有港区的运作和马斯弗拉克特二期码头的规划中,海船停靠、内河驳船、铁路和公路等十分紧密,极大地方便货物集散,既节省货物作业时间,也节约运输成本。

在多式联运方面,美国和加拿大的多式联运发展经验也值得借鉴。美国实行大交通管理体制,美国联邦运输部是联邦政府管理水、陆、空运输的机构,主要工作是制定运输政策,实施运输扶持计划。集装箱班轮公司是多式联运的主要组织者和协调者,对多式联运发展起着重要促进作用。而加拿大各种运输方式配合紧密,加拿大的铁路、港口、仓储运输设施及配货中心围绕国际集装箱运输形成与之相匹配的标准体系,实现高效运输。铁路在加拿大集装箱多式联运系统中发挥重要作用,它一端连接港口,另一端连接北美内陆铁路网,铁路内陆中转站是加拿大多式联运中的重要节点。

3.3.4 加快海铁联运基础设施建设,发挥铁路大通道作用

国外许多港口十分重视港口铁路的开发建设,无论在汉堡港、鹿特丹港这样的沿海大港,还是在杜伊斯堡港、诺艾斯—杜塞尔多夫这样的内河港,都十分注重港口铁路的开发建设,将港口铁路作为港口功能向内陆延伸的重要途径。在

港口规划和建设中，综合考虑港口集疏运系统的衔接问题。例如德国铁路集装箱化率很高，在港口物流的开展过程中，多式联运方式所占比重不断增大，而铁路运输以其运量大、辐射范围广、安全、可靠和准时等优势，成为多式联运中的重要角色。

当前，我国大多数港口侧重于港前铁路建设，港区缺少直接进入的铁路支线，主要依靠疏港公路，缺乏对铁路集疏运的重视，加上相关铁路线性质复杂，运输协调难度大，使港口铁路集疏运发展受到限制。在港口集疏运体系中，铁路集疏运所占份额很低，港口集装箱铁路运输比例也较低。国际上集装箱海铁联运比例一般都在20%左右，而宁波集装箱海铁联运的比例不到1%，全国的总体水平在2%左右，这与铁路运输的比较优势是不相适应的。可见提高港口铁路集疏运比重，发挥铁路的大通道作用十分重要。应根据实际情况，抓住机遇，做好前期准备工作，加强与铁路部门的共建合作，创新海铁联运运营管理模式，发挥铁路与港口运输相结合的优势，促进港口物流的大发展。

3.3.5 推动海河联运建设，促进内河运输转型发展

欧洲大陆水网密集，水路运输发达。莱茵河、多瑙河、马斯河和易北河上星罗棋布的港口和川流不息的航船都显示了欧洲内河航运业的兴旺。欧洲的主要港口中，鹿特丹港、汉堡港等沿海港口是典型的河口港，通过内河运输的货运量在港口货物吞吐量中所占比例较大。欧洲境内除了天然形成的河流外，还有很多专门为运输货物开凿的人工运河，以帮助货物由沿海港尽快运送到内陆地区，及时进行货物分拨和配送。例如，德国境内的基尔运河和连接比利时和荷兰港口的斯海尔德—莱茵运河等。

除了传统的大宗散货运输外，欧洲内河还承载着很大一部分集装箱货运，从而使欧洲主要河流上的内河港口物流发展更快。例如，杜伊斯堡港每年通过水路运输的货运量占据整个港口货运总量的1/3，高于铁路运输，通过水路运输可以凭借发达的水网将港口的辐射范围向周边地区伸展。同时，由于使用了集装箱专用船，大量的适箱货源沿河而来，将来自鹿特丹港、安特卫普港等欧洲主要港口的货源运抵杜伊斯堡港，为杜伊斯堡港的物流业务开展提供了机会。

同样，与杜伊斯堡港紧邻的诺艾斯—杜塞尔多夫港也发挥自身沿河而兴的特点，充分发挥自身在内河运输上的优势，通过莱茵河水道，不断吸引来自鹿特丹港和其他欧洲主要港口的货物中转。同时，发挥作为物流枢纽的作用，对货物

进行仓储、配送和简单加工等物流增值服务。然后，再以多种运输方式将货物运往欧洲内陆的各个物流中心进行集中配送。正是由于因地制宜、灵活地使用了内河运输，才使港口的辐射范围扩大，货源变得充足，港口的物流功能真正得以体现。

宁波—舟山港所处的浙江省内乃至长三角地区内水系发达，内河运输条件好，特别是杭甬运河，是连接宁波与杭州的水上通路，建成后全线通航四级航道。利用杭甬运河的内河优势，大力发展宁波—舟山港与浙江省内河港口之间的内河运输，对浙江“三位一体”港航物流服务体系与港口物流发展都具有极其重要的战略意义。

第4章　海陆联动集疏运网络建设发展面临形势及要求

4.1　宏观政策导向的战略要求

4.1.1　国家物流业调整振兴规划

2009年国务院印发了《物流业调整和振兴规划》,在主要任务中提出:要加强物流基础设施建设的衔接与协调,发展多式联运,加强集疏运体系建设,使铁路、港口码头、机场及公路实现"无缝对接",着力提高物流设施的系统性、兼容性。完善的集疏运网络是发展现代物流业的重要保障。

4.1.2　上海国际航运中心战略

1996年1月,国务院领导在沪召开江苏、浙江、上海两省一市负责人会议,正式启动以上海深水港为主体,浙江、江苏的江海港口为两翼的上海国际航运中心建设。2009年,国务院发布了《关于推进上海加快发展现代服务业和先进制造业建设国际金融中心和国际航运中心的意见》指出国际航运中心建设的总体目标是:到2020年,基本形成以上海为中心,以江浙为两翼,以长江流域为腹地,与国内其他港口合理分工、紧密协作的国际航运枢纽港;基本形成规模化、集约化、快捷高效、结构优化的现代化港口集疏运体系,以及国际航空枢纽港,实现多种运输方式一体化发展。浙江省作为上海国际航运中心的重要组成部分,为充分发挥其作为南翼的重要作用,实现上海国际航运中心建设的目标,需要与之匹配的现代化港口集疏运网络。

4.1.3　长江三角洲区域发展战略

依据国务院日前正式批准实施的《长江三角洲地区区域规划》(以下简称《规划》),该规划明确了,长江三角洲地区发展的战略定位——亚太地区重要的国际门户、全球重要的现代服务业和先进制造业中心、具有较强国际竞争力的世界级城市群；发展目标——到 2015 年，率先实现全面建设小康社会的目标；到 2020 年，力争率先基本实现现代化。《规划》提出了城镇发展与城乡统筹、产业发展与布局、自主创新与创新型区域建设、基础设施建设与布局、资源利用与生态环境保护、社会事业与公共服务、体制改革与制度创新、对外开放与合作八个方面的发展方向和重点任务，并明确了保障规划实施的政策措施。

国务院在《国务院关于长江三角洲地区区域规划的批复》(国涵[2010]38 号)中强调，上海市、江苏省、浙江省人民政府要加强对《规划》实施的组织领导，制订实施方案，完善工作机制，落实工作责任，抓紧推进相关工作。国务院有关部门要按照职能分工，加强对《规划》实施的指导，研究制定贯彻落实《规划》的具体措施，在专项规划编制、项目安排、体制创新等方面给予积极支持，为促进长江三角洲地区加快发展创造良好的政策环境。作为长三角重要组成部分的浙江省，应切实加强海陆联动集疏运网络，促进《长江三角洲地区区域规划》的实施。

在《长江三角洲地区区域规划》中，提出要推进跨区域重大基础设施一体化建设，形成分工合作、功能互补的基础设施体系。还明确了要完善交通通道建设，主要包括沪宁和沪杭通道、沿长江通道、沿海通道、宁湖杭通道、杭甬通道、东陇海通道和浙西南通道七大通道，交通通道布局如图 4-1 所示。

4.1.4 长江战略

长江是我国第一大河，干流流经七省二市，是我国唯一贯穿东、中、西部的水路交通大通道。干线货物运输量已经超过了美国的密西西比河和欧洲的莱茵河，成为世界上内河运输最为繁忙的通航河流。长江水运在流域综合运输体系中具有重要地位，在沿江经济发展中发挥了重要的支撑保障作用。党中央、国务院和沿江各省市一贯高度重视开发长江、建设长江、发展长江、保护长江，并多次就长江黄金水道建设发展做出重要指示。长江黄金水道建设和长江口航道改造，为浙江省港口集疏运网络的建设与发展提供了良好的契机。

4.1.5 建设现代交通运输业发展要求

2010 年全国交通工作会议上，李盛霖部长指出转变发展方式、加快发展现代交通运输业，要切实做到“五个努力”：努力推进综合运输体系发展；努力提高交通运输设施装备的技术水平和信息化水平；努力促进现代物流业发展；努力建设资源

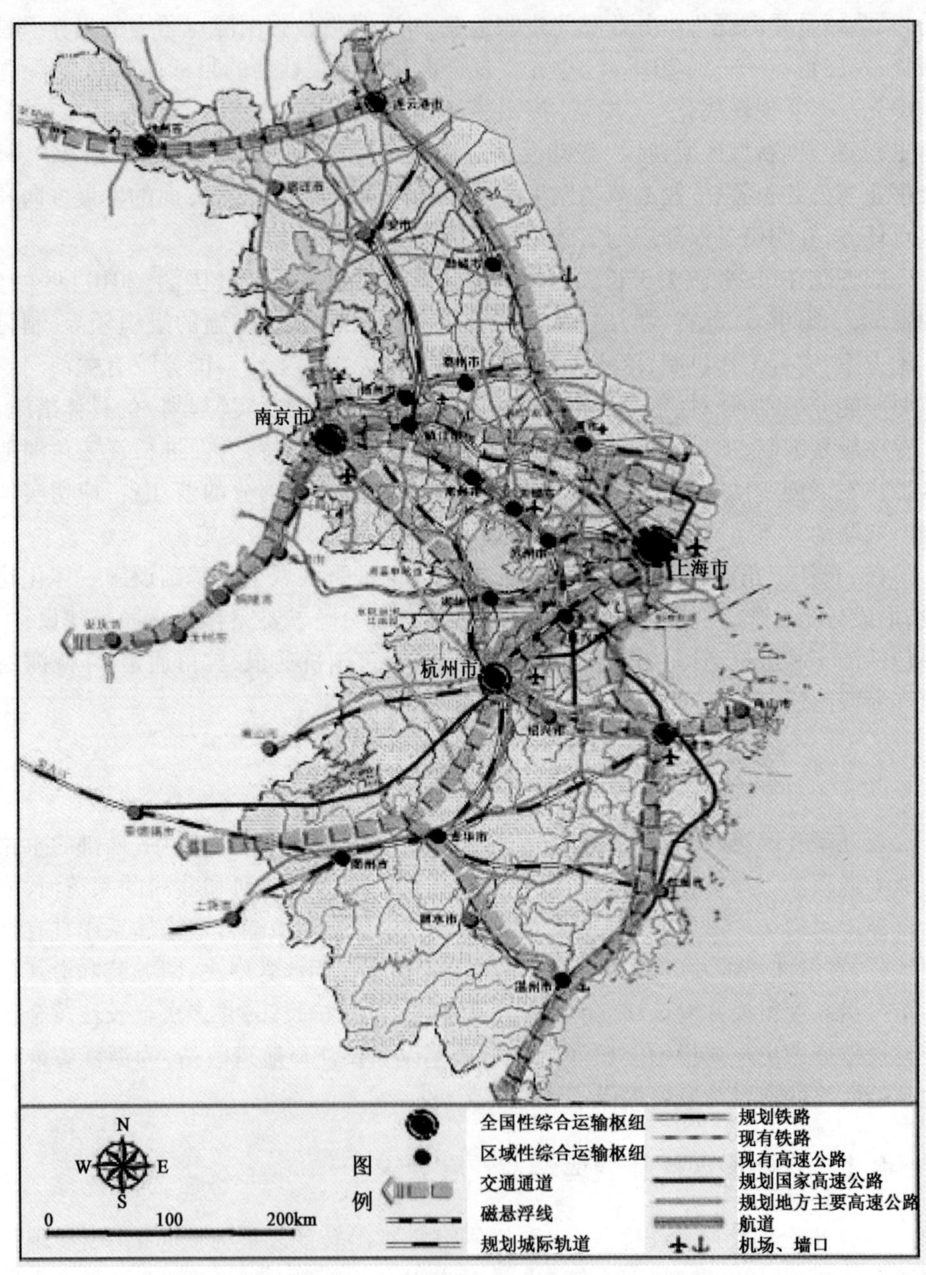

图 4-1　长江三角洲地区区域规划——交通通道布局图(2009 ~ 2020)

节约型环境友好型行业;努力提高安全监管和应急保障能力。发展现代交通运输业要求更加注重港口集疏运体系建设,完善集疏运网络,延伸港口服务功能,提高现代物流服务能力的集聚效应,促进综合运输体系建设。

4.2 浙江及周边省份发展战略

4.2.1 “海洋经济发展”战略

浙江省目前正加紧组织编制“浙江海洋经济发展规划”,“海洋经济发展”战略需要优化港口集疏运体系,整合港口资源,发挥深水岸线航道优势,重点建设一批深水港区,满足未来超大型干散货轮和集装箱班轮运输需要,增强上海国际航运中心在全国枢纽港竞争中的硬件能力。

4.2.2 “部省共建”战略

为贯彻落实国务院《关于进一步推进长江三角洲地区改革开放和经济社会发展指导意见》、《物流业调整和振兴规划》,2009 年 12 月 6 日,交通运输部和浙江省人民政府就共同促进浙江省交通物流发展问题在北京举行会谈。双方一致认为,浙江作为我国东部发达省份,在大力发展现代交通运输业、促进现代物流发展、提升交通运输“三个服务”的能力和水平方面,应率先发展,探索新路。交通运输部和浙江省人民政府决定就共同促进浙江省交通物流发展开展全面合作,并签署了会议纪要。“部省共建”为浙江省港口集疏运网络建设既带来了机遇又提出了挑战,浙江省应抓住这一契机,完善海陆联动集疏运网络。

4.2.3 “港航强省”战略

2007 年,浙江省委、省政府提出“港航强省”战略,加快“港航强省”建设基本思路是以宁波—舟山港为龙头,整合浙江省资源,增强集疏运能力,形成“一个龙头”(宁波—舟山港)、“两个区域”(嘉兴港、温台港)、“三条主线”(浙北航道、钱江中上游航道、杭甬运河)的水运网络,着力培植航运业的发展,以更好地发挥浙江省港航资源的整体功能。“港航强省”战略需要尽快构建干支直达、通江达海的内河航道体系,构建水陆配套、公铁衔接的集疏运网络。

4.2.4 “三位一体”战略

2010年浙江省人民政府工作报告提出:进一步整合港口资源,宁波—舟山港在稳定发展集装箱业务的同时,重点构筑大宗商品交易平台、海陆联动集疏运网络、金融和信息为支撑的“三位一体”港航物流服务体系,着力打造成我国重要的枢纽港,大力推进浙江省港口航运联盟建设,积极发展江海联运和内河航运,加快建设港航强省。海陆联动集疏运网络作为“三位一体”的重要组成部分之一,是浙江省构筑大宗商品交易平台、发展港口物流业的重要基础支撑。

纵观各有关宏观政策和发展战略,其战略导向对新时期浙江港口发展提出了新的要求,为“三位一体”港航物流服务体系建设创造了良好条件。可以说浙江港口及港口物流业正处于发展的黄金时期,面临大好机遇,应抢占先机、加快发展。海陆联动集疏运网络的进一步完善发展,则是抓住大好发展机遇的重要途径之一,对浙江港口物流业提升服务水平、扩大服务领域,浙江港口拓展发展空间、巩固国际地位等都起着重要作用。

4.2.5 江苏“沿海战略”

2009年6月,国务院常务会议审议通过《江苏沿海地区发展规划》,江苏沿海开发正式上升为国家战略。江苏沿海开发战略将使长三角发展空间得以拓展:“长三角要从现在的长江南岸的长三角,拓展为以上海为中心,长江南北岸、苏南苏北共同发展的大三角。”浙江作为长三角区域的重要组成部分,江苏“沿海战略”的实施将给浙江的发展带来新契机,浙江省港口运输的腹地范围将进一步得到扩大,需要高瞻远瞩建设与之相适应的集疏运网络。

4.2.6 福建“海西战略”

2009年5月6日,国务院发布了《国务院关于支持福建省加快建设海峡西岸经济区的若干意见》,海西战略从地方决策上升为中央决策,从区域战略上升为国家战略。海西战略要求福建省加强综合交通运输网络与对外通道建设,形成内地到福建的便捷交通走廊。浙江省南部作为海峡西岸经济区的重要组成部分,是实施海西战略的重要主体之一,应积极配合福建形成完善的集疏运网络,打通内地到福建的交通走廊。

4.3　经济发展及大宗商品交易市场发展要求

4.3.1　国民经济转型发展要求

十七大明确提出了以从转变经济增长方式到转变经济发展方式为内容的进一步转变我国国民经济发展方式的重要方针。这是我国经济发展方式的第二次历史性转变,其实质在于提高经济发展的质量:即主要通过科技进步和创新,在优化结构、提高效益和降低能耗、保护环境的基础上,实现包括速度质量效益相协调、投资消费出口相协调、人口资源环境相协调、经济发展和社会发展相协调在内的全面协调,真正做到又好又快的发展。贯彻落实中央决策部署,交通运输行业应深刻认识交通运输发展新的阶段性特征,加快交通运输发展方式转变。港口集疏运网络是交通运输系统的重要组成部分,转变交通发展方式对整合现有集疏运网络资源,优化集疏运网络结构提出了新要求。

4.3.2　长三角区域经济一体化发展要求

随着长三角经济和城市化的快速发展,区域经济一体化、建设大上海都市圈已成为该区域经济发展的新趋势。经济一体化将促进长三角地区的资金、资源、人力等生产要素跨区域集聚和有效整合,产业间及产业内部的分工与协作将更加紧密;随着上海国际航运中心、沿海大通道的建设,以上海为中心的长三角都市圈的联系将更加紧密。浙江省将依托经济和港口的优势,更加紧密地融入长三角都市圈。长江三角区域经济一体化发展需要完善的集疏运网络与之匹配。

4.3.3　大宗商品交易市场发展要求

浙江省依托港口优势,发展大宗商品交易市场,是“三位一体”战略的重要内容之一,是推动浙江省港口的转型发展,促进浙江省经济发展方式的转型的重要举措。大宗商品交易市场的建立需要便捷、发达的集疏运网络作为支撑保障。

4.4 港口转型升级发展规律的内在要求

4.4.1 港口服务功能拓展的要求

目前,大力发展现代服务业已经成为我国产业发展的客观要求,而促进港口转变增长方式,向现代服务业转型是建设现代交通运输业发展战略的具体体现。港口作为对外开放的窗口和经贸活动的门户,以及多种运输方式的交汇点,已成为我国利用国际国内两种资源、两个市场的重要支撑,在现代物流服务链中具有十分重要的地位。

港口向现代服务业转型发展,就是要大力发展现代港口物流,提升港口服务功能,增强港口综合服务能力,把原来以装卸生产为主的传统港口生产,提升为具有资源配置功能、高附加值的现代经济,加快经济发展方式的转变。而实现港口服务功能转型,需要完善的海陆联动集疏运网络作为支撑。

4.4.2 为腹地经济提供全方位港口物流服务的要求

浙江省港口资源十分丰富,一直以来,浙江省港口为长三角区域、乃至全国范围的商品流通发挥了重要作用,但仍存在一些与外省对接的主要通道尚未打通,影响了浙江省港口物流服务的范围和效率,为进一步发挥浙江省得天独厚的港口资源优势,拓展港口腹地范围,特别是陆向腹地服务的延伸,为长三角乃至全国提供全方位港口物流服务,迫切需要打通浙江省港口与外省对接的主要通道,形成海陆联动集疏运网络,从而带动腹地经济发展。

第 5 章　海陆联动集疏运网络建设发展适应性分析

为进一步优化浙江省海陆联动集疏运网络，有必要在集疏运网络建设发展条件分析的基础上，对照经济发展的形势和要求，结合各沿海港口的集疏运需求规模预测，对浙江省港口物流发展的集疏运网络的供给能力的适应性进行分析，并结合大宗商品交易平台的建设，对今后重点培育建设的交易平台的集疏运网络适应性进行分析，从而为有针对性地提出海陆联动集疏运网络建设的主要任务奠定基础。

5.1　沿海港口吞吐量发展水平预测

5.1.1　浙江省社会经济发展情况

浙江省是我国参与全球竞争的先导地区之一，是长三角区域一体化的重要组成部分，是承接长三角核心区向外辐射的纽带地区。目前浙江省已经成为以宁波、杭州两大中心城市为核心的连接全球和国内市场的重要节点。随着环杭州湾大桥、城际快速轨道交通等区域性基础设施建成，将进一步增强浙江省经济发展的活力，推动长三角地区以点及面、区域联动发展。

经济发展总体处于工业化高级阶段。2009 年浙江省 GDP 达 22 990. 35 亿元，人均 GDP 达 44 641 元。三次产业结构比是 5. 1:51. 9:43。浙江正处于全面提升工业化、信息化、城市化、市场化、国际化水平的关键时期。

从近年来浙江省 GDP、三次产业等国民经济指标的历史发展情况（表 5-1、图 5-1）可以看出，浙江省经济平稳增长，第三产业增长迅速，2009 年第三产业生产总值达到 9 918. 78 亿元，为浙江港口物流业的发展提供了良好的市场需求条件。

浙江省浙江省生产总值(1998 ~ 2009)　　表 5-1

年　份	浙江省生产总值(亿元)	第 一 产 业	第 二 产 业	第 三 产 业
1998	5052.62	609.30	2766.95	1676.37
1999	5 443.92	606.31	2 974.74	1 862.87
2000	6 141.03	630.98	3 273.93	2 236.12
2001	6 898.34	659.78	3 572.88	2 665.68
2002	8 003.67	685.20	4 090.48	3 227.99
2003	9 705.02	717.85	5 096.38	3 890.79
2004	11 648.70	814.10	6 250.38	4 584.22
2005	13 417.68	892.83	7 164.75	5 360.10
2006	15 718.47	925.10	8 511.51	6 281.86
2007	18 753.73	986.02	10 154.25	7 613.46
2008	21 462.69	1 095.96	11 567.42	8 799.31
2009	22 990.35	1 163.08	11 908.49	9 918.78

数据来源:浙江省统计年鉴。

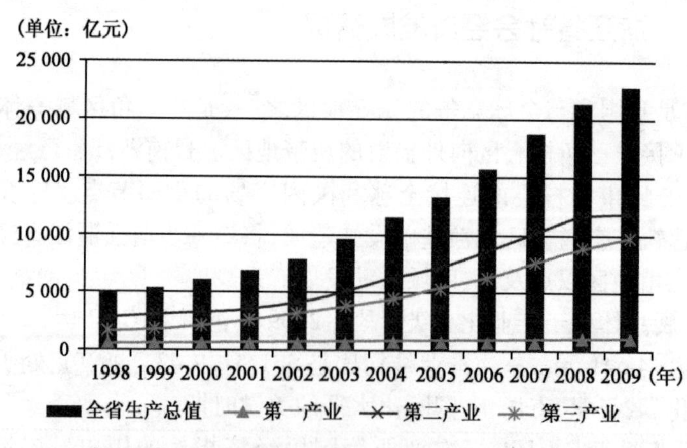

图 5-1　1998 ~ 2009 年浙江省三产业生产总值比较图

另一方面,随着浙江居民收入的日益增加,消费水平不断提高,消费层次日趋多样化和个性化,流通效率随之成为亟待解决的问题,以需求为导向的物流服务形式及内容的不断更新,对社会物流服务水平提出了更高要求。

5.1.2 浙江全社会货运量情况

2009 年,浙江省完成货运量 15.14 亿吨,其中铁路完成占 2.25%,公路完成占 63.4%,水路完成占 34.3%;完成货物周转量 5 659.8 亿吨·公里,其中铁路完成占 5.7%,公路完成占 21%,水路完成占 73.3%。1990 ~ 2009 年浙江省全社会货运量和货运周转量如图 5-2 和图 5-3 所示。

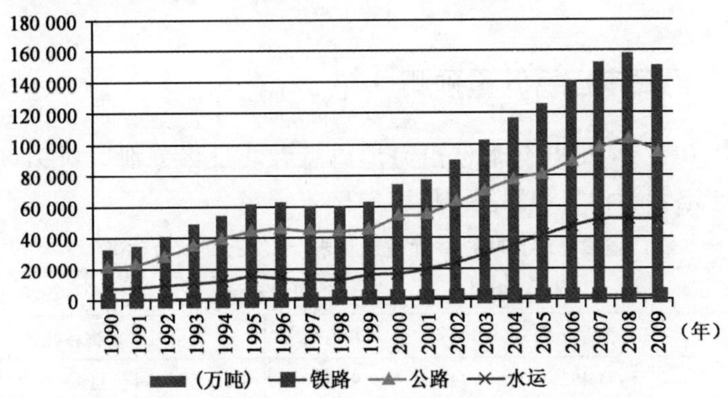

图 5-2 浙江省 3 种主要运输方式完成的货运量趋势比较图(1990 ~ 2009)

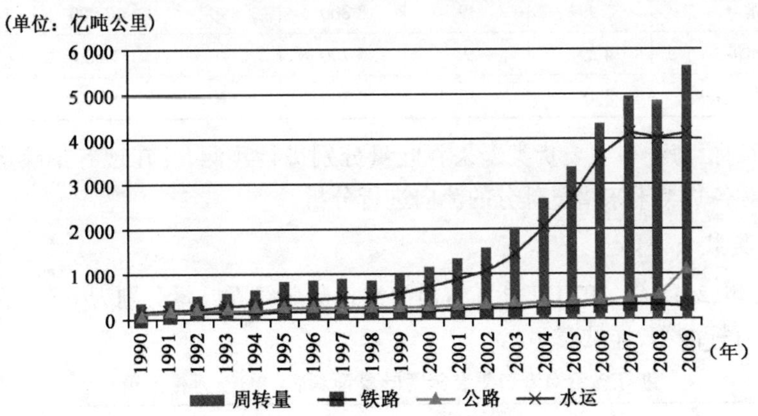

图 5-3 浙江省 3 种主要运输方式完成的货运周转量趋势比较图(1990 ~ 2009)

图 5-2 反映了浙江省铁路、公路和水运 3 种主要运输方式完成货运量的发展趋势,从图中可以看出,浙江省的货物运输主要通过公路和水路两种运输方式完成,公路运输货运量占总货运量的比重高于水路运输货运量。从 2001 年开始,公路运输量、水路运输量以及总货运量都呈现迅速上升趋势,其中公路运输量增长趋

势更为明显。货运量的不断增长是经济社会得以快速发展的具体表现,为浙江省港口物流的发展提供了物流资源基础和巨大的发展空间。

如图5-3所示,在1990年至2002年期间3种主要运输方式完成的货运周转量呈现平稳发展趋势,从2002年以后,水路运输完成的货运周转量呈现快速提升阶段,而公路和铁路的货运周转量平稳发展。这也体现了浙江未来物流发展将以港口物流发展为主要支撑,以港口物流作业为特征的物流需求成为全社会物流需求的主导力量。

5.1.3 沿海港口吞吐量预测

据预测,2015年、2020年浙江沿海港口总吞吐量将分别达到91 800万吨和113 300万吨,各沿海港口预测值详见表5-2。

浙江省沿海港口货物吞吐量预测表(单位:万吨、万标准箱)　　表5-2

	2009年现状		2015年预计		2020年预测	
	货物吞吐量	集装箱	货物吞吐量	集装箱	货物吞吐量	集装箱
合计	71 462	1 118	91 800	1 750	113 300	2 500
宁波—舟山港	57 684	1 050	73 100	1 550	89 000	2 100
温州港	5 999	39	8 800	90	12 000	190
台州港	4 294	9	5 700	40	7 300	90
嘉兴港	3 484	20	4 200	70	5 000	120

下面对沿海港口主要货类未来吞吐量分别进行预测,并在现有集疏运网络的基础上,对各货类未来增量部分的流向进行分析。

(1)集装箱

据预测,2015年、2020年浙江省沿海港口集装箱吞吐量分别为1 750万标准箱和2 500万标准箱,详见表5-3。

浙江省沿海港口集装箱吞吐量预测表(单位:万标准箱)　　表5-3

	2009年现状	2015年预计	2020年预测
合计	1 118	1 750	2 500
宁波—舟山港	1 050	1 550	2 100
温州港	39	90	190
台州港	9	40	90
嘉兴港	20	70	120

浙江省大部分箱源来自浙江本省，部分来自江西、安徽，随着长江流域经济迅猛发展、集疏运网络的不断完善，宁波-舟山港集装箱集聚效应的不断增强，其腹地将逐步扩展为整个长江流域。一方面，浙江省经济发展具有“两头在外”的特点，随着义乌等小商品市场的发展和物流园区的建设，浙江省本省集装箱生成量将大幅增加。另一方面，以上海为龙头的长江三角洲和长江沿线地区已成为我国经济发展的主要轴线，上海将加快建设国际经济、金融、贸易、航运中心，发挥国内、国际两个扇面辐射转换的纽带作用，进一步带动长江三角洲和长江沿线的经济发展，对外贸易规模将进一步扩大，进出口结构也将得到不断优化，适箱货物比例和箱化率将有所提高，随着浙江省铁路、内河集疏运网络的完善，港口腹地的深入，以及相关优惠政策对腹地货源的吸引，长三角及长江沿线等地区对浙江省沿海港口的集装箱集疏运需求也将大大增加。

(2)煤炭

据预测，2015 年、2020 年沿海港口煤炭吞吐量分别为 14 105 万吨、16 990 万吨，详见表 5-4。

浙江省沿海港口煤炭吞吐量预测表(单位:万吨)　　表 5-4

	2009 年现状	2015 年预计	2020 年预测
合计	11 569	14 105	16 990
宁波—舟山港	6 227	8 063	10 000
温州港	1 444	2 072	2 800
台州港	1 528	1 999	2 500
嘉兴港	2 370	1 971	1 690

未来浙江省沿海港口煤炭吞吐量相对于目前的增量部分将有相当一部分服务于本省沿海电厂的煤炭需求。宁波和舟山地区现有北仑电厂、镇海电厂、国华宁海电厂、大唐乌沙山电厂以及舟山电厂，总装机约为 1 000 万千瓦。随着镇海发电厂改造、北仑电厂三期扩建、国华宁海电厂、舟山电厂等一系列电力项目的实施，预测 2020 年宁波和舟山市火电装机容量将分别为 1 200 万千瓦、1 600 万千瓦左右，所需电煤分别为 3 000 万吨、4 300 万吨。随着温州、台州、钱清、兰溪等电厂的扩能、温台地区和甬江两岸临港产业的发展，浙江省内煤炭需求还将大幅提升。此外，浙江省凭借特殊的区位优势，还有相当一部分的煤炭供应我国沿海和长江沿江的各大电厂、钢厂等煤炭消耗大户，沿海地区(11 省市区)发电(火电)装机容量约占全国火电总装机容量的 50% 左右，每年有数以亿吨的煤炭需要经过水陆联运，送达用户。

(3)石油及制品

据预测2015年、2020年浙江省沿海港口石油及制品吞吐量分别为17 230万吨、22 136万吨,详见表5-5。

浙江省沿海港口石油及制品吞吐量预测表(单位:万吨) 表5-5

	2009年现状	2015年预计	2020年预测
合计	12 866	17 230	22 136
宁波—舟山港	11 783	15 335	19 100
温州港	436	791	1 300
台州港	167	335	600
嘉兴港	481	769	1 136

原油:浙江省沿海港口主要为省内、长江三角洲及长江沿线地区的外贸原油进口及油气品调运服务。其中,对于原油,石化部门提出"一程油轮和原油码头大型化,二程运输管道化"的发展战略,未来二程原油运输主要由甬沪宁管线、日照—仪征及仪长管线承担。

成品油:浙江省在成品油运输中主要承担本地石化企业油品调运、省内油品调拨及为长江三角洲地区转运部分油品。为满足腹地成品油的快速增长、适应外贸进口和批量运输需求,宁波—舟山港的油品转运主要集中在宁波大榭、算山和舟山岙山、西蟹峙等地,宁波(大榭、算山)以石化企业加工出口为主,岙山以外贸进口燃料油转运为主,西蟹峙以北方下海油品储运、物流分拨为主。

液体化工:化工产业已成为长江三角洲地区的支柱产业之一。依托炼油和乙烯项目,浙江省宁波市、台州市还将形成较大规模的石化产业链。

(4)金属矿石

据预测,2015年、2020年宁波—舟山港金属矿石吞吐量分别为16 869万吨和19 600万吨。考虑台州、嘉兴港进口少量金属矿石,预测2015年、2020年浙江沿海港口金属矿石吞吐量分别为17 024万吨、20 074万吨。详见表5-6。

浙江省沿海港口金属矿石吞吐量预测表(单位:万吨) 表5-6

	2009年现状	2015年预计	2020年预测
合计	14 190	17 024	20 074
宁波—舟山港	14 089	16 869	19 600
温州港	94	97	100
台州	1	18	200
嘉兴港	7	40	174

目前，长江沿线的众多钢铁企业的钢铁产量约占全国钢铁产量的 1/3，进口铁矿石需求强劲。据估计，2020 年长三角地区及长江沿线钢铁企业的铁矿石需求量为 2 亿吨，其中相当一部分将通过宁波—舟山港二程运输供给长江沿线钢铁企业。

(5)粮食

据预测，2015 年、2020 年浙江省沿海港口粮食吞吐量分别为 1 246 万吨、2 460 万吨，详见表 5-7。

浙江省沿海港口粮食吞吐量预测表(单位：万吨) 表 5-7

	2009 年现状	2015 年预计	2020 年预测
合计	689	1 246	2 460
宁波—舟山港	647	1 060	1 600
温州港	34	119	340
台州港	7	44	200
嘉兴港	1	23	320

目前，浙江省沿海港口粮食运输主要满足粮食加工企业、粮食储备和腹地粮食转运等各方面需求。未来，宁波港域后方的泰国正大和印尼金光等粮油和食品加工厂根据市场需要将适当扩大粮食进口量；舟山港域将依托临港工业中大型植物油脂综合生产项目，推动国际粮油集散加工中心建设，形成长江三角洲乃至全国重要的临港大型粮油物流、加工、贸易基地。粮油基地的建设将带来港口粮食吞吐量的快速增长。

(6)钢铁

据预测，2015 年、2020 年浙江省沿海港口钢铁吞吐量分别为 2 424 万吨、3 370 万吨，详见表 5-8。

浙江省沿海港口钢铁吞吐量预测表(单位：万吨) 表 5-8

	2009 年	2015 年	2020 年
合计	1 637	2 424	3 370
宁波—舟山港	969	1 478	2 100
温州港	304	407	520
台州港	241	339	450
嘉兴港	123	200	300

(7)木材

据预测,2015 年、2020 年浙江省沿海港口木材吞吐量分别为 140 万吨、480 万吨,详见表 5-9。

浙江省沿海港口木材吞吐量预测表(单位:万吨) 表 5-9

	2009 年	2015 年	2020 年
合计	49.7	140	480
宁波—舟山港	44	95	180
温州港	2	7	20
台州港	2.2	18	100
嘉兴港	1.5	20	180

5.2 港口基础设施的适应性

2009 年,沿海港口实际吞吐量达 7.15 亿吨,但沿海港口年货物综合通过能力仅为 6.74 亿吨,可见,码头已超负荷运转。以宁波—舟山港为例,根据统计分析,2009 年全港泊位通过能力利用率为 124%,主要货种如煤炭、铁矿石、集装箱、原油等泊位利用率分别达到 203%、170%、137% 和 120.6%,超负荷严重,新建大宗散货码头项目,当前提高港口能力的任务还很重。此外,锚位紧缺,锚地容量不能适应港口发展需要的问题也比较突出。

据预测 2015 年,港口吞吐量将达到 9.2 亿吨,按沿海港口适应度达到 1.1 的标准,2015 年港口的吞吐能力应达到 10 亿吨。据预测 2020 年,港口吞吐量将达到 12 亿吨,按沿海港口适应度达到 1.1 的标准,2020 年港口的吞吐能力应达到 13.2 亿吨。由此可见,港口基础设施尚不能满足现状及未来的需求。

5.3 集疏运网络适应性

5.3.1 公路集疏运网络适应性分析

在公路网方面,浙江省已经初步形成高速公路网、国省干线公路网、农村公路网三网并进的发展态势,但存在与长三角地区和中部地区公路网有效衔接的问题,特别是沿海高速公路需加快建设。

港区与外部干线公路网络衔接不畅,直接连接港区的"最后一公里"道路普遍缺乏。作为港口集疏运主通道的高速公路、国省干线基本只通至港口城市,未能直接连接港区。如温州的大小门、状元岙港区,台州临海、大麦屿等港区主要作业区集中在岛屿,目前尚无顺畅的干线公路直接与腹地相连。台州的健跳港区缺乏与干线公路顺直连接的集疏运道路,只有通过 74 省道与其他干线公路连通,迂回绕行明显。

此外,部分港区疏港公路数量有限、能力不足,集疏运能力不能满足运输需求,与城市道路混合交叉干扰严重;港口、港区间的集疏运道路缺乏统筹规划、有效连通,影响了港口集疏运整体效率的发挥。

5.3.2　水路集疏运网络适应性分析

在水路网方面:基本形成了连接浙南、浙北、浙东,以"北网南线"骨干航道为依托,干支相连的内河航道网络,但需向北沟通太湖、长江水系的能力,同时要加强主要进港航道的建设。

1)航道

(1)内河航道

浙江省航道等级低,结构性矛盾突出,通过能力严重不足,迫切需要提高航道标准。2009 年,浙江省共有四级及以上高等级航道 1291 公里,仅占浙江省航道总里程的 13.3%。嘉兴港内河航道等级普遍偏低,航道建设维护不足,难以发挥嘉兴水系发达、水上交通便利等整体功能;温州和台州的内河通航能力低,加上由于自然条件限制,内河航道网基本局限在本市域范围内,辐射范围非常有限,大运量、长距离、节能环保的优势不能得到发挥,大量适宜内河集疏港的货物不得不转移到公路集疏运网络上来,进一步加大了公路集疏运网络的压力。

(2)进港航道

浙江省沿海港口进港航道等级偏低,部分进港航道存在多处浅滩,如嘉兴港外海进港航道崎岖列岛至王盘山段、温州港状元岙、乐清湾港区的进港航道等,造成大型进港船舶需候潮进港,影响了进港航道的整体利用效率,不能满足今后大型化船舶的进港需要;此外,随着港口后方腹地经济的进一步发展,出港的船舶也将日益增多,将发生由于需候潮离港而出现的压港现象,因此迫切需要对进港航道进行疏浚整治。

2)联运

(1)海河联运

现阶段,浙江省沿海港口运输体系与内河运体系并未有效衔接,外海港口和内河港口货物疏运方式仍以公路为主,部分需要"海河联运"货物也需经汽车短驳,能够直接"海河联运"的货物比例极少,增加了货物运输成本,降低了水运的竞争力,也给区域交通带来较大压力。

嘉兴港。"海河联运"以嘉兴港最具特色。嘉兴港后方的杭嘉湖地区航道网络密布,内河通航能力强,但乍浦港区乍嘉苏航道为五级,且乍浦港区二期、三期尚未直接连接到内河航道,转陆路需约5公里汽车短驳,独山、海盐港区还未建成与后方航道网联通的较高等级航道,嘉兴港"海河联运"特色优势不能得以充分发挥。

宁波—舟山港。杭甬运河是宁波—舟山港后方货物疏运的重要通道之一,为宁波—舟山港发展海河联运提供了基础保障。为实现宁波—舟山港的海河联动,目前杭甬运河已经按通航500吨级船舶四级航道标准改造完成,成为宁波—舟山港的海河联动的一条重要对外集疏运通道,但由于受宁波市城市总体布局规划的限制,宁波—舟山港的内河航道网仍基本局限在宁波市域范围内,未能与长江三角洲内河航道网实现有效对接,也没有实现与沿海港区的有效衔接,致使内河在港口集疏运方面的作用极为薄弱。

温州港。内河水运是温州港重要的集疏运方式之一,瓯江是温州港沟通内陆腹地的水上通道,但温州港发展海河联运存在的最大问题是瓯江中上游航道因尚未全面整治,作用没有得到发挥,影响了温州港海河联运的进一步发展。

台州港。台州港发展海河联运存在的最大问题是椒江中上游航道作用没有得到发挥海河联运船舶疏运范围有限,经济腹地辐射范围较小,影响了台州港海河联运的进一步发展。

(2)江(长江)海联运

浙江省沿海港口具有江海联运的优势,大宗货物可以在通过海上一程运输、沿海运输后通过二程运输服务于长江用户,但由于长江航道水深不足以及江海船型的差异,使长江黄金水道与海外通航之间的无缝衔接受到很大的限制,中转运输增加了运输成本,降低了运输效率。

5.3.3 铁路集疏运网络适应性分析

在铁路网方面:初步呈现了"一纵两横"布局,但铁路货运专线偏少,港口依托铁路完成货物集散的比例较低,沿海港口集装箱和大宗物资的海铁联运有待加强。

(1)铁路对外干线通道尚不健全

尚未打通宁波往苏南、江西、湖南等地的快速通道,制约了浙江省向我国内陆地区的货物集散;沿海缺少贯通南北各港口的铁路货运专线;此外,要强化与铁道部的合作,积极争取相关项目,并把宁波作为国家海铁联运综合试验区,加快推进海铁联运向内陆省市延伸,提高铁路集疏运的比例。

(2)宁波通往港区的铁路线路少

目前铁路集疏运线路主要是萧甬铁路(宁波至杭州萧山),另有沟通萧甬铁路至镇海港区、至北仑港区的铁路支线,但穿山、大榭、梅山港区还未通铁路,铁路线路单一、连通度差,尚未形成网络,与港口集疏运通过能力要求严重不匹配,制约了换装效率,已成为制约宁波港域海铁联运发展的基础硬件瓶颈。

此外,宁波是我国规划重点发展的铁路集装箱作业站之一,但规划的铁路集装箱作业站、集装箱专用货场等关键设施尚未建成,宁波至浙赣沿线、长江流域等主要城市的集装箱班列也尚未开通,极大地制约了铁路作为宁波—舟山港集疏运通道功能的发挥。

(3)温台港集疏运网络薄弱

温台港是浙江省重要的支线港,是宁波—舟山港的重要喂给港,但温、台两港集疏运网络尤为薄弱,尤其体现在铁路集疏运网络上,严重制约了温台港的发展。甬台温铁路虽已建成通车,但其以客运为主,客运时速达 250 公里/小时,货运受到了一定限制,特别是重装的货物如煤炭、水泥等可能受到限制,目前仅走一些集装箱、行包等轻便的货物,温州和台州港拟通过甬台温铁路实现港口货物的集散基本无法实现。

目前,温州港仅龙湾作业区建有铁路支线,接并到金丽温地方 I 级铁路。根据温州市政府有关要求,温州港未来大宗散货运输将安排在乐清湾港区,目前乐清湾港区一期工程即将开工建设,预计 2013 年投产,而港区后方铁路支线尚处于规划研究阶段,严重滞后于港区建设。乐清湾港区的散货集散方向主要为东西走向,目前该港区铁路走向基本是南北向,缺乏与港区东西走向相连接的铁路线路,且通往丽水和衢州的铁路也尚未打通,制约了温州港货物服务于浙西地区、浙赣沿线部分地区。

(4)嘉兴港尚无铁路直接进港

嘉兴港尚无铁路直接进港,需要公路进行中转,制约了铁路作为港口集疏运大通道功能的发挥。

综上所述,浙江省已初步形成与港口发展基本适应的集疏运网络,但公路、铁路、水路(特别是内河)等集疏运基础设施发展依然滞后,尚未形成结构合理、相互协作、衔接顺畅、高效运行的海陆联动集疏运系统。①在江海联运方面:还未实现"海进江"直接运输,"江海联运"适航船舶定型和适航标准尚无,长江沿线码头配套建设有待加快。②在海铁联运方面:各沿海港口不同程度地均有港区尚未通铁路;宁波尚未形成与发展铁路集装箱作业站相匹配的配套设施,且铁路运输组织上不顺畅等,这些均影响了"海铁联运"效率的发挥。③在海河联运方面:沿海港口运输体系与内河并未有效衔接,部分需要"海河联运"货物仍需经汽车短驳;嘉兴港内河港池能力不足,且港区内各港池缺乏有效连接;受种种原因所致,宁波—舟山港尚未与长江三角洲内河航道网实现有效对接;温台港主要是瓯江和椒江的作用尚未得到发挥;此外,多个港区进港航道存在浅滩,制约了进港航道整体的通过能力,这些均影响了"海河联运"的有效实施。④在公水联运方面:港区与外部干线公路网络衔接不畅,直接连接港区的"最后一公里"道路普遍缺乏;港口、港区间的集疏运道路缺乏有效衔接,影响沿海资源整合发展;疏港公路与城市道路混合、交叉干扰严重。

5.4 对大宗商品交易平台的适应性

依据专题一,重点依托宁波—舟山港,培育集装箱物流平台和石油化工、煤炭、粮食、矿石、船舶交易等专业化的大宗商品交易平台,形成大宗商品的交易、定价、信息和结算中心,以及区域性港口物流中心和国际性采购与物流配送中心,促进大宗商品流通,拉动商流、人流、资金流和信息流在浙江高度集聚,带动金融、保险、仓储、物流等现代服务业的发展。对照重点大宗商品交易平台和集装箱物流平台的基本情况,与其相适应的集疏运方式及需要改善的条件,见表5-10。

重点交易平台(或项目)合理集疏运方式及需改善的条件 表 5-10

货种	平台或项目名称	地点	合理集疏运方式	需要改善条件
石油化工	舟山石油化工品交易中心	舟山	水水中转、公路	舟山本岛疏港公路
	宁波镇海液体化工产品交易市场	镇海	铁路、内河(杭甬运河)、海进江、公路	杭甬运河尚未运营; 港区铁路支线建设
	中石化长三角汽柴油交易中心; 宁波长三角固体石化产品交易中心; 宁波大榭化工交易中心	宁波	铁路、内河(杭甬运河)、海进江、公路	杭甬运河尚未运营; 港区铁路支线建设
铁矿石	舟山铁矿石交易中心	鼠浪湖 武港凉潭 马迹山	水水中转、海进江	目前在围垦,预计2012 年建设,2014 年投入使用
	宁波铁矿石交易中心	宁波	水水中转、海进江	增强海进江中转运输服务功能
煤炭	长三角国际煤炭交易中心	六横岛	水水中转、海进江、公路	六横与宁波疏港公路
	宁波镇海煤炭交易市场	镇海	铁路、内河(杭甬运河)、海进江、海铁联运	杭甬运河尚未运营; 港区铁路支线建设
	区域性煤炭交易平台	嘉兴独山 台州头门和大麦屿 温州乐清湾	公路、内河、铁路、海河联运	港区内河港池及内河航道建设; 港区铁路支线建设
粮食及农产品	舟山国际粮油集散中心	舟山老塘山	水水中转、海进江、公路	舟山本岛疏港公路
	区域性粮食交易市场平台	嘉兴独山 温州龙湾 宁波 台州	公路、内河、铁路、海河联运	港区内河港池及内河航道建设; 港区铁路支线建设
	台州海峡两岸(玉环)商品交易物流中心	台州玉环	—	开辟对台直航航线

续上表

货种	平台或项目名称	地点	合理集疏运方式	需要改善条件
钢材	宁波镇海钢材交易市场；宁波华东物资城钢材交易市场	宁波	铁路、内河（杭甬运河）、海进江、海铁联运	杭甬运河尚未运营；港区铁路支线建设
	嘉兴·中国杭州湾钢贸城	嘉兴	公路、内河、铁路、海河联运	港区内河港池及内河航道建设；港区铁路支线
	玉环大麦屿钢材交易市场	台州	公路、铁路	港区疏港公路建设；港区铁路支线建设
木材	宁波镇海木材交易市场	镇海	铁路、内河（杭甬运河）、海进江、海铁联运、海河联运	杭甬运河尚未运营；港区铁路支线建设
	舟山木材建材市场	舟山	水水中转、公路	舟山本岛疏港公路
塑料	余姚中国塑料城	宁波	公路、内河（杭甬运河）	杭甬运河尚未运营；港区疏港公路建设
有色金属	中国镍金属交易中心	宁波	铁路、公路、内河（杭甬运河）、海铁联运、海河联运	杭甬运河尚未运营；港区内河港池及内河航道建设；港区铁路支线建设；港区疏港公路建设
	浙北生产资料交易市场；嘉兴平湖金属交易市场	嘉兴		
	台州工业原材料交易市场	台州		
船舶	浙江船舶交易市场	舟山	—	—
	台州船舶交易市场	台州		
	温州船舶交易市场	温州		
	宁波国际航运中心船舶及船用产品交易市场	宁波		

根据对表5-10的分析，重点大宗商品交易平台集中在宁波三个港区和舟山的六个港区，下面按照货类就集疏运网络对集装箱物流平台和大宗商品交易平台的适应性进行分析。

(1)集装箱

目前宁波—舟山港多种集疏运方式发展不平衡,特别是铁路、内河发展滞后,宁波—舟山港(镇海、北仑、大榭、穿山、梅山、金塘、六横)区集装箱主要以水路和公路集疏运方式为主,水路承担比例达到58%,其中:内贸箱以沿海运输为主,内河占3%,沿海占5.97%;外贸占51.8%,外贸中53.95 万标准箱通过内支线集疏运;公路承担的比例达到41.9%;铁路承担的比例微乎其微,仅占0.029%。

据规划预测:2020 年,宁波—舟山港全港集装箱吞吐量3 000 万标准箱,比目前净增1 900 万标准箱,其中净增的箱量主要在北仑、穿山、金塘和梅山港区,考虑到金塘与梅山(首期集装箱码头两个泊位投入运营)主要以水水中转为主,公路和铁路的集疏运增量主要体现在北仑和穿山港区。在铁路、长江、内河支线集疏运条件不断完善的基础上,内河和铁路承担的集装箱集疏运份额将有所提升,估计将达到5%,公路仍然需承担较大集疏运任务,高速公路疏港供需矛盾仍然突出。

(2)液体散货

目前宁波—舟山港马岙港区(舟山世纪太平洋化工有限公司)主要的集疏运方式有海运、河运(海转内河)、陆路运输。根据镇海港区各类货类吞吐量分析,液体散货约占港口吞吐量的四分之一,约500 万吨,集疏运方式主要有公路、水路。

目前宁波在集疏运方面尚未充分发挥内河的优势,特别是投资74 亿元的杭甬运河,受种种原因影响至今仍未通航,“海河联运”的优势没有实现。

(3)干散货

煤炭:舟山六横码头地处沿海与长江黄金水道的交汇处,依托长江三角洲广阔的经济腹地,在北煤南运的航线格局中起到承上启下的作用。服务范围涉及“长三角”沿海以及长江沿江,还能辐射至福建、广东两省。今后六横港区的煤炭发展方向:一是承接我国北方下水煤;二是从海外进口煤炭,向国内大陆疏运。最适宜的集疏运方式是沿海运输和“海进江”、“海进河”运输。为提高沿海运输竞争力,浙江省应鼓励本省航运企业发展沿海运输,并向规模化、船舶大型化发展;“海进江”、“海进河”相关配套基础设施的建设有待加强。嘉兴独山港区煤炭主要服务于浙北和苏南,海河联运是今后的发展方向,内河港池及内河航道,以及港区铁路支线的建设需要加强。

粮食:舟山老塘山三期、五期位于舟山经济开发区临港区,老塘山三期目前主要通过减、加载的方式向浙江后方粮食储备库、中海粮油加工提供运输，今后，沿海运输以及在目前减、加载运输方式的基础上，需要进一步开展海进江（河）直接运输。嘉兴独山港区粮食主要服务于浙北和苏南，海河联运是今后的发展方向，内河港池及内河航道，以及港区铁路支线的建设需要加强。

矿石：舟山岱山鼠浪湖码头可停靠 40 万吨级船舶，今后发展方向是成为长三角大宗物资中转基地、国家战略物资储运基地的重要组成部分。目前正在完成陆域围垦工程建设，预计 2014 年将投入使用，合理的集疏运方式是海海中转、“海进江”运输。

第 6 章 海陆联动集疏运网络建设发展思路及战略目标

在前几章深入分析和研究的基础上，提出浙江海陆联动集疏运网络建设发展的指导思想、基本原则、建设发展思路和总体目标，进一步确定 2015、2020 年中期及远期发展目标。

6.1 指导思想与基本原则

6.1.1 指导思想

以科学发展观为指导，围绕“加快港口转型升级，促进经济发展方式转变”这一主线，大力发展港口物流；构建以大宗商品和集装箱为重点的交易（物流）平台，强化港口海陆联动集疏运网络对交易平台和港口物流的支撑；以港口及集疏运规划为依据，着力推进“四大通道”和“五大联动”体系建设，提升港口物流集疏运服务水平，进一步提升以宁波—舟山港为核心的浙江沿海港口群在全国乃至世界港口中的地位。

6.1.2 基本原则

（1）坚持统筹协调

以服务于大宗商品交易平台建设为目标，完善海陆联动集疏运网络，统筹港口基础设施和公路、铁路、水路、海运的协调发展，统筹港口开发建设与保税港区、沿海开发区、物流园区、内陆无水港的协调发展。

（2）坚持结构优化

调整优化集疏运体系结构，大力发展内河水运、铁路集疏运，加强各种运输方式之间的有效衔接，加快完善连接港区道路、铁路站场等港口配套基础设施，确保港口与各种集疏运方式高效、快捷连通,提高港口集疏运水平。

(3)坚持体制机制创新

顺应"大部制"改革方向和要求,结合区域交通发展和现行体制的实际,努力破除综合交通运输发展的各种机制体制障碍,加快管理体制机制改革,调动一切积极因素,变行业行为为政府行为,破除要素制约,推动综合运输体系快速、协调发展。

6.2 发展思路

6.2.1 港口发展定位

打造亚太地区重要的综合性国际枢纽港。借鉴国内外先进港口"国际化视野、地主港模式、市场化运行、综合性功能"的经验,充分发挥浙江省港口现有储备、物流、加工和交易等功能,以宁波—舟山港为龙头,浙北和温台港口为两翼,在稳定发展集装箱业务的同时,增强石油化工、矿石、煤炭、粮食等大宗物资的战略储备,大力发展港口物流,积极发展临港产业,以此构建大宗商品交易平台,加快现代市场体系建设,促进浙江省经济转型升级,服务长三角乃至全国的发展。

重点加快以下三个基地建设:

(1)建成我国最大的大宗散货战略储备基地(储备岛)

充分发挥浙江省港口区位和海岛资源优势,进一步发展原油、矿石、煤炭、粮食等大宗散货战略储备,维护国家经济安全。

(2)建成我国重要的港口物流基地(物流岛)

大力发展大宗商品的装卸、仓储、配送、加工等物流增值服务,拓展港口腹地空间,完善供应链、延伸产业链、提升价值链。

(3)建成我国重要的大宗商品交易基地(交易岛)

充分发挥浙江"市场大省"优势,依托宁波、舟山等地现有市场基础,积极探索大宗商品中远期和期货交易,打造具有国际影响力的大宗商品交易中心。

6.2.2 海陆联动集疏运网络发展定位

以浙江主要港口为枢纽,以公路、铁路、水路、航空、管道多种运输方式形成的综合交通运输网络为基础，加快完善干支相连、江海互通、水陆配套、公铁衔接、分工协作的现代化港口集疏运网络，打造江海、海铁、海河、公水、区港五大联动体系，重点构筑联通南北沿海、长江沿线、西南内陆和海洋四大运输通道，进一步巩固和提升宁波—舟山国际枢纽大港的地位，增强浙江港口对内陆地区、长三角、长江流域乃至全国的辐射能力，打造亚太地区重要国际门户。

6.2.3 海陆联动集疏运网络发展思路

以促进港口转型升级为方向，着力提升宁波—舟山港国际竞争力，通过港口现代物流的建设，深化港口贸易、港口金融与港口物流信息的融合发展，充分发挥浙江省港口的区位优势和港航资源优势，打造港口若干大宗商品交易平台，提高浙江省港口对外开放度。

港口海陆联动集疏运网络的发展应体现四个呼应，即呼应国务院提出的“上海国际金融中心和上海国际航运中心战略”，呼应江苏省提出的“沿海战略”、福建省提出的“海西战略”，呼应浙江省正在推动的“海洋经济发展战略”，推进浙江省江海联动、海陆联动，加快建成干支相连、江海互通、水陆配套、公铁衔接、分工协作的现代化集疏运网络体系，并形成通往国际、国内周边省份和省内的四条运输大通道。

海陆联动集疏运网络建设总体思路如图 6-1 所示。

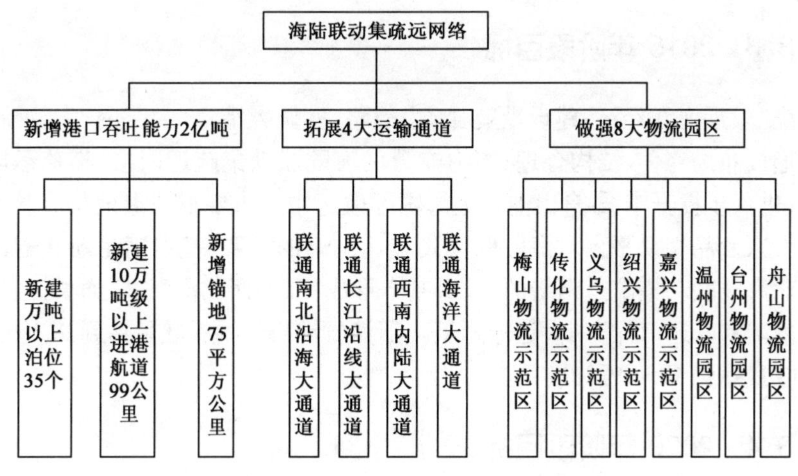

图 6-1 海陆联动集疏运网络建设总体思路

6.3 建设目标

6.3.1 总体目标

发挥沿海港口优势，加快发展港口现代物流，拓展物流服务功能，提升港口综合服务能力，转变发展方式，依托港口"三位一体"港航物流服务体系，成为国际性港口综合物流枢纽，浙江省新的发展空间与新的经济增长点。

形成布局完善、结构合理、能力充分的海陆联动集疏运网络，服务于国家提升上海国际航运中心核心竞争力，满足长三角乃至全国大宗战略物资的集疏运需求，促进浙江港口物流"衔接顺畅、经济高效"发展。

6.3.2 2012 年阶段目标

以大宗商品交易平台和港口物流发展需求为导向，加强浙江港口集疏运网络体系构建。至 2012 年，开展和完成一批重大港口基础设施和集疏运项目建设，基本满足交易平台、港口物流园区先行先试的集疏运需求，同时，要进一步加密国际航线，提升运力。浙江省港口货物吞吐量达到 8.2 亿吨，集装箱吞吐量达到 1 400 万标准箱。

6.3.3 2015 年阶段目标

围绕"发展海洋经济、建设港航强省"战略，实施大港口、大路网、大物流建设，进一步形成布局完善、结构合理、能力充分的海陆联动集疏运网络，集疏运能力显著提高，进一步提升宁波-舟山港在上海国际航运中心重要枢纽港地位。基本适应浙江省大宗商品交易平台对海陆联动集疏运网络的需要，基本满足浙江省港口物流发展对海陆联动集疏运网络的需求，基本形成"联通南北沿海、联通长江沿线、联通西南内陆和联通海洋"四大运输通道。浙江省港口货物吞吐量达到 9.2 亿吨，集装箱吞吐量达到 1750 万标准箱。

6.3.4 2020 年阶段目标

至 2020 年逐步完善海陆联动综合集疏运网络，有效地支撑大宗商品交易中心和沿海港口物流的发展。基本实现港口现代化、航道网络化、航运规模化、服务优质化的现代港口物流集疏运体系。宁波—舟山港发展成世界顶级货港，在上海国际航运中心地位显著提高，成为上海国际航运中心重要枢纽港。全面实现以港口基础设施为节点、综合集疏运体系为延伸的高效、完善的“点—线”相连、海陆联动的现代综合交通运输网络建设目标，全面贯通“联通南北沿海、联通长江沿线、联通西南内陆和联通海洋”四大运输通道，满足浙江省港口物流发展、周边省份以及长三角地区对海陆联动集疏运网络的需求。浙江省港口货物吞吐量达到 11.3 亿吨，集装箱吞吐量超过 2 500 万标准箱。

第7章 海陆联动集疏运网络联动体系及通道建设内容

海陆联动集疏运网络建设是一项复杂的系统工程,既涉及基础设施和通道建设"硬件"方面的内容,也包括运营组织、联动机制、相关配套等"软件"方面的内容。在以上章节理论分析、建设发展条件、国内外经验借鉴、面临形势及适应性分析基础上,以浙江港口未来发展及大宗商品平台建设为需求导向,结合海陆联动集疏运网络建设发展的战略目标,本章将进一步探索浙江海陆联动集疏运网络联动体系及通道建设的主要内容,以更好地推动"三位一体"港航物流服务体系建设。

7.1 五大联动体系建设

7.1.1 "江海联动"体系

浙江是江海联动的重要枢纽,是推进长江黄金水道建设发展的重要区域。目前,加快发展江海联运,推动江海联运基地建设,加强与广大长江流域货主的协作已经成为海陆联动集疏运网络建设的一项极其重要的工作。把握"三位一体"港航物流服务体系建设战略时机,积极争取国家尽快启动江海联运适航船舶定型和适航标准制订工作,主动参与和承接洋山港集装箱江海直达运输业务等。

(1)江海货物联运方式

长江江海货物运输方式主要有三种,见表7-1。

(2)江海联运的经济效益

长江沿江七省二市资源丰富,产业密集,聚集了我国41%以上的经济总量。目前,长江水运承担了沿江企业生产所需80%的铁矿石、72%的原油、83%的电煤运输。长江"黄金水道"已成为横跨我国东中西部地区的运输大通道。经初步测算,2007 年长江水运对沿江省市 GDP 的直接贡献为 772 亿元,间接贡献为 1.1 万亿元,间接带动社会就业人数近 1 000 万人。

长江江海货物联运方式　　表 7-1

船的类型	联运方式	作业方式	应用前景
使用海轮和河船	分段运输	货物在河口港进行海船和内河船的换装作业	较好
使用载驳子母船运输	水上过驳	在海上航行时,将载货子驳积载在母船上,到河口时将子驳卸至内河,然后由推船或拖船牵引子驳,将货物运至内河港或货主制定的卸货地点	好
使用江海两用船	直达运输	无需中转换装	很好

长江水运货运量已经超过了美国的密西西比河和欧洲的莱茵河,成为目前世界上内河运输最繁忙、运量最大的通航河流。2008 年,长江干线货运量突破 12 亿吨,港口货物、外贸货物、集装箱吞吐量分别为 10.15 亿吨、1.18 亿吨、696 万标准箱。长江干线货运船舶平均吨位由 2006 年的 643 吨提高到 2008 年的 800 吨,船舶运输效率得到很大提高。

据估计 2009 年全国将进口铁矿石 6.28 亿吨。其中长江沿线 18 个钢厂,2009 年进口铁矿石约 1 亿吨。如果长江沿线冶金企业等进口的铁矿石一半通过江海直达运输,可以节约运费数亿元。

(3)长江沿线铁矿石市场需求

从我国钢铁企业分布区域来看,可分为三大片区:北方地区、长江沿线和华东地区、华南地区。其中长江沿线集中了我国重要的钢铁企业,如宝钢、上钢、梅钢、马钢、武钢及其他地方钢铁企业,这些企业的钢铁产量约占全国钢铁产量的 1/3。

宁波—舟山港凭借天然条件和腹地利用铁矿石资源的现状,已经成为我国对接国际铁矿石市场的主要桥头堡之一。受长江口航道水深制约,长江沿线进口铁矿石主要依赖宁波—舟山港减载中转,2009 年宁波—舟山港接卸量 7 644 万吨,约占全国的 14%,在国内七大主要矿石港口(日照港、宁波—舟山港、天津港、青岛港、唐山港、上海港和苏州港)中位居第二。初步估计,到 2015 年,浙江省港口腹地的铁矿石需求量约 1.6 亿吨。通过分析,宁波—舟山港进口铁矿石的主力地位不会受到较大冲击,但是铁矿石的海进江将面临激烈竞争压力。

(4)江海两用船型开发研究

当前,长江水系航行的江海直达船中已出现45 000吨级的ATB船,这是世界上目前最大吨位的江海直达船。应鼓励研究生产可综合考虑各种航线的多种限制因素、能够解决水深限制和船舶载货量矛盾的船型。

江海直达船的主要技术关键是既要满足船舶在海区航行的各项航海性能,又要满足内河狭窄航道中的操纵性要求,适应不同区段枯水和洪水不同季节状况。

目前我国正大力推动实施长江干线船型标准化工作,将用4年左右的时间逐步淘汰非标准船舶进入长江。应抓住大好时机,积极推广标准船型,引导示范;同时,要进一步完善江海两用船的结构和建造新的运输设备,在运输大宗货物时采用大型吨位船。建造江海两用顶推船以组成分节驳顶推船队,可更好利用内河航道,并能在内河航道采用更为经济的顶推船。

(5)沿海港口的江海联运

当前,浙江的江海联运还处于起步和发展阶段。长江是宁波—舟山港与沿江地区实现江海联运的重要黄金通道,沿海港口尤其是宁波—舟山港要拓展长江沿线的经济腹地,充分利用长江航道,加大“海进江”和“江出海”的货运量。根据对长江三角洲地区煤炭、矿石、原油、成品油及液体化工品的运输需求、运输格局和运输系统论证分析,宁波—舟山港北部区域具备相对优势的主要货类是:外贸进口铁矿石、外贸进口煤炭、外贸进口原油和外贸进口液体化工品(即大型船舶中转运输),服务市场主要是长江三角洲及长江沿线地区。为适应江海联运、河海转运的需要,当专门规划建设适当规模的配套于江海联运与河海转运的码头泊位,比如在舟山港域的金塘、六横等规划建设相应的江海联运作业区。加强江海联运,还要加强与外地的内河船队的合作,扶持发展江海联运船队。

(6)推进江海联运的有效措施

推动码头专业化、大型化。不仅可解决江海直达船舶的安全靠泊问题,同时也大大提高了作业效率,缩短船舶港作业时间,提高船舶效率。

加快整治浅滩、河道。长江中下游存在很多亟待解决的问题,航道中有河段未得到系统治理,亟待治理疏通。

促进江海直达运输。长江中下游江海直达运输会为沿江省市带来可观的经济效益和社会效益。

更新改造或淘汰现有船舶。地方政府筹集专项资金，制定经济鼓励政策，对现有船舶更新改造和淘汰。

(7)“江海联动”重点项目建设方案

宁波—舟山港北部区域大宗散货物流中心

一、项目背景

宁波—舟山港北部区域港口包括泗礁港区、衢山港区、洋山港区和绿华山港区，位于我国沿海、沿江经济发展的“T”字形结构的交汇点，是国内外海轮进出长江口的必经之地，具有得天独厚的区位优势和十分优越的深水岸线资源。

长江三角洲及长江沿线地区是我国电力、冶金、石化等产业的密集带，未来随着工业化进程的日渐深入，本地区仍将加快重化工业和先进制造业的发展，同时，我国资源的分布格局决定本地区每年需要经水运调入大量的能源、原材料等。为满足长江三角洲及长江沿线地区经济发展的需要，进一步完善大宗能源、原材料物资的运输格局，充分利用宁波—舟山港北部区域港口的区位、资源优势，研究宁波—舟山港北部区域港口发展油品、铁矿石、煤炭等大宗物资中转储运功能的合理性和可能性具有重要意义。

根据对长江三角洲地区煤炭、矿石、原油、成品油及液体化工品的运输需求、运输格局和运输系统论证分析，宁波—舟山港北部区域具备相对优势的主要货类是：外贸进口铁矿石、外贸进口煤炭、外贸进口原油和外贸进口液体化工品（即大型船舶中转运输），服务市场主要是长江三角洲及长江沿线地区。

二、发展定位

宁波—舟山港北部区域的总体发展定位是：服务上海国际航运中心建设，保障长江三角洲及长江沿线地区大宗能源原材料物资的运输，充分发挥浙江北部沿海区域的港口资源优势、区位优势及江海联运优势，建设成为以中转储运为主，兼顾国家战略储备和商业储备的长江三角洲地区重要的大宗散货物流中心。

三、布局建议

1.铁矿石

为满足长江沿线矿石中转运输需求，宁波—舟山港北部港区应在“十二五”期重点建设2个大型矿石接卸、中转泊位。可选港址包括衢山港区的蛇移门作业区、鼠浪湖作业区和泗礁港区的马迹山作业区。其中马迹山作业区可形成较大的陆域面积，适于开展中转和物流储运业务，并利用现有马迹山码头条件，形成规模化开发格局，但该地区环境影响敏感。蛇移门作业区和鼠浪湖作业区也分别具备建设2个25万吨级矿石泊位的条件，但可形成的陆域面积较小。三个作业区港口开发均需要大规模的围填海形成陆域，开发成本较高。目前，鼠浪湖作业区拟建矿石码头项目已经开展前期工作，开发条件较为清楚，并且具备建设40万吨级超大型矿石码头的条件，可作为优先开发的选址。

2. 煤炭

满足长江沿线地区外贸煤炭中转运输需求，北部区域可视需求增长建设1个15万吨级中转泊位，形成与南部区域六横港区服务区域互补，能力互为补充的格局。可选港址包括马迹山作业区、蛇移门作业区。其中马迹山作业区水深条件好，形成的陆域面积较大，但开发难度较大，且该区域属于环境敏感区域；蛇移门作业区水深和航道条件较好，但可形成陆域面积相对较小。

3. 原油

原油中转泊位应结合中石化等大企业集团布局需要，与其合作建设，或视原油贸易政策调整带来的第三方中转储运需求适时建设，北部区域可选港址为衢山港区的黄泽山作业区。

4. 液体化工

近期内宁波—舟山港北部区域在液体化工品中转运输方面不具备优势和需求支撑，未来随着长江三角洲地区液体化工品外贸进口量的继续增长，以及外贸进口液体化工品主要经国外中转的局面得到扭转，北部区域可选址集中发展中转运输。可选港址包括衢山港区的泥螺山作业区、胡琴作业区和泗礁港区的绿华山作业区和黄龙作业区。

5. 船用燃料油

船用燃油供应基地的港址可选在泗礁港区的绿华山作业区和黄龙作业区，但应考虑与洋山船舶供油基地的相互关系。

7.1.2 “海铁联动”体系

铁路在国内外港口的集疏运体系中起着至关重要的作用。铁路运输具有运量大、准点、安全、环保、节能等优势，是大宗散货长距离首选的运输方式。铁路的最佳服务半径为运距500公里以外。浙江港口以大宗商品、集装箱运输为主,大进大出的货物运输特征决定了选择铁路运输,发展海铁联运,是较为经济的运输方式,也有利于充分发挥铁路运输长距离、低成本的优势,增强大宗商品和集装箱对中西部地区的辐射能力。目前,我国开始重视海铁联运的发展,在《物流业调整和振兴规划》中明确提出要"加快发展海铁联运"。发展海铁联动,对完善浙江港口海陆联动集疏运网络具有重要战略意义。

1)海铁联运

宁波—舟山区域重点建设北仑邬隘铁路集装箱综合物流园区和镇海大宗货物海铁联运枢纽,建设与之配套的铁路物流设施与服务系统,同时考虑嘉兴港、温州港、台州港等进港支线铁路的建设,提升沿海港口集装箱和大宗物资的海铁联运比例。

(1)宁波—舟山港的海铁联运

与周边港口相比,宁波港域发展集装箱海铁联运具有铁路直达港区的自身优势。宁波—舟山区域将重点建设北仑邬隘铁路集装箱综合物流园区和镇海大宗货物海铁联运枢纽,并建设与之配套的铁路物流设施与服务系统,加强港口集疏运硬件能力。

宁波港域发展集装箱海铁联运采取的一些有效措施:①统一思想,提高认识,大力推进宁波港域集装箱海铁联运发展。积极与船公司发展业务合作,努力开辟多条宁波港域全内陆的海铁联运专线等。②加快海铁联运经营主体建设,尽快让铁路北仑港站正常运营。③研究制订可行的海铁联运物流方案。实施以内贸带动外贸运输的策略,逐步培育市场,以公路运输或成组运输起步,过渡到外贸出口集装箱与到达宁波地区内贸货物混合编组的技术直达运输,再向"五定班列"运输发展;未来要以铁路内贸货物运输、义乌和绍兴重要批发市场集散中心等为基点,充分利用送空的外贸集装箱组织和装运货物,大力推进铁路双重运输,降低物流成本;要制订具体可操作的海铁联运实施方案,及时向船公司和货主、货代推介。④加强与口岸部门合作,力求"转关转检"便捷高效。建立和深化大通关,全力推进海铁联运发展。⑤完善商务政策,促进海铁联运发展。在港站装卸费、港站至码头和堆场的短驳运费上应给予支持。

(2)温州港的海铁联运

温州港后方铁路支线的建设对于温州港口的发展和市场竞争起着重要作用,目前温州港口后方铁路建设仍存在诸多问题。乐清湾港区后方铁路支线尚处于规划研究阶段,严重滞后港区建设。乐清湾港区的散货集散方向主要为东西走向,现港区后方的甬台温铁路虽然已经开通,但基本是南北走向,乐清湾港区货物通过甬台温铁路再转到金温铁路运输复杂,难度较大。亟待加快乐清湾港区铁路支线建设,尽快打通港区通往丽水衢州的铁路,完善温州港的铁路集疏系统。

2)优化作业组织

(1)优化作业程序,减少不必要的作业环节

分析各装卸搬运作业环节,取消、合并装卸搬运作业的环节和次数,消除重复无效作业;采用直线搬运,避免装卸搬运流程的“对流”、“迂回”现象;改进装卸设备,不停留、不间断地进行装卸搬运;加强各个工序的无缝衔接。

(2)优化铁路运输产品设计及其组织

设计适合集装箱海铁联运发展的铁路运输产品,如集装箱班列;不断创新铁路集疏港运输技术和组织方式,吸引更多货源。

(3)设置船公司集装箱还箱点

在铁路集装箱办理站设置船公司集装箱还箱点,减少货物在港口装掏箱作业,可省却口岸集装箱堆场和内陆集装箱办理站之间托运空箱作业,提高铁路在港口集疏运中所占的比例,有助于构建一个合理的集装箱海铁联动体系。

(4)简化作业手续

实现陆港直通运输,简化作业手续,取消中间环节,加快车辆周转,提高陆港整体效率,实现陆港双赢。

3)推动海铁联动的有效措施

(1)建立联运管理与协调机构

建立权威性的统一的联运管理与协调机构,对运输网络的规划进行综合协调,以提高海铁联运效率。

(2)加快铁路与港口的融合

对港口内的港站、铁路等设施进一步优化整合,实现船舶与列车的直装、直卸,铁路列车在港内直到、直发的无缝衔接。既节省港口堆场面积,减少堆场建设投资和土地开发费用,又减少中间环节,提高联运效率。

(3)给予海铁联运财政补贴

如出资购买国际标准箱;政策鼓励集中货源以开行“五定”班列;在计划、配车、空箱调运方面给予优先安排、优先挂运,不收空箱运输费;对利用空箱捎运的货物,给予运价优惠等。

4)“海铁联动”重点项目建设方案

宁波北仑郭隘铁路集装箱综合物流园区
宁波镇海大宗货物海铁联运物流枢纽港

根据在编的宁波市“十二五”海铁联运发展规划,宁波市将统筹运用港口和铁路资源,大力发展海铁联运,优化港口集疏运结构,拓展宁波港域规模和物流功能,转变经济发展方式、完善提升城市功能,更好地服务浙江省、长三角乃至中西部陆域腹地经济发展。

结合宁波港域和铁路现状,宁波海铁联运发展立足于镇海大宗货物和北仑集装箱海铁联运,重点打造北仑郭隘铁路集装箱综合物流园区和镇海大宗货物海铁联运物流枢纽港。

一、北仑郭隘铁路集装箱综合物流园区

1. 发展定位

北仑郭隘铁路集装箱综合物流园区,选址于北仑郭隘,毗邻穿山疏港高速公路和新碶疏港高速公路,由宁波铁路集装箱中心站和后方公铁联运集装箱物流园组成,用地面积约 1 960 亩,其中宁波铁路集装箱中心站项目投资估算 10 亿元,征用土地 1 200 亩,年设计吞吐能力 120 万标准箱。

北仑郭隘铁路集装箱综合物流园区发展定位为:集装箱海铁、公铁联运物流枢纽港。其是以国际贸易和国内贸易两条主线,以北仑、大榭、穿山集装箱码头为依托,以海铁和公铁为主要运输方式,提供专业性集装箱装卸、堆存、运输、换装、拆拼箱、报关、报检、查验、提还箱、修箱、货物加工、包装等一体化作业综合性服务,满足宁波港域腹地集装箱的进出口需求。

2. 发展模式

中铁国际联合集装箱公司与宁波港集团公司合资成立宁波中铁联合国际集装箱北仑有限公司,全面负责宁波铁路集装箱港站的建设和运营。按照“一个中心站多个办理站”的设计方案，新建大榭、穿山港前站和大榭、穿山港口铁路支线，组织国际集装箱的海铁联运。宁波铁路集装箱中心站规划年度为一级二场，预留一级三场；近远期宁波地区的解编作业集中在洪塘乡编组站办理，宁波铁路集装箱中心站承担北仑区各支线、专用线的解编作业。大宗车流尽量组织直达列车，宁波铁路集装箱中心站至相关集装箱中心站（或办理站）对开集装箱班列；宁波铁路枢纽内车流主要由洪塘乡与各站的小运转列车担当，北仑港、大榭岛、穿山等方向的车流，由宁波铁路集装箱中心站与各站的小运转列车担当。

后方公铁联运集装箱物流园承担公铁联运功能，由公路短途运输衔接东部、南部工业企业和后方公铁联运集装箱物流园，组织流向至内陆腹地的内贸货物铁路集装箱装卸、堆存、运输、换装、拆拼箱、加工、包装等作业，提供综合性服务。

二、镇海大宗货物海铁联运物流枢纽港

1.发展定位

根据镇海大宗货物海铁联运物流枢纽港空间布局规划，选址在后海塘片区，发展定位为：以海铁联运枢纽港为支撑的华东及中西部大宗货物物流、贸易和信息管理中心。镇海大宗货物海铁联运物流枢纽港是以提升海铁联运的物流功能和产值为主要目标，依托液化交易市场、煤炭交易市场、钢材交易市场、木材交易市场、粮食交易市场，以信息化为手段，发展大宗货物的物流基本功能、物流延伸服务功能、交易功能、配套服务功能等四类功能。

2.发展模式

镇海大宗货物海铁联运物流枢纽港的运营组织模式，是大宗货物市场贸易与物流相结合的创新性模式。铁路运输的大宗车流尽量组织直达列车，如镇海炼油厂至金华方向的石油始发直达列车；对于到达的空车流尽量组织能固定排空的直达列车，如金华方向至镇海支线的固定车底的空车直达列车；相邻线路的车流除直达外，主要由洪塘乡与相邻技术站（如乔司、金华东、温州南、樟林等）间组织的区段（直通）、摘挂列车担当；宁波枢纽内车流由洪塘乡与镇海站的小运转列车担当。

7.1.3 “海河联动”体系

海河联运，是提升浙江省水运竞争力的重要手段，更是浙江省水运发展的新方向。海河联运港区是内河航道网络与沿海港口连接的重要节点，海河联运的实现与发展将有利于充分发挥水路运输的优势。

浙江省大力发展海河联运符合可持续发展的要求,是最现实、最经济的港口集疏运方式。发展海河联运不仅有利于完善浙江省水运集疏运网络体系,还可以减少中间环节,降低运营成本;减少环境污染,降低对城市的干扰;缓解港口周边地区公路和铁路的交通压力等。大力推进沿海港口与内河航道的联动运输方式,充分利用省内发达的内河航道资源,发展煤炭、集装箱等货物的内河运输,可进一步提升沿海对浙北、浙西的辐射能力。

1) 海河联运方式

海河联运的主要方式见表 7-2。

海 河 联 运 方 式　　表 7-2

船的类型	联运方式	作业方式	应用前景
海轮和河船	海河中转运输	外海码头—陆上港区—内河港池—内河航区	较好
		外海码头—内河船舶(直取或过驳)—过船闸—内河航区	好
		海船直接进内河港池—中转至内河船舶	一般
海河两用船	海河直达运输	通过船闸直接将货物送至内河航道沿线港口	很好

2) 海河联运实施的基础条件较为优越

浙江内河航道四通八达。拥有京杭运河、长湖申线、杭申线、湖嘉申线等骨干航道,乍嘉苏线、杭平申线、杭甬运河、钱塘江等长三角高等级航道网,与上海、江苏等地的航道相连。尤其是钱塘江中上游航道(衢江、兰江、金华江、常山江、江山江等)的规划建设,使浙江省中部地区拥有了高等级航道,打通了浙江省中部地区与沿海港口的水路运输大通道。

支线航道密集。浙江省拥有许多能够直接联入县市工业园区或企业的支线航道,有些航道距离外海码头较近,如杭申线、杭甬运河等,甚至部分外海码头就布局在骨干航道附近,如宁波—舟山港的甬江港区可直接与杭甬运河相连,嘉兴港后方的乍嘉苏航道、嘉于线、长山河等距离外海码头较近,台州港的临海港区灵江作业区、黄岩港区、海门港区布局在椒江内，温州港的瓯江口内港区、大小门岛港区、状元岙港区布局在瓯江口。

3)重点港区的海河联运

(1)嘉兴港的海河联运

嘉兴港是浙江省沿海地区性重要港口、浙北地区唯一的出海口，为国家一类开放口岸。位于水网密布的杭嘉湖平原，内河运输网络密集，连通京杭大运河、钱塘江、黄浦江和长江内河，辐射长三角地区，拥有发展海河联运的先天优势。

嘉兴港乍浦港区后方20世纪90年代初已经建设海河中转联运内河港池2处，可直接与乍嘉苏航道联通，为浙江省最早实现海河中转联运的大型港区。海盐港区后方规划海河联运港池两处，均需通过开挖支线航道才能与后方的杭平申线联通，但海盐港区G区码头距离长山河较近，长山河通航条件较好，该区域是海盐港区发展海河联运条件较为成熟的区域之一。独山港区是嘉兴港外海码头建设条件最好的港区，规划有海河中转联运内河港池3处，但港区后方主要干线航道杭平申线距离港区较远，内河港池需通过独山排涝河和黄姑塘与杭平申线相连。

通过海河联运方式运往杭、嘉、湖等腹地的货物为煤炭、液体散化、化工原料、钢铁、木材、非金属矿石、粮食及集装箱，反向运输的主要有矿建材料、水泥、集装箱。煤炭主要来源于河北、天津、辽宁、山东；国外少量，印尼、越南及澳洲，主要目的地为杭州、嘉兴、湖州，部分至绍兴、苏南。石油化工品主要来自辽宁、山东、福建、台湾、广东及本省的宁波、舟山，部分来自韩国，主要目的地为杭州、嘉兴、绍兴，部分至湖州。

嘉兴港海河联运需求预测。嘉兴港吞吐量中能源、原材料始终占很大比重，且呈现出快速增长态势，以煤炭、石油及制品为主的大宗散货始终占主导地位。2009年嘉兴港煤炭吞吐量完成2 369万吨。预测，2015年杭嘉湖绍地区通过水运调入的煤炭约为5 680万吨，主要是通过嘉兴港或宁波港域海河中转内河、京杭运河直达方式完成，其中嘉兴港将是重要增长点。另加上上海港转移至嘉兴的600万吨，预计至2015年嘉兴港煤炭接卸可超过3 600万吨/年，其中公用泊位煤炭接卸总量可达2 060万吨/年。随着乍浦港区三期相关专业码头建设及乍浦化工新材料园区的不断发展，石油化工品在“十二五”期间将有较大突破，仅乍浦化工新材料园区的石油化工品外海输入量就可达1 400万吨，其中内河输出量约400万吨。

嘉兴港内河建设规划。规划建设的情况：独山港区规划在 B 区及 D 区建设内河港池，建设 500 吨级内河泊位 22 个，沟通黄姑塘，接通乍嘉苏线和杭平申线内河航道。其中在“十二五”建成 500 吨级内河泊位 20 个。乍浦港区在一期已建有内河港池及相应内河码头 14 个，规划在 D 区建设 500 吨级内河码头 32 个，并规划在二期、三期建设内河港池。其中在“十二五”建成 500 吨级内河码头 14 个。海盐港区规划建设 500 吨级内河码头 9 个，在 C 区及 E 区建设内河港池，沟通支线航道，接通杭平申线内河航道。

(2) 宁波—舟山港的海河联运

杭甬运河是宁波—舟山港后方货物疏运的重要通道之一，为宁波—舟山港发展海河联运提供了基础保障。甬江港区是典型的河口港，是宁波—舟山港发展海河联运先天条件最好的港区之一，甬江港区通过甬江三江口可直接与杭甬运河联通，可靠泊 3 000 吨级以下船舶，根据《甬江港区控制性详细规划》，已在甬江港区内规划了海河联运作业区两处，甬江港区是宁波—舟山港发展海河联运条件最为便利的港区，但外海码头等级偏小，海河联运规模较小。

镇海港区位于甬江口北岸，其现有部分码头可直接靠泊内河船舶，发展海河联运具有较大优势。目前，尽管杭甬运河宁波段已按照四级航道设计建设，但是受宁波市城市总体规划及姚江船闸(五级)等因素的制约，目前尚未全线运营。应加快贯通杭甬运河改造方案的研究，促进海河联运发展。

北仑港区是宁波—舟山港集装箱吞吐量最大的港区，港区周边道路交通压力较大，经常出现拥堵，且规划没有预留海河联运岸线，北仑港区已属海港，普通内河船舶无法靠泊，有关部门研制海河联运船舶，在北仑港区附近设置海河直达泊位，以解决北仑港区货物集疏运问题。

穿山港区的牛轭江口和大榭港区集装箱作业区的西南侧可规划设置 2 个海河联运集装箱泊位，金塘岛也同步规划了海河联运的集装箱码头，这些港区均有岸线可供海河联运利用，重点研究相关船型，为海河联运的实施提供保证。

(3) 温州港的海河联运

瓯江是温州港与内陆腹地联通的水上通道，瓯江下游温溪至温州 41 公里，可乘潮通航 500 吨级船舶；温溪至上游的丽水 85.6 公里，通航条件较差，目前瓯江航道按四级标准整治。温州港可在瓯江口附近港区规划海河联运码头，发展海河联运。

(4)台州港的海河联运

临海港区、海门港区和温岭港区均分布在椒江口附近,具备发展海河联运的条件。椒江是台州港海河联运的主要疏港航道,从椒江口至临海市航道规划为III级和IV级;此外还有外环城河、栅温线、黄路金线等疏港航道。台州港发展海河联运主要利用椒江口附近港区,通过椒江及其支流可至沿线城镇。

另外,浙江省外海码头吨级较大的几个港区均不具备直接的海河联运条件,如宁波港域北仑港区、镇海港区等,这些港区货物集疏运方式以汽车为主,虽然后方距离主干航道较近,但还需开挖支线航道,建设海河联运港区方可联通,由于外海码头吨级较大的几个港区不具备海河联运的直达条件,影响了海河联运的规模。因此,浙江省沿海大港“海河联运”条件还有待开发。

4)“海河联动”重点项目建设方案

浙江省内河水运复兴行动计划

“浙江省内河水运复兴行动计划”是认真贯彻落实全国内河水运座谈会精神和省政府领导的指示,将作为今后一个时期尤其是近三年指导浙江省内河水运复兴发展的政策性文件。行动计划以国家即将出台的“加快内河水运发展的意见”为指导,结合浙江省的实际情况,以全面发展内河水运体系(航道网、内河枢纽、运输船舶、支持保障系统等)为导向;以十年(到2020年)发展目标为统揽,突出三年(2010~2012年)行动计划的目标和任务;统筹行动计划、推进机制、政策措施的有效衔接,注重实效性。

一、总体要求

以科学发展观为指导,深入实施“八八战略”和“创业富民、创新强省”总战略,围绕经济转型升级和加快经济发展方式转变,加快高等级航道网、内河港口枢纽、江海联运体系建设,加快构建畅通、高效、平安、绿色的现代化内河水运体系,加快推动沿江(河)产业布局调整和航运科技进步,促进浙江省经济平稳持续健康发展与社会和谐稳定。

二、发展目标

经过十年左右努力,基本完成规划的20条骨干航道建设,形成“北提升、南畅通、东通海、西振兴”的内河航道格局,内河水运优势与潜力充分发挥,带动和促进经济社会发展的作用显著增强。内河重点港口区域性水陆物资转运枢纽的功能地位得以确立。运输船舶实现标准化、大型化,杭嘉湖地区内河船舶平均吨位超过400吨。初步建成现代化的安全监管和救助体系。运输效率和节能减排能力显著提高,内河水运在综合运输体系中的地位进一步加强。

三、2010~2012年工作重点和主要任务

围绕上述总体要求、发展目标和行动原则,到2012年工作重点为:提升京杭运河,重振钱江水运,构建内河枢纽,发展海河联运。主要完成以下任务:

1. 加快高等级航道网建设

以三级、四级航道建设为重点,完善航道布局,改善等级结构,提高通过能力,拓展服务范围,发展海河联运,对接沿海港口物流。一是建成四个项目:长湖申线四改三、湖嘉申线嘉兴段一期、东宗线嘉兴段二期、嘉于硖线航道。共计新增三级航道79公里,四级航道69公里。二是开工建设四个项目:京杭运河“四改三”及二通道(浙北)、钱塘江中上游航道(浙西)、瓯江航道(浙南)、杭平申线航道(浙东),共计改造三级航道122公里,四级航道340公里。其中,力争基本建成:京杭运河“四改三”主体工程、杭平申线与嘉兴港的海河联运通道、富春江船闸、瓯江与温州港的海河联运通道。

2. 加快内河港口枢纽建设

一是改善内河港口布局,加快港口功能调整。重点建设内河公用型码头,基本完成嘉兴内河港(城郊港区)、杭州港(余杭港区)、湖州港(长兴港区)、绍兴港(中心港区、上虞港区)等综合性公用码头建设。二是拓展内河港口物流服务功能,促进港口现代物流发展。依托内河主要港口,加快建设煤炭、钢材、矿建、粮食和液体化工等货物的区域性物流中心,打造具备物流集散、货物存储、分拨、配送等功能的物流服务平台,构建专业化、现代化物流服务网络。三是以港口和航道引领沿河产业布局,充分发挥水运优势,带动地区经济社会发展。

3. 加快船型标准化建设

一是制订并实施船型标准化相关政策,加大船型标准化、大型化的扶持力度。逐步淘汰老旧船舶,在航道条件改善的同时,制定船型标准化系列,特别是节能、环保、经济合理的专用集装箱系列船型,重点发展500~1 000吨级标准化船舶,加大集装箱、油品、江(河)海直达等专用船舶的发展力度,加快船舶运力结构调整步伐,逐步实现内河运输船舶标准化。二是加快调整优化运输市场结构,重点开

拓石油化工品和集装箱运输市场，大力发展内河集装箱运输、江(河)海直达运输，鼓励发展水上旅游运输。

4. 加快航运科技进步

一是利用现代信息技术和管理理念，优化管理模式，打造以办公自动化、监管立体化、服务网络化、决策智能化为特征的浙江“数字港航”，向全社会提供优质、高效的服务。二是重点开发港口物流信息平台和船舶交易信息平台，建成内河船舶、航道、港口数据库。三是积极推广应用船舶综合监管系统，改造完善现有海事、船检、运政、港政等业务系统，提升运输质量和效益，推进水路运输结构优化。

5. 加快监管体系建设

充分发挥浙江省港航“四牌一门”的优势，全面推进水运监管体制机制创新。在浙江省范围内建成搜救信息系统和安全指挥系统，基本建立有效的内河安全预防监控体系。建立以省地方海事局为中心的水上安全监管网络和重点水域的搜救基地，形成覆盖广、全天候、反应快的水上安全和重大油污事故应急反应体系，以规范、高效、优质的服务促进内河水运的发展。

7.1.4 “公水联动”体系

公路目前仍是浙江省最主要的港口集疏运方式，承担了沿海四大港口几乎所有集装箱和大部分散杂货的陆向集疏运任务。浙江沿海已形成了以甬台温、沪杭甬、甬金、台金、金丽温高速公路为主骨架，以 104 国道、329 国道，01 省道、74 省道、76 省道、77 省道等为支撑，以连接港区公路为基础的公路集疏运体系，公水联运已有了一定的现实基础。未来将规划建设甬台温高速复线、杭绍甬舟高速公路(杭甬复线)、舟山六横—梅山疏港公路，温州 77 省道龙湾延伸段、台州 74 省道南北延段、头门疏港公路等项目，将进一步提升公水联运能力，实现公水联动发展。

1) 各港口公水联运情况

(1) 宁波—舟山港的公水联运

公路及城市道路是宁波—舟山港最主要的集疏运方式之一，承担着几乎全部的集装箱集疏运量和散杂货物集疏运量的 55.7%。宁波—舟山港各港区主要集中在穿山半岛南北两侧及舟山各岛屿，其疏港道路主要集中在宁波市北部地区和各岛屿内部，承担港口集疏运服务的干线公路及城市道路主要有：甬台温高速、杭甬高速、甬金高速以及 329 国道、骆霞线、通途路、沿海中线、S71、S38、S80、G329、S72、X103、X104 等。

(2) 温州港的公水联运

温州港 7 个港区沿温州海岸自北向南分布，分布形态较为离散，相应的集疏运道路也较分散。承担港口集疏运服务的干线公路主要有：甬台温高速公路、金丽温高速公路、国道 104 线、国道 330 线、41 省道、49 省道、56 省道、78 省道等。温州港的集疏运方式以公路为主，约占 70% 的散杂货和 100% 的集装箱集疏运量。

(3) 台州港的公水联运

台州港的集疏运方式以公路为主，公路承担少量的集装箱、矿建材料和钢铁集运，主要承担矿建材料、水泥、钢铁和集装箱的疏运任务，约占集疏运总量的 50%。台州港六个港区沿台州海岸自北向南分布，承担港口集疏运服务的干线公路主要有：甬台温高速公路、上三高速公路、台金高速公路、国道 104 线、74 省道、75 省道、76 省道、82 省道、81 省道等。

(4) 嘉兴港的公水联运

目前嘉兴港公路运输占总集运量的 10.6%，主要是件杂货。主要承担 1/4 煤炭、金属矿石、木材、盐、机械设备和电器、化工原料及制品、轻工医药产品和集装箱。嘉兴港独山、乍浦、海盐三个港区位置较集中，集疏运通道也较集中。垂直岸线的疏港公路主要是：07 省道、07 省道复线、乍嘉苏高速公路、杭州湾跨海大桥及其北岸连接线、独黎公路、嘉盐公路和盐湖公路。平行岸线的疏港公路主要是：原 01 省道、01 省道复线（嘉兴东西大道）、国道 320 线、沪杭高速公路和杭浦高速公路。

2)“公水联动”重点项目建设方案

“公水联动”运输体系研究港口与后方集疏运道路的配套，进一步完善公路疏运体系，促进港口与后方产业的联动发展。宁波—舟山港重点建设甬台温高速复线、杭绍甬高速公路（杭甬复线）、宁波绕城高速东段、舟山六横—宁波郭巨通道，并完善舟山岛内交通公路网；温台港口重点推进甬台温高速复线、温州 77 省道龙湾延伸段、台州 74 省道南北延段、头门疏港公路等项目建设。

甬台温高速公路复线　六横至梅山疏港公路

一、甬台温高速公路复线

1. 项目概况

甬台温高速公路复线是浙江省规划的"两纵两横十八连三绕三通道"公路网主骨架的"一连",项目北起宁波,南至温州苍南,经象山、三门、椒江、温岭、玉环、乐清等,中间跨越象山港、三门湾、台州湾及乐清湾等多个海湾,全长约376公里,总投资达460亿元。该项目采用双向四车道高速公路标准建设,设计速度100公里/小时,路基宽度26米。目前该项目宁波云龙至象山戴港段已经开工建设;象山戴港至乐清南塘段拆分为三个跨海湾大桥项目(三门湾跨海大桥及接线工程、台州湾跨海大桥及接线工程、乐清湾跨海大桥及接线),项目建议书已上报国家发改委待批,并通过了国家发改委委托的中咨公司和交通运输部委托的中交一院的评估审查,中咨公司已出具了咨询评估报告,交通运输部也已出具了行业审查意见;乐清南塘至苍南马站段正在工可研究阶段。浙江省交通厅也于2009年5月就该项目与福建省交通厅签署了省际接口协议。

2. 项目建设的意义

浙江甬、台、温地区沿海港口开发建设,临港工业的快速发展,城镇建设步伐的加快,区域经济的持续快速增长,特别是杭州湾跨海大桥建成后,甬台温高速公路交通量增加迅猛,面临着巨大的交通压力。因此,甬台温高速复线建成后,往北经杭州湾跨海大桥与上海相接,往南通往福建,是连接长三角和海西区的新通道,将有利于完善浙江路网结构,缓解现有浙江东部沿海路网的交通压力;有利于沟通浙江省三大产业带,加强沿海宁波—舟山港、台州港、温州港联系,促进沿海边远市、县的经济发展,是浙江省实施港航强省战略的重要支撑,对浙江发展海洋经济推进浙江经济转型发展具有重要的战略意义。

二、六横至梅山疏港公路

1. 项目概况

宁波—舟山港的六横梅山疏港公路路线起点位于舟山市境内六横岛屿西南侧,连接规划中的六横环岛公路南线,路线终点连接宁波市境内大碶疏港公路嘉溪村附近,按双向四车道高速公路建设,路线全长约38km,建设跨海特大桥3座,设置佛渡、梅山等互通立交4座,估算总投资约122亿元。目前已完成项目的"预可"评审。

2. 项目建设的意义

该项目将六横港区、梅山港区有机连接起来,打破六横交通瓶颈制约,与舟山跨海大桥一起实现宁波—舟山港域南北陆路衔接,对完善港口集疏运网络,促进宁波—舟山港一体化建设,推进六横临港产业基地、梅山保税港区的开发建设,建设综合性临港产业基地将起到至关重要的作用。它的建设将极大地提升梅山保税港区的发展环境,充分发挥梅山保税港区的发展优势,推动梅山保税港区实现跨越式发展。它的建设对实现浙江省省委省政府提出的"大力发展海洋经济"、加快建设"港航强省",构筑"三位一体"的港航物流服务体系,推进浙江经济转型发展有着十分重要的意义。

7.1.5 "区港联动"体系

1) 嘉兴开发区与港口的联动

区港联动是一种联系紧密的区域经济安排。嘉兴通过区港联动[1],大力发展海洋经济,取得了一定成就。随着长三角地区的快速发展,滨海新区的港口开发和产业发展进入了一个新的发展机遇期。嘉兴的港口建设和陆域经济相互支撑、互动发展、成效初显,形成了"前港后区"的区域经济发展格局。

(1) 港口快速发展

目前,嘉兴港拥有万吨级及以上深水泊位 20 个、千吨级泊位 10 个,年吞吐能力达 2 864 万吨,已成为公用、专用泊位相配套,内外贸兼营,集装箱、散杂货及油品装卸功能齐全的综合性港口。2009 年,嘉兴港完成货物吞吐量 3 485 万吨,同比增长 23%,完成集装箱吞吐量 20.2 万标准箱,同比增长 101%。嘉兴港的不断发展壮大,有效地满足了腹地外向型经济所需的原油、原木、煤炭、钢材、液体化工等原材料运输及集装箱中转,形成了工业依托港口、港口依靠工业的相互依存的临港工业群,嘉兴港的建设成为了腹地经济快速发展的助推器。

(2) 临港产业初具规模

嘉兴具有港口物流优势和陆域土地资源优势,近年来不断加大临港型项目的

[1] 此处区港联动指:嘉兴开发区与港口的联动

招商引资力度,港口平台的集聚效应日益显现,工业经济特别是外向型经济快速发展。拥有较好的口岸支撑条件,吸引了大批需要利用港口运输原料、产品的国内外知名企业落户。临港工业初具规模,其中化工新材料、新型建材、包装材料等临港工业独具特色。

(3)区港共建

依托港口建立开发区,为招商引资项目落户构建承载平台。不断加大投入力度,加快公共基础设施建设,通过内河港池与内河航道的连接、公共管廊等建设,不断完善区港联动的集疏运体系,加强港口与腹地的基础设施对接,进一步打造区港联动的核心竞争力。

2)保税物流园区与港口的联动

(1)宁波区港联动业务模式

宁波保税物流园区于2005年8月30日起正式封关运行,成为继上海、大连、张家港、天津后国内第五个保税物流园区。宁波区港联动业务模式的思路是从宁波保税区功能转型出发,进一步拓展保税区功能,充分发挥保税区的政策优势和港区的区位优势,通过设立连接保税区和港区的物流园区,重点发展国际物流,进一步拓展“国际中转、国际配送、国际采购、国际转口贸易”四大功能,构筑区港联动平台和提高海关主管、部门协管的监管合一效率。

(2)宁波区港联动机制

宁波区港联动不仅包括保税区和港区的联动,还包括六个方面的联动:规划建设联动、政策功能联动、经济利益联动、服务营运联动、信息共享联动、资源统筹联动。比如服务运营联动主要体现在港口的运输功能和保税物流园区的转口、贸易等功能相互补充,保税物流园区同时提供海关、检验检疫、工商、税务、外汇等一站式服务和园区内营运操作服务的联动。六大联动对宁波物流服务水平的提升起着积极推动作用。

3)“区港联动”重点项目建设方案

宁波梅山保税港区　义乌内陆“无水港”

“区港联动”体系是指港口与物流园区、保税区、开发区、无水港等之间的联动运输,拓展港口腹地。发展重点是依托梅山保税港区,探索港口与保税区的联动发展；推动沿海港口与省内外主要物流园区（含内陆无水港）的联通。

一、宁波梅山保税港区

宁波梅山保税港区位于梅山岛，规划面积 7.7 平方公里，四至范围：东到码头岸线（含泊位），南至南峰路，西北以沿港路、梅山大道、港区路围合为界。宁波梅山保税港区作为长三角地区第二个、浙江省唯一的保税港区，是目前全国开放层次最高、政策最优惠、功能最齐全的海关特殊监管区域，同时还是国家实施自由贸易区战略的先行区。目前，1 号、2 号 10 万吨级集装箱泊位已经建成，可以投入使用；梅山大道、盐田大道已基本建成。同时，水、电、网络、通信等配套设施也都已到位。到 6 月底，相配套的物流配送中心和物流园区也将随之具备基本功能。首期面积约为 2.5 平方公里，也于 6 月底正式封关运作。

1. 总体目标

宁波梅山保税港区的总体目标是：宁波打造亚太地区重要国际门户城市的核心功能区，浙江深化对外开放和实施“港航强省”战略的先导先行区，长三角建设资源配置中心和上海国际航运中心的重要功能区，国家建设自由贸易区的先行试验区。

2. 功能定位

根据国家、省、市对宁波梅山保税港区发展的总体要求和梅山保税港区的总体日标，梅山保税港区的功能定位为：以港口为依托，以国际贸易为龙头，以现代物流为支撑，以金融和航运服务等为配套，致力于发展国际中转、国际采购、国际配送、转口贸易和出口加工等核心功能，充分发挥保税港区政策功能的放大、辐射和带动作用，努力实现倍增效应。

3. 主导产业

围绕上述功能定位，宁波梅山保税港区将重点发展国际物流、国际贸易和航运的中转、进口商品分拨、国际采购及配送、保税增值加工组装等产业，加强离岸金融、航运服务、电子商务等配套服务业发展，为促进浙江省、全市提升开放水平、优化经济结构、转变发展方式作出应有的贡献。

4. 规划布局

宁波梅山保税港区总体规划的编制，按照“全岛规划，分步实施”的原则，体现“开放性、前瞻性、整合性”的要求，围绕功能“落地”和产业布局进行空间规划布局。全岛总体空间规划布局为“两带一心”，即保税港区产业带、生活配套服务带和金融商贸核心。具体功能区分为保税港区、增值服务区、国际商贸区、生活配套区和休闲旅游区等五个功能区块。此外,预留发展空间,应对未来对发展空间的需求。同时,我们将梅山的规划建设与周边的六横、佛渡、春晓、上阳一带进行通盘考虑,力促联动发展。

二、义乌内陆"无水港"

1.浙江"无水港"发展概况

目前浙江省规划在建的"无水港"共9个,分别是杭州、萧山、富阳、绍兴、义乌、金华、衢州、嘉兴、湖州,监管面积共811 651平方米,年集装箱处理能力67万标准箱。依托浙赣线和杭宣线,进一步完善义乌、金华、衢州、慈溪、萧山、绍兴、上饶、鹰潭八个现有无水港功能,扩大无水港辐射区域;加强与江西、安徽、四川、重庆等内陆城市地方政府和铁路部门的合作,依托铁路站点,布局建设内陆无水港站,2012年前新建温州、南昌、合肥、重庆等地无水港,2015年前新建嘉兴、绍兴、武汉、成都、黄山、景德镇、新余、苏州等地无水港,减少海铁联运中转换装环节,逐步形成分布合理、层次分明的内陆无水港节点网络。义乌"无水港"建设作为义乌国际小商品贸易中心的重要交通支撑,它的建设一方面是配合义乌国际贸易综合改革试点,更是满足促进浙江省贸易便利化的重要基础设施。

2.义乌内陆"无水港"

义乌"无水港"设立是适应义乌小商品贸易特点的海关特殊监管区域,开放义乌航空口岸,建设保税物流中心,将传统的海港港务、海关、检验检疫等内移至义乌的陆路运输中转、集散场站,形成具有"直通式口岸"和"保税物流"两大核心功能的内陆"虚拟海港"。它涉及政府、海关、检验检疫、沿海港口、边境口岸和航运企业以及货代、运输、进出口公司等,是商流、物流、资金流、信息流融为一体的一个系统工程,它将成为内陆地区与沿海港口、边境口岸真正实现功能互为延伸的载体平台。义乌"无水港"布局如下:

国际物流中心:中心占地350亩,其中集装箱堆场20 000平方米,仓库55 000平方米,集装箱堆场有重箱平面堆位198标准箱、冷藏箱堆位24标准箱、空箱平面堆位310标准箱,内设海关报关、检验检疫报检大厅、配套监管仓库、查验场地、检验检疫场,公用型保税仓库,具备了口岸的基本功能。

内陆口岸场站:项目位于国际商贸城西侧,距国际商贸城1公里,总建设面积700 441.4平方米。项目规划年货运量100万标准箱,设计年货运量为114.4万标准箱,其中一期为 50.9 万标准箱,二期为 63.5 万标准箱。一、二期总建筑面积为 84.9 万平方米,其中仓库面积为 74.2 万平方米。项目一期工程于 2007 年 12 月 12 日开工建设,预期 2011 年 3 月底前完成试运行并正式启用;二期工程 2009 年 11 月底前完成项目前期工作。项目建成后将成为"进出口货物集聚区、国际物流信息枢纽、查验通关中心、国际物流服务中心"等功能齐全的内陆口岸。

铁路义乌西站监管点:位于铁路西站,在原铁路物流中心的基础上扩建铁路义乌西站监管点,占地 200 亩,主要满足铁路国际物流服务的需要,设有海关监管仓库、集装箱堆场和停车场等。

青口监管中心:规划建设选址在阳光大道两侧的观音塘村和白莲塘村,拟用地面积 893 亩,建筑面积 250 000 平方米,功能定位主要是集装箱堆场和保税物流功能,担负外贸出口货物的仓储、装箱、查验,以及国际集装箱堆箱、提箱、还箱和配货拼装、拆箱等口岸国际物流服务活动。

7.2 四大运输通道建设

(1)四大运输通道建设发展原则

区域集疏运大通道的建设发展应符合国家和区域发展需要,既要适应当地经济社会发展实际特点和现阶段需要,又要考虑对未来经济社会发展变化的走向和趋势。在对浙江区域集疏运大通道建设和布局发展分析时,要着眼于突出浙江省在长三角的经济战略地位,着眼于浙江省与周边港口城市的经济联系,特别是浙江与近域港口城市群之间的经济互补交流,突出大通道的物流集聚效应,将浙江省区域集疏运大通道的建设发展与周边省市的城市发展和港口物流发展有机协调起来。统筹考虑公路、铁路、航空等各种交通运输方式的协调配套发展;统筹纵向、横向运输物流通道的协调发展;同时注重提高技术装备水平和港口物流信息化进程,加快形成各种运输方式有机协调发展的综合运输通道体系。

(2)四大运输通道建设空间布局

发达的集疏运网络是港口延伸物流链的基础条件,它既有利于港口向陆向和海向腹地拓展,也有利于港口实施多样化的物流增值服务。浙江省四大运输通道建设将以支撑大宗商品交易(物流)平台建设为导向,以推动浙江港口物流与经济快速发展为目标,主要对接"长三角区域发展规划"和适应产业梯度转移趋势,按照有重点、分步骤的原则，加快打造“联通南北沿海、联通长江沿线、联通西南内陆、联通海洋”四大运输通道（图 7-1），搭建服务于浙江、长三角地区乃至全国的综合运输通道体系，为港口物流和经济快速发展提供通道设施保障。

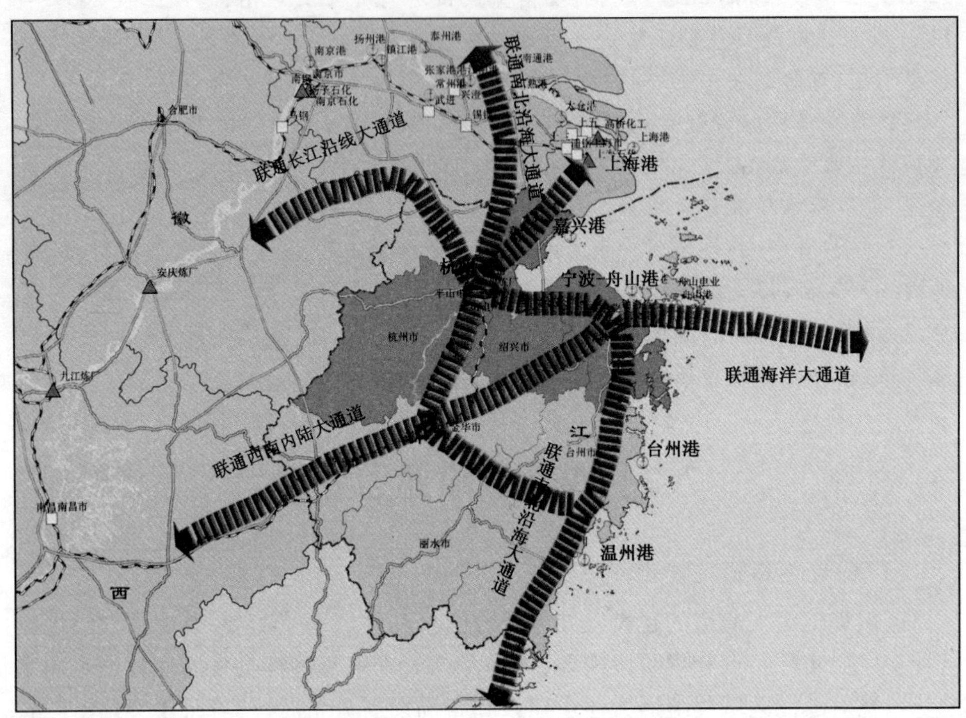

图 7-1 “三位一体”海陆联动集疏运网络示意图

第 8 章 海陆联动集疏运网络建设的主要任务及重点项目

海陆联动集疏运网络将围绕大宗商品交易平台建设,以沿海主要港口、综合运输枢纽、物流园区等为节点,发展江海、海铁、海河、公水、区港五大联动体系,打造覆盖浙江省连接省内主要物流园区及主要货物集散地,内联外通、辐射长三角、沟通中西部地区的运输大通道,形成具有浙江海洋经济特色的综合交通运输体系。

8.1 主要任务

8.1.1 建设四大运输通道

集疏运网络建设重点包括港口基础设施、四大运输通道、物流园区三方面。

(1)新增港口吞吐能力 2 亿吨

一是通过老港区技术改造和码头设备技术更新,充分挖掘现有码头吞吐能力;二是尽快建成凉潭矿石、穿山煤炭码头 5 个泊位,以及梅山港区集装箱码头 5 个泊位等项目;三是尽早开工建设马岙化工、鼠浪湖矿石等码头 21 个泊位,蛇移门、樱连门等 4 条 10 万吨级进港航道,以及佛渡、东霍山锚地等项目。

到 2015 年,一是新建万吨级以上泊位 38 个,货物年吞吐能力达到 10 亿吨,其中集装箱吞吐能力达到 1 800 万标准箱;二是新建 10 万吨级以上进港航道 99 公里;三是新增锚地 75 平方公里。总投资约 238 亿元。

(2)拓展 4 大通道

加快集疏运网络运输通道建设,重点建设联通南北沿海、长江沿线、西南内陆、海洋四大运输通道。到 2015 年,一是新建(含在建)高速公路 1 029 公里(建成约 800 公里),一级公路 157 公里;二是新建铁路 1 413 公里,其中铁路主干线1 085公里，铁路进港支线 328 公里；三是改造高等级内河航道 577 公里（建成约 400 公里）。总投资约 3 349 亿元，其中公路约 1 530 亿元，铁路约 1 516 亿元，内河航道约 285 亿元。

①联通南北沿海大通道。面向沪、苏、闽等地区，一是尽快建成嘉绍跨江通道、台金高速公路东延段、头门疏港公路；二是尽早开工甬台温高速公路复线、钱江通道北接线、杭长高速公路北延段、104 国道温州西过境段改造、台州 74 省道南北延伸段、京杭运河改造及二通道、嘉兴港海河联运等项目；三是加快六横至穿山疏港公路、杭宁高速公路拓宽、杭州湾跨海大桥北接线（二期）、乍嘉苏线、杭申线航道、沿海货运铁路专线、杭州湾跨海铁路等项目前期工作。共计：高速公路 696 公里，一级公路 117 公里，铁路 127 公里，内河航道 415 公里。

②联通长江沿线大通道。面向浙江西部及长江沿线地区，一是尽快建成宁波穿山疏港高速公路、宁波绕城高速公路东段，宁波铁路枢纽货运北环线等项目；二是尽早开工宁波集装箱中心站和大榭、穿山港区支线铁路等项目；三是加快杭绍甬高速公路、宁波进港支线铁路、杭甬运河宁波段三期等项目前期工作。共计：高速公路 180 公里，铁路 411 公里。

③联通西南内陆大通道。面向浙江西南部及江西等地区，一是尽快建成金温铁路扩能工程、九景衢铁路等项目；二是尽早开工杭新景高速公路建德至开化段、钱塘江中上游航运复兴工程和瓯江航道开发等项目；三是加快龙浦高速公路、温州 77 省道龙湾延伸段、甬金及温台进港支线铁路等项目前期工作。共计：高速公路 153 公里，铁路 875 公里，内河 162 公里。

④联通海洋大通道。面向亚太地区和全球，一是加强与世界前 20 大班轮公司合作，增加与原油、矿石、煤炭、粮食主要产区国家的航线，加大航班密度；二是着力提升浙江省沿海远洋运力，争取到"十二五"末运力总规模达到 1 900 万载重吨，船舶平均吨位达到 5 500 载重吨；三是积极推动对台海上直航常态化。

(3)加快建设 8 大物流园区

"十二五"时期，一是大力推进交通运输部和浙江省共建的 5 大物流示范区（梅山、传化、义乌、绍兴、嘉兴）。二是积极培育温州、台州、舟山等 3 个物流园区建设，实现园区内外交通顺畅、便捷，主要建设 330 公里配套公路，总投资约 246 亿元。三是重点支持杭州、宁波和温州等国家重点综合运输枢纽建设。四是依托物流园区特别是宁波梅山保税港区建设，发展国际物流业务和加工贸易。

8.1.2 打造五大联动体系

“十二五”期间初步形成“衔接顺畅、集疏快速、紧密联系、良性互动”的联动体系，基本实现“江海联动、海铁联动、河海联动、公水联动、区港联动”，基本保证沿海港口综合集疏运网络向外通往腹地的各个方向以及长江、铁路、内河、公路等各种运输方式总供给能力满足港口集疏运需求，基本形成沿海开发区、保税港区、物流园区、内陆无水港等与港口高效联动发展。

(1)“江海联动”体系

充分发挥浙江省宁波—舟山港与长江航道的联动运输的优势，依托现有基础，进一步发挥港口水深优势，发展煤炭、矿石、原油及液体化工的水水中转。同时，加强江海两用船型开发研究、集疏运管道建设以及长江沿线码头配套建设等，提升宁波—舟山港对长江港口的辐射能力。

(2)“海铁联动”体系

加快进港铁路支线建设，加强沿海港口与铁路的有效衔接，充分发挥铁路运输长距离、低成本的优势，增强集装箱和大宗商品对中西部地区的辐射能力。宁波、舟山区域重点建设北仑邬隘铁路集装箱中心和镇海大宗货物海铁联运枢纽，以及与之配套的铁路物流设施与服务系统，同时考虑温州港、台州港等进港支线铁路的建设，提升沿海港口集装箱和大宗物资的海铁联运比例。

(3)“海河联动”体系

充分利用浙江省发达的内河航道资源，发展煤炭、集装箱等货物的内河运输，增强沿海港口对浙北、浙西的辐射能力。着力推进内河航运复兴计划，利用 10 年左右的时间，按照“北提升、南畅通、东通海、西振兴”的要求，基本完成规划确定的 20 条骨干航道建设，建成畅通、高效、平安、绿色的现代化内河航运体系。中期(“十二五”期间)重点建设杭平申线与嘉兴港、瓯江与温州港、杭甬运河宁波段三期与宁波—舟山港的海河联运通道。

(4)“公水联动”体系

加快港口与后方公路的配套建设，进一步完善公路疏运体系，促进港口与后方产业的联动发展。宁波—舟山港重点建设甬台温高速复线、杭绍甬高速公路(杭甬复线)、宁波绕城高速东段、舟山六横—宁波郭巨通道，并完善舟山岛内交通公路网；温台港口重点推进甬台温高速复线、温州 77 省道龙湾延伸段、台州 74 省道南北延段、头门疏港公路等项目建设。

(5)"区港联动"体系

推动港口与物流园区、保税区、开发区、无水港等之间的联动运输,拓展港口腹地。重点依托梅山保税港区,探索港口与保税区的联动发展,推动沿海港口与省内外主要物流园区的联通,加快布点建设内陆无水港。

8.2 重点项目

根据海洋经济带发展的要求,积极贯彻落实"港航强省"战略,紧紧围绕构筑"三位一体"港航物流服务体系的目标,着力推进大宗商品交易平台、海陆联动集疏运网络的建设,大力提升港口物流发展水平和航运服务水平,不断增强港口的集聚和辐射功能。建设支撑三位一体发展的重点项目。形成具有浙江特色的综合交通运输体系,发展江海、海铁、海河、公港、区港五大联动体系,打造海陆联动网络先行试验区,建设一批重大项目,争取列入国家战略,从而得到国家更大的支持。

8.2.1 基础设施重点项目

围绕煤炭、矿石、原油、液体化工、粮食、集装箱等货种平台,重点建设配套的码头、进港航道、锚地的港口基础设施,"十二五"期重点建设的项目详见《总论篇》中相关内容所示。

8.2.2 四大运输通道重点项目

四大运输通道建设重点项目以近期"十二五"将实施的项目为主,远景规划部分拟"十三五"实施项目,四大运输通道的重点建设项目详见《总论篇》中相关内容所示。

8.2.3 物流园区集疏运重点项目

加强梅山、传化、义乌、绍兴、嘉兴、温州、台州、舟山等8大物流园区及其配套集疏运建设,加强沿海港口与重点物流园区的沟通联系和协调发展。重点项目详见《总论篇》中相关内容所示。

8.2.4 五大联动体系重点项目

五大联动体系的重点建设项目,见表8-1。

五大联动体系重点项目建设内容

表 8-1

体系名称	运输方式	相关的大宗商品交易平台	重点建设项目(建设时序)	服务货类,辐射范围
海铁联动	海运—铁路	1. 煤炭交易平台(镇海); 2. 石油化工交易平台(镇海); 3. 集装箱物流平台	1. 杭州湾跨海铁路; 2. 温州、台州港的支线铁路(十二五); 3. 铁路物流设施及服务系统(十二五)	大宗商品、集装箱;内陆无水港,中西部地区
海河联动	海运—内河	1. 煤炭交易平台(独山、镇海); 2. 石油化工交易平台(镇海); 3. 粮食交易平台(独山)	1. 杭平申线与嘉兴港的通道(十二五); 2. 瓯江与温州港的通道(十二五); 3. 杭甬运河宁波段三期与宁波—舟山港的通道(十二五)	煤炭、集装箱; 浙北、浙西
江海联动	宁波—舟山港与长江	1. 煤炭交易平台(六横); 2. 石油化工交易平台(马岙); 3. 粮食交易平台(老塘山); 4. 矿石交易平台(鼠浪湖)	1. 江海两用船型开发研究(十二五); 2. 集疏运管道建设; 3. 长江沿线码头建设	煤炭、矿石、原油及液体化工; 长江沿线
公水联动	公路—水运	1. 集装箱物流平台; 2. 煤炭交易平台(独山、镇海); 3. 石油化工交易平台(镇海); 4. 粮食交易平台(老塘山、独山)	1. 杭绍甬高速(杭甬复线)(十二五); 2. 甬台温复线(十二五); 3. 舟山六横—穿山疏港公路(十二五); 4. 舟山岛内交通公路网(十二五); 5. 温州 77 省道龙湾延伸段(十二五); 6. 台州 74 省道南北延段(十二五); 7. 头门疏港公路(十二五)	港口与腹地产业互动
区港联动	区(物流园区、保税、开发区、无水港)—港口	集装箱物流平台	1. 港口与省内外物流园区间通道; 2. 内陆无水港布点建设	浙江省内外及长三角的各相关区域或节点

第9章　海陆联动集疏运网络建设发展的保障措施

9.1　组织实施保障

建议浙江省政府尽快成立“三位一体”港航物流服务体系建设领导小组，明确工作分工，完善工作机制，落实工作责任。切实加强浙江省与国家各部委相关部门的沟通协调，为“三位一体”港航物流服务体系建设创造良好的环境条件。按照海陆联动集疏运网络建设发展确定的战略定位及发展重点，制订工作方案，加快组织实施。沿海港口城市要制订具体的行动方案，调整相关规划，推进重大项目建设，逐一落实重点任务和措施，确保建设目标的实现。

9.2　统筹规划保障

加强与《长三角地区区域规划》和《浙江省海洋经济发展规划》等上位规划或战略的衔接，积极争取国家部委对有关项目的支持。统筹规划浙江省码头、航道、通道、物流园区、无水港等建设项目，并严格执行，避免重复建设和盲目建设。采取有力措施保护港口公共岸线资源和航道资源。在港口及周边区域的规划建设中，优先保障港口后方用地，邻近港区和规划港区的后方土地用途、功能要予以严格控制，主要用于与港口相关的配套产业。

同时，浙江省省内各有关部门对重点项目建设应给予大力支持，在项目审批方面，简化程序、加快审批；在土地使用方面，对重点建设项目优先安排，加快推进。各地方政府应根据自身特点，对接海陆联动集疏运网络发展思路，积极开展相关项目的前期研究及规划设计工作，加快海陆联动集疏运网络建设项目落实和推进。

9.3 政策支持保障

9.3.1 创新体制机制

按照国家“大部制”的改革方向和要求,结合区域交通发展和现行体制的实际,加快管理体制机制改革,强化各种运输方式的有机衔接,促进综合运输体系协调发展。

创新建设体制。探索港口建设与资源开发利用相结合的新思路。对港口建设规划区域和适合建港区域内的滩涂围垦,在政府的主导下,由交通和港航部门进行统一围垦和开发,形成港口开发建设的良性机制。

建立港内航道建设机制,从资金筹集、建设管理、运营管理、维护等统一运作。加强部门协调管理、减少审批程序,进一步完善货物港务费收费机制。

9.3.2 加大财政支持

各级政府和社会各方面要加大“三位一体”海陆联动集疏运重大基础设施建设资金投入。积极争取中央政府的各项财政补助,浙江省级财政应加大财政资金和专项资金规模,积极向国家金融机构融资,积极探索集疏运基础设施建设新的融资方式,通过发行交通建设债券、信托等方式多渠道筹集建设资金。积极利用外资和民间资本投入海陆联动集疏运重大基础设施建设。

按照“突出重点、扶优扶强、统筹推进”的原则,通过提高补助标准、政府贴息、减免税收等手段,对海陆联动集疏运网络的四大通道建设、连接港口重点物流基地的集疏运公路、水路的重要项目给予重点资金支持,返还和减免公共基础设施建设相关税费。对用于港口基础设施建设的滩涂围垦土地,免征土地使用费。引导各级金融机构加大对项目建设的扶持力度,给予项目贷款一定的政策倾斜。

9.3.3 优先安排用地

对“三位一体”港航物流服务体系的重点项目,支持留足物流发展建设用地。支持在符合土地利用规划前提下,所需农用地转为建设用地的计划指标在浙江省留机动指标中给予安排,用地价格给予优惠。对用于港口基础设施建设的滩涂围垦土地,免征土地使用费,尽快开征港口岸线使用费。

9.3.4 完善法规体系

明确执法内容,统一执法标准,简化执法程序,加强协调和管理。重点改善"一关三检"环境,加快"区域大通关"建设,规范货运代理市场,维护公平、公开、公正的市场秩序。加快完善引导多式联运发展的法规体系,保障多式联运健康发展。加快完善钱塘江管理局和浙江省海洋局的用江、用海的管理标准和法规体系。

9.4 项目落实保障

以大宗商品交易平台为着眼点,以加强港口基础设施建设、完善五大联动体系和贯通四大运输通道为依托,加快落实并推进一批重大项目、示范项目的建设,促进海陆联动集疏运网络建设顺利推进,确保"三位一体"港航物流服务体系建设目标实现,推动浙江港口物流及浙江省经济的快速健康发展。

9.4.1 推进基础设施建设,发挥支撑作用

加快推进宁波—舟山港六横、穿山煤炭码头,嘉兴港独山煤炭中转码头,宁波—舟山港凉潭、鼠浪湖矿石中转码头,宁波—舟山港大榭、册子原油接卸码头,嘉兴港独山粮食码头、舟山老塘山粮食码头,宁波—舟山港梅山、金塘港区等大型集装箱码头的建设;加强条帚门航道、蛇移门航道、樱连门航道、双屿门航道、乐清湾航道整治建设;推进甬台温公路复线、六横—梅山疏港公路、杭绍甬公路、77 省道龙湾延伸段,甬台温铁路(货运专线)、金甬铁路、宁波铁路枢纽北环线及疏港支线铁路、九景衢铁路和金温铁路扩能工程;推进京杭运河及二通道、湖嘉申、乍嘉苏、杭平申干线航道改造工程、贯通杭甬运河、加快钱塘江中上游航运复兴工程。继续完善港口基础设施建设体系,充分发挥其对大宗商品交易平台和港口物流发展的基础支撑作用。

9.4.2 强化海铁联动,提高集疏能力

加强与铁路行业主管部门的合作,探索新型合作机制,建立统一协调机构,按照行业自律、平等协商原则,制定多式联运政策和规划,协调解决海铁联运各类问题,进一步完善相关法规政策,提高铁路集装箱技术装备水平等,保障海铁联运系统的各环节高效、稳定运行,加快海铁联运向内陆省市延伸,发挥集装箱海铁联运

在长距离的运输中优势明显，扩大海陆辐射腹地范围。

支持宁波—舟山港海铁联运发展的政策。争取国务院综合部门、交通运输部、铁道部、海关总署等部门的支持，深化宁波—舟山港海铁联运试点，加快建设温州、嘉兴、台州港进港铁路和杭州湾铁路大桥建设，在高铁建成后充分释放原有铁路的货运能力，增开从内地无水港至浙江省沿海港口的集装箱海铁联运班列，并加大对集装箱海铁联运枢纽示范工程建设的资金支持。

推进温台后方铁路基础设施建设，并给予相应的政策支持，进一步拓展温台港口组团的辐射范围、提升货物中转承接能力，促进温台经济健康、较快发展。

9.4.3　完善海河联动，发挥内河优势

加快制定有利于海河联运项目的政策、资金扶持方案。编制海河联运的相关规划，因地制宜规划和建设海河联动港区，为海河联运提供有效平台。进一步完善支线航道，将外海与内河码头有效连接，改善浙江省水运集疏运系统，吸引更多的货源，提高港口集疏运能力；加快内河港口建设和技术改造步伐，进一步推进内河船型标准化，促进内河与海运的有效衔接；改善口岸环境，加快推进口岸开发进程，统筹考虑口岸开放编制和查验设施问题，提高查验设施的质量、改善口岸查验环境，加强对口岸工作的领导，可参照其他地区经验成立独立的口岸综合管理部门。

加快制定有利于内河水运发展的优惠政策，促进浙江内河水运健康发展。加快提升内河航道等级，完善内河航运网络。内河骨干航道及主要港口等公益性建设项目，优先列入浙江省重点工程，由省级下达用地指标，并减免相关规费。列入国家和浙江省重点工程的航道建设项目，可依法申请免缴河道堤防工程占用补偿费。基础设施建设用地优先向内河水运发展倾斜，鼓励土地捆绑式开发，带动航道、港口的建设。在不减少水域面积的前提下，对老航道进行废弃填埋，新、老航道可进行土地置换。

9.4.4　加快保税港区建设，提高对外开放水平

加快宁波梅山保税港区建设，完善保税港区服务功能，争取扩大保税港区范围，发展国际集装箱物流业务和适箱商品的加工贸易等。

将金塘港区和六横港区开辟为国家一类航运开放口岸，同时争取将梅山保税港区政策向六横和金塘港区延伸，建立更多的港口保税物流园区，并实行更为优惠的税收和外汇管理。

金融服务篇

港口金融服务体系建设

GANGKOU JINRONG FUWU TIXI JIANSHE

第 1 章 港口金融服务体系基础认识

1.1 相关概念与内涵

1.1.1 港口概念

港口是位于江、河、湖、海沿岸，具有一定面积的水域、陆域和相应设施，供船舶靠泊、装卸货物、上下旅客及取得给养的场所。港口是水陆交通的集结点和枢纽，工农业产品和外贸进出口物资的集散地，船舶停泊、装卸货物、上下旅客、补充给养的场所，是联系内陆腹地和海洋运输的纽带，是国际物流的集散点。

1.1.2 金融概念

对金融的认识，根据视角和侧重点不同，大致可分为“资金融通论”、“金融资源论”、“金融产业论”、“金融工具论”、“金融媒介论”等几种类型。综合来看，金融的内容可概括为货币的发行与回笼，存款的吸收与付出，贷款的发放与回收，金银、外汇的买卖，有价证券的发行与转让，保险、信托、国内、国际的货币结算等。

从事金融活动的机构主要有中央银行、银行（政策性银行和商业银行）、非银行金融机构（主要包括国有及股份制的保险公司、信托投资公司、证券公司或投资银行、城市信用合作社、财务公司、金融资产管理公司、金融租赁公司等）以及在境内开办的外资、侨资、中外合资金融机构。金融服务则是指金融机构运用货币交易手段融通有价物品，向金融活动参与者和顾客提供的共同受益、获得满足的活动。

1.1.3 港口金融内涵

港口金融广义上指以港口为平台，以港口相关设施为依托，为港口建设和港航等相关企业发展提供各种金融服务的总称。具体来说，港口金融服务的要素主要包括三部分：一是服务载体或场所，包括临港物流园区、航运服务集聚区、船舶交易服务园区、港口保税区、交易平台、信息平台等；二是服务对象，既包括码头、航道、堆场、集疏运基础设施等港口相关基础设施,也包括航运企业、港口企业、造船企业、物流企业、货代船代等航运辅助服务业等港口市场经营主体;三是服务内容,包括为服务对象提供融资、租赁、保险、兑换、国际结算、融通等经济活动而产生的一系列相关业务总称。

港口与金融发展是相互依赖、相互促进的。一方面,行业特性决定了港口和航运业的发展必须有金融支持,金融为港口的发展提供软环境服务。首先,港口和航运业属资金密集性行业,对资金需求量大,且回收周期长,如港口基础设施建设、船舶航运业发展、发展对外贸易、提供物流服务等等无一不需要金融服务支持,因此金融对支持港口发展有着非常重要的作用;其次,航运业强周期性以及高风险的特征,决定了其需要通过金融、保险安排等进行风险分摊和降低,以保障航运经营的平稳和连续性。另一方面,港口为金融自身的发展提供硬件依托载体,金融业能在支持港口和航运业的同时实现提高和发展。为了更好地支持港口发展,金融业会不断推出新产品、新服务,在服务于港口和航运企业的过程中不断扩大自己的业务规模和服务范围,提升服务水平。可以说,没有金融服务的支持,港口发展将失去驱动力量;没有港口的建设发展,金融服务将失去依存的基础。

世界上大多数国际港口航运中心也是国际金融中心,从实践角度印证了港口航运作为实体经济和金融作为虚拟经济之间这种相互促进、相互影响的关系。如世界著名的五大国际航运中心——纽约、伦敦、东京、新加坡和香港同时也都是著名的国际金融中心,这是一个显著的共同特点。在国内,上海市正在建设我国的国际航运中心,同时上海也是我国重要的金融中心。

1.2 港口金融服务体系建设

目前,世界以及国内各大港口都在寻找新的发展突破点。浙江拥有港航发展得天独厚的条件,近年来实施的港航强省发展战略为浙江沿海城市带港口与经济的发展带来了难得的历史性机遇,为沿海港口群的发展提供了强有力的支撑。如何利用好现有资源,提供更多样化、更全面的服务,完善和提升包括港口物流功能、贸易功能、物业功能、金融保险功能、房地产开发功能、对外投资功能、国际国内旅游功能、港口管理及劳务输出功能以及信息传媒等功能,为客户提供更为多样、全面的服务,提高港口服务的附加值,实现浙江港口群的科学发展、和谐发展、率先发展是一项重要课题。

在推进浙江省建设“港航强省”战略、“发展现代物流业”转变经济发展方式、

2009 年 12 月浙江省政府和交通运输部在北京签订《共同促进浙江交通物流发展会谈纪要》等一系列背景下，作为推动港口功能转型升级、带动产业链整合与价值链延伸的抓手，吕祖善省长在 2010 年 1 月政府工作报告中，提出建设“三位一体”现代港航物流服务体系的战略构想，以期充分发挥港口在浙江省经济发展方式转变中的带动作用。建设港口金融服务体系是落实“三位一体”现代港航物流服务体系建设的重要一环，是推动港口经济发展方式转变的重要软环境建设组成部分。港口金融服务要围绕港口物流和大宗商品贸易的需求，创新金融服务和产品，完善金融服务支持系统，为港口发展创造便捷、发达的金融环境，构建适应国际竞争、具备高效服务功能的金融保障体系。

1.2.1 构成要素

从构成要素来讲，港口金融服务体系主要包括四部分：服务主体、服务支撑体系、服务产品或内容和服务中介体系。

服务主体：即从事港口金融服务的主体，这里也就是广义的金融机构。要倡导发展港口金融服务主体多元化。不仅要有商业银行、证券机构、保险机构，而且还应该有信托、基金、租赁等融资机构；不仅要有国有金融机构，还应有民营金融机构；不仅要有中资机构，还应有外资金融机构；要鼓励大型银行在港口设立金融分支机构、吸引外资银行进入。数量众多、多元化的金融结构既是开展各项金融活动的必要保障，也是促进金融领域竞争，开展金融创新，提高金融业服务水平的需要。

服务支撑体系：即发挥港口金融服务作用的服务平台、专业的人才队伍、完善的法律保障体系以及先进的金融软硬件设施等。服务平台即港口金融服务需要依托的载体，如设立投资担保平台、银企合作平台或交易结算平台等。人才队伍即港口金融是一个跨学科、专业性强的行业，涉及范围广，需要大量的专业技术人才。法律保障即港口金融服务体系建设需要完善的法律保障体系来保驾护航，需要出台针对港口金融服务的专项法规，需要严格执法力度，加强法治宣传教育，形成完善的港口金融服务法制环境和良好的法治舆论氛围。而先进的金融服务软环境和硬件设施能够节约交易时间和交易成本，保证港口金融服务活动的顺利高效进行。

服务产品或内容：在金融服务主体和服务支撑的基础上，港口金融服务是全方位的，包括为港口基础设施建设、航运造船业等发展提供多样化的融资服务，为外汇和商贸交易提供便利的结算服务,为航运船舶企业等提供海上保险、融资担保服务,等等。

中介服务体系:港口金融的发展,需要保险经纪、保险评估、法律服务、会计、船舶检验等各类中介机构提供专业化服务。中介服务体系建设是港口金融服务体系建设的有机组成部分,起着优化金融资源配置、提高金融服务水平的重要作用。伦敦航运金融非常发达很重要的一个原因就是,伦敦航运中介机构功能齐全、专业程度高,有效地支撑着整个航运产业链的发展。如伦敦专门从事海上保险经纪业务的公司就有30多家,伦敦大部分海上保险业务是通过保险经纪公司开展的;伦敦是全球著名的海事法律服务中心,可在租船、造船、融资、保险、货运、船体碰撞、海损、海上抢救和海上污染等方面提供法律服务;伦敦有一支专业的海损公估队伍,可以为全球范围的海损等事件提供公估服务;伦敦还是国际纠纷解决中心,其处理国际经济纠纷的专业能力、公正性和效率得到国际社会的公认。

1.2.2 建设意义

1)沿海城市带经济发展的需要

浙江省位于我国沿海中部,处于经济发达的长江三角洲南翼,濒临东海,拥有海岸线6 600余公里,居全国第一位,水深大于10米的深水岸线长达333公里,深水岸线资源十分丰富,并处于连接国际航道和国内支线的良好位置。随着浙江省"海洋经济强省"、"港航强省"等战略规划的逐步实施以及现代港口体系的建设,为提升浙江省港口软环境和服务功能为主的港口综合竞争能力,需要进一步加大金融支持力度,解决港口经济发展对资金的需求,为港口经济发展创造良好的金融环境。通过金融为港口企业和相关产业链条的服务,形成金融发展和港口服务业相互促进的积极效应,增强港口的经济竞争力。

事实上,一个地区的经济发展程度,不仅取决于该地区能否充分利用资源优势提升区域经济竞争力,而且也取决于经济增长过程中资本的积累、吸纳和产出能力。而金融体系的健全程度将直接影响资本积累集聚的效率,影响资本积累集聚的速度和成本的高低。浙江沿海城市带作为中国近年来发展最快的海港城市群之一,港口在经济发展过程中是一个至关重要的因素,其带来的投资效应、工业化效应、服务业综合化效应、国际化效应以及对周边地区产生的经济辐射效应,都要求其金融服务体系应具有强大高效的融资效能和国际化的服务水准。

2) 港口服务转型升级的需要

当前,经济全球化和贸易自由化进程加快,科学技术日新月异,全球范围内的产业结构不断调整,作为国际商贸联系纽带的港口,其竞争格局变得更加激烈,已从传统的货物吞吐量、航线规模、海运贸易量等"硬件"竞争扩大到港口服务、政策法规、技术标准、科技教育等各方面"软件"的综合竞争。港口作为社会物流重要的集散中心、全球综合运输网络的重要节点,其功能定位从第一代的航运中转和货物集散,到第二代的货物集散和加工增值,到第三代的货物集散和综合资源配置,再到当前第四代的货物集散、资产配置、金融服务和现代物流功能综合服务。如伦敦作为知名的国际航运中心,已经成功转型,其发展重心从基本的航运服务转向综合级的航运交易和金融服务,在经济效益和影响力方面都占据世界领先地位。

当前,国内外港口都在抓港口硬件基础设施建设的同时,积极发展港口金融服务业等软环境建设,为保持在激烈竞争中的优势,积极转变港口发展方式,提升港口综合服务水平。浙江沿海港口群适时提出促进港口发展的"三位一体"(构筑大宗商品交易平台,构筑海陆联动集疏运网络,构筑金融和信息支撑系统的现代港航物流服务体系)实施战略,积极发展港口金融服务和港口信息服务,是积极推进港口服务转型升级的应时之需。

3) 金融服务业自身发展的需要

港口建设、港口航运企业等的发展,既需要金融业提供融资、租赁、保险、国际结算等金融服务,也要能为金融服务业发展提供源源不断的业务来源,加速金融市场体系的完善,促使金融服务业不断创新产品或服务,为港口金融服务业的发展提供巨大的推动力。以国际经验来看,港口金融作为联系港口、航运、金融的纽带,港口航运金融服务的发展有利于推动国际航运中心和国际金融中心的形成与发展,使两者的发展相辅相成,互相促进。综观伦敦、香港、阿姆斯特丹、新加坡等港口城市,其国际金融中心和国际航运中心的形成与港口航运金融的发展密不可分。

2009 年,我国出台了两个与航运业相关的产业振兴规划——《船舶工业调整振兴规划》和《物流业调整振兴规划》,积极鼓励支持航运业的发展。于是,许多国际大型优质航运企业将目光聚焦中资金融机构,增加了对其的金融服务需求,为中资金融机构进入航运金融服务领域并扩大市场份额提供了较好机遇。

1.2.3 功能定位

"三位一体"现代港航物流服务体系发展战略中,大宗商品交易平台是主体,集疏运网络是基础设施支撑,金融和信息是软环境支撑,三者协同作用、相互促进,共同构成综合性国际枢纽港的服务体系。作为"三位一体"课题研究的专题港口金融服务体系建设研究,其根本目的就是提升港口服务业水平,落脚点就是为"三位一体"建设提出的金融服务需求提供支撑保障或建议措施。

据此,港口金融服务功能定位为:以港口为载体,以综合运输为动脉,以港口相关产业为支撑,以海陆腹地为依托,为发展港口经济大力开展港口金融服务建设。针对本专题研究定位为:依托信息化平台或手段开展金融服务,为集疏运基础设施建设提供融资服务,为贸易平台建设提供(授信、保险、仓单质押等)金融服务,在服务发展中不断创新金融服务产品和服务形式,在不断提高港口金融服务水平的同时实现金融业自身的发展与完善。

第 2 章　浙江省港口金融服务现状分析

2.1　浙江省金融业现状

近年来，浙江省的银行、证券和保险等金融业务保持稳健发展趋势，证券业务规模在全国位居领先地位。

2.1.1　银行业概况

(1)银行机构概况

"十一五"以来，浙江省银行业发展势头良好。由表 2-1 可见，浙江省银行业机构从业人员和资产规模逐年增长，特别是资产规模增长快速，年增长比例基本在 20%以上，资产质量持续改善，2009 年年末不良贷款率为 1.3%，同比下降 0.3 个百分点。此外，银行业机构体系调整逐步完善，表 2-2 为 2009 年不同类别银行机构的情况。

2006-2009 年浙江省银行类机构总体情况　　表 2-1

年　份	2006	2007	2008	2009
机构个数(个)	9 889	10 012	10 122	9 526
年增长比例(%)		1.24	1.10	-5.89
从业人数(人)	150 388	158 942	159 858	186 714
年增长比例(%)		5.69	0.58	16.80
资产总数(亿元)	28 367	33 906	42 069	54 054
年增长比例(%)		19.53	24.08	28.49

数据来源：中国人民银行杭州中心支行、浙江银监局。

2009 年浙江省不同类别银行类金融机构情况　　表 2-2

机构类别	营业网点			法人机构(个)
	机构个数(个)	从业人数(人)	资产总额(亿元)	
一、国有商业银行	3 519	82 845	25 356	0
二、政策性银行	56	1 752	2 198	0
三、股份制商业银行	612	22 798	11 299	1
四、城市商业银行	491	16 711	5 639	11
五、城市信用社	8	201	19	1
六、农村合作机构	3 916	42 017	7 588	82
七、财务公司	2	81	158	2
八、邮政储蓄	796	18 268	1 402	0
九、外贸银行	14	614	161	2
十、农村新型机构	112	1 427	234	110
合计	9 526	186 714	54 054	209

数据来源:中国人民银行杭州中心支行、浙江银监局。

(2)银行业运行状况

从表 2-3 可见,2006 年-2009 年浙江省存款和贷款增势总体较快,呈现逐年增长趋势,本外币各项存款余额和本外币各项贷款余额的年均同比增长比例分别达 21.91% 和 23.82%。

2006-2009 年浙江省金融机构存贷款情况　　表 2-3

年　份	2006	2007	2008	2009	平均值
年末本外币各项存款余额(亿元)	25 004.59	29 030.33	35 481.20	45 203.05	
同比增长比例(%)		16.10	22.22	27.40	21.91
年末本外币各项贷款余额(亿元)	20 757.5	24 939.89	29 658.67	39 268.08	
同比增长比例(%)		20.15	18.80	32.40	23.82

2.1.2 证券业概况

(1)证券机构概况

2009 年末,浙江省证券经营机构数位居全国第三,浙江省上市公司家数居全国第二,新增创业板和中小板上市公司共 11 家,从表 2-4 可见,近三年浙江省年末国内上市公司数的平均增长比例达 13.50%。

2006-2009 年浙江省证券机构情况　表 2-4

年　份	2006	2007	2008	2009
总部设在辖区内的证券公司数(家)	5	4	3	3
总部设在辖区内的基金公司数(家)	0	0	0	1
总部设在辖区内的期货公司数(家)	13	13	13	13
年末国内上市公司数(家)	97	120	131	141
增长比例(%)		23.71	9.17	7.63

(2)证券业运行状况

浙江省证券业健康快速发展,企业上市和再融资活跃。2009 年,浙江省全年证券市场交易规模增长 72.8%,交易总额居全国第三,证券营业部平均利润水平居全国第二,3 家法人证券公司业务发展有所突破,浙商证券启动定向资产管理业务,财通证券获得证券自营和承销业务资格,中信金通证券在经纪业务盈利模式方面不断创新。期货公司综合实力和盈利能力继续保持领先,期货经营机构代理交易金额居全国第一,增长 87.6%。表 2-5 是 2006 年 ~ 2009 年浙江省证券筹资情况,总体呈增长趋势。

2006 ~ 2009 年浙江省证券业筹资情况　表 2-5

年　份	2006	2007	2008	2009
当年国内股票(A 股)筹资(亿元)	43	186	141.9	287
增长比例(%)		332.56	-23.71	102.26
当年发行 H 股筹资(亿元)	2	236	0	0
当年国内债券筹资(亿元)	92	179	227	474
增长比例(%)		94.57	26.82	108.81
其中:短期融资筹资额(亿元)	48	137	188	105
增长比例(%)		185.42	37.23	-44.15

2.1.3　保险业概况

(1)保险机构概况

近年来,浙江省保险业经营取得新突破,保险机构规模扩张加快。2007 年,浙江首家法人保险公司——信泰人寿保险股份有限公司开业，实现浙江省保险总公司零的突破。2009年，新增保险市场主体2家，浙商财产保险公司获准开业，成为第一家总部设在浙江省的财产保险公司，美国利宝保险进驻筹建，实现外商独资保险公司入浙零的突破。2009年与2006年相比，浙江省保险公司分支机构数增加了60%，年均增加17.43%，见表2-6。

2006～2009年浙江省保险机构情况 表2-6

年份	2006	2007	2008	2009
总部设在浙江省的保险公司数(家)	0	1	1	2
其中:财产险经营主体(家)	0	0	0	1
寿险经营主体(家)	0	1	1	1
保险公司分支机构(家)	35	45	54	56
其中:财产险公司分支机构(家)	18	21	24	25
寿险公司分支机构(家)	17	24	30	31

数据来源:浙江保监局。

(2)保险业运行状况

由表2-7可见，2006～2009年间，浙江省保险业务快速发展，各项保费收入和各类赔款给付均以较快速度增长，保费收入、财产险保费收入、人寿险保费收入及各类赔款给付的年均增长比例均在20%以上，分别达到21.41%、22.12%、21.37%、30.47%，保险密度的年均增长比例达20%，2009年的保险密度是2006年的1.67倍。

2006～2009年浙江省保险业保费收入情况 表2-7

年份	2006	2007	2008	2009	平均值
保费收入(中外资,亿元)	363	442	576	646	
增长比例(%)		21.76	30.32	12.15	21.41
财产险保费收入(中外资,亿元)	136	175	203	247	
增长比例(%)		28.68	16.00	21.67	22.12
人寿险保费收入(中外资,亿元)	227	266	373	398	
增长比例(%)		17.18	40.23	6.70	21.37
各类赔款给付(中外资,亿元)	105	174	213	220	
增长比例(%)		65.71	22.41	3.29	30.47

续上表

年　份	2006	2007	2008	2009	平均值
保险密度(元/人)	750	880	1 233	1 254	
增长比例(%)		17.33	40.11	1.70	19.72
保险深度(%)	2	3	3	2	

数据来源:浙江保监局。

2.1.4 金融市场现状

1)金融市场交易保持活跃

(1)融资总量大幅增长,直接融资进展良好,融资结构不断优化

由表2-8可见,2009年,浙江浙江省非金融机构融资总量首次突破万亿元,增长98.8%。全年以贷款、债券、股票(包括境内和境外)三种方式融入资金总额的占比为92.6∶4.6∶2.8。在人民银行和相关部门推动下,各类企业债务融资工具发展迅速,2009年债券融资总额同比增加246.2亿元。

2001~2009年浙江省非金融机构融资情况　表2-8

年　份	融资量(亿元)	比重(%)		
		贷　款	债券(含可转债)	股　票
2001	1 103.5	96.5	0.0	3.5
2002	2 162.1	99.0	0.0	1.0
2003	3 681.1	98.6	0.3	1.1
2004	2 509.1	97.1	0.6	2.3
2005	2 209.9	96.9	2.9	0.3
2006	3 923.1	95.2	2.3	2.5
2007	4 591.4	86.9	3.9	9.2
2008	5 211.0	90.9	4.4	4.7
2009	10 357.5	92.6	4.6	2.8

数据来源:中国人民银行杭州中心支行、浙江省发改委、浙江证监局。

(2)民间借贷与正规金融互补发展

据监测,浙江民间借贷以信用借贷、短期借贷为主,借贷目的以生产经营为主。

2007 年,随着货币政策趋紧,浙江省民间借贷有所回升,全年发生民间借贷金额同比增长 12.2%,全年加权平均利率达 14.3%,创历史新高。2009 年,随着银行信贷投放力度加大,浙江省民间借贷利率水平总体回落,全年加权平均利率较上年下降 2 个百分点。

(3)票据业务变化较大

票据业务走势与商业银行信贷收紧行为密切相关。以 2008 年为例,上半年,票据贴现低速增长,商业汇票承兑较快增长。下半年,随着政策趋向适度宽松,属于贷款范畴的票据贴现逐月上升,而作为表外业务的承兑业务增势趋缓。2008 年末,浙江省票据贴现余额同比增长 1.1 倍,银行承兑汇票承兑余额虽同比多增 591.2 亿元,但从 6 月起增速明显趋缓。票据市场利率持续下降。四季度,浙江省金融机构票据贴现和转贴现利率分别为 3.747% 和 3.725%,环比分别下降 2.618 和 1.633个百分点,同比分别下降 4.372 和 2.321 个百分点,表明金融机构流动性总体充足,办理票据贴现动力较强,对票据利率下拉作用明显。2009 年,受宏观经济回升向好、公开市场操作力度加大和 IPO 重启、创业板开闸等影响,货币市场利率上行,带动票据市场利率相应走高。四季度浙江省金融机构银票贴现和买断式转贴现利率环比分别上升 49 个基点和 38 个基点,同比分别下降 112 个基点和 155 个基点。

2)金融创新进展显著

(1)金融机构债券发行品种和金额创新高

2007 年,温州市商业银行成功发行 5.5 亿元次级债券,浙商银行成为国内首家中小企业信贷资产证券化创新的试点银行。2008 年,浙商银行发行全国首单中小企业信贷资产支持证券,杭州银行成功发行商业银行次级债券。2009 年,实现普通金融债发行和农村合作金融机构债券发行零突破,浙商银行中小企业信贷资产支持证券成功兑付。

(2)企业债务融资工具进展较快

2007 年,共辅导 14 家企业发行短期融资券,5 家企业发行企业债券。2008 年,浙江省共有 19 家企业发行短期融资券、企业债券、公司债券和可转换债券等各类债券,并在全国率先推出中小企业短期融资券产品。2009 年,浙江省有 13 家企业共发行 155 亿元短期融资券和中期票据,实现浙江省中期票据发行零的突破。

(3)票据电子化进程加快

2009 年,省内第一批上线的 13 家银行机构全年共签发电子商业汇票 97 笔。

(4)银行间市场衍生产品业务发展迅速

2007 年,银行间即期外汇市场成员交易活跃,浙江省银行间即期外汇市场交易量增幅达 61.5%。其中,净卖出量增长 116%。2008 年,银行间人民币利率互换和外汇远期交易继续稳健发展。2009 年,银行间外汇掉期交易快速增长,全年人民币利率互换交易额 248.5 亿元,外汇衍生产品交易额同比增长 7.6 倍。

3)金融生态环境建设进一步完善

通过政府、人民银行、金融机构和企业等多方联动协作,促使浙江省金融生态环境持续优化。根据中国社科院的《中国地区金融生态环境评价(2006—2007)》报告显示,2006 年,浙江省金融生态环境综合指数排名居全国第一。

近年来,征信系统覆盖面不断扩大,服务对象日益广泛,已成为金融机构风险管理的重要工具,并为法院、政府部门等提供有效服务。2008 年末,浙江省已累计为 339 万农户建立信用档案,约占浙江省农户的 1/3。2009 年末,农户信用档案电子化建设加快推进,“信用户、信用村、信用乡镇”创建活动卓有成效,浙江省建立信用档案的农户数同比增长 26.1%。2009 年末,浙江省累计征集尚未与银行发生信贷关系的中小企业信息 14.6 万户。2008 年,开展商业承兑汇票信用评级试点,完成 20 家出票企业的评级工作;制定《浙江省中小企业信用担保机构信用评级管理暂行办法》,推动担保机构信用评级规范发展。2009 年,票据市场信用体系建设力度加大,商业承兑汇票信用评级工作在浙江省推开,并首先在 150 家重点企业开展试点。

2.2　港口金融服务现状

近年来,浙江省港口金融机构体系有一定发展完善,银行业金融机构为港口物流业发展提供了有力的信贷支持,证券期货业交易活跃,企业上市融资步伐逐渐加快,保险业务也成为浙江省港口金融服务的重要组成部分。

2.2.1　金融机构体系有一定发展完善

目前,浙江省港口城市已经初步形成了银行、信用社、信托、租赁、证券、保险等多种金融机构并存的、较为完整的金融机构体系。截至2009年底，浙江省港口城市有银行业法人机构61家，其中城市商业银行8家，城市信用社1家，农村合作银行21家，农村信用社19家，村镇银行10家，信托公司1家，金融租赁公司1家，市一级分支行(社、公司)共115家。浙江省港口城市有期货公司1家，证券营业部136家，期货营业部51家，保险分支公司93家，保险专业中介法人机构41家，如图2-1所示。

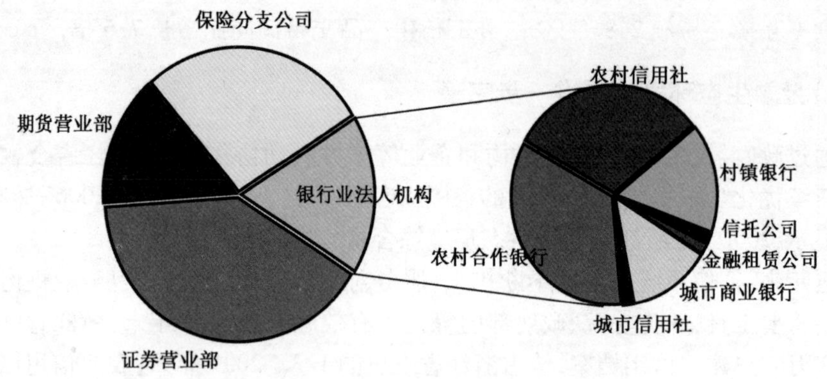

图2-1　浙江港口城市金融机构构成图

2.2.2　金融产品和服务不断丰富

(1)银行业金融机构为港口物流业发展提供了有力的信贷支持

截至2009年底，浙江省港口城市本外币各项存款余额21 631.55亿元，比年初新增4 616.51亿元。本外币各项贷款余额16 460.56亿元，比年初新增4 605.76亿元。金融机构本外币余额存贷比(含票据融资)平均达到83.49%，不良贷款率为1.23%。宁波在信贷融资方面主要有，对航运企业购置船舶的项目贷款和配套流动资金为主的融资业务，对造船企业的船舶项目贷款和预付款保函，以及在建船舶抵押融资、单船公司项目融资、预期运费收入转让质押等。舟山金融机构对港口物流业贷款投向主要是船舶工业、海运业和港口物流等行业。银行业主要为港口物流业提供间接融资和支付结算等方面的服务，主要产品包括港口、码头等基础设施建设方面的基建贷款，造船企业的基建贷款、流动资金、预付款退款保函以及国际结算、海运企业的船舶贷款等。比较有特色的产品有建设银行和人保合作的小企业船舶抵押贷款和船舶抵押权证保险产品，以及杭州商业银行舟山分行推出的

“类按揭”购船融资贷款。

(2)证券期货业交易活跃,企业上市融资步伐逐渐加快

2009 年,浙江省港口城市证券经营机构累计代理交易额 51 555.25 亿元,占浙江省的 41.98%;证券公司保证金余额 401.16 亿元,占浙江省的 39.49%,托管市值2 202.96亿元,占浙江省的 37.06%。浙江省港口城市期货市场累计代理交易额 70 808.85亿元,占浙江省的 32.41%,期货保证金余额达到 44.94 亿元,占浙江省的 30.09%。

2009 年浙江省港口城市新增上市公司 4 家(全部为境内),新增融资额 54.35 亿元。截至 2009 年底,浙江省港口城市共有境内外上市公司 79 家(境内 64 家,境外 15 家)。宁波海运为较早登陆主板的上市公司,宁波港 A 股已于 2010 年 9 月底发行,目前正在择机实施 H 股发行计划。舟山近几年部分有实力的造船企业、海运企业和港口企业积极尝试上市融资,包括金海重工的借壳上市、扬帆集团的香港上市,舟山港务集团当前正积极酝酿和实施整体上市。

(3)保险业务是浙江省港口金融服务的重要组成部分

2009 年浙江省港口城市共实现保费收入 373.84 亿元,保险金额 11.5 万亿元,保险赔付支出 129.44 亿元。宁波在保险方面,除传统的货物运输保险、财产仓储保险、船舶汽车运输工具保险、物流责任保险、国际货代责任保险、提单责任保险、船舶建造保险、沿海船舶燃油污染责任保险、集装箱箱体保险外,还有创新开发的试航保险、船价保险、运费保险和船队保险等多种航运保险产品,并尝试开展以船舶抵押为担保的出口信贷保险业务。2009 年,舟山市共办理 114 艘大型船舶抵押贷款保证保险,涉及资金 6.2 亿;另外开办了沿海船舶保赔险,共为全市 10 018 艘船舶(含渔船)提供 1 183 亿元保险保障,保费收入 25 449.03 万元,同比增长 21.77%,支付船险赔款 1.9 亿元;为 55 多万笔货物运输提供了 774 亿元的保险保障,赔款 334 万元,较好地发挥了保险的经济补偿功能、融资功能和社会管理功能,为金海湾船业、欧华船业、万邦永跃船业等舟山大型企业提供了支持和保障。

2.3 港口金融服务存在问题

2.3.1 金融机构种类不全,实力不强

浙江省港口城市的金融机构种类不全,缺少法人金融机构。目前,浙江省港口

城市的金融机构以商业银行为主,没有海洋专业银行和保险公司,缺少地方性信托公司、财务公司、租赁公司等非银行金融机构以及贷款公司,缺乏股权投资机构和金融控股公司,出口信用保险公司尚未在浙江省港口城市设立分支机构。金融机构种类不全,导致缺乏多样性和有效竞争,缺少法人机构,发展港口金融服务的自主权就不够,制约了产品设计、经营模式等方面的创新。

2.3.2 金融市场体系不完善

浙江省港口城市的金融市场体系不完善。目前,浙江省港口城市和全国其他省市一样,面临着多层次资本市场只有证券市场这一单一环节,没有资本市场的基础性环节。港口物流企业除了上市之外,没有进入资本市场的其他通道。而实现上市的要求很高,竞争激烈,导致许多港口物流企业都被挡在了资本市场的大门之外。

同时,浙江省港口城市都没有期货交易市场,而我国现有的上海、大连、郑州三个期货交易所的期货交易品种尚不丰富,没有涵盖浙江省港口城市大力发展的大宗商品交易平台的大部分现货和远期交易品种,制约了港口物流企业利用期货交易市场进行价格发现和套期保值。

2.3.3 金融服务总量不足,结构失衡

虽然浙江省港口城市的银行业金融机构不断加大信贷资金投入,但还是不能完全满足港口物流业快速发展的需要。航运业由于企业投入基本以民营资本为主,起点较低,规模普遍偏小,抗风险能力弱,因此融资需求不能得到充分满足。造船行业由于被定位为产能过剩行业,导致部分有发展潜力的优质企业的融资需求得不到满足,阻碍了船舶工业的发展。信贷政策可能与部分港口相关产业的发展存在一定的矛盾,信贷支持港口经济发展缺乏持续性。

浙江省港口城市的金融服务结构失衡,过度依赖间接融资,过于偏重投向港口基础设施,直接融资发展滞后。目前各银行业金融机构对港口发展服务的业务结构仍然以传统的存、贷、汇为主,主要是项目贷款和企业流动资金贷款,导致金融机构间的同质化竞争加剧,而对于其他诸如贸易金融和物流金融等个性化特色服务涉猎甚少,形成了一些港口金融服务的真空带。同时,直接融资方式利用不足,特别是企业上市、发行债券、发展股权投资和利用保险资金等方面,严重滞后。

2.3.4 金融服务中介机构体系有待进一步改善

浙江省港口城市的金融中介服务机构建设亟待加强。由于港口发展具有显著的开放性特征,因此其配套的金融服务具有相对较高的风险,所以国际上成熟的港口,金融服务一般都伴随着信用评估、资产评估、会计审计、法律服务、投资咨询、经纪公司、保险精算、数据处理、金融信息等多种中介服务。如香港注册有数千家与航运业有关的公司,业务范围涵盖船舶注册、船舶管理、资信评估、船舶交易、法律服务、信息咨询、海事仲裁等,满足了航运金融各个环节的专业化需求,从而使航运金融的所有交易环节都保持着专业、高效、透明、公正和缜密。目前,浙江省港口金融中介服务体系发展滞后,不利于航运服务体系与金融服务体系的专业化和集群化。

2.3.5 港口金融服务的制度建设和政策支持不足

与境外航运中心城市相比,浙江省在与航运金融有关的政策、法律、法规等方面存在较大差距,这些都严重制约着航运金融的发展。尤其是财税体制方面比较突出,比如船舶境内注册运营成本比较高,船公司不仅要就境内境外收入缴纳所得税,还要缴纳营业税。境外船舶在境内注册还需要交纳较高的进口船舶关税和进口环节增值税等。正因为财税政策的差异,中资航运企业选择将外贸运输的大吨位船舶在境外注册,由此导致中资航运企业大量在境外展开船舶融资贷款、船舶保险等金融业务。

第3章 港口金融服务体系建设的形势与需求分析

3.1 建设环境与形势分析

港口金融具有产业关联度高和产业附加值高等特点,发展港口金融不仅有利于本地港口相关产业的健康稳定发展,也会促进相关金融业务的拓展。港口金融是连接航运、港口、腹地经济和外贸经济的纽带,它对促进区域经济发展方式转变和升级具有重要意义。浙江大力发展港口金融服务面临着巨大的历史性机遇和优越的自身基础条件:港口金融服务重心将逐步向我国转移为浙江省发展港口金融服务提供了契机;沿海区域发展战略为浙江省发展港口金融服务提供了巨大的发展空间;港航发展面临的挑战要求提升港口软环境和服务功能;港口转型升级对港口金融服务提出了更高的要求;大力发展港口金融已成为各方面的共识。

3.1.1 港口金融服务重心将逐步向我国转移

当前国际港航业的发展趋势表明,世界航运的运输业务重心已由欧洲转至亚洲,包括港口金融在内的世界港航服务业的发展重心也必将转至亚洲,中国具有非常大的发展空间。浙江宁波—舟山港2009年货物吞吐量达到5.7亿吨,跃居全世界各个海港之首。而目前国际航运的相关服务业务,包括船舶注册、管理、买卖、融资、保险、仲裁等,其中心仍然在欧洲。随着国际航运业务的重心由欧洲转至亚洲和中国,建立与港航业务相匹配的港口金融服务体系尤为重要和迫切。目前,世界各国各地区的经济和金融机构几乎都遭受了金融危机的严重冲击,相比之下,中国的经济和金融机构一枝独秀,这无疑为国内金融机构发展港口金融服务提供了难得的契机。

3.1.2 浙江省大力推进沿海区域发展战略

2007年浙江省第十二次党代会着眼浙江省经济社会发展全局,做出了加快建设港航强省的重大战略决策,凸显了港航事业发展在浙江经济社会发展中的重要作用和在省委和省政府工作中的重要地位。2009 年,浙江省将建设港航强省纳入政府工作报告中,提出:“推动港航强省建设,统筹沿海城市产业布局,加强海域和海岛资源管理,积极发展先进临港产业和海洋渔业、海洋生物、海洋旅游等产业,建设‘海上浙江’”。同时,浙江省海洋经济发展带建设也在不断推进。浙江省正在全力争取将浙江海洋经济发展带建设上升为国家战略,目前,已编制完成《浙江海洋经济发展带规划》(初稿),开展了多项专题研究和调研工作。此外,《长江三角洲地区区域规划》明确提出要设立“浙江舟山海洋综合开发试验区”。这些战略的实施无疑将首先带动浙江省港口相关产业的迅速发展,对港口金融服务将产生强烈的需求。

3.1.3 港航发展面临的综合竞争挑战

首先,在港航建设发展的外部环境方面,面临着一系列的严峻挑战。一是国际港口之间的竞争更加激烈,竞争的焦点已经从优化扩大港口硬件设施和通过能力,转向提升港口软环境和服务功能;竞争已经转到了全方位、高层次、涵盖众多相关部门的综合竞争。二是国内不同区域之间的竞争也将出现新的格局。近年来,国家先后批准设立了一批沿海经济区和保税港区,上海、大连、天津正在加快步伐建设国际航运中心,浙江省沿海港口发展战略,特别是未来中转网络架构中的定位面临着的国内新的竞争格局。三是国家在“十二五”期间将加快转变经济增长方式,而欧美对中国出口商品将实行更为苛刻的贸易壁垒政策,另外世界反恐形势要求对货箱采取十分严格的检查措施等,这些都将对港口货源产生影响。

其次,从内部环境看,区域内港口之间正在展开新一轮激烈竞争,港航信息、集装箱海铁联运和内河集装箱运输、口岸通关环境、港航人才资源、现代港航服务业等方面都存在着薄弱环节或制约因素。应对港航发展面临的上述挑战,迫切要求提升港口的软环境和服务功能,将其作为浙江省港口参与国内外竞争的核心能力,而港口金融服务能力是港口软环境和服务功能中最核心的要素之一。

3.1.4 港口的转型升级提出了更高的发展要求

发展港口现代物流业是推动港口转型升级和港口经济持续增长的重要动力。

港口作为社会物流重要的集散中心、全球综合运输网络的重要节点，其功能定位已从第一代纯粹的“运输中心”，第二代“运输中心 + 服务中心”，第三代“国际物流中心”，发展到第四代的“港航联盟和港际联盟”。港口除了作为海运的必经通道在国际贸易中继续保持有形商品的强大集散功能之外，还具有集有形商品、技术、资本、信息的集散于一体的物流功能。港口物流，涉及运输、储存、装卸、搬运、包装、流通加工、配送、信息处理以及为以上多个环节提供装备和配套服务的诸多领域，同时还包括与港口物流相关的基础设施、依托载体和市场主体等诸多要素。为确保港口物流业中物流和资金流的流动和安全，需要根据港口物流业的特点，围绕港口物流业所涉及的各要素，提供与其商品自身特点、商品交易模式及基础设施建设、企业发展需求相适应的融资、保险、结算、监管等配套服务和资产保值方面的一系列个性化的金融服务方案和金融产品，这对港口金融服务提出了更多更高的要求。

3.1.5 大力发展港口金融已成为各方面共识

金融业与港航业之间相互促进的关系已经过国内外无数实践的证明。一方面，港航业的行业特性决定了港口和港航业的发展必须有金融支持。港航业属资金密集型行业，首先，港口的发展需要加大基础设施及相关配套设施建设，对资金需求量大，且回收周期长，因此金融对支持港口发展有着非常重要的作用；其次，航运业强周期性以及高风险的特征，决定了其需要通过金融、保险安排等进行融资和风险分摊，以保障航运经营的平稳和连续性；最后，在港口商贸交易的发展过程中，金融服务更是必不可少的支撑条件。另一方面，金融业在支持港航业发展的同时也能实现自身的提高和发展，港航的发展对金融发展和金融创新产生有力的促进作用。首先，为了更好地支持港航业发展，金融机构将不断推出新产品、新服务；其次，金融机构可以通过与港口物流业产业链众多企业的合作，建立更多的信息渠道，能够有效防范单一客户的授信风险，更有利于金融机构深度挖掘产业链中蕴藏的金融服务价值，争取到稳定的集群客户，培育新的业务增长点；最后，通过培育港口金融服务新产品，培养港口金融服务专业人才，可以进一步加强金融机构的港口金融服务能力，提升浙江省港口金融在我国内和国际上的竞争能力。大力发展港口金融已经成为各方面的共识，不仅仅港航企业、金融企业正在努力开展该项业务，地方政府、国家有关管理部门、相关市场以及学术研究机构都非常重视港口金融的发展。

3.1.6 浙江发展港口金融服务有良好的自身基础

浙江作为我国东部发达省份，其经济和金融业比较发达，具有发展港口金融服务的良好基础条件。首先，从浙江省整体的金融发展水平来看，经过多年跨越式的发展，浙江金融业的规模不断壮大，金融业的增加值占地区生产总值的比重已达到8.4%，位居全国省域经济第一位；银行业的资产利润率达2.24%，位居全国银行业第一位；民营资本充足，位居全国前列；宁波国际金融中心即将建成运行，金融集聚效应即将显现；区域金融发展的综合质量和金融生态环境不断优化。这些都为浙江省金融机构拓展港口金融服务奠定了坚实的基础。其次，从发展趋势上来看，浙江省的金融机构体系、金融市场体系和金融服务中介机构体系正在快速发展，这些体系的建设和完善将为提升港口金融服务能力奠定坚实基础。

3.2 “三位一体”建设下的需求分析

浙江省立足经济社会发展的全局，在 2010 年政府工作报告中提出了构筑大宗商品交易平台、海陆联动集疏运网络、金融和信息支撑系统“三位一体”现代港航物流服务体系的战略构想，以期推动浙江沿海港口转型升级，充分发挥港口在浙江省经济发展方式转变中的带动作用。“三位一体”现代港航物流服务体系建设，以构建大宗商品交易平台为核心，以完善海陆联动集疏运网络为基础，以发展港口金融、信息配套服务为支撑，打造集运输、物流、贸易、金融、信息和咨询等服务功能为一体的现代港口综合服务业，将促进宁波 - 舟山港建设成为亚太地区重要的综合性国际枢纽港，进而推动港口功能的转型升级，带动产业链的整合与价值链的延伸，增强以宁波 - 舟山港为核心的浙江沿海港口群对长三角地区、中西部地区、长江流域乃至全国经济社会发展的支撑作用与带动效应。

港口金融服务体系是“三位一体”现代港航物流服务体系中的核心支撑要素，无论是大宗商品交易平台建设，还是海陆联动集疏运网络建设、港口信息服务体系建设，都将对港口金融服务产生强劲的需求。首先，大宗商品交易平台建设、集疏运网络建设、港口信息服务体系建设在项目层面上都需要融通大量的资金；其次，“三位一体”现代港航物流服务体系的高效运行，更要依托于金融服务和产品的创新。综上所述，浙江省“三位一体”现代港航物流服务体系建设的实施将对港口金融服务提出更多更高的需求和要求。

3.2.1 大宗商品交易平台建设的需求

在大宗商品交易平台建设中，需要提供与交易货种自身特点和商品交易模式相适应的融资、保险、结算、监管等配套服务和资产增值方面一系列的个性化金融服务方案。需要配合浙江大宗商品交易平台建设，提供船舶融通、石油化工产品融通、煤炭融通、粮食融通、铁矿石融通等特色金融服务方案，发展多种形式的质押融资、货物保险、支付结算、委托监管、定购定销等物流金融业务，为大宗商品交易提供金融便利环境。

3.2.2 集疏运网络建设的需求

集疏运网络建设的主要任务是完善港口基础设施，建设“四大运输通道”，打造“五大联动体系”。在港口基础设施、四大运输通道、五大联动体系和物流园区建设方面，将安排一大批重点项目，涵盖了大宗商品码头、航道、公路、铁路等诸多方面。集疏运网络建设对港口金融服务最大的需求就是融资服务需求，迫切要求金融机构能够加大信贷支持力度，提供更多资金融通渠道，开展诸如搭建银企合作对接平台，争取大型贷款或者银团贷款支持，扩大利用信托融资工具，对集疏运基础设施建设项目提供股权、债权、夹层基金融资等多种特色金融服务。

3.2.3 港口信息服务体系建设的需求

除了信息服务建设项目的融资需求外，港口信息服务体系建设对港口金融服务的需求集中体现在系统对接和信息征集两方面，包括对销售管理系统和采购系统所传送的应付、应收账款进行会计操作，并与银行金融系统联网进行转账；与银行对接实现网上电子结算；加强与金融系统的信息共享，利用金融的征信系统整合港口物流企业的信用信息等。

第4章 港口金融服务国内外经验借鉴

国际航运中心的基本模式有三种,一是以市场交易和提供航运服务为主,如伦敦国际航运中心;二是以腹地货物集散服务为主,即腹地型的国际航运中心,如鹿特丹国际航运中心和纽约国际航运中心;三是以中转为主,即中转型的国际航运中心,如香港国际航运中心和新加坡国际航运中心。这些港口尽管定位不一,但在港口发展过程中,得到了金融业强有力的支撑,在融资、保险、资金结算、战略合作、航运价格衍生品、政策扶持等方面发展了众多服务业务,创新了大量的金融产品。尤其是在港口业发达的国家,港口金融经过一个多世纪的发展,各类业务的发展比较成熟,形成了一批比较专业的服务机构。纽约、香港、东京、伦敦、新加坡等五大国际航运中心都是著名的国际航运金融中心,港口与金融互相渗透、和谐发展。

4.1 金融市场发达,集聚能力强

国际航运业的发展为金融市场与金融产品的发展提供了广阔的需求空间,而国际金融中心又为国际航运中心的形成提供了便捷的结算、融资与保险服务,因此航运业发达的港口城市,一般也是著名的金融中心。如伦敦是英国的金融中心,鹿特丹是荷兰的金融中心,香港和新加坡是东南亚的金融中心,纽约是美国乃至世界上最大的金融中心。

港口对金融机构与高端航运金融人才的吸引力强,金融资源密集度高。如新加坡金融机构体系齐全,拥有超过200家银行以及71家银行办事处,为航运提供一整套的金融服务。作为举世闻名的金融城,伦敦有680多家银行,约80%为外国银行;有世界最大的黄金交易市场和第二大期货交易场所。伦敦人口717万,而从事航运金融方面的人员有14 300人。

4.2 融资模式多样,金融产品丰富

融资是金融为港口提供的最基本的服务之一,纵观国际上港口金融服务的发展历程,为港口和航运发展融通资金一直是港口金融服务发展的核心业务,其中尤

为重要的是船舶融资。世界主要港口的建设大都奉行投资主体、融资渠道的多元化原则,一般由中央政府、地方政府以及企业和外国资金共同参与。在融资模式上,包括银行贷款、发行股票和债券、融资租赁,以及动产质押融资、普通仓单质押融资、多物流中心仓单质押融资、海陆仓单质押融资、买方信贷、拟购货物质押、物流质押贷款等。

在金融产品上,重点介绍以下几种类型:

4.2.1 船舶融资

在船舶融资方面,世界各港口业发达国家都积累了丰富的经验,如图4-1所示。伦敦作为国际著名的航运中心,主要通过银行抵押贷款、船舶融资租赁、发行债券等方式进行船舶融资,控制了全球船舶融资市场的18%,邮轮租赁业务的50%,散货租赁业务的40%和船舶保险业务的23%。汉堡主要通过私募股权的方式集资购买船舶,再出租给船公司经营。纽约主要是船公司通过公开发行股票方式筹集资金。此外,德国和新加坡在船舶融资方面创新推出了特色金融产品:KG基金是德国主要的船舶融资模式之一,而由于德国船东持有全球最大的集装箱船队,因此KG基金也成为国际班轮运输业中最为普遍的一种船舶融资方式之一;新加坡于2005年底推出了海运信托计划,鼓励投资人和船公司采用海运信托计划进行船舶投融资。

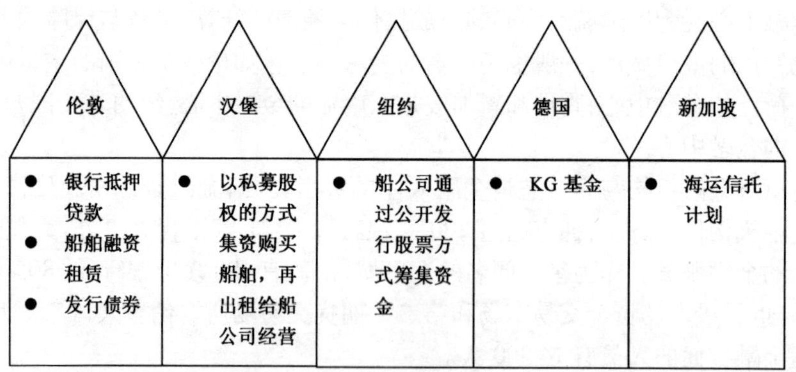

图4-1 各国船舶融资方式

我国许多地区在发展传统的港口融资业务的同时,也在不断探索和实践新的融资模式,如建立产业投资基金、开展建造中船舶抵押融资、购船按揭贷款融资等。

4.2.2 航运保险

在航运的发展过程中，航运保险起了十分重要的保驾护航作用。航运保险包括船舶财产的保险（船壳险）、船舶保赔保险、货物保险以及租家责任险等。英国、日本、德国、美国是传统的四个航运保险大国，占据了全球航运保险市场 60% 的份额，其中英国伦敦就占全球市场份额的 23%，全球 67% 的船东保赔协会保费基本都集中于伦敦，此地云集了全球前 20 大保险和再保险公司，大约 30 家保险公司在从事航运保险业务，2000 年保费收入达到 32 亿英镑。

纵观国外海上保险的发展历程，立法先行是促进海上保险快速发展的重要因素，如英国国会于 1906 年通过了《海上保险法》，这部法典将多年来所遵循的海上保险的做法、惯例、案例和解释等用成文法形式固定下来，该法的原则至今仍为许多国家采纳或仿效，在世界保险立法方面有相当大的影响。建立航运保险专业机构也是世界各国发展航运保险的主要手段。英国于 1774 年成立了劳合社，它已成为当今世界上最大的保险垄断组织之一，在国际保险市场上具有举足轻重的地位。随着贸易和运输业的发展，特别是海上资源的不断开发，国际海上保险的内容和形式也在不断发生着变化，如海上保险的种类已由传统的承保船舶、货物、运输三种逐步扩展到承保建造船舶、海上作业和海上资源开发以及与之有关的财产、责任、利益等；海上保险所承保的危险不仅限于原先的海上固有的危险，还包括与航海贸易有关的内河、陆上以及航空运输的危险和各种联运工具引起的责任；海上保险承保的标的已由物质的财产，逐步扩展到负责与之有关的非物质的利益、责任等。

4.2.3 航运价格衍生品

国际知名港口在发展港口金融服务的过程中，都十分注重开发航运价格衍生品。国际航运价格衍生品主要包括航运指数期货、远期运费合同（FFA）以及运费期权。目前最为活跃、成交额最大的是远期运费合同，2007 年的市场规模超过 1000 亿美元。英国的波罗的海交易所是最早从事航运价格衍生品交易的，此后，纽约商品交易所、新加坡交易所都先后推出了各自的航运价格衍生品交易。

国内航运金融衍生品还处于研究开发阶段。上海航运交易所自 2003 年就开始着手研究航运金融衍生品的开发，并为之提供了前期的研发基础。2003 年 2 月，上海航交所和上海期交所联合成立了航运指数期货开发小组，对集装箱运价指数期货交易品种的开发进行了前期研究；2007 年，上海航交所再次成立了项目小组，重点研究了国际干散货远期运费交易发展情况，以及我国开展国际集装箱运价指数期货交易可行性方案；2008 年，上海航交所走访了宁波大宗散货电子交易有限公司、宁波都普特液体化工电子交易中心有限公司和上海大宗钢铁电子交易中心等远期交易电子平台，研究了国际集装箱和沿海干散货运输远期运费交易可行性方案。2009 年 4 月，国务院公布的《关于推进上海加快发展现代服务业和先进制造业建设国际金融中心和国际航运中心的意见》中明确指出"丰富航运金融产品，加快开发航运运价指数衍生品，为我国航运企业控制船运风险创造条件"。

4.3 政策环境宽松，配套设施完善

4.3.1 良好的港口金融服务政策环境

国内外的许多港口和沿海经济区将金融服务环境建设作为一项重点工作，国外的如汉堡、韩国、日本、新加坡，国内的如上海、天津、广西、福建、辽宁等地，不断加强港口金融服务的政策支持，在自由港贸易、船舶融资、税收优惠、资金管制、人才引进等方面，发布并实施一系列财政金融激励扶植政策，吸引了大量的港航企业进驻，创造了良好的金融服务环境，为港口商贸和物流的发展注入了无限活力。

最具代表性的就是自由港政策。如汉堡港实行自由港政策，船只从海上进入或驶往海外无需向海关结关，船舶航行时只需要在船上挂一面"关旗"，就可以不受海关的任何干涉；凡进出或转运的货物在自由港装卸、转船和储存不受海关的任何限制，货物进出不要求立即申报查验；汉堡自由港容许非临管性质货物通过，只要能提供有关单证证明，海关就可以给予区别管理，视同在欧盟境内另一口岸已完成进入欧盟手续。香港和新加坡在自由港政策方面也发展得比较完善。香港一直以自由港、简单低税率、资金自由流动等政策作为其吸引航运企业注册、开展业务并使用其航运金融服务的主要"卖点"。新加坡是全境实行自由港政策的国家，外贸管制十分宽松，对过境贸易、再出口贸易均免征关税。

此外，如新加坡对银行贷款征收的营业税很低，对资金流入流出的管制也比较宽松。新加坡政府鼓励在新加坡通过信托基金募集资金造船，再通过长期船舶租赁锁定租金获利，政府给予海运信托 10 年优惠期，期内海运信托基金买下的船只所赚取的租赁收入，将豁免缴税。英国法律规定，船舶每年的折旧额为上年账面价值的 25%。伦敦对船舶融资租赁业务出租人所出租的设备或投资产品采取很多

税收激励政策,从而降低承租人的租金费用。此外,一些港口对船舶险、货运险等均给予较大幅度的税收优惠,如英国对船舶险免征营业税,美国各州水险营业税率较低,新加坡对船舶险和水险责任险免征所得税。

4.3.2　优越的资金结算软环境与硬技术支持

国际大型航运企业的业务遍布世界各主要港口,频繁发生运费的收缴以及各项日常性支出,且资金量巨大,每月资金流量都在数十亿美元以上。资金的结算和集中管理对船公司非常重要,通常船公司都选择在资金可以自由进出的地区设立国际结算中心,中国香港、新加坡都是全球重要的国际航运结算中心。我国于2009年7月公布《跨境贸易人民币结算试点管理办法》,资金结算软环境不断发展完善。

随着信息和网络技术的发展,金融电子化水平不断提高,在技术上支持资金结算更加趋于灵活和快捷。国内发展比较有特色的是第四方物流交易平台。2010年3月19日,宁波第四方物流交易平台——四方物流市场正式运营,支付结算是其六大方案之一。该平台实际上蕴含了物流金融的核心模式,通过该平台可对通过第四方物流市场网络平台进行的交易实行银行网上结算;推动网上支付基础设施建设,完善网上支付业务的结算规则,加强网上支付服务管理;建立由银行监管下的货款支付和收取制度,保证货款支付和收取安全,加速资金周转、防范支付风险。

4.4　中介机构发达,金融服务能力强

港口金融的发展,需要保险经纪、保险公估、法律服务、会计、船舶检验等各类中介机构提供专业化服务。伦敦航运金融发达,很重要的原因是伦敦中介机构功能齐全,专业程度高,能有效支撑整个产业链。伦敦是全球著名的海事法律服务中心,可在租船、造船、融资、保险、货运、船体碰撞、海损、海上抢救和海上污染等方面提供法律服务;伦敦有一支专业的海损公估队伍,可以为全球范围的海损等事件提供公估服务;伦敦还是国际纠纷解决中心,其处理国际经济纠纷的专业能力、公正性和效率得到国际社会的公认。

香港拥有发展成熟的航运金融服务体系,高度集聚着各种类型的航运金融机构,从一般信贷、船舶融资、信托、租赁、保险到期货、期权等金融衍生品,能提供多样化的产品或服务组合。另一方面,支撑其航运金融发展的服务体系也十分完善。香港注册有数千家与航运业有关的公司,业务范围涵盖船舶注册、船舶管理、资信

评估、船舶交易、法律服务、信息咨询、海事仲裁等，满足了航运金融各个环节的专业化需求，从而使航运金融的所有交易环节都保持着专业、高效、透明、公正和缜密。举例来说，如果一家航运企业想设立单船公司开展运输服务，香港的银行除了提供造船阶段的融资以及运营阶段的结算以外，还可以提供运价或货币衍生品业务和风险管理服务，并为其设计科学的航运保险方案。而代理机构、海事律师行、经纪公司、验船行等航运服务机构将有效地支撑上述金融交易的顺利完成。港口业服务体系与金融业服务体系的集群化、综合化、专业化是香港成为亚洲航运中心和金融中心的关键。

4.5 拓宽服务形式，金融创新力强

4.5.1 金融机构为港口启动专职服务

近年来，国内金融机构在港口金融领域不断加强专业化管理，港口金融业务快速发展。交通银行百年前成立时即以“收回轮、路、电、邮经营权，振兴民族经济”为宗旨，航运金融是当时交通银行的一大特色，重新组建后交通银行在交通和航运领域的业务继续得到发展。中国进出口银行的船舶融资业务品牌突出，其设有专门的一级部门——船舶融资部。中国银行在航运金融领域具有较强整体竞争优势，在保函业务方面特色突出。工商银行规模大、网点多，在港口贷款和融资租赁方面最为突出。建设银行在航运金融领域也占有重要地位，在船舶融资和港口方面贷款规模较大。随着上海国际金融中心和国际航运中心建设的升温，中资银行对发展航运金融的重视程度高于以往任何一个时期。交通银行率先成立了航运金融部，着力打造特色航运金融服务，全力支持上海国际金融中心和国际航运中心建设。中国银行上海市分行也成立了国际航运金融服务中心。

4.5.2 搭建银港合作平台

国内青岛、珠海、天津、大连在开展银港合作方面走在了全国的前列。如青岛与中信银行合作，开辟了“中信港口金融”模式。“中信港口金融”融合了其公司业务创新产品和特色服务，提供与港口经济各个产业商品的自身特点和商品交易模式相适应的融资、结算、配套服务及资产增值等一系列个性化金融服务方案。“中信港口金融”目前包括8个特色金融服务方案：银港融通、船舶融通、油品融通、大

宗原料融通、水产品融通、汽配融通、保税融通、本外币增值通。“中信港口金融”主要针对的商品是大宗生产原料，如矿石、原油、橡胶、煤炭、棉花、纸浆、钢材、化肥、水产品等，也可以是汽车配件、船舶，以及其他符合银行存货质押管理办法规定的物理化学性质稳定、易变现的商品。此外，珠海与深圳发展银行合作打造了“银港合作平台”，通过银行与港口企业、港口经济相关主要产业链企业群的合作，以港口为核心，以第三方物流企业为主体，有效突破银行物理网点和授信局限性，依托物流，搭建安全快捷的金融操作平台，向企业客户提供贸易融资服务。

专栏 4-1：银港合作平台

“银港合作平台”，就是通过银行与港口企业、港口经济相关主要产业链企业群的合作，以港口为核心、以第三方物流企业为主体，有效突破银行物理网点和授信局限性，依托物流，搭建安全快捷的金融操作平台，向企业客户提供贸易融资服务。

2008 年 7 月 3 日，深圳发展银行珠海分行分别与珠海国际货柜码头(高栏)有限公司、中化格力仓储有限公司签署了战略合作协议，联合珠海市港口企业集团，以供应链金融产品为核心，搭建一个“银港合作平台”，这标志着珠海第一个港口金融专业服务平台诞生。

4.5.3　积极发展离岸金融

离岸金融是指以非本国货币为交易标的，以非本国居民为交易对象的金融业务，也就是吸收非居民资金服务于非居民的金融活动。由于在存款准备金、利率、税收等方面具有明显优势，离岸金融自 20 世纪 60 年代问世以来便获得迅猛发展，除维尔京、百慕大、开曼群岛等簿记离岸金融中心外，世界上著名的港口城市，如伦敦、纽约、东京、新加坡、香港等，均凭借其优越的地理位置、便利的交通设施、优惠的金融政策和强大实体经济，成为全球著名的离岸金融中心。

近年来，国内一些沿海城市为吸引跨国企业投资，同时更好地为本土企业在境外发展提供便利，也在积极寻求离岸金融突破，除引进外资银行外，重点是争取国家离岸金融试点。2006 年 8 月，天津滨海新区获得国家综合配套改革试点，区内所有金融机构允许经营离岸金融业务。上海也计划于 2010 年在洋山保税港区开展离岸金融试点。

专栏4-2:离岸账户的优点

资金调拨自由。客户的离岸账户即等同于在境外银行开立的账户,可以从离岸账户上自由调拨资金,不受国内外汇管制。

存款利率、品种不受限制。存款利率、品种不受境内监管限制,比境外银行同类存款利率优惠、存取灵活。特别是大额存款,可根据客户需要,在利率、期限等方面度身定做,灵活方便。

免征存款利息税。中国政府对离岸存款取得之利息免征存款利息税。离岸存款实际净收益更为可观。

提高境内外资金综合运营效率。充分利用银行既可提供在岸业务同时具备境外银行业务功能的全方位服务特点,降低资金综合成本,加快境内外资金周转,提高资金使用效率。

境内操控,境外运作。可以通过网上银行进行对离岸账户的操作。

4.5.4 创新港口金融服务产品

近年来,国内在创新港口金融业务方面最具代表性的就是开展仓单质押。仓单质押是以仓单为标的物而成立的一种质权。仓单质押作为一种新型的服务项目,为港口仓储企业拓展服务项目,开展多种经营提供了广阔的舞台,特别是在传统仓储企业向现代物流企业转型的过程中,仓单质押作为一种新型的业务应该得到广泛应用。

中储股份公司从1999年开始开展质押监管业务。2003年,中储的仓单质押业务有了明显突破。全公司有20家单位开展了此项业务,质押监管的授信额度突破了20亿元,产品涉及黑色金属、有色金属、建材、食品、家电、汽车、纸张、煤炭、化工等九大类。到2006年,中储的仓单质押业务已经获得很大发展,其监管合作银行已经包括中信、光大、广发、招行、深发展、建行、商行、工行、农行、华夏、交行、信用社、巴黎银行等十余家银行;全年中储系统质押监管项目522个(库内232个,库外290个),业务范围辐射北京、上海、天津、湖北、江苏、辽宁、河南、广东、山东、黑龙江、吉林、四川等省市的58个地区。据中储股份的财务报表显示,2006年其质押融资额达130亿元,质押监管业务实现收入2098万元,同比增长139.77%,占整个中储利润的10%。

第5章 港口金融服务体系建设内容

5.1 总体思路

港口金融服务体系建设，将紧紧围绕港航物流服务体系运行、海洋经济和港口物流业发展的需要，创新金融服务产品或模式，就融资、担保、结算等金融服务提供切实有效的支撑保障。

总体上，就建立和完善港口金融服务体系，从争取政策支持、完善港口金融体系、拓宽融资渠道、创新金融服务、建设良好的金融外部服务环境等角度，需采取以下举措：打造港口投融资或信用担保、金融市场交易服务平台、银港战略合作平台等“三个平台”；创新直接融资产品、间接融资服务，设立专业产业投资基金，大力发展航运保险、新型物流金融产品、绿色金融产品等“六项金融服务”；完善港口金融机构、金融中介服务、法律支撑和信息支撑“四项支撑系统”；积极推进税收财政优惠政策、离岸金融业务支持政策、人才培育引进政策等“三大政策”。

具体针对支撑“三位一体”现代港航物流服务体系建设提高港口金融服务能力上。首先，围绕大宗商品交易平台重点项目、集疏运网络建设重点项目、港口信息服务体系建设重点项目的资金需求，组织省内外银行金融机构、信托公司、租赁公司、证券机构、产业投资基金与重点项目对接，争取大型贷款或者银团贷款支持，以资金信托方式对建设项目提供股权、债权、夹层基金融资，发起设立经营性公共基础设施信托投资基金，推动港口物流企业上市和发行债券，实现多元化融资；其次，针对港航物流服务体系运行、港口物流和经济发展的需求，开展现货质押融资、未来货权质押融资、委托监管、货物保险、支付结算、定购定销等物流金融业务。

5.2 基本原则

在建设港口金融服务体系的过程中，应该坚持如下几方面基本原则：

第一，金融服务与港口实体发展相协调。港口实体经济发展是金融服务业发展的基础，港口实际经济发展水平决定金融服务业发展的潜力。反过来说，港口实体经济发展又离不开金融服务业的支持。二者在发展过程中互相促进,要注意做到产融协调发展。

第二,金融服务创新与防范风险相兼顾。金融服务创新是金融服务发展的动力,因此应不断推进金融服务的观念创新、制度创新、管理创新和产品创新,积极开发适合浙江港口物流业发展需要的、符合“三位一体”建设需求的金融服务新产品新形式,坚持以开放促发展,以创新求提升。同时还要正确处理加快金融服务发展与强化金融服务监管的关系,通过强化金融服务监管来防范风险隐患,努力做到“促发展”和“防风险”相统一,推进金融服务安全稳健发展。

第三,间接融资与直接融资并重。面对“三位一体”建设巨大资金需求,一方面,要优化资本市场结构,建立多层次资本市场,多渠道提高直接融资比重。另一方面,要大力推动间接融资市场建设,依据不同层次、不同性质、不同规模的融资需求,努力构筑具有区域特点的融资市场体系,为产业发展提供全方位、多渠道、立体化的金融服务体系。

第四,政策推动与市场调动相结合。要充分发挥政府在推动“三位一体”港口金融服务体系建设中的作用,从改善金融环境出发,转变政府职能,优化政策环境,提高政府服务水平。同时注重以市场为导向,调动金融市场主体的主观能动性和积极性,努力推动金融产品和服务创新,不断完善金融服务体系,在各个层面上引入和建立市场机制。

5.3 建设目标

5.3.1 近期目标

至2015年,结合“三位一体”现代港航物流服务体系建设,针对大宗商品交易平台建设、集疏运网络建设和港口信息化建设等重点项目,通过实施“331工程”作为抓手,积极有效推动港口金融服务体系建设,为“三位一体”港航物流服务体系建设做好支撑。“331工程”即通过探索设立港口产业投资基金、海洋发展银行和港航投资公司等3个平台,在拓展投融资渠道方面有新突破;通过探索创新航运金融保险产品、直接融资产品和间接融资产品等3个产品和服务,在金融服务产品和服务内容上有新变化;通过建立港航企业与大型金融机构的战略合作关系,形成定期沟通协调机制(即1个合作机制),搭建港航企业与金融机构之间的合作平台,在港口发展银企战略合作方面有新进展。见表5-1。

近期金融支撑系统项目实施建议 表5-1

序号	项目名称	地点	牵头单位	相关单位	主要任务
1	港口产业投资基金		省发改委和金融办	省交通运输厅、沿海各市政府	专业投资于港口物流、船舶制造、港航基础设施建设等
2	海洋发展银行	舟山	省金融办	银监局、舟山市政府	以舟山农村信用联社为基础,引入战略投资者,改制重组为浙江省海洋发展银行
3	港航投资公司	杭州	省交通运输厅	省交投集团、沿海各市政府	由省、市等多方出资,组建省港航投资集团公司,负责港口岸线一级市场开发,投资公益性港航基础设施
4	航运保险产品	沿海各市	省金融办	保监局、沿海各市政府	研发改进联运保险,试点港口台风巨灾强制保险,开展贷款保证保险、保单质押贷款等业务。研究组建航运保险公司
5	直接融资产品	沿海各市	省金融办	证监局、沿海各市政府	支持优质港口、航运、物流和临港产业企业上市或发债融资,开展股份转让试点
6	间接融资产品	沿海各市	省金融办	省交通运输厅、银监局、沿海各市政府	积极开展在建船舶抵押贷款、仓单质押贷款等业务。创新运用信托和租赁融资等融资工具支持基础设施建设
7	港口金融战略合作平台	杭州	省金融办	省交通运输厅、浙江银监局、证监局、保监局、沿海各市政府	建立浙江省港航企业与大型金融机构的战略合作关系,定期沟通协调,搭建港航企业与金融机构的合作平台,为浙江省港航发展争取金融支持

5.3.2 远期目标

至2020年,通过实施积极的港口金融人才引进和培育政策、港口金融发展税收财政优惠政策、港口金融业务发展支持政策,不断培育完善港口金融中介服务系统、法律支撑系统和信息支撑系统等软环境建设,基本建成金融机构种类齐全、融资模式多样、金融产品和服务丰富的高端港口金融服务环境,形成港航业与金融业互相促进、共同发展的新局面,促进港航业成为浙江省港口城市社会经济发展的增长点和支撑点。

5.4 建设内容

港口金融服务体系建设拟围绕两个层面,即:宏观层面就支持港口物流业发展需要的金融服务供给,微观层面就支持"三位一体"建设重点项目或工程需要提供的金融服务支持。最终实现一个结果,即推动浙江"三位一体"建设的顺利开展,促进浙江经济发展方式转变。具体建设内容如下:

打造"三个平台"即港口投融资或信用担保平台、金融市场交易服务平台、银港战略合作平台等。

创新"六项金融服务"即创新直接融资产品、间接融资服务,设立专业产业投资基金,大力发展航运保险、新型物流金融产品、绿色金融产品等服务。

打造"四项支撑系统"即完善港口金融机构系统、培育金融中介服务系统、建设法律支撑系统和信息支撑系统。

积极推进"三大政策"即税收财政优惠政策、离岸金融业务支持政策、人才培育引进优惠政策等。

对接"三位一体"建设开展金融服务,针对大型项目争取大型贷款或者银团贷款支持,提供大宗散货融通服务,大力发展现货质押融资、未来货权质押融资、委托监管、定购定销等物流金融业务,扩大利用信托融资工具,继续完善物流交易平台的支付结算等功能。

5.4.1 打造"三个平台"

1)设立港口投融资或信用担保平台

(1)设立港航投资公司

港航投资公司作为体现政府意志的政策性投资公司,是重要的港口投融资平台,对港口发展具有重要意义。

①实施方案

按"政府主导,市场运作,优化资源"的原则,第一种方案是成立由省、市等多方出资的省控股的浙江省港航投资集团公司;第二种方案是由省交通运输厅技改资金安排初次注册资金,省内航运企业自愿参股,设立监事会、监管会等机构,依法运作。

②可行性分析

目前,国内的沿海省份中,江苏省已成立港航投资有限公司,从事港口基础设施投资、建设,港口物流园区开发经营、仓储、租赁等业务。内陆省份中,江西成立了港航建设投资有限公司,从事港口、航道、船闸、物流等港航基础设施的建设、投融资与运营管理;安徽省成立了安徽省港航建设投资集团有限公司,从事航道、船闸、港口等内河交通基础设施的投资、建设与运营管理。

港航投资公司在国内已有运作先例,江苏、江西、安徽等省的港航投资公司为本地区港口发展提供了广阔的平台。浙江省设立港航投资公司具有较强的可行性。

(2)设立港航担保公司

现阶段,银行贷款是浙江省航运企业融资的主要方式。为有效解决航运企业融资难的问题,成立政府支持的专门服务于航运企业的信用担保机构,可有效地降低银行的贷款风险,从而能够为航运企业争取利率优惠等更有利的贷款条件、增加贷款数量、延长贷款期限,还可简化贷款手续、程序和审批时间,节省交易和信息成本。

①实施方案

注入资金并与有潜力的企业共同组建担保公司,是政府主管部门推动企业发展壮大的一项新举措,可推动航运业更好地为浙江省经济社会发展提供服务,推进浙江省港航强省和“大港口”建设步伐。为此,应抓住时机组建浙江省航运企业担保有限公司,可采取与港航投资公司类似的设立模式,由省交通运输厅技改资金安排初次注册资金,省内航运企业自愿参股,设立监事会、监管会等机构,依法运作。浙江省已研究制定过《浙江省航运企业投资担保有限公司组建方案》,可在此基础上进一步完善方案并征求有关部门意见,争取早日设立港航担保公司。

②可行性分析

近年来,我国相继出台《担保法》、《关于建立中小企业信用担保体系试点的指导意见》、《关于鼓励和促进中小企业发展的若干政策意见》、《中小企业融资担保机构风险管理暂行办法》、《关于加强地方财政部门对中小企业信用担保机构财务管理和政策支持若干问题的通知》等法规政策,浙江省也出台了《关于加强中小企业信用担保体系建设的若干意见》,对担保业予以鼓励。组建担保公司,有充分的政策依据。

国内沿海省份中,江苏省近期拟组建江苏港航投资担保有限公司,按照股份制要求运作，以为国内外企业的直接和间接融资提供专业担保服务为主业，同时开展以企业并购、投资基金管理、项目融资、委托理财为重点的投资银行和资产管理业务。组建担保企业，在其他省份也达成了共识。

2）积极培育和发展金融市场交易服务平台

（1）积极培育区域性产权交易市场

①实施方案

以省产权交易所为中心，联合或整合各地产权交易机构，逐步形成浙江省联动的产权交易市场，并以此平台为依托，积极打造浙江省未上市公司股份转让试点平台，支持港口城市的相关企业进入试点平台进行股份转让或定向融资，鼓励创业投资基金、私募股权投资基金等机构投资者进场交易，从而为港口物流企业在实现上市前提供一个规范运作的培育基地和基础性融资平台。

积极发展船舶专业产权交易市场平台，支持浙江船舶交易市场围绕航运企业和船东的需求，加快信息化建设，规范服务流程，提高服务水平，积极开展船舶交易、船舶拍卖、国有产权船舶公开挂牌转让、船舶评估、船舶设计、船舶勘验、船舶进出口代理、船用技术咨询等专业服务。

②可行性分析

浙江省2010年已经中国证监会批准，正式启动未上市公司股份转让试点。该试点的启动，使区域性产权交易平台基本框架轮廓初显：以浙江产权交易所为核心，联合省内具备条件的其他产权交易所或特设机构构建，浙江省联网运行。

（2）规范发展大宗商品远期交易市场

①实施方案

加快建设煤炭、油品、铁矿石、木材、钢材、石材、液体化工产品、粮食等大宗商品集散地，在大宗商品现货市场的基础上，规范发展大宗商品非标准化的远期合约交易市场，帮助企业锁定未来大宗商品的成本或收益，增强企业的市场风险管控能力。

②可行性分析

按照有形市场和无形市场、分散储备和集中交易相结合的原则，浙江省将建设石油化工、矿石、煤炭、粮食、钢材木材等建材、工业原材料、船舶等7大物流和交易平台，这些交易平台的建设和发展将极大地推动大宗商品远期合约交易市场的发展。

目前,宁波以第四方物流信息平台为基础,开展大宗商品综合交易中心建设试点工作,舟山正抓紧开展大宗商品综合交易中心的规划筹建工作。经过一定时期的积累与探索,在条件成熟后,通过整合、提升,选择合适的地点,建设统一的综合性大宗商品交易中心。该中心将采用标准化合约、电子化集中撮合方式进行大宗商品的中远期交易。配置相应的交易、仓储、物流、金融、信息等经营设施和配套服务设施,实现大宗商品的价格发现、套期保值和资产配置等功能。在此基础上,积极争取国家支持,发展大宗商品期货交易。

(3)积极利用期货交易市场

①实施方案

争取设立更多的期货交割库,探索设立浙江港口物流大宗商品期货交易所或分支机构,充分利用期货交易市场,为港口物流企业的价格发现和套期保值服务。利用浙江省期货发展大省的优势地位,与海外航运交易所进行合作,引进远期运费合同等金融衍生品,对冲运费波动等风险。

②可行性分析

2009年,浙江港口城市期货市场累计代理交易额7.08万亿,期货保证金余额达到44.9亿。港口城市相关产业链企业参与期货套保的意识不断增强,期货价格在指导现货生产、消费和物流方面的作用日益凸显,铜、铝、锌、大豆、橡胶等较为成熟品种的期货价格已经成为港口内外贸易的重要定价参考,影响力不断增强。这些都为浙江港口物流积极利用期货交易市场提供了有利条件和基础。

3)搭建银港战略合作平台

银港战略合作是推进港口金融服务的重要平台,对港口发展获得稳定的资金支持和优质的金融服务发挥着巨大的作用。

(1)实施方案

由省政府牵头,省交通运输厅、省金融办、浙江银监局组织协调,积极争取建立与国家开发银行等传统中长期银行或者国有商业银行的战略合作关系,为本省港航发展争取大型贷款或者银团贷款支持。

省交通运输厅、省金融办、浙江银监局根据企业需求定期或不定期地组织“浙江省港航企业与银行合作洽谈会”,为港航企业与银行的合作牵线搭桥。在省港航管理局与省工行、农行、中行、建行和国开行签订的《“十一五”期间海运发展合作框架协议》基础上,深化合作内容,筛选合作项目,为银港合作的深化开展实施创造条件。

(2) 可行性分析

国内已有许多港口和保税区在开展银港合作方面走在了前列,如青岛港和中信银行合作打造了“中信港口金融”服务模式,深圳发展银行与珠海合作推出了“银港合作平台”模式,建设银行与天津保税区的合作协议模式及国家开发银行同大连长兴岛临港工业区的长期贷款支持模式等。

银港战略合作为银行和港口提供了双赢的机会,是促进港口金融服务,解决港口发展资金瓶颈的有效方式。其他省份和地区积累了很好的经验,浙江省可积极借鉴,推动银港战略合作。

5.4.2 创新“六项金融服务”

1) 鼓励发展直接融资产品

(1) 实施方案

①支持优质港口企业通过增发、配股、可转债、公司债等方式进行再融资。

②大力发展企业债、短期融资券、中期票据、资产支持证券等债券融资产品。

③推动港口企业发行集合债券、集合票据和集合信托计划。

(2) 可行性分析

国内在增发、配股、可转债、公司债、短期融资券、中期票据、资产支持证券等融资产品已积累了多年的经验,集合债券、集合票据和集合信托计划也在近几年有所突破,发展港口企业直接融资产品具备较强的可操作性。

2) 大力发展间接融资服务

充分运用银行贷款。引导银行业金融机构不断改善资金供给,积极引入异地资金,盘活存量资金,保证对港口物流业的信贷投入合理适度增长。

鼓励银行业金融机构积极开展银团贷款,确保港口物流业重点项目和重点企业的资金供给。

支持银行业金融机构积极开展项目临时周转贷款、在建项目抵押贷款、新型流动资产抵押贷款、海域使用权抵押贷款、在建船舶抵押贷款、仓单质押贷款、存货滚动质押贷款、应收账款质押、股权质押、知识产权质押、运输仓储公司第三方监管等符合港口物流业特点的信贷产品。

鼓励金融机构与港口物流行业龙头企业及同业组织加强合作，发展企业联保、互保贷款业务，探索组建行业性融资担保机构或专项担保资金，为港口物流企业融资提供信用增级支持。

对于港航设施、收费路桥等以资金信托方式对项目提供股权、债权、夹层基金融资等方式，发起设立经营性公共基础设施信托投资基金等实现多元化融资。

对于船舶运输工具、运输车辆、工程机械设备通过金融租赁方式提供融资，灵活运用直租和回租等方式。

支持金融租赁产品通过资产证券化等方式扩大资金来源。

3)设立专业产业投资基金

(1)实施方案

①引导浙商产业投资基金加大对船舶建造、港口物流仓储、海洋运输、集疏运基础设施建设等领域企业的投资力度。

②研究设立港口物流产业投资基金。

③研究设立船舶产业投资基金。

④努力为产业投资基金开辟多角度、多层次的资金来源，包括：引进战略投资者；积极吸引法人投资；积极吸引个人投资；利用各种长期性机构资金；政府也可考虑通过财政拨款、发行债券募集资金、拍卖国有资产存量等方式，进入建设投资基金；引进外资。

(2)可行性分析

初期规模达50亿元的浙商产业投资基金在吸纳浙江民间资本的同时还借助香港资本市场向全球募资，定位为重点投向铁路以及浙江省内具备发展潜力的优势产业项目。港口产业是浙江省的核心产业，具备进入浙商产业投资基金的投资范围的可行性。

天津已设立船舶产业投资基金，旨在扩大集装箱船舶出口业务，进而带动船舶配套产业如航运、港口、石油工程等方面的发展，同时将探索集合社会资本为中国航运业发展提供金融支持，助推中国航运业提升国际竞争力。国内设立船舶产业基金已有案可循。

产业投资基金在设立程序上要经过国务院和中国国家发展和改革委员会等部门的审批。

4)推进航运保险有所突破

(1)实施方案

①推动建立浙江特色的港口保险产品体系,鼓励和引导保险机构根据浙江省港口建设和发展特点,研发或改进联运保险,为港口物流量身打造保险产品。

②进一步加强保险的风险保障功能,统一组织投保公众责任险、雇主责任险和在岗工作人员意外险等险种。

③研究试点港口台风巨灾强制保险。

④加强港口保险的融资支持服务,开展贷款保证保险、保单质押贷款等业务。

⑤进一步发挥出口信用保险的政策性功能,推广买方出口信贷业务。

(2)可行性分析

联运保险在国内尚属新的保险领域,可借鉴经验较少;台风巨灾强制保险在国内也还处于探索研究阶段,且由于风险巨大,推广实施的难度较大。

5)鼓励发展新型物流金融产品和服务

(1)实施方案

①支持银行类金融机构积极开展项目临时周转贷款、在建项目抵押贷款、新型流动资产抵押贷款、海域使用权抵押贷款、在建船舶抵押贷款、仓单质押贷款、存货滚动质押贷款、应收账款质押、股权质押、知识产权质押、运输仓储公司第三方监管等符合港口物流业特点的信贷产品。

②支持金融仓储通过动产监管业务和金融标准仓单业务,为港口物流业提供一揽子标准化仓储服务和标准化的质押品,增强融资便利性。

(2)可行性分析

临时周转贷款、在建项目抵押贷款、流动资产抵押贷款、股权质押等信贷产品已在国内广泛开展,可行性较强。

6)发展绿色金融产品

(1)实施方案

①金融监管部门和环保部门密切合作,促进金融机构在为企业提供金融支持的过程中,更加注重节能减排问题,发展“绿色信贷”、“绿色证券”、“绿色保险”,从

而引导企业发展和项目建设能够更符合可持续发展原则。

②结合国家节能减排战略，积极争取设立环境交易所或者碳交易所。

(2) 可行性分析

目前北京、上海和天津建立了环境交易所。由于很多原因的限制，如国家没有给企业规定限制排放二氧化碳的指标，因此当前国内的碳交易还难以大规模展开，但碳金融的发展已经是大势所趋，而且未来中国等发展中国家将不得不承担碳排放责任，这也意味着碳金融在中国的发展必然迎来巨大的空间。对此未雨绸缪，争取占领碳交易市场建设的制高点，也是浙江资本市场发展有益的尝试。

5.4.3 完善"四项支撑系统"

即完善金融机构系统，培育金融中介服务系统，建设法律支撑系统和信息支撑系统。

1) 完善港口金融机构系统

(1) 实施方案

①采取有力措施，制定鼓励政策，争取国家金融监管部门的支持，适度引进省外和境外金融机构，同时发展壮大本地金融机构，尤其是法人金融机构。

②适时组建或在已有银行和保险公司的基础上改制为海洋发展专业银行和海洋开发保险公司。

③增加设立地方性商业银行、村镇银行。

④设立地方性信托公司、租赁公司、财务公司。

⑤探索设立金融控股公司。

⑥探索推进农村合作银行改制为地方商业银行。

⑦支持出口信用保险公司在浙江省港口城市设立分支机构。

⑧支持金融机构设立港口物流专营机构。

⑨促进金融机构的适度有效竞争。

⑩引进或设立再保险机构。

(2) 可行性分析

在引进省外和境外金融机构方面，首先取决于本地港口经济的发达程度，有利润有回报才能够吸引金融机构进驻。关于组建或已有金融机构改制为海洋发展专业银行和海洋开发保险公司,目前在国内还没有先例,需要争取国家在政策上的支持。设立地方性金融机构也存在各个层面上政策的一些制约,需要与有关监管部门沟通协调。相比来看,实现已有金融机构内部设立港口物流专营机构,尤其对于那些总行(部)已在此方面开展了相关工作的金融机构来说,可行性较大。

2)完善港口金融中介服务系统

(1)实施方案

采取有力措施,制定鼓励政策,积极推进信用评估、资产评估、船舶注册、会计审计、法律服务、海事仲裁、投资咨询、经纪公司、保险精算、数据处理、金融信息等金融中介服务机构的发展。

(2)可行性分析

金融中介服务机构的发展与金融业务本身的开展相辅相成,互相促进,又互为依托。要促进金融中介服务机构的发展,首先要有相应的中介服务需求,这与金融机构开展的港口金融业务密切相关。

3)完善法律支撑系统

(1)实施方案

参照上海出台促进两个中心建设条例,争取出台促进浙江港口金融服务体系建设的专项法规,着重就金融市场体系、区域布局和基础设施、金融人才环境、金融创新环境、信用环境、金融风险防范和法治环境建设等进行规范。

(2)可行性分析

为促进上海两个中心建设,国家出台了《关于推进上海加快发展现代服务业和先进制造业、建设国际金融中心和国际航运中心的意见》,明确提出要大力发展航运金融服务。此外,上海在加快发展现代服务业、建设国际航运中心的过程中提出了科学的发展规划,出台了《上海推进国际金融中心建设条例》。这些都为上海"两个中心"的建设起到了积极的促进作用。

比照上海,为支持浙江"三位一体"建设,浙江可以制定出台港口金融发展的政策,建立港口金融发展专项基金,综合运用财政补贴政策、税收优惠政策和土地支持政策,加大对引进和培育金融机构以及企业上市的支持力度,鼓励开展港口金融产品创新,完善港口基础设施和配套服务体系,改善港口物流信用环境,大力引进港口金融人才。

4) 信息支撑系统

充分发挥现有的有线网络、无线网络作用,进一步整合管理信息系统,加强港口商情系统、港区电子监控系统等专业信息系统建设,为港口金融服务提供基础信息保障。

(1) 实施方案

加强港航、工商、税务、环保、公安、法院、电力等相关部门的协调合作和信息共享,充分利用人民银行的征信系统整合港口物流企业的信用信息,建立健全港口信用专项评价机制。

(2) 可行性分析

随着信息和网络技术的发展,金融电子化水平不断提高,借助网络和信息化技术提供高效、精确、便捷的金融服务势在必行。浙江宁波第四方物流交易平台是港口金融服务信息化的一项重要实践。借助该平台,不断完善其功能和拓展其应用范围,将可以有效推动港口金融服务信息化的开展。

5.4.4 推进"三大政策"

浙江作为上海国际航运中心重要的"南翼"组成部分,应积极争取上海航运中心的优惠政策;作为岸线资源和海洋经济大省,应积极争取天津滨海新区、广西北部湾经济区、海峡西岸经济区、辽宁沿海经济带优惠政策;作为省部共建物流基地之一,应积极推广天津港等地物流基地优惠政策。具体来说包括以下几项政策:

1) 税收等财政优惠政策

(1) 实施方案

在税收优惠政策方面,浙江省应积极争取的政策包括:

①对注册在浙江的保险企业,其从事国际航运保险业务取得的收入,免征营业税。(财政部 国家税务总局关于上海建设国际金融和国际航运中心营业税政策的通知—财税[2009]91 号批准上海自 2009 年 5 月 1 日起执行。)

②注册在梅山保税港区内的纳税人从事海上国际航运业务取得的收入免征营业税。(财政部 国家税务总局《关于上海建设国际金融和国际航运中心营业税政

策的通知》-财税[2009]91号批准上海洋山保税港区自2009年5月1日起执行。这一政策吸引了航运企业进驻洋山保税港区,如中远集团旗下的泛亚航运公司、中远集装箱综合发展有限公司等均将公司注册地转移到洋山。)

③注册在梅山保税港区内的纳税人从事货物运输、仓储装卸搬运业务取得的收入免征营业税。(财政部 国家税务总局《关于上海建设国际金融和国际航运中心营业税政策的通知》-财税[2009]91号批准上海洋山保税港区自2009年5月1日起执行。)

④启运港退税政策。(国务院《关于推进上海加快发展现代服务业和先进制造业建设国际金融中心和国际航运中心的意见》-国发[2009]19号和《关于推进海南国际旅游岛建设发展的若干意见》-国发[2009]44号已批准上海洋山保税港区和海南洋浦保税港区在完善相关监管制度和有效防止骗退税措施前提下,实施启运港退税政策。目前,上海起草的启运港退税试点工作方案已经上报国务院,选定青岛和武汉为试点启运地。)

⑤从事国际航运船舶融资租赁业务的融资租赁企业的税收优惠政策。(国务院《关于推进上海加快发展现代服务业和先进制造业建设国际金融中心和国际航运中心的意见》提出要积极研究该政策,条件具备时,可先行在上海试点,上海正在开展相关研究。)

⑥进出口企业海上货物运输保费的有关税收政策。(国务院《关于推进上海加快发展现代服务业和先进制造业建设国际金融中心和国际航运中心的意见》提出要进行研究,上海正在开展相关研究。)

⑦对石油化工、海洋等工业企业,以及物流业、金融业、信息服务业等服务企业,给予免征自用土地的城镇土地使用税和自用房产的房产税或城市房地产税。(《广西壮族自治区人民政府关于促进广西北部湾经济区开放开发的若干政策规定的通知》-桂政发[2008]61号给予广西北部湾经济区的政策,执行时间为2008年1月1日起至2012年12月31日。)

⑧对企业上缴省的增值税、营业税、企业所得税、个人所得税和房产税,省财政给予一定比例的增量返还,主要用于基础设施建设和支持主导产业建设。(《辽宁省人民政府关于鼓励沿海重点发展区域扩大对外开放的若干政策意见》-辽政发[2006]3号)给予辽宁沿海经济带五个重点区域的政策。)

⑨梅山保税港区内企业的固定资产(房屋、建筑物除外),可在现行规定折旧年限的基础上,按不高于40%的比例缩短折旧年限。(财政部 国家税务总局《关于支持天津滨海新区开发开放有关企业所得税优惠政策的通知》-财税[2006]130号

批准天津滨海新区自2006年7月1日起执行。）

⑩梅山保税港区企业受让或投资的无形资产，可在现行规定摊销年限的基础上，按不高于40%的比例缩短摊销年限。（财政部 国家税务总局《关于支持天津滨海新区开发开放有关企业所得税优惠政策的通知》-财税[2006]130号批准天津滨海新区自2006年7月1日起执行。）

对台湾航运公司从事海峡两岸海上直航业务在大陆取得的运输收入，免征营业税，取得的来源于大陆的所得，免征企业所得税。（财政部和国家税务总局已批准在全国范围内实施。）

（2）可行性分析

上海、天津、广西、福建、辽宁等国内港口和沿海经济区为促进港口商贸和物流经济的发展，相继出台和实施了一系列的税收优惠政策，说明国内在支持港口和沿海经济区发展的税收优惠政策方面已具备一定的成熟性。但同时发现，这些地区的税收优惠政策是伴随着其国家级的海洋经济区域政策而配套形成的。浙江省目前还没有国家级的海洋经济区发展规划，实施相关配套政策可能会面临一些障碍。

2）离岸金融业务支持政策

（1）实施方案

浙江省争取开展离岸金融业务可从以下几方面的政策着手：

①允许企业开设离岸账户，为其境外业务提供资金结算便利。（国务院《关于推进上海加快发展现代服务业和先进制造业建设国际金融中心和国际航运中心的意见》给予上海的政策，上海正在开展离岸金融的相关研究。《上海关于国务院推进上海两个中心建设的实施意见》-沪府发[2009]25号提出：推进企业开设离岸账户试点。继续推进外汇管理改革试点，在完善现有跨国公司外汇资金管理方式改革试点政策的基础上，支持注册在洋山保税港区等特殊监管区域内，有实际需求的贸易、物流等外向型企业在境内银行开设离岸账户，为其境外业务提供资金结算便利，降低企业财务成本。）

②在梅山保税港区内的企业可自主决定经常项目外汇账户保留外汇的期限、数额。（国家外汇管理总局《关于天津滨海新区外汇管理政策的批复》-汇复[2006]242批准国家外汇管理局天津市分局可选择部分符合规定条件的滨海新区企业试点，自主决定经常项目外汇账户保留外汇的期限、数额。新区试点企业服务贸易管理，从事前监管向事后监管转变，只需提供合同、发票或其他商业单据中任

意一项材料,即可办理服务贸易购付汇手续。新区试点企业经常项目外汇收支、结售汇等纳入外汇账户管理系统。)

③在梅山保税港区取消进出口核销制度。(国家外汇管理总局《关于天津滨海新区外汇管理政策的批复》-汇复[2006]242 批准天津滨海新区改革进出口核销制度。新区可作为货物贸易进出口核销制度改革试点地区。经与当地海关、税务部门协调一致后,符合条件的新区试点企业不再到国家外汇管理局天津市分局办理逐笔核销手续,改由分局对其货物贸易进出口收付汇实行总量核查。分局商当地税务部门制订具体方案后,可向当地税务部门提供出口收汇核销电子信息,作为办理出口退税依据。)

④有序放开梅山保税港区企业集团外汇资金集中管理和运作。梅山保税港区企业集团可以集中办理境内关联公司与境外关联公司资金结算中心的进出口收付汇,并在委托贷款的法规框架下实行境内成员公司外汇头寸集中管理;在梅山保税港区设立财务中心或者资金中心的企业集团,可在经主管部门批准办理离岸业务的境内银行开立离岸账户,集中管理其境外成员公司外汇资金和其境内成员公司经批准向境外放款的外汇资金;符合条件的梅山保税港区企业集团可在核定的境外放款额度内购汇向境外关联公司或境外投资企业放款,境外放款资金在核准的额度内周转使用,并可在浙江具有相应业务资格的银行办理人民币对外币远期结售汇和掉期业务。(国家外汇管理总局《关于天津滨海新区外汇管理政策的批复》-汇复[2006]242 批准天津滨海新区实施。)

⑤允许在浙江注册并在梅山保税港区经营的银行、农村合作金融机构的总行(部)及外资银行分行实行结售汇综合分头寸正负区间管理。(国家外汇管理总局《关于天津滨海新区外汇管理政策的批复》-汇复[2006]242 批准天津滨海新区实施。)

(2)可行性分析

离岸金融业务在我国开展已有较长时间,早在 1989 年,中国人民银行和国家外汇管理局就批准了招商银行在深圳开办离岸金融业务,1999 年受亚洲金融危机的影响,为了保护本国金融体系,央行停办了该项业务,经过近三年的调整,2002 年 6 月又重新开放了 7 家银行开办离岸金融业务,至 2006 年 6 月底,我国银行离岸业务资产总量约达 20 亿美元,增速 17.6% ,国际结算业务 200 亿美元,比增 33.3%。近年来,沿海经济区开展离岸金融业务的步伐逐渐加快,2006 年 5 月国务院批复的《关于推进天津滨海新区开发开放有关问题的意见》中,明确提出支持天津在开展外汇管理政策、离岸金融业务等方面进行改革试验,国家外汇管理局已于 2006 年批准天津滨海新区金融机构开展离岸金融业务,并批准了一系列的外汇改革政策。

随着 2009 年跨境贸易人民币结算试点的实行,我国人民币自由兑换的不断推进,离岸金融市场的建设将继续加快。保税港区是开展离岸金融业务的适宜场所,如天津将离岸金融中心试点选在滨海新区的东疆保税港区。

由此可见,沿海经济区开展离岸金融业务已有一定的基础,加之浙江省拥有梅山保税港区,积极争取国家给予开展离岸金融业务试点政策具有一定的可行性。

3) 港口金融人才培育引进政策

(1) 实施方案

人才政策的核心内容是人才的激励、保障和培训政策,具体包括:

①按照建设具有国际竞争力金融人才队伍的要求,对为浙江港口金融发展做出显著贡献的金融人才,政府给予金融人才奖励。

②支持本省金融机构引进所需金融人才,有关部门为金融人才办理户籍和居住证、社会保险接续等提供便利。

③有关部门及主要金融集聚区所在区政府为金融人才医疗保障、子女就学等提供便利措施。

④主要金融集聚区所在区政府加大金融人才公寓建设力度,为金融机构引进的金融人才提供房屋租赁服务。

⑤建立金融人才培训基地。充分利用本省金融教育资源,积极为金融机构和金融从业人员提供港口金融教育和培训,并对培训中心给予一定的扶持。

⑥与高等院校合作,联合培养港口金融人才。

(2) 可行性分析

人才是目前国内港口金融发展的关键制约因素,为此,上海在建设国际航运中心和金融中心的过程中,非常重视制定和完善金融人才激励政策。《上海推进国际金融中心建设条例》明确提出:“上海市人民政府应当在引进金融人才的户籍和居住证、住房、医疗保障、子女就学等方面制定具体办法,给予优惠或者提供便利。”

和税收优惠政策及离岸金融业务支持政策相比,省政府在制定人才政策方面具有更大的空间,政策可行性较强。

综上所述,浙江应该出台对港口金融发展的支持政策,一方面,对于地方政府有权限制定的优惠支持政策，应尽快予以出台，另一方面，对于需要向上级政府申请批准的政策，也应该积极主动地进行申请和沟通，争取为港口金融发展创造良好的政策环境。

5.4.5 对接“三位一体”建设开展金融服务

在与“三位一体”现代港航物流服务体系建设对接上，将紧紧围绕省发改委拟定的大宗商品交易平台重点项目、省交通运输厅拟定的集疏运网络建设重点项目、省经信委拟定的港口信息服务体系建设重点项目的资金需求情况，以及港航物流服务体系运行、港口物流和经济发展的需求，有针对性地开展金融服务。

1）与大宗商品交易平台的对接

借鉴青岛中信港口金融模式，提供与港口经济各个产业商品的自身特点和商品交易模式相适应的融资、结算、配套服务及资产增值等一系列个性化金融服务方案。面向“三位一体”七大大宗商品交易区建设，提供石油化工融通、矿石融通、煤炭融通、粮食融通、钢材木材等建材融通、工业原材料融通、船舶融通等特色金融服务方案。

促进大宗商品交易，大力发展现货质押融资、未来货权质押融资、委托监管、定购定销等物流金融业务。

（1）现货质押融资

①业务模式

现货质押融资业务模式是指企业以自己合法所有的货物作为质押物质押给银行，由银行委托散货交易市场代理银行占有监管质押物，企业获得银行相应的融资授信的模式。此项业务有静态或动态抵（质）押两种操作方式。静态方式下客户提货时必须打款赎货，不能以货换货；动态方式下客户可以用以货易货的方式，用符合银行要求的、新的等值货物替代要提取的货物。

②优势和特点

融资企业在没有其他抵质押品或第三人保证担保的情况下即可获取银行融资，从而可以扩大生产销售。

将原本占压在存货上的资金加以盘活，加速资金周转。

可采用逐批质押、逐批融资、逐批提取的方式，企业需要销售时可以交付保证金提取货物，也可以采用以货换货的方式提取货物。企业既可以取得融资，又不影响正常生产。

③适用客户范围

企业所抵(质)押的动产应当具有价格及质量稳定、易保管、易变现的特点。

贸易型企业和生产型企业均可申请此项业务。

长期具有一定量库存货物的融资需求企业。

(2)未来货权质押融资

①业务模式

未来货权质押融资业务模式是指购货商向银行支付一定比例保证金,由银行向其供货商支付全额货款,供货商根据银行指令发货至散货交易市场的监管区域,散货交易市场根据银行指令对货物实施监管。未来货权质押融资可分为仓储监管(主要用于国内业务)和未来货权开证业务(主要用于进口业务)。

②优势和特点

未来货权质押融资业务模式作为物流金融中较为先进的一种融资模式,突破了企业因现有财产不足以担保的障碍,在企业未取得货权的情况下获得融资,有利于企业利用较少资金获得较大订单,并享受较大订单的折扣优惠,同时利于企业扩大经营规模。

③适用客户范围

贸易型企业和生产型企业均可申请此项业务。

从事贸易货类周转周期较短的企业。

外贸进口型企业。

(3)委托监管

①业务模式

委托监管业务模式是指买卖双方签订买卖合同后并确定购买货物的品名、规格等基本信息后,委托监管方对货物数量进行监管,监管方保证其入库货物维持一定数量或依据买方指令出库的监管模式。

②优势和特点

委托监管业务模式是基于买卖双方之间在交易中缺乏互相信任,付款交货存在一定的时间差,造成贸易受到影响而产生的。而专业公司推出委托监管业务,专业公司作为监管方以独立第三方的角色出现,以公平、公正原则对待买方和卖方,成为买卖双方的中介平台,减少了许多猜忌和信用调查工作,使买卖过程变得简单有效。

③适用客户范围

贸易型企业和生产型企业均可申请此项业务。

2)与集疏运基础设施建设的对接

首先,由省金融办牵头,省银监局、省交通运输厅、省港航局参与,搭建银企合作对接平台,向金融机构推荐基础设施建设项目,争取大型贷款或者银团贷款支持,促进金融机构加大信贷支持力度。

其次,扩大利用信托融资工具。以资金信托方式对集疏运基础设施建设项目提供股权、债权、夹层基金融资,发起设立经营性公共基础设施信托投资基金,实现多元化融资。信托公司可以运用BOT方式进行项目融资,作为受托人负责项目的投资、建设和运营。

3)与港口信息服务体系的对接

(1)搭建信息平台,完善港口物流信用环境建设

充分发挥现有的有线网络、无线网络作用,进一步整合管理信息系统,加强港口商情系统、港区电子监控系统等专业信息系统建设,为港口金融服务提供基础信息保障。加强港航、金融、工商、税务、环保、公安、法院、电力、电信等部门的协调合作和信息共享,充分利用人民银行的征信系统整合港口物流企业的信用信息,建立健全港口信用专项评价机制。

(2)继续完善宁波第四方物流交易平台的支付结算功能

对通过第四方物流市场网络平台进行的大宗商品交易实行银行网上结算;完善网上支付业务的结算规则,加强网上支付服务管理;建立由银行监管下的货款支付和收取制度,保证货款支付和收取安全,加速资金周转、防范支付风险。

第 6 章 发展港口金融服务的政策保障

6.1 加强组织,落实责任

由金融办牵头,会同“一行三局”建立常设的联系协调机制,积极协调各类金融机构支持浙江港口经济发展。考虑设立专门的三位一体港口金融服务建设领导小组,由分管省长任组长,具体工作由金融办来落实。其主要的职责是:定期召开季度分析例会或者年度分析例会,研究港口金融服务建设问题;统筹负责港口金融建设战略决策,以及重大事件的协调处理;推动与港口金融服务建设有关的各项金融改革与政策的制定,集中力量争取中央和省级部门的各项支持,争取获得国家金融发展的各项创新和试点资格。

6.2 构建金融风险预警和处理体系

一方面,建立危机预警系统,监测区域内外各种风险、危机对本区域内各金融机构的影响,进行追踪分析、预测,建立警报发布机制,对各类较大的金融危机的危害程度进行评估,并提出应对措施。另一方面,要及时转移或化解个别金融机构出现的风险,防止危机的蔓延。

6.3 搭建信息平台,完善港口物流信用环境建设

充分发挥现有的有线网络、无线网络作用,进一步整合管理信息系统,加强港口商情系统、港区电子监控系统等专业信息系统建设,为港口经济金融服务提供基础信息保障。加强港航、工商、税务、环保、公安、法院、电力等相关部门的协调合作和信息共享,充分利用人民银行的征信系统整合港口物流企业的信用信息,建立健全港口信用专项评价机制。

6.4 合理制定产业政策

产业政策直接影响到金融系统的服务方向。产业政策包括产业组织政策、产业结构政策和产业区域布局政策,除了国家层面的产业政策,省市级政府同样也有产业政策选择。在产业政策制定过程中,应该使得金融市场能够有效服务于港口物流产业发展。

6.5 建立金融服务能力的评价考核与激励机制

打造有利于提升金融服务能力的评价考核与激励机制,支持区域金融服务中心建设。宁波已在2008年推出了《金融服务业年度考评办法》,并在2009年5月做了进一步调整。可考虑出台《港口金融服务考评办法》,从而更有效地推动各类金融机构和部门提高绩效水平。

6.6 优化金融法制环境

争取出台促进浙江港口金融服务体系建设的专项法规。目前,上海已经通过了《上海推进国际金融中心建设条例》,这是国内首部为推进金融中心建设而定立的地方性法规,按照中央和地方关于金融事权的划分,着重就金融市场体系、区域布局和基础设施、金融人才环境、金融创新环境、信用环境、金融风险防范和法治环境建设等做了规定。浙江可以考虑借鉴上海的法制改革经验,在可行的前提下,争取也出台专门的地方法规来支撑港口金融服务体系建设。

6.7 完善金融信息化基础设施

研究制定地方性金融信息化法规条例和金融信息化行业标准,支持金融系统信息化建设。地方政府要积极支持金融部门不断完善现有电子支付系统、电子资金转账系统、同城票据交换系统、电子缴税入库系统、银行卡网络中心等金融基础设施。出台相关鼓励优惠政策,支持金融企业在宁波建立地区级甚至全国的数据处理中心和研发中心;鼓励金融企业利用电子技术进行有效的数据分析。

信息服务篇

港口信息服务体系建设

GANGKOU XINXI FUWU TIXI JIANSHE

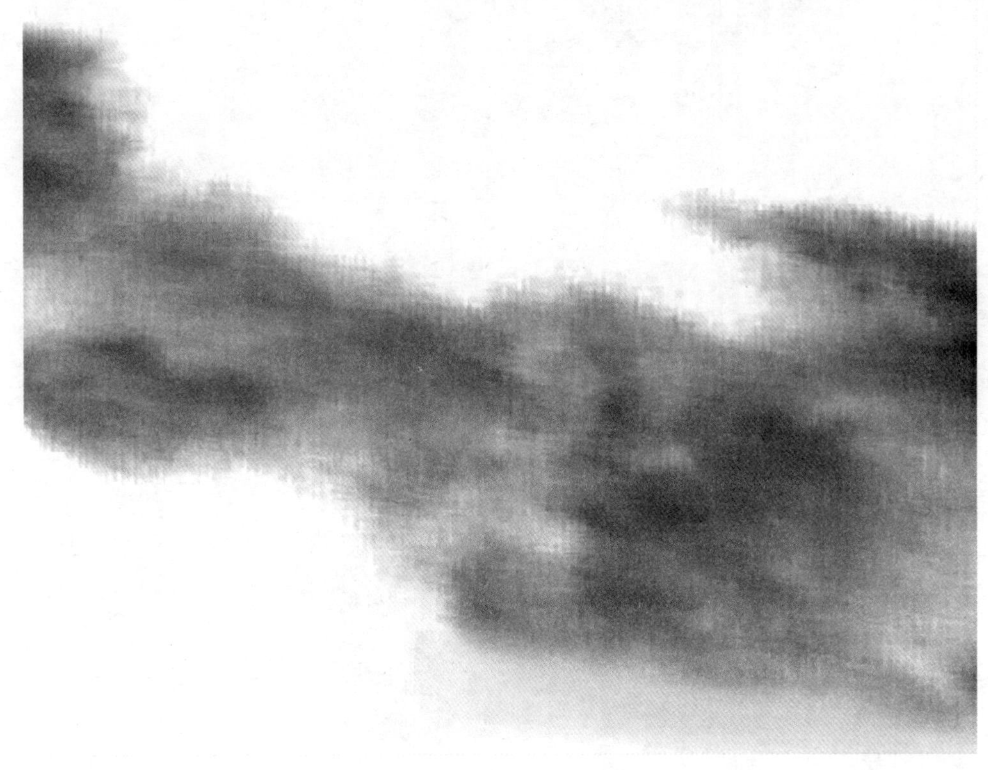

第1章 浙江港口信息服务体系建设基础

1.1 港口信息服务体系的概念

信息服务体系是指以信息技术广泛应用为主导,信息资源为核心,信息网络为基础,信息产业为支撑,信息人才为依托,法规、政策、标准为保障的综合体系。

1.1.1 港口信息服务体系建设的内涵

港口信息服务体系的建设是港口管理现代化和企业现代化的重要标志,高效便捷的现代化港口,需要信息服务体系建设的支持,港口信息服务体系建设需要以先进的管理组织结构为基础,将技术、人力和业务进行有效的结合,从而实现业务流程信息化。

(1)港口信息服务体系建设概念界定

港口信息服务体系是指港口在向现代化港口发展的过程中,为了达到货主、港口企业、监管部门、港口行政管理部门以及社会其他部门之间大量、及时地信息交流、互动;为了更精确、高效地完成船舶进出港、装卸、集疏运、交易、支付等生产活动,通过现代信息技术,协调港口的信息资源,利用海关、检验检疫、海事、边检、港政、引航、企业等部门的信息,分析供应链各环节的信息、监管、技术和设备等资源,联合相关主体,建立港口公共信息服务平台和依托港口的重点品种大宗商品电子交易平台,推出一系列面向各类用户提供的信息服务、管理服务、技术服务和交易服务的综合体系。

港口信息服务体系由港口公共信息服务平台、数据交换平台与各政府部门和港口、物流等各类企业建立的应用系统三部分构成。其中核心是数据交换平台,提供各应用系统间的数据共享与交换,实现整个港口相关业务的电子化和无缝连接,其数据主要来自于各应用系统,并以此为基础提供政务服务、商务服务和生产服务。政务服务是指港口相关管理部门实施港口管理和向社会用户提供的相关政务服务;商务服务主要是向从事港口相关经营活动的业户提供的交易服务和增值技术服务;生产服务是指面向港口企业提供生产过程的信息服务。

(2)港口信息服务体系建设基本特征

①港口信息服务体系建设的基础是港口的管理、服务方式和运行模式,而不是信息化技术本身,其中的计算机网络技术仅仅是港口实现信息服务的手段之一;

②港口信息服务体系建设的概念是动态发展的,它随着港口的发展需求、管理理念、实现手段等因素的发展而发展;

③港口信息服务体系建设是一项集成技术:建设信息服务体系的关键点在于信息的集成、共享和互动,即将关键的、准确的数据及时地传输给相应的管理者和企业主体,为港口管理和生产过程中各方的信息交流提供便利,使管理和生产效率得到提高;

④港口信息服务体系建设是一项系统工程:是一项人机合一的有层次的系统工程,包括管理部门、企业管理层和员工对港口信息服务的理解和接受程度,决策、组织管理信息化,经营、服务手段信息化,流程信息化等;

⑤港口信息服务体系的实现是一个过程:包含了人才培养、咨询服务、方案设计、设备采购、网络建设、系统建设、应用培训、二次开发等过程。

1.1.2 港口信息服务体系建设的必要性

(1)港口发展的需要

当前,经济全球化和贸易自由化进程加快,科学技术日新月异,全球范围内的产业结构不断调整,进一步促进了国际贸易发展和结构变化,为港口业提供了广阔的发展空间,也带来了新一轮的国际竞争。这种竞争已从传统的船队规模、海运贸易量,扩大到港口服务、政策法规、技术标准、科技教育等方面,即从"硬件"到"软件"的综合竞争。与此同时,国际金融市场动荡、全球经济增长放缓、海上恐怖主义活动猖獗,给国际海运也给我国港口事业发展增加了更多的不稳定和不确定因素。尤其是2008年以来,受美国次贷危机引起的全球金融危机、全球经济滑落和欧美需求大幅下降等因素影响,港口吞吐量增幅明显放缓,部分海运船队面临停航,不少企业出现亏损,港口业发展形势十分严峻。这就要求我们放眼全球,增强前瞻性、全局性、战略性思维能力,科学谋划,以信息技术为手段,加快港口信息服务体系的建设,积极应对新形势新情况。

(2)港口管理的需要

我国港口管理体制经历了从政企合一到双重领导的变化,为了适应市场经济发展以及政府职能转换的需要,2003年6月29日全国人大常委会颁布的《中华人民共和国港口法》(以下简称《港口法》)以法律形式确立了新的港口管理体制的基本框架,这个管理体制的核心是:政企分开,多家经营,一港一政,统一管理。随着我国政府机构改革的不断深化,充分运用信息技术手段,实现政府职能转变和机关行政流程重组,建成"精简、廉洁、透明、高效"的服务型政府已势在必行。同时随着政府办公业务朝着网络化、高速化、移动化方向发展,传统的办公方式已远远不能适应现代办公的要求。各级港口行政管理部门存在着大量的各种办公业务应用、文件传输和行业服务的需要,迫切要求建立体系完整、结构合理、宽带传输、互联互通的港口电子政务网络系统,全面开展网上交互式办公,实现各级港口行政管理部门之间的电子化、网络化办公和信息资源共享。因此,运用现代信息技术,加快行政管理的电子化、网络化,在打破时间、空间和部门限制,优化办事程序和提高工作效率,增强政府办事的廉政性、透明度,提高政府管理和服务的规范性以及决策的科学性等方面将发挥越来越重要的作用。

发展现代港口必须要提高进出港效率、提高安全性,而监督管理部门高效、准确的决策和执法也是不可或缺的,这都需要通过港航管理部门、其他相关部门与港口企业之间对海关、检验检疫、引航、运输组织、装卸仓储、中转换装、临港工业、现代物流、口岸商贸、保税加工及配送、航运及市场信息、综合服务信息的高度共享、互联来实现。

(3)港口转型的需要

科技创新是交通运输业发展的不竭动力,是决定交通运输总体效能的关键因素。高新技术则更能引起交通运输业的深刻变化,它对现代交通运输业的影响主要体现在提高运输能力、运输质量和运输效率,促进交通可持续发展,为建设现代交通体系提供强大技术支撑。港口信息服务体系的建设可以提高港口信息的准确性和及时性,保证物流的高效准确;促使业务办事程序和管理程序更加合理;促进资源的合理组合及利用,使其在现有资源条件下达到最佳利用效果,从而有助于港口业的发展。随着国民经济的快速发展,特别是社会主义市场经济的发展,水路运输需求明显增长,水路运输与社会经济生活的联系越来越紧密。我国港口运输增长的需求一方面需要依靠提供更多的基础设施来满足,例如建设较完善的航运网络、主枢纽港站和支持保障系统;另一方面需要充分利用现有的信息服务资源,提高运输效率和服务水平，逐步改变我国长期以来以大量消耗资源和粗放经营为特征的传统发展战略，由单纯的重视发展速度、数量转变为速度、数量与效益、质量并举。

(4)提高港口整体国际竞争力的需要

随着国际多式联运的发展与综合供应链复杂性的增加，现代港口正朝全方位增值服务的方向发展，成为商品流、资金流、技术流、信息流与人才流汇聚的中心。目前，世界上大多数港口都或多或少地面临岸边空间、陆地领域、集疏运连接、港口水深、资金和信息化水平等问题，但为求得竞争优势，实现枢纽港口与世界航运中心的地位，越来越多的港口都采取积极措施扩大生产规模和提高服务水平。港口信息服务体系建设，有利于推动以港口为中心的信息交流从目前的分散状态转变为集中状态，并成为增值的过程。现代化的信息服务体系是港口现代化发展的重要组成部分，能否提供实时追踪查询的、有统一标准数据接口的电子信息平台，实现信息的“桌面—桌面”交换，将成为未来港口的竞争焦点。充分利用现有信息系统，提高信息化服务水平，加强国际合作与交流，增强参与国际竞争的能力，进一步巩固和提高我国港口业在国际航运界的地位，有利于提高港口的国际竞争力。

(5)港口公共安全和环保的需要

作为世界贸易的重要口岸，在世界安全以及生存环境正在受到恐怖事件以及环境污染威胁的严峻形势下，加强港口的公共安全以及环境保护已经成为世界港口行业共同关注和努力的大事。国际海事组织已经通过了加强海洋安全的强制性规则和措施，包括国际船舶和港口设施保安规则。目前已有158个成员国执行此规则，其商船总数占全球国际海运商船总数的99%。我国各港口都加大了港口公共安全的建设力度，增加了视频监控、港口保安管理信息系统等的高科技投入，信息技术的应用为港口保安提供了强有力的保障手段。绿色环保型港口是今后港口的发展趋势，也将逐步成为提升港口竞争力的一个主要指标。为此，港口需要在开展生产活动的同时，从成本节约和环境保护的角度出发，利用信息技术实施节能改造，减少燃料消耗，以综合提升码头业务的经济效益和社会效益。

(6)港口企业自身发展的需要

对于港口企业，港口腹地界限越来越模糊，港口之间的竞争日趋激烈，竞争意识深入到港口的经营管理和发展策略当中，成本控制、延伸服务基本上形成了一定的格局，仅仅依靠传统意义上的价格竞争等手段难以取得实质上的突破。因此传统意义上的竞争手段正在逐步弱化，港口之间的竞争已经不再是点与点的竞争，而是整个信息流、物流、供应链的竞争，其优势应该体现在提高增值服务的分拨配送能力、信息管理能力及所在区域的物流网络的竞争力上。建立现代物流体系，创造"物流顺畅"的口岸物流环境是港口在竞争中取胜的最大优势所在。

今后，港口信息化建设、智能化技术应用的领域将更加广泛。能不能安全、高效、低成本地提供港口服务，港口各项功能能不能在最短的时间内实现，都离不开现代技术的支撑和保证。因此，以条形码技术、全球卫星定位技术、电子数据交换技术等为代表的现代信息技术，必然成为未来港口生产、经营、管理的重要手段。

1.2 "三位一体"下的浙江港口信息服务体系建设

浙江港口信息服务体系是"三位一体"的重要组成部分，是大宗商品交易平台、集疏运体系建设、港口物流建设不可或缺的支撑系统，是浙江发展"海洋经济"，壮大"临港工业"，最终实现"港航强省"战略的重要支撑。是以与港口业务和港口经济相关的政府、企(事)业单位为主要服务对象，以提高政府办事效率和管理水平，提高生产企业分拨配送能力和服务质量，承担大宗商品电子交易的运营载体和网上交易平台，并为各类用户提供信息交互共享，促进浙江港口"三位一体"的发展为目标，以信息技术全面提升港口政务、商务、生产、公共服务能力为手段的综合性、系统性服务体系。

1.2.1 浙江港口信息服务体系在"三位一体"中的功能定位

"三位一体"港航物流服务体系建设，关键要素是建设以大宗商品交易为主的"大平台"、以海陆联动集疏运网络为主的"硬设施"和以金融与信息等配套服务为主的"软环境"。其中，构建大宗商品交易平台是核心，完善海陆联动集疏运网络是基础，发展港口金融、信息配套服务是支撑，三者相互协同、相互作用、相互促进，共同打造集运输、物流、贸易、金融、信息和咨询等功能相融合的现代港航物流服务体系。因此，作为研究专题的港口信息服务体系建设，其功能定位是以数据交换平台建设为基础，加强以电子口岸为核心的政务信息化应用、以物流信息服务平台及大宗商品交易平台为核心的商务信息化应用以及各港口相关企业自身信息化应用，推进公共信息服务平台建设，全面支撑港口的升级与转型。

(1)浙江港口信息服务体系建设提高政府办事效率和管理水平

港口体制改革后,按照《港口法》及《港口管理条例》的要求,港口行政管理部门依法履行港口规划、建设、维护、经营管理、安全监管等职责,为港口企业全方位地提供管理服务。海关、检验检疫、海关、边检等口岸管理部门也依照法律规定,代表国家行使相应的口岸管理职责。浙江港口信息服务体系的建立,可以减少港口管理部门与企业、公众之间的沟通环节,优化行政流程,缩短审批时间,提高服务水平,使用户及时了解港口管理政务信息,为港口发展创造良好的环境。

在浙江相关部门和海关总署的支持下,建立符合行政体制改革方向、分工合理、责任明确的港口信息服务体系,着力解决港口物流公共信息平台与海关、检验检疫、海事、港口等相关部门的信息共享问题,增强政务系统整合;加快各地市港口信息平台与省港口物流信息平台的对接,实现省与各港口城市通关、物流、贸易管理与服务计算机系统的互联互通和信息共享,以及异地信息流、资金流、货物流等的信息化服务功能,从而建成区域性大通关、大物流、大外贸的统一信息平台。"三位一体"下的浙江港口信息服务体系表现为:解决信息的采集、传输、加工和共享,提高决策水平和效益,在这个层面上可以不涉及或少涉及流程改造和优化的问题,为决策提供及时、准确的信息。

(2)浙江港口信息服务体系建设为港口的升级转型创造良好条件

港口的升级转型就是要走内涵式的发展道路,在大型专业化码头建设的同时,充分利用现有的港口设施,加大港口技术改造力度,通过专业化改造或利用信息技术,提高港口的有效供给能力;积极推动老港区的功能调整,适应专业化、大型化、集约化的发展要求;整合现有低效率的业主自建码头资源,利用市场手段提高公共服务能力,大力提高港口公用设施服务水平。现代化集装箱码头和大型散货专用码头生产节奏快,高速度的信息处理显得尤为重要。随着信息的畅通,货物运输中仓储量将减少,仓储周期将缩短,港口大型库场和集疏运网络的设置也会发生很大的变化。

集疏运网络的不断完善,尤其是港口与海向和陆向腹地间的通达程度不断提高,将为港口物流提供强有力支撑。浙江通过建设港口信息服务体系,能够实时监控整个供应链中的资源利用情况,随时发现资源配置的不合理之处,从而对全部资源的利用进行系统的安排,以实现物尽其用,发挥最佳效能。信息的畅通,使港口供应链的各个环节能做到有机的协调,由此缩短船舶在港非生产性停泊时间,并可减少货损货差。同时,港口信息服务体系的建设使港口资源得到充分的利用,服务质量明显改善,也可避免人工控制系统可能造成的疏忽,由此提高港口安全保障系统的可靠性。

海陆联动集疏运网络将在完善港口基础设施的基础上,围绕大宗商品交易平台的建设,以沿海主要港口和园区为核心节点,依托铁路、公路、水路、管道等多种运输方式,发展江海、海铁、海河、公水、“区”港联动运输体系,建设“联通南北沿海、联通沪苏鲁、联通长江沿线、联通闽赣西南和联通海洋”四大运输通道,打造覆盖浙江省,连接辐射浙江、长三角地区、长江流域甚至全国,面向世界的集疏运网络。可见,为了满足“三位一体”下的集疏运条件,浙江需要变革已有的管理模式和管理流程。此时,港口信息服务体系表现为:固化新的流程或新的管理模式,使其得以规范地贯彻执行,并使港口经营过程在固定的流程中有效运行,优化操作方案,例如对仓储存取的方案、运输路线方案、综合执法方案及服务方案等进行优化。

(3)浙江港口信息服务体系建设带动产业链的整合与价值链的延伸

基于信息技术的供应链管理,使货主、运输商、仓储商、配送商、加工商等各类主体连成了一个整体,改变了过去供应链各参与方之间的相互隔离。电子化交易技术特别是电子商务技术的应用推动了大宗商品交易平台的发展,使大宗商品交易可以跨区域、跨时区的方式进行。浙江港航物流服务体系的建设,在供应链各参与方之间架起桥梁,促进了企业间的联合和企业内各部门间的整合,共享信息和利益,带动产业链的整合与价值链的延伸。

大宗商品交易平台是浙江省“三位一体”港航物流服务体系建设的核心和主要内容,大宗商品的运输、仓储、配送、交易、定价、结算等信息管理离不开信息系统的支撑。浙江港口信息服务体系建设对大宗商品的管理表现为:对以浙江港口为依托的大宗商品的供应链进行高效、及时、准确的跟踪,并及时做出决策,将货源、货主和贸易商等信息进行整合,实现商品交易、商贸物流、财务结算、信息传播和价格形成等功能。

1.2.2 “三位一体”下浙江港口信息服务体系建设的整体框架

根据浙江省港口信息化发展基础以及“三位一体”的发展需要,港口信息服务体系建设应重点实施“113 工程”:即建设一个数据交换平台、一个公共服务平台和政务、商务、生产三大应用板块,构建一整套面向各类用户提供全面、快捷、准确信息的信息服务体系:

(1)一个数据交换平台

以政府为主体,协调海关、海事、商检、交通、港口等部门,联合航运、物流、商贸、工业、信息服务等企业,在浙江物流公共信息服务平台的基础上,建设一个标准化、覆盖面广、时效性强、分布式管理的,集政务、物流、港口、企业、商贸等数据于一体的,内联其他省、市,外联主要贸易国的数据交换平台。作为港航物流服务体系最为核心的底层信息系统,为各应用系统提供数据交互服务,各应用系统按规定向该平台提供相关数据,形成港口信息服务体系信息传输的"高速公路"。

(2)一个公共服务平台

在数据交换平台的基础上,将部分信息作为公共服务内容,独立建设公共服务平台。一是向企业提供国内外港口、航线、码头、船舶、各国国情、进出口情况、气象、地图等基础信息服务。二是根据采集自港口、物流平台的数据,提供货物跟踪查询服务,把对相对标准化的集装箱运输跟踪查询系统作为一期重点建设内容。同时,平台将及时发布基于底层数据统计、分析所形成的各领域的研究报告,特别是商贸流通研究报告,给企业提供决策参考。利用3G、物联网等新兴技术,拓展服务渠道,提升服务能力。部分公共服务可嵌入政务、商务和生产应用系统,提高利用率。

(3)三个应用板块

一是政务应用板块:在港航、海关、检验检疫、海事等各部门信息化不断深入的基础上,以电子口岸建设为核心内容,提高口岸各部门的信息化应用水平和协作能力,提高电子口岸各业务一体化的水平,优化口岸业务的流程,为企业提供更为便捷的口岸服务。着力推进港口管理部门的信息化应用,推动地区间、部门间的数据共享,消除"短板",建设港政管理系统,实现港口生产业务实时监管,港口安全有效监控,港口办事效率明显提升三大目标。

二是商务应用板块:以大宗商品电子交易平台建设及第四方物流信息平台建设为核心内容。积极推进以港口为依托的石油化工交易平台、煤炭交易平台、粮食及其他农产品交易平台、钢材木材等建材交易平台、工业原材料交易平台、船舶交易平台等大宗商品交易市场的电子商务发展,充分发挥有效配置资源、集聚流通企业的作用。通过电子商务网络化的现货与期货交易和异地交割,降低部分大宗商品对港口环境的影响。推进临港专业市场的电子商务发展,实现专业市场的转型升级;积极培育"宁波四方物流信息平台"等第四方物流信息平台做大做强,为物流、商贸等企业提供更为有效、及时、全面的物流信息;加强物流信息化增值业务的培育,为构建现代物流体系奠定基础。

三是生产应用板块:生产应用板块的建设内容是围绕着港口相关企业生产过程的信息化提升展开。一是各港口生产企业积极推进自身信息化建设,做到港内信息流和货物流的整合，更好地管控港内生产作业流程，提高生产效率；广泛应用物联网技术，推广使用 RFID、网络监控等技术，努力拓展港口的服务功能。加快推进温州、台州等地的港口信息化建设，缩小与宁波的差距，实现均衡化发展。二是引导推进物流企业、物流园区、航运企业、货代公司、仓储企业等经营实体自身的信息化建设，实现内部系统与数据交换平台的数据交互，提升信息技术应用水平，提高企业管理效率。

浙江省港口信息服务体系建设的整体框架如图 1-1 所示：

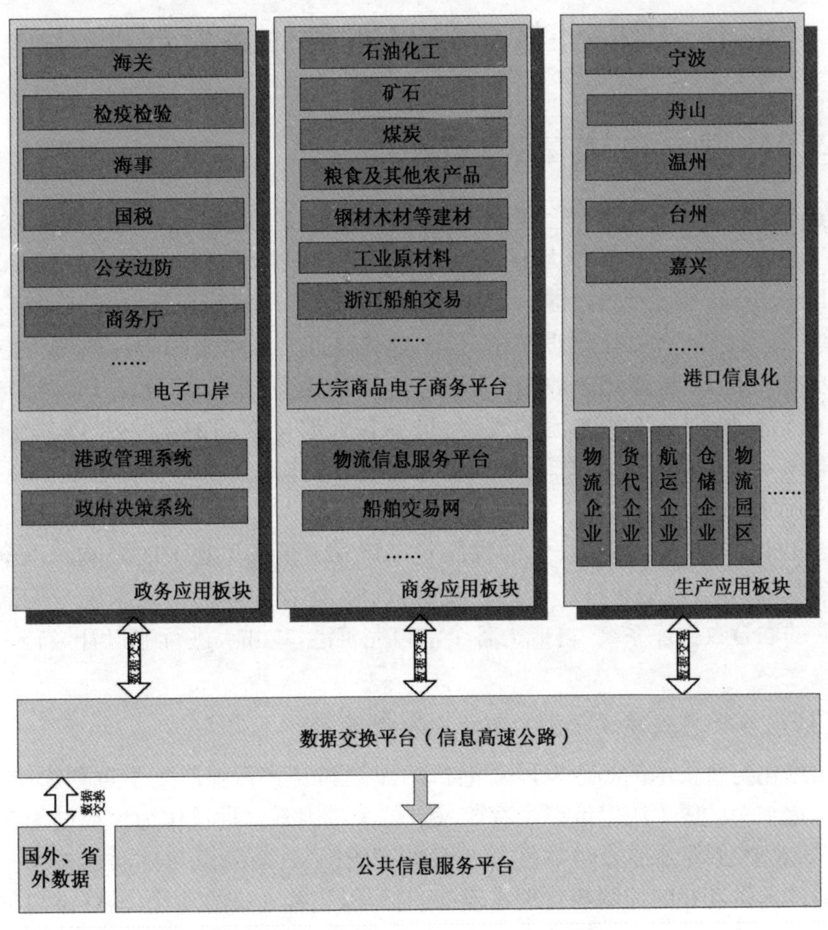

图 1-1 浙江省港口信息服务体系建设框架

第2章　国内外港口信息服务体系发展状况及启示

2.1　国内外港口信息服务体系发展概况

2.1.1　国外港口信息化发展概况

随着信息技术的发展,管理现代化、信息化已成为现代港口建设与发展的重要目标之一。目前,世界各大港口通过引进先进技术和设备,如EDI(Electronic Data Interchange电子数据交换)、VTS(Vessel Traffic Services System船舶交通服务系统)以及堆场智能化管理技术等,不断提高其管理水平和运作效率。港口业务逐步向专业化、规范化、标准化迈进。可以预见,随着全球经济一体化与信息技术的发展,特别是现代物流的发展,世界各大港口之间的竞争将会十分激烈,这种竞争不仅仅局限于港口硬件方面,更主要的体现在港口信息服务体系的建设与应用水平上。

近年来,信息化与高新技术的发展对港口发展带来了很大的影响。以全球互联网为基础,整合供应链各环节的物流、信息流,建设完善的信息系统与能满足客户需要的联合数据库系统,将成为各个港口完善港口功能、进行港口升级转型的重要手段之一。

(1)港口信息化建设是港口发展的必然途径

信息化与新技术的高速发展对港口的建设和经营管理产生了重要影响,港口的信息化水平已成为决定港口生存与发展的关键因素。港口作为供应链上重要的一环,其效率、服务水平及可靠性是非常关键的因素,而信息与自动化技术不仅可为供应链提供良好的控制与管理手段,而且可以完善港口的功能,增强港口的综合竞争能力。

从国际现代化港口发展态势来看,一个港口的信息化程度已成为信息时代国际港口竞争力中最为重要的条件之一。目前,国际大港基本都有较完善的港航信息系统，从新加坡的 Portnet 和 Tradenet、韩国的 KLNet 和 KTnet、美国纽约/新泽西的 FIRST，到香港的 Oneport 等已在不同程度上成为港口高效运作的生命保障线。

(2)信息技术迅速普及

产业全球化发展增加了世界各国经济与贸易的相互依赖性，而计算机和网络技术的发展使世界的空间距离大大缩短，国际货物运输成本得以降低，以往综合的生产过程可以分解到不同的国家或区域内进行，生产成本和流通成本大大下降，服务功能日益完善。同时，产业的全球化使生产与流通过程更加规范，多式联运与物流服务业对网络技术的需求不断增加。

国内外主要港口都在加大投资，积极改进基础设施，进行计算机系统和通讯设备等建设。例如美国新奥尔良港在 20 世纪 90 年代初建设的“全港自动化系统”，不仅实现港内应用系统集成，还加强了与外部应用系统的自动化联接，建设了电子化泊位申请系统、自动化船货清单系统和卸货计划系统等，深受客户欢迎。

电子数据交换因其技术先进，可大大减少贸易文件及文件处理成本，受到世界各大港口的普遍重视。电子数据交换平台建设将促进管理方式向信息化、自动化方向发展。因此，国内外主要港口全面应用 EDI 技术。欧洲第一大港——鹿特丹港由于采取了一系列措施，劳动力费用大幅度下降，其中一项主要措施是采用无人操纵的自动化系统，全面应用 EDI 技术，使鹿特丹港成为欧洲最大、效率最高的港口。汉堡港是德国第一大港口，拥有世界最大的信息网，能够在世界各主要大港之间实现数据交换。信息技术的运用，使汉堡港不仅能够提供高效的物流服务，而且能够满足各类客户的特殊要求。在国际港口竞争日益激烈的情况下，汉堡港一直保持着欧洲第二大港的位置。

(3)信息化促进港口功能拓展

一个现代化的国际港口只有集物流服务中心、政务服务中心、商务服务中心、数据交换中心为一体，才能巩固和提高其在供应链中的地位和作用，而物流中心建设的重点是加强港口的物流和信息流建设。以先进的信息化技术，提高港口在国际航运中心的地位。在亚洲的主要港口中，有 5 个位居世界 10 大港口之列，即香港、新加坡、釜山、高雄和上海。随着我国经济的飞速发展，香港和釜山港在中转我国大陆货物中的作用日益突出。为了抢占国际航运中心的地位，香港、新加坡、高雄等港口在雄厚实力的基础上，积极创新港口功能，以其先进的信息化技术优势积极参与国际竞争。新加坡在投巨资改进港口基础设施的过程中，充分利用现代高新技术，实现港口作业流程管理的自动化，其集装箱码头大量使用电子数据交换进行作业。

通过港口信息平台实现全面服务。新加坡的海港网络、集装箱网络、快联、财务电子数据交换以及其他电子数据交换系统都能帮助航运公司和货运公司方便快捷地与港务局交流。船公司/船舶代理可以通过港口网(POTRNET)访问最新的港口运作信息,诸如泊位安排、集装箱状态、到港、离港和在港作业船舶动态等,利用双向通信式的数据库服务,可以提交换装作业和对港口服务的请求,并通过信息检索得到回答。

2.1.2 国内港口信息服务体系发展概况

通过多年来的建设,我国港口信息服务体系建设局面发生了很大变化,行业信息技术应用在国内处于领先水平,积累了大量的、丰富的港口管理信息资源,这些信息资源在国民经济发展中发挥了巨大的作用,也成了我国水运信息中的宝贵财富。

(1)港口基础设施建设信息化全面应用

CAD(Computer Aided Design,计算机辅助设计)、GIS(Geographical Information System,地理信息系统)、GPS(Global Positioning System,全球定位系统)等技术已经在港口规划、勘察、设计等方面全面应用,相当一部分单位已经利用局域网和互联网开展网上联合设计。

(2)电子口岸 EDI 应用日益深入

近 10 年来,港航 EDI 网络系统的应用由基本运输伙伴的信息共享,逐步扩展到政府监督控制部门以及银行、仓储等领域,效益显著,在国内外运输领域都有较大影响。目前连接的用户群体有运输伙伴、政府监管部门、仓储、生产企业、保险和银行等。该系统的应用不但促进了我国水运行业信息化的建设,同时也为我国电子口岸的发展奠定了良好基础。

(3)港口电子商务发展迅速

港口作为物流和信息流的枢纽,具备了建设港口电子商务服务系统的得天独厚的优势。2004 年以来,在 EDI 系统的基础上,港口已由政府、企业间的信息中介,发展到能提供信息转换、传递、存储等增值服务的信息中心。

许多港口按照所在城市所提出的"以港兴市"的发展新战略,建设统一的"港口信息服务系统",这也是现代国际港口信息化发展的必然趋势。构建以"港口信息服务系统"为核心的区域经济的骨干信息网络,提高口岸的数字化水平,实现现代港口执法监管部门、生产作业单位、代理服务和运输行业的信息化、网络化，提高口岸通关效率，提升区域物流速率，降低物流成本，以信息化带动口岸国际化，实现口岸的跨越式发展，全面提升城市和港口的竞争实力，促进港口和贸易相关单位的加快发展。

(4)港口企业生产管理信息化水平不断较高

我国枢纽港口普遍建设了与国内外客户沟通的信息网络平台和具有企业特色的网页。我国年吞吐量超过亿吨的港口，信息化建设起步较早，计算机应用面广，已基本实现了生产业务管理、专用码头管理的信息化或智能化，安全调度的视频化和港口管理的数字化。

自 2003 年以来，我国一些大型沿海港口建立了一流的生产调度指挥系统。系统涵盖了引航、拖轮、码头生产调度等多个业务流程，融合了计算机软件、GPS 卫星定位、GIS、无线数据通讯 GPRS(General Packet Radio Service)应用、AIS(Automatic Identification System，船舶自动识别系统)、航海地理学、视频监控等多种技术领域。

2.2　国内外信息服务体系建设典型案例

2.2.1　鹿特丹港口信息服务体系建设

鹿特丹市为荷兰第二大城市和最大的工业城市，是一个典型的港城一体化城市，素有“欧洲门户”之称，也是人们公认的新欧亚大陆桥的西端桥头堡。鹿特丹港位于莱茵河支流新、老马斯河交汇入海口处，西依北海，东溯莱茵河、多瑙河，可通至里海。鹿特丹港就处在世界上最繁忙的大西洋海上运输线和莱茵河水系运输线的交接口，是典型的河口港，兼有海港和河港的特点。

鹿特丹港的港口信息化建设促进了港口的发展，EDI 服务系统除了传统的信息传送外，其子系统“INTIS”已成功推广了“电子商务网络”。

国际运输信息系统 INTIS(International Transport Information System)是荷兰为满足贸易和运输需求而开发的 EDI 服务系统，始建于 1985 年，建设成本约 1000 万美元。INTIS 最初是由荷兰的几个港口和运输公司联合开发的，包括鹿特丹港务局、荷兰 PTT 电信公司和一些私营公司等。1994 年以前，鹿特丹港 EDI 信息主要用于报关，在开发 EDI 的报文标准方面，INTIS 与 UN EDIFACT 密切合作，因此其报文标准采用 EDIFACT 标准。而现在已经建设了港口网络(Portent)、港口信息网

(Port-Information-Net)等信息网络,信息应用的范围就更广了,包括运输指令、国际铁路运单、装运通知、装货清单、货物进出门情况等,大大提高服务效率。全面应用EDI技术,使鹿特丹港成为欧洲最大、效率最高的港口。现在,INTIS能为用户提供一套覆盖运输基本流程的完整的EDI标准信息。INTIS的入网连接费为56.7美元,使用费标准取决于上网时间和通过该系统的信息流量。所有贸易和运输环节中的用户都可以很容易地登陆INTIS网络,目前,与鹿特丹港有业务往来的公司基本使用INTIS网络。通过这一信息化的系统平台,将港口的信息及时共享,并实现无纸化作业流程,极大地提高了港口运作的效率。

2.2.2 汉堡港口信息服务体系建设

汉堡,始建于1182年,是以港口为经济基础发展起来的德国最大的港口城市和第二大工业中心,现有面积755平方公里,人口160多万。汉堡港位于汉堡市内,易北河右岸,被喻为德国“通往世界的大门”,是德国最重要的海港和最大的外贸过境地。港口的集装箱转运量仅次于鹿特丹,是欧洲第二大集装箱港。

以条形码技术、计算机互联网络、全球卫星定位技术、电子数据交换系统为代表的高新技术,在汉堡港内应用十分广泛。汉堡港于1983年就投资建设EDI中心,目前可传输海运行业中使用的各种业务信息以及处理200多种格式与海运有关的电子单证。使用汉堡港EDI中心的有200多家用户,包括港务局、港口企业、货代、船代、理货、海关、铁路。该EDI中心有80多条通讯线路,包括分组网、专线及拨号线。该系统不仅能在港内进行数据交换,而且可用于各种运输手段之间的协作,是货主选择最佳运输方案的手段。

汉堡港EDI中心的应用系统主要包括:

①货代使用的单证系统。该系统主要提供基础数据管理、进出口单证、发票等功能,同时为用户提供多个版本的应用系统软件。

②理货使用的单证系统。由该EDI中心提供的基础数据来生成各种类型的仓单。

③海关通讯系统。在用户终端上可生成海关需要的单证;协助用户把单证送到海关报关系统,经过海关审核后送回用户。

④船舶信息系统。所有船公司把船期表通知EDI中心,所有EDI中心用户可得到四个月内的船舶动态。

⑤危险品信息系统。港区内危险品分布情况;一旦发生事故,指导用户如何进

行紧急处理;用户可向 EDI 中心咨询某种危险品的运输及包装方法。

⑥集装箱管理系统。为船公司提供集装箱动态报告。

⑦船代集装箱多式联运网络。

⑧国际通讯桥梁。为用户提供与其他国家地区 EDI 中心及国际通讯网络公司互联的服务。

汉堡港历经数百年而长盛不衰,拥有庞大的信息网,能够在世界各主要大港之间实现数据自动交换。信息技术的运用,使汉堡港不仅能够提供高效的物流服务,而且能够满足各类客户的特殊要求。高效、信息化的港口管理方式大大增强了港口的运作效率,增强了港口的竞争力。

2.2.3 西班牙港口信息服务体系建设

20 世纪 90 年代后期,西班牙人率先提出了“E-PORT”这一设想。他们提出要建设一个全球化的港口网络,纳入到这一网络的各港口信息系统,可以做到充分的信息共享。他们与新加坡港、美国迈阿密港以及墨西哥和北非的一些港口达成了共识,共同打造这一全球化的“E-PORT”。全球化的“E-PORT”的实现,首先要以全球各大港口自身的数字化为前提。

从 1998 年开始,瓦伦西亚港开发建设了 SIC 港口公共信息系统(以下简称:SIC 系统),该系统的建设大致经历了三个阶段。第一阶段包括声音、图像、数据等多媒体服务,这一阶段主要实现港口基础信息的数字化,完成港口基础信息平台的建设;第二阶段包括联通各相关部门的 EDI 系统,这一阶段主要实现港口内部的数字化运作与管理,实现港口内部各部门的互联互通;第三阶段完成可与各政府部门、码头、船公司等用户进行数据交换的 SIC 系统,这一阶段主要实现港口内外的互联互通。SIC 系统通过公共平台向各用户的应用系统提供信息共享的服务,便于各方及时获得所需数据和信息。系统的主要功能有:港口管理服务、SIC 用户的货物预订、进口提单采集、关税管理、完税信息、提货单管理、质保审核、终端管理、网页或电子资讯方式的访问等。这一覆盖供应链环节系统的运行,使得相关各方沟通更高效、成本更节约、差错率更低。

2.2.4 澳大利亚港口信息服务体系建设

随着信息技术的发展,管理现代化、信息化已成为现代港口建设与发展的重要目标之一,也是澳大利亚政府进行港口管理的重要途径。通过不断提高其管理水平和运作效率，港口业务逐步向专业化、规范化、标准化迈进。如悉尼港借鉴欧洲第一大港——鹿特丹港经验，采用无人操纵的自动化系统，广泛应用EDI技术努力使自身成为澳洲最大、效率最高的港口；Botany港的计算机一体化码头操作系统已经运转多年，其电子网络同世界上600多个港口交换着信息，在提高港口自动化与信息化水平方面发挥了重要的作用。

澳大利亚在投巨资改进港口基础设施的过程中，充分利用现代高新技术，实现各港口作业的自动化。其集装箱码头大量使用电子数据交换进行作业，海港网络、集装箱网络、财务电子数据交换和其他电子数据交换系统都能帮助航运公司和货运公司方便快捷地与港务局交流。船公司、船舶代理可以通过港口网访问最新的港口运作信息，诸如泊位安排、集装箱状态等。2004年，港口又增加了更多的信息服务，包括查询到港、离港和在港作业船动态；数据库服务转变为双向通信式，换装作业和对港口服务的请求通过提交进行信息检索得到回答。

在货物运输NCWP州际理事会建议下，澳大利亚于1989年成立了非盈利性公司Tradegate，其成员包括：澳大利亚海关，Qantas（IATA），澳大利亚港口和海洋协会理事会（AAPMA），澳大利亚海运集团（ACOS），澳大利亚海事委员会（ANMA），澳大利亚空中货物运输联盟（AFAFF），CBCA，澳大利亚铁路公司ROA，澳大利亚道路运输联盟ARTF和政府部门AUSTRADE。Tradegate有两个职能：一是提高职工的EDI意识以及对贸易人员的EDI教育培训；二是鼓励贸易部门使用EDI，同时Tradegate也鼓励使用EDIFACT标准，现在Tradegate产品和网络开发的技术支持部门是AT&T，报文标准是EDIFACT，ANSIX. 12和CARGO-IMP。其使用者有600多家，包括政府部门，港务当局，远洋公司，托运公司，海关经纪人，道路运输经营者，码头经营者，航空公司和进出口商等。所有与货物进出口贸易有关的人都是TRADEGATE的潜在市场。澳大利亚的悉尼海关，从1994年开始推行采用EDI方式通关。与其他国家不同的是，澳大利亚的EDI中心设在海关，船公司、船舶代理和港口码头等用户与海关的EDI中心联通。澳大利亚政府对推行EDI不作直接干预，由各相关行业的协会出面推行，对于港口和航运业，则通过海关强制推行EDI传输，港口不设EDI中心，港航用户均加入海关的EDI网络系统（EFT EDI）。

2.2.5 新加坡港口信息服务体系建设

在亚洲的主要港口中，有5个位居世界10大港口之列，即香港、新加坡、釜山、高雄和上海。为了巩固国际航运中心的地位，新加坡港口在拥有雄厚实力的同时，积极进行港口功能创新,以其先进的信息化技术优势积极参与国际竞争。

新加坡在投巨资改进港口基础设施的过程中,充分利用现代高技术,实现各港口作业的自动化,其集装箱码头大量使用电子数据交换进行作业。新加坡港的 CITOS-1(计算机一体化码头操作系统)已经运转多年,其电子网络同世界上 600 多个港口交换着信息,在提高港口自动化与信息化水平方面发挥了重要的作用。

新加坡政府自 20 世纪 80 年代中后期,在港口和航运部门推行集装箱运输 EDI,提高集装箱装卸效率,缩短通关时间。在新加坡贸易工业部的领导下,国家电脑局、贸易发展局和新加坡国立大学等 3 个单位组成项目组,对 EDI 应用进行研究,经过调研,编制了策略性报告和 EDI 总体设计方案,议会在对有关法律进行相应修改后,政府于 90 年代初正式在全国开始实施 EDI。1984 年,PORTNET 开始时仅作为一个数据信箱,以后信息量逐渐增加,包括船舶到离、在港船舶和化学品数据库,随后又发展成双向通信。1987 年,与马士基公司首先实现了计算机到计算机的通信联系,进行电子数据交换。1988 年和香港国际码头公司建立了第一条海外通信线路,电子交换集装箱装载情况,提高了堆场和船舶调度工作,加快了船舶周转时间。1989 年,实施 PORTNET,其功能也大为扩展,PORTNET 采用 EDIFACT 报文标准,现在,该 EDI 网络系统已有 1200 多家公司在使用,目前,新加坡港已与 2 个亚洲港口和 6 个非亚洲港口建立了电子通信线路。

新加坡港务局 PSA 的未来发展计划是:不断延伸和改进 PORTNET 功能,使其更加完善和自动化,建立更多的计算机通信线路,联通港口使用者、与航运相关的部门以及银行,加速船舶和货物流动速度。PSA 和 TDB 联合开发了一个新的 EDI 系统 MAINS(Maritime Information System),使航运公司、货运代理商、贸易伙伴和监管机构的有关运输文件以电子数据的格式统一起来,从而使新加坡成为世界上成功规范各种运输文件和数据的第一个国家。新加坡港口 EDI 网络系统(PORTNET)与国家 EDI 贸易网系统(TRADENET)为互为独立的两个 EDI 网络,新加坡海关在 TRADENET 上进行运作,PORTNET 的用户可以通过 EDI 中心向 TRADENET 传输信息,但 PORTNET 用户若需要获得海关的其他服务,则需另行办理加入 TRADENET 的入网手续。新加坡政府部门,对推行 EDI 采取强制手段。在推行过程中,主要分为试行——必行——封闭三个阶段。试行阶段主要是培训人员,用户采购 EDI 软硬件系统;在必行阶段,有关用户必须采用 EDI,否则每标准箱多收取 10 元新币的罚款措施;在封闭阶段,对不采用 EDI 方式的集装箱,港口一律拒收。

新加坡的海港网络、集装箱网络、快联及财务电子数据交换和其他电子数据交换系统都能帮助航运公司和货运公司方便快捷地与港务局交流。船公司/船舶代理可以通过港口网(PORTNET),访问最新的港口运作信息,诸如泊位安排、集装箱状态等。最近又增加了更多的信息服务,包括查询到港、离港和在港作业船舶动态;数据库服务变成双向通信式,换装作业和对港口服务的请求通过提交进行信息检索而得到回答。

2.2.6 上海港口信息服务体系建设

近年来,上海港航信息化建设取得了巨大的成效,信息化水平在国内港口中处于领先地位。

上海港把现代信息技术应用于集装箱生产系统,在工艺、技术和管理上不断创新,为实现建成国际航运中心的目标打下了基础。投入巨资增加了上海港的科技含量,特别是完善了港口信息化和自动化的能力,目前已经开始使用集装箱卡车自动识别系统、集装箱码头实时生产指挥系统、生产评价决策系统、客户服务系统、数字安全系统等。在此基础上,上海港积极建立与国际接轨的、更加开放高效的口岸集装箱管理系统和服务系统,为货主、船方和用户提供最快速、最便捷、最低廉的全程与综合服务。上海港在2008年还开通世界上第一条带有电子标签的国际集装箱示范线,以实现集装箱的物流与信息流的实时交互。目前,集装箱电子标签已在内、外贸航线上试验成功。

以上海亿通国际股份有限公司为实施主体,上海港于2004年底已初步建成了集交易、监管、物流、支付为一体的“大口岸物流信息和电子商务统一平台”,促进了“大通关”工程的建设。口岸通关物流常用的58种单证中已有41种实现了电子化,电子化率超过了70%;电子口岸现有口岸用户2 100余家。近年来,电子口岸的EDI(电子数据交换)报文单证传输量每年都以100%以上的增量递增,2005年达5 300万份,日均超过14.2万份,海关申报报文传输量日均达2.1万份,电子支付日均2 000到3 000笔,金额每天超过1.2亿元;海运进、出口申报每单平均所需时间分别由原来的20小时和6小时缩短到了30分钟和50分钟,海运货物进出口通关提货、发货时间平均在24小时内,通关效率明显提高。

2.2.7 天津港口信息服务体系建设

天津港在港口信息化建设上也取得了明显的成效。

(1)设施管理信息化

通过设备远程监视管理系统、天津港电力、通信重点设备管理地理信息系统、天津港南疆地理信息系统等项目的实施,实现了码头大型设备远程维护和地下主要管网的可视化,建筑设施定位,为管理、施工建设和决策提供直观的、多维的、实时数据和信息。

(2)生产管理信息化

通过各码头公司的 MIS 系统、天津港生产调度系统整合和信息资源规划、集成化港口生产数字指挥系统、集装箱物流管理系统、集装箱堆场管理信息系统以及引进的比利时 COSMOS 集装箱码头管理系统和 GPS 精确定位技术的应用,实现了生产业务过程管理的自动化、可视化。

2005 年 3 月,天津港正式投入运行"TCT 集装箱码头生产过程控制、可视化管理系统"。该系统综合应用计算机、通信、自动控制、全球定位系统、地理信息系统等技术,对港口集装箱码头生产关键要素进行精通定位、动态跟踪、过程控制、可视化管理,有效地解决了码头生产过程中司机操作的任意性、生产要素实时信息滞后性和特殊自然环境对生产的制约等问题,满足了集装箱码头操作层、调度层、管理层和决策层对生产现场的数据需求,为企业生产、计划、调度、决策提供了依据。

(3)经营管理信息化

建立了较完善的人力资源管理、财务管理、费收管理、能源管理、安全监督管理和"OA"等信息系统,实现按授权处理的多层决策支持的信息化。

(4)服务体系信息化

通过"关港联动"信息作业平台、综合物流信息服务、呼叫中心等系统的建设,整合内部信息资源,实现服务客户手段的网络化。通过 Internet、E-mail 和短信等多种形式实现互动和协同操作,提供实时在线服务。天津港在全国沿海港口率先建立动态信息查询系统。客户可以通过国际互联网利用该系统随时了解和掌握港口的船舶信息、货物在港信息等内容。该系统还为船、货各方及时提供港口动态信息,大大缩短了港口作业时间,有利于加快船、货在港周转,提高装卸效率和港口吞吐能力。

天津港坚持用信息技术、网络技术促进港口现代化管理,提高港口的综合实力和竞争能力。信息化技术不断得到深入应用,信息基础设施和服务水平不断得到提高,信息化成果为企业带来的效益持续快速增长,使天津港信息化建设在全国港口中保持领先水平。

2.2.8 青岛港口信息服务体系建设

多年来,青岛港以建设东北亚国际航运中心为目标,坚持以信息化作为提升港口产业和推进口岸发展的重要手段,努力建设航运信息服务中心,打造数字港口,信息化服务水平不断提升,信息化建设程度达到国内领先水平,连续三年入选中国企业信息化500强,并荣获企业信息化典型示范单位称号。

(1)理清思路,总体规划

青岛港坚持信息化不是单纯的技术问题,而是管理问题、发展问题,不为信息化而信息化,不照搬照抄别人的发展模式,从自我实际出发,走自己的信息化发展之路。以信息化服务、拉动和提升港口生产管理为原则,对港口信息化建设进行总体规划,分步实施。根据港口生产管理的特点,青岛港将信息化建设规划划分为客户服务信息化、港口生产信息化、港口管理信息化、现代物流信息中心四大板块。

(2)自主创新,整体推进

根据港口信息化发展规划,青岛港从整体上把握信息化建设的业务逻辑架构、物理架构、技术支持体系架构及部署层次,确定建设系统工程所需应用的信息化技术,并加以具体实现。

一是建立了安全完善的信息网络系统。按照港口地理位置、生产布局以及生产方式的特点,成功建设了紧密结合港口管理及生产应用各种需求的多层网络架构。在整个数据传输中横向将各个公司分为各个独立的子网,纵向按照业务将财务、生产等业务信息分为各个独立的子网,相互之间根据业务需求,进行可控、有限的安全访问与传输。对于部分无法直接进行物理联网的特殊地域,或系统应用包含的移动式业务处理设备及终端,采用VPN及无线传输技术实现了相应的空间网络接入。目前,企业的网络覆盖率达到95%以上,管理人员计算机联网率达到100%。建立的数字化视频网络覆盖全港各个区域,且实现了视频资源与海关、海事局、检验检疫局等政府部门的共享。对于外部用户,为船公司、箱站等单位提供了连接EDI系统网络线路和因特网接口,实现了电子单证多种途径的交换和转发。成功建设了满足复杂地理环境、多维条件相对独立划分的分布式立体空间信息网络。

二是建立了完善的信息集成系统。根据青岛港信息化发展规划总体思路,港口对信息资源进行整体规划利用、业务流程再造,覆盖港口主要业务的所有环节,提供全面系统应用,满足决策支持。建立了生产管理、财务管理、船舶引航、设备管理、人力资源管理等基础应用系统,港口日常行政办公、流程性业务处理、综合信息服务等协同办公系统,根据数据集成或分析模型建立的核算与监控系统,以及根据预测性分析模型建立的决策支持系统等四大类应用系统。建成了生产管理、船舶资料、财务管理、资产管理、人力资源管理、设备管理、物资管理、工程管理八大主题数据库,形成了集成统一的信息化应用,全面提升了青岛港信息管理手段和管理水平。集团机关由十几年前的660人,精简到现在的90多人,大大提高了工作效率。

三是构建了青岛口岸物流电子信息平台。以建设现代物流信息中心,推进青岛港由第二代港口向第三代港口转变为目标,结合青岛口岸及国际贸易业务需求,搭建起了口岸物流电子信息平台。建立了标准校验、转换、传输体系,生成了适应口岸业务单证电子报文的模板库;同时制定了包括港口、船名、航线等代码标准,确定了口岸业务系统EDI交换标准编制框架和主要原则。结合青岛口岸电子商务应用的特点,以口岸实际操作为基础,集成了大量的口岸相关业务单位信息资源,为各类用户群开发和提供了物流过程中船、箱、货动态跟踪、船舶申报、国检码头快速查验、国际集装箱中转、危险品申报、货物订舱和网上在线竞价招标等多项电子商务应用服务功能,最终实现青岛口岸物流的"一站式服务",在国内率先实现港口电子商务运作。

(3)强化领导,超前决策

青岛港充分认识到,没有信息化的大发展,就没有港口的大发展。早在20世纪90年代,在集团"一把手"的直接领导下,成立了青岛港信息中心,直属集团决策领导层,并专门赋予"决策经营一体化,开发管理一体化,规划实施一体化,服务拉动一体化"四个一体化的职责权限,加速推进港口信息化建设。

为保证集团信息化建设的统一整体性,尤其各应用系统在开发、实施及运行的实用性,集团在所属的各公司分别设立专门的IT部,并在集团信息中心的指导下共同组成集团的信息化组织体系。此外,青岛港非常重视港口管理及业务人员在信息化推进中所扮演的角色,从需求调研一直到推广应用均有不同层面的业务人员直接参与。尤其对于一些重大项目,直接涉及港口业务流程优化甚至重组时,港口决策层管理人员在信息系统的建设中均发挥了重要作用。为了提升信息化的自主研发和创新能力,港口与国家科研机构、院校及同行业兄弟单位长期合作,相互交流,并外聘了在国内同行知名专家指导港口信息化建设。同时,自身积极引进人才,现已发展成为国内港口一流,包含博士生在内200多名计算机软硬件人才的信息化建设队伍,并有10人分别被评为省、市先进及技术拔尖人才,2人荣获集团行业专家,4 人荣获集团员工品牌。在 2008 年青岛市举办的第十届职业技能大赛中再次取得优异成绩,包揽了计算机网络管理师、电子商务师两个项目的前六名。

为了普及港口信息化应用,在集团的号召下从 2004 年起每年在全集团开展群众性的“千项软件开发应用”活动,本着“重在应用、重在推广、重在成效”的基本原则,已开发出软件成果 6 500 项余项,使软件开发应用进科室、进基层、进班组。

多年来,青岛港一直坚持尽力而为地投入信息化建设,在国家省市部等上级部门的关怀支持下,“十五”期间投资 1 亿多元,建设了《青岛港信息港技改工程》国家重点项目,使青岛港生产和管理全面实现计算机化,港口信息化建设达到国内沿海港口领先水平。2005 年《青岛港现代物流及电子商务系统工程》获得首批全国电子商务专项基金,并成功批准为国家发改委电子商务专项项目,总投资 8 600 万元。该项目成果通过交通运输部专家组鉴定,与会国家级高层专家一致认为,项目成果达到了国际先进水平,在港口现代物流及电子商务建设方面具有很强的示范作用和推广价值。

(4)成果丰硕,效益显著

高度的重视,重金的投入也使得信息化建设取得了丰硕的成果,发挥出了显著的效用。

一是建设了先进的港口 EDI 信息中心。每天上百种电子报文、几十万条数据信息,穿梭于国际国内各大港口、各大船公司、货主、代理及海关、商检等口岸部门和用户之间,实现了电子数据的自动交换。每年为船公司、货主、船代、货代、码头、理货、口岸监管单位等提供了两千多万元的免费信息服务,提高了作业效率,降低了物流成本,为口岸货主、船公司节约成本上亿元。

二是建设了全国港口集成度高、技术先进的生产指挥中心。运用现代先进信息技术,建立起具有港口生产组织、船舶引航、拖轮调度、作业监控等业务管理功能和数字化、图形化、可视化集成信息应用系统为一体的集团生产指挥中心,达到了世界一流大港的先进管理水平,为集团的生产管理和船舶引航装上了“千里眼”和“顺风耳”,实现了港口业务流程的再造。

三是建设了适应现代化保税港业务运作的物流信息中心。把港口生产管理、作业监控、物流跟踪、信息服务等八大功能集于一体,是港口的数据中心、监控中心和客户服务中心。实现了对青岛港前湾港区的所有码头、堆场、机械、进出港船舶、车辆等进行全方位、全天候监控,对港口集装箱、原油、铁矿石、煤炭和散杂货的装卸、运输、堆存等集疏运情况进行动态管理。使港口和各类企业可以方便地开展相关物流业务和电子商务运作，相关政府部门可以高效地进行物流服务和监管，提高了港口的服务功能和质量，加快了船舶的周转速度，降低了办公成本。据统计，通过青岛港物流信息平台每年可为船公司、货主、船代、货代、口岸监管单位等提供一千多万元的免费信息服务，仅船舶申报“一站式”服务，年即可为船公司节约成本10亿元以上。船、箱、货及时跟踪及通关效率的加快，年为货主节约成本几千万元。

四是建设了港航领域现代化的公安局110视频监控指挥中心。率先建成了集实时图像监控、数字集群通信、“三警合一”智能接报警等功能于一体的公安综合信息网。推进了青岛港公安警务工作机制由传统模式向现代化模式的转变，实现了警务信息与港口业务流程的紧密集成和优化，为港口公安信息网创造了一种新的模式，有力地促进了港口治安防控体系和服务体系的建设，对保障港口平安和社会稳定发挥了重要作用。

信息化建设在港口生产及企业管理中发挥出巨大作用的同时，也取得了大量的科技成果。《港口集成信息平台》、《港口物流信息及电子商务系统》、《青岛港船舶动态监控及电子海图管理信息系统》、《集成可视化港口生产指挥系统》等项目分别荣获国家、省、市、部各类成果奖30多项，集团级科技进步奖70余项，并取得软件著作版权10余项。

在信息化建设的支持之下，港口的生产效率得到了巨大的提高，先后创造了集装箱装卸“振超效率”、铁矿石接卸“孙波效率”以及纸浆装卸等多项世界纪录。在马士基集团对全球各大集装箱码头作业效率的统计中，青岛港居世界港口首位。据统计，对大型集装箱船、矿石船，青岛港每提前一个小时完成装卸作业，就为船公司、货主至少节省3 000多美元的开支。同时，码头的利用率却提高7%，堆场利用率提高15%。按照行业规则，外轮理货签单允许在完船2小时之内完成，青岛港则运用现代化信息手段实现了理货签单与装卸作业同步完成，创出了外轮理货签单“零时间签证”的服务品牌。仅此一项一年就可为船公司创造效益900多万美元。

港口信息的准确及时，给船代、货代、报关行制单、报关、结汇也带来了极大的便利和实惠。企业通关可以通过互联网向海关、检验检疫部门传送电子单证和申请，海关、检验检疫部门网上审核放行只需10分钟，企业整体通关速度提高了5倍以上，大大提高了口岸物流效率。

(5)与时俱进，加快融合

青岛港将，大力推进信息化与工业化融合，坚持与时俱进，继承创新，以应用为导向，以需求为目标，以服务港口一线市场开发和业务生产为重点，将信息化贯穿于港口管理、业务创新、服务体系和节能减排的现代化理念中，进一步提高港口管理水平，加快港口服务能力建设，提升港口在口岸物流信息的枢纽地位，促进港口事业又好又快发展的同时，把青岛港建成具有世界领先水平的电子港、数字港、信息港。

一是以信息化促进港口现代物流业发展，打造东北亚港口国际物流服务中心。充分运用RFID等先进技术，建立起科学、高效的基础信息采集体系及港口综合应用通用技术体系，建设以整合港口RFID信息为基本目标的内、外综合应用信息服务平台，推动RFID技术及国家标准在港口的应用发展，完善港口现代物流服务体系，提供物流信息增值服务，推动智能化数字港口建设。

二是建设区域性港口协同服务平台。通过实现区域性港口间物流信息的共享利用，为港口之间构建起一套完善的物流网络，形成区域港口群物流信息资源整合和互动模式，重点建设提升港口间业务协作及满足港口客户跨地域需求的物流应用系统，促进和加快区域港口一体化、港口供应链互补和联盟发展，提升区域港口群的整体物流效率和服务质量，降低物流成本，以便共同为港口用户提供更加优质的物流服务。

三是继续拓展港口物流及电子商务应用。在完成国家技术创新项目《青岛港现代物流及电子商务系统工程》建设的基础上，继续拓展物流及电子商务应用，有效连接供应链各个环节，形成信息的平滑过渡和流程间的无缝连接，完善港口服务功能。

四是加快推进保税港区和前湾四期网络系统建设。打造世界一流的信息网络体系及适应国际保税业务的保税港区物流信息网络平台，发挥港口EDI中心及业务优势，以抓客户为重点，以提供优质服务为手段，同时积极配合海关等监管部门，用信息化助推保税港区的发展，加快保税港区内物流的运转速度，进一步加强监管部门对货物的监控及管理部门对青岛港保税港区的全面监督管理，实现青岛港保税港区运作的现代化、自动化。

五是以节能减排为重要载体，发挥信息化生产力关键作用。贯彻国家节能减排的指示精神，坚持资源节约型、环境友好型、质量效益型的港口发展理念。加强信息技术在港口装卸工艺流程优化、企业经营预算及成本分析、信息资源增值利用等方面的研究，以信息化手段全力推进集团的节能减排各项工作，促进青岛港产业结构调整，推动经济增长方式由粗放型向集约型转变，实现港口经济的全面协调可持续发展。

六是建设现代化的港口管理信息系统，进一步全面提升港口信息应用水平。

建好“一网一库二大平台”，即港口枢纽信息网、港口信息资源库、港口公共信息平台和港口 GIS 平台。实现港口业务与管理的数字化、网络化、集成化，加快信息技术、网络技术在港口建设和经营管理上的应用。不断进行港口生产作业模式的优化，利用自动化与信息技术提高企业技术创新能力，以先进的信息化技术促进青岛港基业长青，长盛不衰。

2.2.9　连云港港口信息服务体系建设

连云港港口位于我国黄海之滨，现为江苏最大海港，我国沿海主枢纽港和能源外运的重要口岸之一。“以信息化推动管理现代化，以信息化推进产业升级”成为连云港港口发展的一项重点工作。

连云港港口信息化建设起步于 1982 年，以生产系统为重点不断拓展计算机应用的范围和深度，逐步构建了完整的集成化的港口业务信息系统；以办公自动化应用及网站信息发布为突破口来加快实现港口管理领域的信息化；总体规划、分步实施逐步推出若干个应用系统。1996 年，开发了集装箱码头业务管理系统，2000 年以来，港口的信息化建设与应用开始逐步加快速度，软硬件累计投资超过了 4 000 万元。先后建成投入使用的大型信息系统主要有：集装箱管理系统、散杂货公司调度与商务系统、港口货源信息系统、港口计划统计系统、港口物资管理系统、港口计件工资系统、港口机电设备管理系统、港口海关监管系统、港口主题数据库、港口信息门户网站、港口船舶调度系统以及轮驳公司与引航公司等衍生系统、港口边检业务网上受理系统、港口理货业务管理系统等近 20 余个系统。这些系统已经基本成为港口集团各单位支撑业务运作的核心系统，提高了港口的作业效率，也给连云港港口带来了实实在在的经济效益和社会效益。除了自主研发部分信息系统之外，港口集团也引进了部分通用商品化软件产品，比如金蝶集团财务系统、金蝶集团办公自动化系统、金益康集团人力资源系统等。目前，这些商品化软件通过二次开发已经作为一个重要组成部分融入了港口信息服务体系中。

港口计算机网光缆总里程已达 60 余公里，覆盖了码头作业公司和主要口岸单位、主要货运代理单位。网内单位均可通过此光纤网络实现数据联网以及英特网宽带接入，初步具备了为口岸单位提供互联互通的条件。网内计算机站点数已达 1 200 余台。为保证访问因特网的速度要求，目前港口拥有的电信、网通、联通多条 100 兆因特网光纤专线都在满负荷运转。开通了港口内部宽带网，小型单位或集团员工既可以通过港内宽带上网，也可以访问局内网或运行内部信息系统，譬如港口 OA 系统以及内部邮件系统,网络应用范围大大拓展。港口信息系统和网络硬件平台的建成使用,切实保障了连云港港口生产和管理活动正常高效进行。

2004 年开始建设"连云港港口综合信息平台",分为两大平台共五个分系统。一是港口业务信息平台。包括港口业务管理信息系统和港口网络化视频监控系统两个分系统;二是港口电子商务平台。包括口岸物流信息平台、口岸电子数据交换平台(EDI)、港口电子商务应用系统三个分系统。连云港港口信息平台主要建设目标是:建成集成化、网络化的港口综合信息服务系统及决策支持系统;以互联网为基础,以港口生产业务信息为核心,建立起面向全球的物流信息服务网络。具体为:

①港口业务流程基本实现电子化,集团内部信息化建设与应用水平大大提高。建立起完善的港口管理信息系统,建成网络化视频监控系统,数据与场景信息有机融合,港口内部业务信息平台基本形成。

②建立港口电子商务应用环境,口岸具备实现商务活动电子化的能力,应用状况争取达到国内同行业领先水平。以港口内部信息系统为核心,口岸数据交换的电子化得以规模化发展,口岸物流体系基本形成,进而整合连云港市及周边地区、陇海沿线省份的内外贸信息资源,逐步建立起一个良好的电子商务应用环境,形成面向全球的物流信息服务网络。

2.3 国内外港口信息服务体系建设的启示

从国内外港口信息服务体系建设和发展的现状可以总结出如下启示:

(1)港口信息服务体系建设是一个系统工程。除了建设计算机、网络、通讯设备等硬件基础设施外,也要建立相应的软件系统,尤其是适合浙江"三位一体"建设要求的航运调度、口岸监管、供应链管理、集疏运网络、金融配套、大宗商品交易的各层次的软件,以及与港口信息服务体系相适应的法律、政策、标准、规范等软环境的建设。

(2)电子数据交换(EDI)是港口信息服务体系建设的核心。通过它可使港口的计算机系统直接同用户、货主以及其他机构(如海关)的计算机系统进行通讯。自身 IT 资源的增值服务和电子商务对港口国际竞争力产生深刻影响,浙江省应该抓住"三位一体"建设的契机,充分利用 EDI、Internet 等先进技术,将港口与港口、公路、铁路、航空等紧密联系在一起,达到信息共享、建立大宗商品交易平台的目的。要创造条件使港口信息交换渠道保持畅通,使相邻本省港口之间、本省港口与长三角地区其他港口之间信息资源能够共享,以利于行业协作机制的形成。

(3)网络化是港航物流服务体系建设必需过程。港口信息网络化已成为全球趋势,是提高服务效率的重要手段,在经济贸易中发挥着越来越重要的作用。港口是贸易的重要环节,为了充分发挥港口的区位、资源和规模等优势条件,浙江省必须进一步加强港口信息网络建设,协同电信、海关、边检、税务、工商、银行等部门拓展综合信息服务功能,有力地促进城市第三产业的发展,尤其是面向港口产业的金融、保险、代理业的发展,促进大宗商品电子交易平台的建设。

(4)标准化是港航物流服务体系建设的要求。港口信息服务体系建设需要在编码、文件格式、数据接口、交换方式等方面实现标准化,以消除不同管理部门、企业之间的信息沟通障碍。浙江省“三位一体”港航物流服务体系建设需要多个部门配合,共同推进。

第3章　浙江省港口信息服务体系的现状评价

3.1　浙江省港口信息服务体系发展概况

《浙江省公路水路交通信息化"十一五"发展规划》确定了"24321"建设目标，即建立省市2级数据中心，构建4大业务管理信息平台，建成3个综合应用系统，完善2个内外门户，健全1套信息化支持保障体系。与之相对应，在《浙江省港航信息化总体规划》(2005年~2015年)中，浙江省港航管理局提出了以"数字港航"建设为目标的信息化发展"3241"总体框架，在"3241"框架体系内，开发和建设具有统一性、基础性、战略性、公益性的港航信息资源库，并在此基础上，建立跨部门、跨行业的涉港企业综合监管系统。

几年来，浙江省加大投入，着力建设数字港航，完善内外网门户系统，初步建成浙江省港航系统网络平台及网络化应用系统，水上交通指挥系统初具规模，信息化建设管理体系初步建立。

浙江的口岸信息化建设不断推进，宁波口岸信息化建设取得了长足的发展，建立的口岸监管系统有宁波海关的"高速通关路"、宁波检验检疫视频监控系统、宁波海事"船舶一卡通"工程、宁波边检"自主办证"系统等。

在浙江省内的各大与港口相关的企业分别建立了系统内的企业生产管理信息系统(包含物资、调度、仓储、物流、经营、人事等)、企业内部办公系统、其他内部管理系统等，这些系统一般在企业建立的局域网平台上运行，跨区域公司通过运营商专线或通过Internet网络运行。临港专业市场建立了一些有影响力的商务应用平台(包括大宗商品电子交易平台)。

公共信息服务平台建设取得很大进展，电子口岸建设实现重大突破，先后建成浙江电子口岸和宁波电子口岸，并建成了宁波第四方物流平台，搭建了大通关公共信息和协同作业平台。在交通运输部支持下，开发建设的交通物流公共信息平台一期项目已经完成，并将作为中方平台，与日本、韩国共同搭建东北亚物流信息服务网络。

3.1.1 应用系统建设情况

1)政务应用系统

本报告介绍了浙江省港口、海关、检验检疫、海事和边检等口岸单位在各自领域信息化建设的成果,除了港口管理部门以外,其他口岸单位的政务应用系统建设情况以介绍在全国处于领先地位的宁波口岸信息化建设的现状为主。

(1)港口管理

根据港口管理相关法律法规的规定,港口行政管理部门需履行其在港口规划、建设、维护、经营管理、安全监督等方面的权利与义务。港口管理信息平台的建设可以提高工作效率,为港口经营人、船主、货主提供更加全面、快捷的服务,提升港口行政管理部门的工作水平。港口管理信息平台的建设还能为与其他口岸管理部门交换数据提供接口,避免因多头重复输入为相关企业带来的不便和出现差错的可能,提高通关效率。港口管理信息平台主要包括三大部分:一是港口行政管理系统,包括经营管理、岸线管理、危货管理、港口设施保安管理、日常生产管理、应急预案管理、港口统计等功能;二是港口公共信息发布系统,通过网络实时发布政务信息;三是港口行政办公系统,完成日常办公管理。

随着信息化的发展,浙江港口管理各业务部门都已建立了各自的业务系统,这些系统有些是交通运输部或者省港航局统一下发的软件,在各地市港航局统一使用,也有各地市港航局为了业务需要单独开发的系统。

浙江省所有的重要水上站点、重要航段都已实现视频监控,从而实现水上交通突发事件的快速反应,浙江省的运管、港监、稽征、船检、航道管理也基本实现网络化。浙江省港航部门的信息化建设已经具备了一定的基础,其中,综合监管系统、船舶IC卡自动报港系统、航道视频监控系统等在国内处于领先水平,管理人员可以随时获得船舶的各类动态信息,并可以为解决报警救助和事故处理提供科学依据。

2007年起浙江省港口船舶AIS动态管理系统在浙江省5个沿海港口实施。该项目通过开发信息接收、显示、监控、调度和统计分析等功能,动态掌握港口及其周边海域已安装AIS系统船舶的航行或停泊状态,实现港口引航、拖轮和日常管理业务流程“三调合一”,为浙江省沿海港口实现管理信息化、提高港口管理效率、提升港口服务能力带来极大的帮助。

“港航系统船舶一卡通应用研究”是按照交通运输部海事局一卡通工程要求，结合浙江省船舶电子签证工作实际，对IC卡电子签证、报港、档案管理、IC卡识别等进行业务应用研究，开发适合浙江省实际的具有进出港签证、船舶动态信息监管等功能的IC卡电子签证系统。该项目于2007年底通过验收，并于2008年在浙江省全面推广应用。

“内河港口综合管理信息系统”是结合浙江省内河港口管理工作需求，研究开发的基于B/S架构的港口管理平台，实现了港口业务数据的动态共享和信息化管理，可以动态反映内河港口企业和码头单位的基本情况，对规范港口生产、统计和业务管理具有一定的促进作用，效益明显。该项目已于2007年10月份起在杭州、嘉兴、湖州、绍兴、金华、丽水等港口管理部门投入应用。

湖州市水上交通指挥中心系统集成工程于2006年10月份正式投入使用。作为湖州地区水上交通安全管理、指挥、救助、报警、服务的综合性水上安全管理机构，中心目前拥有大屏幕电视墙系统、视频监控系统、视频会议系统、数字录音录像及点播系统、会议扩声系统、数字会议系统、摄像记录系统、矩阵切换系统、UPS系统、网络后台设备管理、信息采集与发布系统、呼叫中心、船舶GPS动态管理系统、航道GIS信息管理系统等配套软硬件系统。

(2) 宁波海关

宁波海关坚持科技强关战略，充分发挥信息技术在海关工作中的基础和先导作用，向科技要效率，扎实推进海关科技和业务工作的深度融合，形成了业务运行网、业务管理网、涉密办公网、海关门户网站、海关业务外网相互依托、互为补充、全面繁荣的应用格局、先后开发和应用了一大批信息化应用系统，支撑宁波海关信息化建设快速发展。

宁波海关风险监控中心立足口岸监管风险防控实际，依靠科技手段加强中心监控能力。2009年，宁波海关通过信息化系统的应用直接实现涉税成效2.15亿元，查发案件案值9.26亿元。

宁波海关通关中心自建立以来，重点在科技运用方面下工夫，以科技换时间、换空间，更好地满足内部管理各种形式、各个环节的需要，提高工作效率。自2009年以来，借助分类通关系统，全面推进出口分类通关，出口通关效率提升30%；搭建“通关我帮您”信息化关企联络平台，帮助企业了解最新海关政策，提升服务水平，其中QQ群开设至今共已受理反馈咨询、留言问题200余个，答复率100%，满意率100%。

宁波海关物流监管中心充分利用科技手段提高监管效率，提升工作质量。整合原有视频资源，建立了物流监管指挥中心视频监控中心，对宁波口岸所有码头和卡口进行远程监管；与港口企业联合开发并应用集装箱卡口自动抬杆系统，实现了车牌号和集装箱号自动识别，核实无误后实现自动抬杆放行，实现严密监管和高效监管的统一。

宁波海关查验中心充分依托信息化技术推进资源整合和模式创新，致力于将现代化的科技设备运用于实际工作中，大力推广非侵入查验——H986，在保障出口货物正常放行、提升查验效率的工作中起到了十分重要的作用；大力推进标准化查验平台建设，组建视频监控网络，实现监控无死角，提高工作效率，提升执法水平。2009 年宁波海关查验中心共查验货物 83 605 票，查获 14 581 票，查获率 17.44%。

宁波海关在依靠“宁波海关门户网站”不断改进政务公开方式的同时，积极创新对外服务手段，先后研发了“宁波海关报关单预录入系统”、“宁波海关报关单修改、撤销申请审批系统”、“宁波海关企业办事系统”等等，为严密监管、服务口岸、联系企业提供了重要的手段，推出了“企业办事系统移动版”，进一步便捷企业通关。宁波海关门户网站（http://ningbo. customs. gov. cn）中文版子站现有甬关概况、政务公开、网上服务、公众互动、印象甬关、专栏、网站导游等共七大类，112 个项目；英文版子站共包含海关法规、办事指南等 9 个栏目。日均访问量约 2.7 万人次，日均点击量 34 万人次，高居全国各直属海关网站首位。2009 年发布各类信息 3 064 条，答复各类业务咨询 907 条，用户满意率达到 93.52%，据 Alexa 网站统计，访问用户占我国整个海关网站群的 38.3%。2006 至 2009 年连续 4 年荣获“全国海关优秀网站”。

（3）宁波出入境检验检疫局

随着宁波外向经济的发展和检验检疫事业的进步，宁波检验检疫局以信息化引领各项业务工作，成效明显、亮点纷呈。2004 年以来，宁波检验检疫局累计投入信息化建设资金 3 000 多万元，建成了包括小型机、存储系统、服务器群、数据库等基础设施的数据中心和灾备中心，建设了连接宁波地区各分支机构、工作点以及出入境通道、监管场地、生产企业的专用网络，打造了把关和服务并重、业务和政务并举的电子检验检疫平台，为信息化长远发展夯实了基础。宁波检验检疫局信息化建设在强基固本、注重实效的同时，勇于创新、突出亮点，在电子监管等方面硕果累累，已经成为全国检验检疫信息化发展的排头兵、宁波口岸信息化建设的重要力量。宁波检验检疫局信息化的不断创新和持续发展实现了“提速、减负、增效、严密监管”的大通关目标，大力地推动了检验检疫事业的蓬勃发展，支持和促进了宁波对外贸易和地方经济的快速发展。

出口电子监管系统运用信息化集成、交换与传输技术，对企业生产加工过程、实验室检测、产品质量控制等环节实施全过程电子化管理，实施低风险批次快速核放，高风险批次严密监管。2009 年宁波出口电子监管系统上线企业总计 7 895 家，电子监管批次共计 381 324 批。系统运行达到了以下效果：

①提速。出口货物报检放行时间由原来的最快 2 个小时，缩短到现在的 10 分钟。进出口敏感货物口岸通关放行时间由原来平均 2 ~ 3 小时，降低到现在的 30 分钟。

②减负。出口电子监管的应用，减少了企业往返检验检疫机构的次数，节省了人员、交通等费用。视频监控的应用，提高了口岸作业效率，减少了口岸移箱次数，节省了移箱费、滞港费等费用。

③增效。电子监管为检验检疫提供了有效的信息化把关手段，2009 年，宁波共检验检疫进出境货物 63.15 万批，货值 554.4 亿美元，检出不合格出入境货物 3 188批，货值 23.2 亿美元，检出问题包括检测指标不合格，设计不良、品质缺陷、包装不合格、数量短缺等各类问题。

④严密监管。通过电子监管实现了对进出口货物的全程监控，严格防范和控制疫情的传入传出，及时发现和打击了各种违法违规行为，保障了进出口商品的质量安全，提高了进出口企业质量和诚信意识。

宁波出入境检验检疫局结合“信用浙江”和“信用宁波”的建设，以促进企业诚信守法为目标，依托信息化手段，构建诚信管理体系，开发了出入境检验检疫企业信用管理系统，系统通过建立信用信息量化采集指标、分值规则和特殊规则相结合的评级模式以及日常管理和应急管理相结合的监管模式实现对企业信用的监管。该系统已在全国检验检疫系统推广应用，收到了显著成效。该系统一方面塑造了宁波企业的诚信品牌。2009 年，宁波检验检疫局从 1 388 家年度信用等级评定为 A 级的企业中好中选优，评选出 100 家诚信守法模范企业，授予“诚信百佳”企业称号，享受通检通关“绿色通道”和直通放行等检验检疫便利措施，企业从货物申报到领取通关单只需不到半小时，最快仅需几分钟，大大便利了诚信企业快捷通关。另一方面规范了检验检疫市场秩序。2009 年宁波纳入检验检疫企业信用管理系统的各类检验检疫相关企业共计 19 320 家，采集企业信用信息 5 443 条，根据企业信用情况，对 306 家出口企业、889 批出口货物进行了专项稽查，对 25 批、金额

123.7万美元出口货物所涉企业进行了行政处罚,有效震慑了不法企业。

宁波检验检疫视频监控系统自2005年建设并投入使用以来,现共有视频监控点企业184家,共660个监控点。该系统应用内容涉及以下六个方面:一是实现了重点通道如机场、旅检海港码头的监控;二是利用视频监控系统实现24小时快速通关;三是辅助废物原料检验,利用视频监控对进境废物原料检验,利用视频监控对进境废物原料实施预检预放工作;四是利用视频实时监控,监督码头场站的卫生、货物状况及操作人员的规范性;五是实现对重点敏感企业的实时监管;六是实施内部管理,利用实时监控监督检验检疫工作人员的现场行为规范。

实验室数字化管理系统是宁波检验检疫局基于现代信息技术和计算机网络技术,通过开发建设由业务运行平台、仪器设备管理平台、法规标准信息平台、仪器操作数字平台、知识管理培训平台、实验环境检测平台、客户服务支持平台、体系运行管理平台和决策支持管理平台等九大功能平台组成的大系统。系统将宁波市范围内的检验检疫36个实验室整合成一个"技术大中心",形成全局一盘棋的有效格局,真正实现实验室管理和运作的规范化、自动化、网络化、智能化和无纸化,提升管理水平,增强实验室服务宁波社会经济的能力。

检验检疫业务区域一体化管理平台通过与检验检疫相关业务系统的信息共享与交换,实现以"多点报检、集中审单、风险预警、统一布控、流程监控、信息发布"为核心内容的检验检疫业务区域一体化管理工作机制,加快验放速度,提升通关效能。其中,集中审单是指在宁波检验检疫系统内的报验业务由审单中心对电子报检数据及其电子单证进行集中审核,实行统一平台、统一标准审单;风险预警是指以检验检疫资质管理、风险管理和诚信管理为基础,对审单要求进行全面梳理,有效识别和量化检验检疫业务风险,实现风险预警;统一布控是指以"指令"方式对检验检疫报检批次和审单、检验检疫等工作依据、内容及要求进行具体部署和安排;多点报检是指按原规定需在指定辖区报检的货物,可选择在宁波地区任一检验检疫机构办理报检,包括申报电子信息、递交纸面单证、联系检验检疫等事宜等;流程监控是指对检验检疫业务流程和周期执行情况的动态查询、监控和分析,对实际业务流程的数据采集和对报检单证的追溯管理,对异常流程的识别和预警。

国检电子放行系统是进口申报系统的深化和完善,是基于集装箱综合管理系统上开发的检验检疫部门和港区之间的信息交换系统。该系统借助集装箱综合管理系统,通过对进口货物增加直接作用于港区放行闸口的电子放行指令,实现港区闸口"电子放行指令+小提单指令"的进口货物"双指令放行"模式。该模式弥补了原有小提单"单向、单一"的不足,使检验检疫对进口货物港区放行的控制更为严密,手段更为灵活。

2008 年开始正式应用"出口退货信息管理系统",实现了出口退货工作的信息化管理。通过开展出口退运货物追溯调查工作,加强了对出口企业的监督管理;加强了对企业违法行为的查处力度;提高了检验检疫工作质量和有效实施行政执法过错责任追究;为调整《目录》提供依据;同时通过开展出口退运货物追溯调查工作,掌握了国外技术法规和标准信息,为国家质检总局及时出台相关政策提供了依据。

(4)宁波海事局

宁波海事局把全面推进信息化作为未来发展的基本战略,以信息化带动海事管理的现代化,为地方经济社会发展和现代化国际港口生产提供安全保障和卓越服务。2000 年起,建成了一整套信息化基础设施,搭建了海事应用管理、应急管理、公共服务三个管理平台,一批以信息技术为核心的船舶交通管理系统(VTS)、船舶自动识别系统(AIS)、卫星宽带传输系统(VSAT)等高科技手段在海事管理中得到了广泛应用。

宁波海事局 VTS 系统由 VTS 中心及虾峙、峙头、大榭、北仑山、游山五个雷达站组成,覆盖宁波核心港区及主要航道,是全国建立最早、装备最先进、规模最大的 VTS 系统之一。2004 年以来,宁波 VTS 共接收船舶报告 904 790 艘次,跟踪监视 505 369 艘次,提供信息服务 26 117 次,发现走锚及其他险情 1 143 起。

宁波海事局互联网网站(www. nbmsa. gov. cn)2001 年开通,为社会公众和管理提供了及时、便捷的海事信息服务。网上申报审批办理更加方便快捷,实现了部分业务的网络申报和网上审批,开通的网上海事申报项目近 50 项。

宁波海事局建成了覆盖局机关、海事处、办事处及签证点的海事信息专网,形成由网络系统、数据库系统、应用系统、终端设备和安全等保障系统组成的信息化基础设施体系。建设了集海上交通监控、海上遇险与安全通信、搜救信息处理、大屏显示系统等于一体的智能化海上搜救中心。2009 年 9 月,我国首次举行"多部委、海陆空、北京、杭州、宁波"桌面演练和异地实战演练同步进行的大规模海上搜救演习。全程信息化实时指挥保障演习成功举行,通过海事应急辅助指挥系统,海事 VSAT 卫星通信和船载微波图像传输系统、海事应急语音调度系统,实现了国家海上搜救 15 个部际联席会议成员单位之间的协调指挥。

(5)宁波边检站

宁波边检站推行码头电子哨兵、一线科队电子巡查、站机关电子指挥三级监控监管模式，实时整合信息并分析研判，提升快速反应能力。推行指挥中心 + 勤务值班室 + 四个执勤队（报检队、监控队、现场监管队、海上检查队）的“114”新型勤务机制，进行垂直、单层次管理，节约了 30% 警力，大大提高了边检执勤监管效率。

为提供便捷的口岸通关环境，有效遏制和打击海港口岸的偷渡犯罪活动，预防非法登轮、登陆事件的发生，维护口岸正常出入境秩序，2004 年，宁波边防检查站自行研发了一套港区电子“门禁”系统，率先在我国最大的化工品中转基地——宁波镇海化工品码头投入使用。凡上下实行电子门禁系统管理外轮的人员，使用与之配套的磁卡式登轮、登陆证件，刷卡通行，极大地提高了通关速度，同时，该门禁系统具有与网上报检系统和网上发证系统对接功能，并可应用于国际互联网平台，配合视频监控系统，使“视频监控、电子门禁、现场巡查、快速出警”的“四位一体”全新监管模式变成可能，形成码头前沿无需执勤、船舶在港绝对安全的宽松出入境环境。

宁波边检站于 2005 年、2007 年分别研发了第一代、第二代网上报检系统，被浙江省公安厅评为科技成果一等奖。新系统开通后，实现了报检程序从现场申报到传真申报再到远程无纸化申报，检查信息从口头通报到电话通知再到网上短信智能提示的转变。地方代理人员无需往返奔波，只要在互联网上把入境出境（港）船舶需要报检的信息录入、传送到边检站的办证中心，即可办理预约检查和正式检查手续，手续时间从几小时缩短为几分钟，确保了来港船舶随到随靠随时作业，为船方、货主、港方和业务公司创造了巨大的经济效益。据统计，仅宁波港域镇海港区 2008 年一年，便为企业节约成本 220 余万元。

为进一步简化出入境边防检查手续，优化口岸通关环境，帮助船舶代理企业节约社会成本，2009 年，宁波边检站在全国边防出入境检查系统首先推出在线“自助办证系统”，面向宁波口岸外轮代理公司以及生产作业单位提供在线办理《海员登陆证》、《搭靠外轮许可证》、《登外轮许可证》服务。该系统由边防检查站授权口岸外轮代理公司以及生产作业单位密钥口令，让他们直接通过互联网登录该系统向边检站提交相应申请，边检站直接通过网站对提交的信息进行审批办证，实现整个程序的“一条龙”服务，足不出户就能完成相关边检证件的办理事宜。此外，该系统还具备审批结果短信告知功能。开通办证系统后，企业不仅节约了人力、时间成本，而且大大节约了经济成本。

宁波边检站使用的《三维指挥系统》将边防检查相关信息与 Google Earth 平台相结合，实现边防检查勤务三维管理指挥功能。系统具有三维信息管理、AIS 船舶管理、视频监控管理、执勤车艇定位管理、防台调度管理、动态兵棋推演管理等功能,在维护口岸和谐稳定,提升口岸通关效率方面发挥了重要作用。该系统获得2008年度宁波市科技成果奖,2009年度公安部科技成果奖。

2)生产应用系统

港口生产应用系统是为其直接的主要客户和贸易伙伴,如货主、船主或其代理商提供专业的生产管理服务,其建设主体一般是港口相关企业。浙江省港口企业开发了许多生产应用系统,大大提高了港口企业的生产效率,提升了企业的经营水平和实力,文中介绍了具有代表性的宁波港集团和舟山港务集团的信息化建设情况。

(1)宁波港集团

宁波港集团投入大量的资金,对港口信息化建设和发展进行了总体规划,加快信息新技术的研究、应用软件的开发建设与推广应用,信息技术渗透到企业管理、资金链管理、供应链管理和生产作业管理等各个关键环节,不仅使港口作业效率大大提高,也为企业运作、决策提供了精确的依据,推动了港口的高速发展。

宁波港域生产业务协同管理信息系统是宁波港集团的生产综合管理平台,涵盖了整个集团各基层公司的二级调度、二级货运、客户管理、合同管理、商务费收管理等各种生产业务信息。该系统是到港船舶的唯一申报入口,实现了船舶统一调度、统一指泊、统一作业计划发布、统一作业进度管理等功能,实现了对港口业务运作各环节的应用支持,对港口生产、货物装卸等业务环节进行全面动态管理,有效提升了宁波港域生产业务的管理水平和工作效率。

宁波港集团集装箱智能闸口系统由提箱单证数据源、闸口自动识别和码头应用数据集成等三个子系统组成,利用集装箱货运(CFS)场站、预录点和网上自助系统作为外部数据源头,通过宁波港口EDI中心数据交换平台,在码头闸口将箱号识别OCR技术、车号识别RFID技术、箱体检查CCTV技术、EDI技术和实时控制等先进技术有机结合,由核心控制模块根据业务过程控制各个部分运作,自动完成,从而实现码头管理系统的实时交互,实现集装箱闸口管理和控制的智能化,最终实现"无人"的闸口管理。

在1995年建成的EDI中心基础上,宁波港域于2006年8月完成了新一代EDI中心建设,新系统采用"2段"及"M+1+N"报文转换模式,基于J2EE的应用架构设计,采用XIB软件作为EDI交换基础平台,使得EDI中心在报文处理、增值服务提供等方面的水平有了根本性的提高。EDI应用覆盖了整个宁波口岸,使宁波港集团内部作业单位之间、与船公司等各业务单位以及海关等口岸监管单位之间的应用系统达到无缝衔接。

宁波港集团800M数字集群系统是整个宁波港域生产调度的专用无线通信网，专门为宁波港域码头24小时生产调度提供优质的现代化通信服务。800M数字集群系统集无线网移动电话、指挥调度、分组数传和短信息功能于一体。其中，IDEN数字集群系统采用了TDMA时分多址方式，将6路话音通信编码在了一条25kHz的信道上，充分提高了系统的频率利用率；TETRA数字集群单站系统，作为专网调度系统具备直通模式（DMO）的功能，当基站出现故障，或在基站信号覆盖范围之外，多个用户之间不借助任何无线网络可以进行直接通信。当基站恢复或进入基站覆盖范围内时，用户能自动恢复到单站集群模式，保证了生产调度的通信顺畅。

（2）舟山港务集团

舟山港务集团结合数字化港口建设，分步进行港口现代综合物流信息平台的实施。首先以物流企业为示范，以企业内部业务为主线来开展物流信息平台的建设。完善硬件基础设施、数据基础平台，基本上完成物流信息平台的功能开发；实现以规范流程为主的信息采集、传输、存储、共享，在此基础上解决各物流业务流程的信息化问题，建立决策依赖信息、数据的机制；在条件成熟的环节，少量进行一些流程改造和作业优化的工作，成熟一个，实施一个。在物流信息平台的使用经验不断积累的基础上，随着EDI的开通，物流信息平台的业务活动从“物流企业”扩展到整个舟山市企事业单位，在更大的范围内和外部企业、政府机构实现了数据、信息和应用系统的共享。通过舟山市内部资源和社会资源的全面整合，极大地提高人员和车辆、仓库等物流设备和设施的利用率。

2007年4月，投资2000余万元的舟山港航指挥中心正式筹建，一期工程于2008年投入使用。指挥中心由网络系统、数据库系统、指挥调试平台等组成。除可对码头现场进行实时视频图像远程监视、码头装卸作业远程监视和应急指挥与事故处置，实现对码头生产安全实施监控外，还可对港域包括船舶进出港移动目标、船舶引航作业、港区危险品车辆和大型装卸设备及其他重要移动目标实施水域与陆域远程监控。该系统全部建设完成后，可以从根本上改进舟山港域现有港航管理信息系统，提升港航管理、港口安全监管和突发事件处置能力。

3）商务应用平台

商务应用平台是提供货物运输、配送、交易、结算等全过程的一体化运营管理、决策与信息服务，开展电子商务，进行网上交易，并集中办理有关业务各种手续的电子平台。本报告主要介绍“中国液体化工产品交易市场”、“中国塑料城”、“浙江船舶交易市场”和“中国茧丝绸交易市场”等临港专业市场商务应用平台的建设情况。

临港专业市场是指临近港口,依托港口物流而建立的大型专业市场,是港口物流与专业市场功能的结合,具有产品集聚、检验、分配、价格发现、结算、融资和信息集散等功能,具有专业性和临港性的特点。根据《中国商品专业市场竞争力报告》研究显示,浙江专业市场在全国专业市场五十强中占了18席,达到了36%。而临港专业市场占了6席,占全国专业市场五十强的12%,居全国之首。许多专业市场已成为该类产品全国流通价格的风向标,在该专业产业链中起到举足轻重的作用。临港专业市场的繁荣充分显示了浙江港口商贸业及临港工业的市场地位。

浙江省依托港口优势,结合自身产业结构和地域特点,以政府引导、企业主导的模式,建设了一批具有一定影响力的临港专业市场。对资源的配置、产业链的带动、临港工业及商贸业的发展起到了积极的推动作用,为浙江省发展“海洋经济”,实现“港航强省”战略奠定了良好基础。例如:“中国液体化工产品交易市场”于1998年在宁波镇海建立。近年来,市场充分依托宁波港口优势和地方产业的资源优势,积极完善自身的优质服务功能,发展迅速,集聚了众多国内外著名液化贸易企业。2007年,进场企业达到292家,实现交易额100.6亿元。1994年宁波余姚依托自身的塑料产业基础,建立了“中国塑料城”。经过16年的培育打造,逐步发展成为集商品流、资金流、信息流、人才流于一体的国家级现代化专业市场。2009年,中国塑料城市场销售额达701.78亿元,成为目前国内最大的集塑料原料销售、塑料信息发布、塑料会展、塑料机械、塑料模具、塑料制品及其他辅助材料于一体的专业生产资料市场。1998年成立的“浙江船舶交易市场”,依托舟山船舶产业集群的资源,经过多年的规范运作,市场服务功能已覆盖船舶交易、船舶贸易、船舶设计、船舶评估、船舶拍卖、航运电子商务、船用技术开发和服务等领域。船舶交易和船舶贸易业务已辐射国内外,年交易额超40亿元,是国内规模最大、服务功能最为完善的专业船舶交易市场。1992年成立于嘉兴的“中国茧丝绸交易市场”,经营品种涵盖了干茧、生丝、丝绸面料、辅料及服装纺织机械等,是我国茧丝绸行业的交易、价格、信息和物流中心。

“十一五”以来,浙江土地、劳动力、能源等要素制约了产业发展,浙江省经济正处于转型升级的阶段,专业市场也同样受到不同程度影响,传统交易模式的占地大、人员杂、管理难等问题不断暴露,各专业市场主体也逐步开始探索新的发展模式,走信息化道路无疑是专业市场转型升级的重要途径和必由之路。

临港专业市场的信息化建设以电子商务平台建设为主要内容,目前依托有形市场多年积累的客户、数据、品牌等资源,实现实地交易与网上交易相互补充,扩大市场服务范围,提供更为准确有效的专业信息。较为成功的有以下几个网上专业市场:

①中国塑料城1994年成立“中塑在线有限公司”,建设“中塑在线”(www.21cp.net)网络平台,依托中国塑料城市多年积累的大量商流、物流、信息流、资金流资源,实现了有形市场与无形市场无缝结合,其发布的中国塑料城每日价格行情成为中国塑料原料价格行情的“晴雨表”,起到了“引导国内,影响海外”的磁波效应。网站已被列入“中国电子商务百强”名单中。

——由中国茧丝绸交易市场建立的“金蚕网”(www.esilk.net)被丝绸行业视为价格指南,依托市场资源,“金蚕网”的网络交易逐步开始取代传统交易。2004年市场会员达到123家,参与交易客户千余家,成交额达280亿元人民币,其中95%的成交额通过网上交易实现。

②镇海液体化工市场于2005年建设“中国液体化工交易网”(www.clc-ex.com),以全国液体化工品交易为基础,结合沿海港口的地理和资源优势,成为全国交易规模最大的液体化工网上交易平台,2009年实现交易量218.8亿元。

③浙江船舶交易市场依托自身资源优势,建立了“航运信息网”(www.csi.com.cn),提供船舶交易和船舶贸易服务,平台除了提供船舶供求信息外,还提供航运企业信息化、进出口代理、船舶设计、人才交流等服务项目,不断延伸专业市场的服务范围。

从目前临港专业市场电子商务发展状况看,90%以上专业市场均建立了电子商务平台,但服务内容和服务能力参差不齐,部分网站已实现了在线支付,大部分仅停留在信息发布水平;数据利用率有高有低,部分基础好的专业市场已建立了指标体系,依托交易数据发布行业指数;部分平台已能提供物流服务,向流通业外的其他行业延伸。临港专业市场具有优化资源配置、繁荣流通市场、带动产业链发展的作用,在浙江“三位一体”港航物流服务体系建设过程中,应将临港专业市场作为重点服务对象,抓住浙江省大力发展大宗商品交易市场的契机,加快建设具有地方特色的电子商务平台,拓展服务广度和深度,使之成为浙江省加强港口信息服务体系建设的重要组成部分。

3.1.2 公共信息服务平台建设情况

公共信息服务平台,其主要功能是提供各类公共信息服务,包括政务信息、商务信息、生产信息。

(1)浙江交通物流公共信息平台

浙江交通物流公共信息平台(以下简称“浙江物流平台”,图3-1)以提高行业信息化水平、推进信息标准化和提升行业公共管理为目标。通过利用不同类型的物流通用软件和交换平台,将货运企业、工商企业、EDI中心、GPS中心、相关政府部门等供应链涉及的企事业单位进行互联,形成供应链各种信息的交换和共享,并在此基础上提供货物跟踪、交易撮合、信用等增值服务。

浙江物流平台建设内容概括为“1+3N”,即1个系统管理中心、N个物流通用软件、N个物流公共应用中心,与N个重要物流及相关信息系统联网。系统管理中心作为电子枢纽,实现中心目录服务、行业管理信息发布、标准和代码管理、行业统计和分析等功能。N个通用软件是针对不同类型和特点的物流业务开发的一系列具有普遍适用性的推荐软件,包括通用网站、小件快运、普通运输、物流基地、集装箱、仓储、货代、堆场、配送、水运等通用软件。N个物流公共应用包括货物跟踪、车货交易、公共信息、诚信信息等应用服务。三个交换中心将不同企业、不同类型的相关系统连接到浙江省交通物流公共信息系统平台上,企业可通过数据交换来实现与供应链中上下游客户的信息交换、数据共享、业务联动(交换与共享的主要是运单、货物跟踪信息);交换数据保存到浙江省交通物流公共信息系统平台的数据库,通过对这些交换数据的整合,平台可展示货物跟踪、信用评价,公众可实时查看货物运输状态,进行车货交易。N个重要物流信息系统包括运管平台、电子口岸、GPS中心、港口ERP系统等。

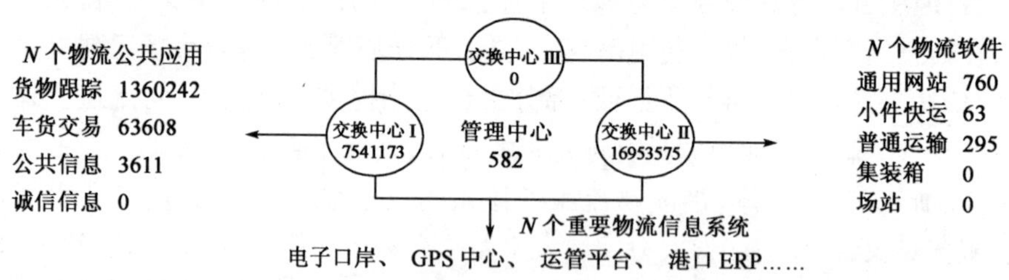

图3-1 浙江交通物流公共信息平台架构图

(2)浙江电子口岸

2006年6月,浙江电子口岸在浙江省委、省政府的直接领导下,在省商务厅、杭州海关、浙江出入境检验检疫局、省公安边防总队、浙江海事局、省国税局、国家外汇管理局浙江分局、省经济信息中心、杭州萧山国际机场、省贸促会、义乌市交通发展有限责任公司等 11 个部门共同支持下初创成立，按照“政府主导、海关牵头、联合共建、实体运作”的运行机制，目标是建设成为“一个门户入网、一次身份认证、一站式服务”的省内唯一大通关信息服务平台。

浙江电子口岸自成立以来，始终坚持“以政务建设为核心，物流信息化和电子商务两翼齐飞”的发展战略，以外贸企业实际需求为导向，以项目产品研发及推广应用为抓手，内强管理，外强合作，在全国地方电子口岸中取得了“三个率先、四个第一”的阶段性成果。三个率先是：“率先实现与中国电子口岸并网运行；率先实现与区域(上海、宁波)地方电子口岸互联互通；率先实现国际国内物流平台无缝对接。”四个第一是：“截至 2009 年底，浙江电子口岸自主研发并成功上线运行各类政务商务项目 59 项，平台惠及企业总数达 28 012 家，门户网站日访问量突破20 000余次，帮助企业节约通关成本上亿元，以上四项指标均居全国地方电子口岸首位。”

(3) 宁波电子口岸平台

宁波电子口岸是协同电子政务和电子商务于一体的区域性综合物流信息平台，提供外贸物流行业的业务协同处理和电子信息交换服务。平台于 2003 年上半年启动。多年来，按照“整体规划、分步实施”总体建设思路，完成了平台总体规划、基础建设、项目开发、产品化等过程，于 2008 年正式进入市场化运营。2005 年 11 月在宁波召开了国务院全国电子口岸建设现场会，有力地推动了宁波电子口岸的建设，成为全国地方电子口岸建设的一面旗帜。目前平台已经连接了宁波海关、检验检疫、海事等部门，各类电子政务项目共计 52 个。截至 2009 年 12 月，通过电子口岸申报的进出口集装箱 904.91 万箱，报关单量 2 255 250 票，进出口舱单及预配舱单 1 220 万票，进出口船勤申报 8 281 票。随着宁波电子口岸与上海电子口岸、浙江电子口岸通关信息的进一步互通，吸引了更多的异地企业选择在宁波进出口，从而优化了口岸环境，提升了宁波口岸竞争力，推动了宁波外向型经济的发展。目前，电子口岸平台注册企业数总量累计达 12 000 家；门户首页工作日点击量达到日均 8 000 次；宁波电子口岸入网企业覆盖地域已经延伸至省内各地市及北京、上海、广东、江西、安徽、福建、江苏等省和直辖市，并已与上海、浙江、安徽、江西等地方电子口岸实现了互联互通，还与深圳、大连、香港、新加坡等国内外的口岸信息平台建立了业务合作关系。下一步将继续随着宁波港域海铁联运等项目的发展，向四川、湖北等地延伸。

(4) 宁波第四方物流平台

2006 年，宁波市政府按照大通关、大外贸、大物流系统发展的总体战略，启动了发展现代物流业、建设第四方物流市场的工作，并最终确定以宁波电子口岸大通关公共信息平台为基础,进一步拓展大物流建设,建设第四方物流平台。第四方物流市场是以物流信息平台为主要功能载体,以实现物流服务交易为核心功能的市场体系,它在政府监管与政务服务的双重支撑下,高度整合社会物流资源,为市场内的物流供需主体提供包括交易撮合、支付结算、物流全程跟踪等在内的系统的、完善的、全面的、综合性、一体化服务。经过两年多的前期研究与实践探索,宁波第四方物流市场于2009年初正式投入运营,到目前为止已吸引4 000余家会员单位加盟运作。物流信息发布总量达37万条,日均新增1 000余条,网站点击量突破2万次/天,与11家全国性商业银行建立网上支付结算合作,其中7家已上线,网上交易额达5亿元。第四方物流平台的成功运营,大大激发了物流市场微观主体活力,成为促进宁波服务业发展的新引擎。宁波第四方物流平台被确定为浙江交通物流公共信息系统网上运输市场,承担浙江省的物流交易中心和数据交换中心功能。

第四方物流开发了物流全程交易系统,建立了交易、金融、政务服务"三合一"的物流平台;发挥了金融机构在物流体系中的积极作用;形成了三方合同制约关系,弥补了物流电子商务法律缺位的影响;实行了网上交易支付结算,减少物流领域资金沉淀。目前业务已覆盖至海运、陆运、空运等多种运输方式,实现了货物信息全程跟踪与服务,服务范围逐渐拓展到浙江省及长三角地区。在第四方物流市场带动下,企业物流信息化水平和行业物流管理信息化水平大幅提升。2009年,宁波市承担的国家重大软科学项目《我国第四方物流产业发展重大问题研究》获得了科技部、交通运输部等国家有关部委和物流采购联合会专家充分肯定和认同,出版了《第四方物流理论与实践》专著,在国内产生了广泛的影响,有力推动了国内物流理论的研究。

3.1.3 港口信息化软硬件环境建设情况

(1)覆盖浙江省的港口网络系统基本建成

浙江省港口信息化的网络建设始建于1999年5月,从浙江省情况看,在省港航局的积极努力下,已基本实现了省、市、县之间的宽带连接。目前已实现省港航局到各市港航局、县港航处(所)以及重点管理站的宽带连接,为搭建覆盖浙江省港口业的网络平台做出了积极贡献。

省港航局和地市之间的骨干网络通过电信的带宽为2M的SDH专线连接,2005年省交通厅又建设了省与各地市的4M ATM专线,该网络可以2M为单位进行扩容,能够保证当前及今后发展的通讯要求。

省港航局局域网与骨干网之间采用华为的三层 6506 交换机连接；局域网与外网（Internet）之间采用在最终用户的 PC 上使用隔离网卡加双硬盘、双操作系统的方式来实现物理隔离（省局部分配置双主机实现内外网完全隔离）。

地市港航局的局域网系统均已基本建成。各地市的局域网系统宽带组网方式不同，相应的安全级别也不同。如：湖州租用电信和广电的 SDH 专用线路，安全级别较高；杭州租用了网通的 10M 宽带网（VPN），安全级别中等；嘉兴租用电信 10M IP 宽带网（VLAN），安全级别一般。大部分地市的局域网系统（内网）与外网（Internet）之间有连接，并实现物理隔离。

（2）数据库建设向综合化方向发展

2003 年 8 月以前，浙江省港口信息化是在缺乏总体规划的情况下采用“应用先导”的策略，而忽略了总体数据规划这一最重要的、基础性的工作，数据库设计分散到了一个个的应用子系统之中，跨部门、跨业务的数据共享十分困难。2003 年 8 月，《浙江省港航信息化建设规划（2003 ~ 2010）》制订并实施，港口数据库建设开始向综合化、共享化方向发展。

对于数据库基础支撑软件（DBMS），省港航局和地市港航系统基本采用了 Sql Server，地市部分单独开发的系统（如杭州的交通指挥系统）使用 Oracle 数据库，港口企业根据业务需要选用不同的数据库。

杭嘉湖地区已基本形成各自的航道、港口、船员、船舶四大基本数据库及综合业务数据库。

（3）网络安全体系已基本建成

随着信息化程度的逐步提高，港口信息化网络对安全性的要求越来越高。信息网安全管理是一个体系，包括技术保障体系与安全管理制度两个方面。技术保障体系包括数据中心的安全性和信息在网络上进行传输的安全性（保密性、完整性、不可抵赖性）。

目前浙江港口信息化网络的安全保障体系来看，边界安全状况较好。省港航信息网分内网和外网两部分，内外网网络完全物理隔离，在网络上使用两套完全独立的网络设备，在最终用户的 PC 上使用隔离网卡加双硬盘，以双操作系统的方式实现内外网络的完全隔离。省港航局机关实现双主机安全隔离。目前网络中已经部署了两套防火墙，分别部署在因特网与外部网络的接入边缘以及内部网络与省交通厅网络（骨干网）的接入边缘，在这两个安全区域的边缘分别实现了简单的安全隔离。各地市的情况大致相同。

3.2 存在的主要问题

尽管浙江省港口信息服务体系建设进展较快,已经开发和使用的信息系统为管理工作提供了现代化的手段,并走在全国前列。但信息服务体系发展对浙江省港口发展的整体推动作用还不够明显,与建设浙江"数字港航",促进"港航强省",建设大港口、尤其是"三位一体"的要求相比仍存在一定的差距,大宗商品电子交易平台的建设和应用还不能满足现实的需求,发展目标还不够清晰,技术应用对象尚不明确。

3.2.1 港口信息服务体系缺乏顶层设计和整体规划

浙江港口"三位一体"建设需要打造集运输、物流、贸易、金融、信息和咨询等功能相融合的现代化港航物流服务体系,促进宁波—舟山港建设成为亚太地区重要的综合性国际枢纽港,进而推动港口的转型升级,带动产业链的整合与价值链的延伸,增强以宁波—舟山港为核心的浙江沿海港口群对长三角地区、中西部地区、长江流域乃至全国经济社会发展的支撑作用与带动效应。而目前浙江港口信息服务体系建设还缺乏顶层设计、整体规划、业务流程再造和梳理,港口管理部门、口岸监管部门、港口企业和物流企业的各业务信息系统仍相对独立。还未考虑与长江三角洲公共信息平台、上海国际航运中心信息平台的省外衔接问题。管理部门之间、企业之间、管理部门和企业之间的系统缺乏融合,覆盖浙江省的符合"三位一体"建设要求的港口信息平台还未形成。行业间无序竞争、地区分割、衔接不畅等问题日益凸显,应用系统多头投入和重复建设的情况仍然存在,信息资源开发的广度、深度不够,有的应用系统建设水平不高。对共享和互通的模式和机制缺乏统一的研究和协调,还存在"信息孤岛"、"应用孤岛",信息资源无法在一个统一的平台上高度共享、协同完成各种复杂的业务处理,无法形成知识积累的科学体系。为战略决策、规划、管理与服务提供足够支持的组织结构的调整、业务流程的整合还有困难。

3.2.2 信息化基础设施仍需进一步改善

浙江省港口信息化软硬件建设存在不同步的现象。近几年,浙江省港口信息化基础设施建设的重点是在网络设施上,而核心数据库和空间数据库建设相对滞后,省、地两级数据中心体系还未完全形成。

3.2.3 信息化发展不均衡

浙江省港口信息服务体系发展的不均衡一方面体现在不同业务管理部门、港口企业在信息化建设和应用方面进展程度不同，另一方面体现在不同地市间、内河港口和沿海港口间信息化发展水平参差不齐。这种不均衡直接影响到信息资源的全面整合和共享，影响到信息化建设综合效益的发挥。经由港口的国际物流业务无法在统一的信息平台上“一站式”完成，难以满足客户尤其是国际客户的需求，影响了港口服务质量和效率。

3.2.4 网络安全体系有待进一步完善

目前，浙江省港口网络系统的安全性还比较脆弱，缺乏一套统一、完善、整体性的安全认证、防御、备份及管理体系，在数据中心安全、数据传输安全、应用系统安全等方面还存在薄弱环节，在网络安全管理的制度建设、专门人员设置方面还有缺陷，影响了更大范围内的网络化管理，特别是面向公众服务的网上行政许可、港口物流服务、电子支付等业务的应用。

3.2.5 部门间协调还需进一步加强

协调、组织和领导是港口信息服务体系建设成功的重要保障。虽然各级政府部门已经设立了信息办或信息中心，但由于行政管理体制等诸多原因，这些机构在港口信息服务体系建设方面的职能还不完善，在具体工作中的协调能力非常有限，其他职能部门在信息化建设中采取“各自为政”的现象还很普遍，信息化建设在约束这些职能部门行为方面还很无力。

3.2.6 港口信息服务体系发展保障措施有待健全

港口信息服务体系发展依赖于组织、制度、人才、资金、标准等保障体系的健全，这些条件彼此联系，缺一不可，共同组成了信息服务体系建设的内容。目前浙江省港口系统已经解决了组织、制度等问题，但仍然是不完整的。发展资金、基础资源和应用标准化的问题仍然是未来信息服务体系建设过程中面对的问题，需要不断探索新形势下的港口信息服务体系发展的内容，全面提高各部门各企业的信息化建设与管理水平。

第4章　浙江省港口信息服务体系建设面临的形势和需求

4.1　浙江港口信息服务体系建设面临的形势

4.1.1　浙江省经济社会发展的要求

近年来,浙江省委深入贯彻落实科学发展观,深入实施"八八战略"和"创业富民、创新强省"总战略,大力推进"全面小康六大行动计划",坚持标本兼治、保稳促调,坚持民生为本、企业为基,坚持改革创新、克难攻坚统筹,做好保增长、抓转型、重民生、促稳定的各项工作。2009年,浙江省生产总值22 832亿元,比上年增长8.9%;单位生产总值能耗下降5.6%,化学需氧量排放量下降4.6%,二氧化硫排放量下降5.3%;城镇居民人均可支配收入24 611元,农村居民人均纯收入10 007元,实际增长9.7%和9.5%。

浙江省大力推动服务业发展,完善落实促进服务业发展的政策措施,规划建设现代服务业集聚区,推动工业企业分离发展服务业,积极推进现代物流、金融、信息服务、旅游、文化创意、服务外包等产业发展,支持面向块状经济的研发设计、营销等公共服务平台建设,第三产业增加值增长12.5%,对经济增长的贡献率明显提高。

根据浙江发展的实际,浙江省委提出了全面建设小康社会和在全国率先基本实现现代化的宏伟目标。到2015年,人均GDP比2005年再翻一番,浙江省经济发展、科技教育、生活质量、国民素质等经济社会指标接近中等发达国家水平,多数地区基本实现现代化,经济总量和综合实力继续保持全国领先地位,基本确立集约型经济增长方式和现代经济社会结构,把浙江建设成为全国最具创新活力、竞争优势和文明富裕的地区之一。

在2010年浙江省政府工作报告中提出,要"加快战略性新兴产业规划和推进工作,大力培育新能源、新材料、生物医药、节能环保、信息网络特别是物联网等战略性新兴产业，抓好一批高新技术产业基地建设，抢占发展的制高点。努力做大服务业总量，加快提升服务业发展水平。编制实施一批服务业重点行业专项规划，大力发展物流、金融、信息、科技、文化创意、服务外包等主要面向生产的服务业”。港口服务业作为现代服务业之一，建设信息服务体系，提高港口生产效率和港口物流运行效率，是落实省政府工作目标的具体体现。

4.1.2　交通行业快速发展的要求

近年来，浙江港口业发展势头良好。2009 年，浙江港航投资超过 100 亿元，浙江省沿海主要港口货物吞吐量达到 10.2 亿吨，集装箱吞吐量达到 1 110 万标准箱。宁波、舟山港口一体化快速推进，一大批重大项目启动建设，2009 年货物吞吐量 5.7亿吨，集装箱吞吐量 1 043 万标准箱，迈入世界级大港前列。

2008 年，宁波港集团与嘉兴港、台州港合资开发协议的接连签订，浙江省港口联盟战略取得了重大进展，一个以宁波—舟山港为龙头的港口联盟体系正在浙江逐渐成形。建设港口信息服务体系，是港口服务业快速发展的必然要求。

4.1.3　港口转型升级的新要求

2007 年浙江省第十二次党代会着眼浙江省经济社会发展全局，做出了加快建设港航强省的重大战略决策，凸显了港航事业发展在浙江经济社会发展中的重要作用和在省委和省政府工作中的重要地位。在 2008 年初召开的浙江省交通工作会议上，省交通厅提出了未来五年交通发展的“大港口、大路网、大物流”的“三大建设”战略目标，并作为今后五年交通发展的总体思路。2009 年浙江省交通工作会议又提出，要加快推进大港口、大路网、大物流现代交通三大建设，在大港口建设方面，加快构建以宁波—舟山港为龙头的沿海港口体系；在大物流建设方面，通过推进物流基地体系建设，加强物流龙头企业培育，加快物流信息化、标准化建设，同时完善物流政策和机制保障。

2010 年，吕祖善省长在省人大第十一届三次会议的政府工作报告中提出了：进一步整合港口资源，宁波—舟山港在稳定发展集装箱业务的同时，重点构筑大宗商品交易平台、海陆联动集疏运网络、金融和信息支撑系统“三位一体”服务体系的重要战略构想。其中，信息支撑系统主要是指配套发展以信息为重点的港口服务业，推动政府、企业、航运和服务信息共享互联，提高港口运营效率和现代化程度，增强港口的国际竞争力，并延伸港口产业链，带动城市经济、港口经济的转型升级。具体地说，就是要改善港口口岸条件，加快“大通关”系统建设，大力发展电子商务，逐步整合现有的海关、港口EDI、电子口岸三大公共信息平台，真正实现港口业务“一票制”运转。

4.2 浙江省港口信息服务体系建设的需求

浙江“三位一体”港航物流服务体系建设要以构建大宗商品交易平台为核心，打造集运输、物流、贸易、金融、信息和咨询等功能相融合的现代港航物流服务体系，对于港口信息服务体系建设的需求主要体现在：采用先进的信息技术，集港口行政管理、口岸监管、生产管理、作业监控、物流跟踪、信息服务等功能于一体，形成港口物流的数据中心、监控中心和客户服务中心。信息体系建设以港口为依托，具有仓储、保税、集疏运、多式联运、流通加工、商品交易、综合服务等功能。围绕口岸业务领域，与监管部门密切合作，结合港口物流发展实际情况，大力发展港口现代物流业务，推动港口电子政务和电子商务应用。主要包括以下需求：

4.2.1 政务管理的需求

充分利用浙江省交通电子政务网络基础设施，整合现有港口信息资源，以信息资源综合开发利用与共享为先导，以港口业务应用系统建设为重点，推进港口信息资源目录体系、交换体系和信息资源库建设，构建省级港口信息化应用平台，全面提高港口行业管理和公共信息服务能力，建设口岸综合物流信息应用系统和公共信息平台。

(1)使用信息化手段，提高港口行业管理水平

紧密结合与港口相关的各管理部门职责，根据港口管理业务的需求开发省级港口管理应用系统，建立浙江省港口管理与监管工作规范流程，提供便捷、规范、高效的管理和服务手段。

(2)使用信息化手段，实现口岸查验与监管

利用先进的硬件和软件平台，为海关、海事、检验检疫提供统一完善的查验服务和功能完备的口岸危险品管理，实现申报、审批、查验等全过程监控，有效地保障港航运输的安全。

(3)借助信息技术提高港口安全管理和突发事件应急反应能力

通过对重点港口危险货物装卸作业码头、港口设施保安限制区域,以及港口重大危险源的实时视频监控,有效提高监管能力。通过应急管理子系统,结合通信、视频等手段,辅助应急管理和应急指挥。

4.2.2 商务应用的需求

为口岸用户建立供求市场,从而为用户提供更多的交易机会。建立电子交易市场,为买卖双方提供交易过程管理、交易风险控制的综合服务,从而降低交易风险。

4.2.3 生产管理的需求

(1)货代、仓储和场站应用管理需求

全面支持国际货运管理业务,实现货物从接单、堆存、报关、报检、订舱、拆装箱、箱管到自动费用核销等各个业务环节的有效规划和管理。

具有浙江口岸特点的大型集装箱场站系统,可提供多个完善的功能模块,实现便捷准确的货物进出口、拆装箱和空重箱管理,与货主、码头、船公司的业务进行有效衔接,促进大宗商品运输的快速发展。

(2)集装箱多式联运管理需求

对铁路港站集装箱多式联运的装卸火车计划、配载、作业控制进行全面管理,保障内陆地区大列和过境大列的顺利运作,实现当地报关、异地通关,将浙江港的码头搬到内陆;与铁路的信息系统互连,实现铁路大票等信息的共享,对浙江港口多式联运发展提供有效的支撑。

(3)集装箱生产智能控制需求

集装箱生产智能控制,在实现生产全过程控制、透明化管理的基础上,融合先进的管理理念和智能化技术,进行集装箱装卸工艺流程优化,实现集卡智能调配,多路共享,堆场智能派位,桥吊重装重卸等功能。

(4)港区、物流园区的视频监控需求

通过视频监控系统对港区、物流园区的堆场、仓库、道路及运输工具进行全方位、全天候的监控。

(5)物流处理和跟踪需求

实现集装箱、大宗散杂货、场站的网上受理,以及查验等功能。整合码头、海关、海事等部门的系统数据,提供全面船、箱、货跟踪信息。

4.2.4 公共服务的需求

(1)使用信息技术提高政府服务水平

依托各部门已建立的应用系统,建立港口公共信息服务平台,服务港口、服务社会。

(2)开发和综合利用港口信息资源

以港口共享信息资源数据库为核心,以港口基础地理信息数据库为基础,开发和综合利用港口信息资源,实现港口业务数据库信息资源与相关地理信息空间数据的关联,实现港口业务信息基于地理信息的可视化查询和数据展现。

(3)口岸监管和协同处理需求

连接海关、海事、国检以及船公司、货代等口岸物流企业,依托各自的基础业务系统,实现各个系统之间的信息互动和业务协同处理。

船舶申报审批系统与浙江海事局、宁波海关、杭州海关对接,实现整个浙江地区的危险品管理、浙江口岸船舶进出境管理的电子申报和审批,提供一站式的服务,让用户摆脱以往多家跑单模式,降低商务成本,改善口岸环境。

第5章 浙江省港口信息服务体系的建设内容

5.1 浙江省港口信息服务体系建设的总体思路

5.1.1 指导思想

浙江省港口信息服务体系建设的指导思想为:以“统筹规划、分步实施,分头建设、建用并举、以用促建、统一标准、资源共享”为原则,以“数字港口”建设为目标,以标准规范体系建设为先导,以信息资源共享为基础,以实施“113工程”为重点,以公共服务为核心,以业务应用为突破,以信息安全体系建设为保证,实现浙江省港口信息的共享与交换、港口业务的动态化和协同化管理,推进公共信息服务平台建设,全面支撑“三位一体”港航物流服务体系建设。

5.1.2 建设目标

构建浙江省港口信息服务体系,为拓展、完善港口服务功能提供保障,形成互联互通、共建共享、政企互动、联合推进的发展模式,推进市场交易、港口经济的发展。具体完成以下目标:

(1)实现港口行业辅助决策智能化

完善浙江港口信息服务体系,切实发展现代港口业,稳步推进浙江港口企业、港口管理部门的应用信息系统建设。实现整个行业统计分析的自动化,生产指挥调度的科学化和辅助决策的智能化,提高港口服务水平,使整个港口行业管理迈上一个新台阶。

制定信息流通环节的相关制度,充分利用新技术、新装备,提高港航部门的管理水平,以公共服务为落脚点,积极探索适应新时期港口“三位一体”建设要求的现代管理模式。

(2)实现港口系统内信息资源整合

加快浙江省港口的信息资源共享步伐,在港口管理与业务、港口数据资源等方面实现集成。建设以资源规划为基础的港口信息共享平台和港口信息资源库,实现浙江省业务数据共享,减少日常工作中不必要的经济损耗和时间损耗,消除信息孤岛。

(3)完成信息交换平台建设

从浙江"三位一体"建设的角度,实现港政、海事、海关、边检、检验检疫等部门的数据共享与交换,促进大通关联网申报、联网核查、联网作业,推动大通关信息平台的建设,提高供应链的整体效率,提升口岸运行质量和水平,促进大宗商品电子交易平台的形成。

(4)建成港口公共信息服务平台

港口公共信息系统主要提供政务服务、商务服务和生产服务。政务服务涉及港口管理的各部门,向社会用户提供相关政务信息服务;商务服务是主要面向从事港口相关经营活动的业户提供供应链各环节的交易服务和增值服务;生产服务是向港口生产企业提供生产管理信息服务。以现有港口物流服务平台和政府、企业已建立的应用系统为基础,以跨部门、跨地区、跨行业数据交换技术为支撑,逐步建成覆盖浙江省、辐射周边、面向全国、走向世界的港口信息服务体系。

(5)建立港口信息标准体系

港口信息标准化是整合港口信息资源、实现港口数据交换的基础。加强港口信息化标准体系建设,需要建立港口信息资源目录体系和港口数据交换标准,为港口系统内部的信息共享、与其他业务部门间的数据交换提供依据,为港口信息系统开发提供数据接口标准。

(6)港口信息服务体系建设得以规范

切实落实《浙江省交通信息化建设管理暂行办法》,完善港口信息服务体系建设的相关规定,进一步加强港口信息服务体系建设在设计、规划、组织、流程、方式、内容等方面的规范化。在信息服务体系建设中紧密结合与港口业务相关部门的具体要求,保证信息服务体系建设成果能够真正服务于港口管理、港口服务和大宗商品交易平台。

5.2 浙江省港口信息服务体系主要功能

根据"113 工程"建设的基本内容,浙江省港航物流服务体系应具备政务服务、商务服务、生产业务管理、数据交换和信息发布等功能。

5.2.1 政务服务功能

浙江省港口信息服务体系提供行业监管服务,为政府对港口行业的监督管理和规范运作提供技术支持和手段。

①企业资质管理。包括:企业准入资格审批;企业资质等级申请、认证、年审等。

②港口企业经营管理。包括:调度和引航;规划建设管理;港口企业管理;危货作业申报;港口安全指挥等。

③行业统计分析。通过对相关数据信息的采集,利用一定的统计分析技术,定期分析行业内企业的运营状况、行业需求和供给市场的平衡情况、行业运作规范程度、行业水平等指标的现状和变动趋势。

④监管信息发布。包括:发布具有资质的物流企业的基本情况、资质等级、经营状况;发布被取消资质的物流企业名单;发布行业监管的政策法规、动态信息。

⑤口岸审批。海关、边防、海事、检验检疫部门对通关货物进行联网核查,并向企业提供利用互联网办理报关、结付汇核销、出口退税、进口增值税联网核查、网上支付等实时在线业务。

⑥港口物流监控管理。应用无线射频(RFID)等技术,实现对港口、物流基地和重要区域的重要物资、车辆、危险品等的物流全过程的可视化监控,实现信息采集的功能。

5.2.2 商务服务功能

浙江省港口信息服务体系为企业提供安全的业务交易支持功能。

①交易撮合。根据供需时间、数量、价格、质量等要素进行系统自动撮合,生成订单,通知供需双方。

②在线谈判。建立在线谈判室、对谈判过程进行自动跟踪记录。

③电子合同。包括标的品种、数量、品质、等级、规格、需求、交货期、货款运输、包装规格、双方责任、义务等合同条款。

④订单管理。对已签订合同的有效订单进行管理,自动跟踪记录订单履行情况。

⑤电子结算。根据一定的标准交换文件、单证、票据进行结算,提供银行、外汇等金融服务。

⑥电子订舱。在线输入订舱信息,系统自动形成电子订舱单,向各大船公船代提交。

⑦网上报关。通过电子口岸系统,利用信息化技术和联网监管的优势,由海关机系统对进出口货物报关单证的格式化数据和报文进行自动处理。

⑧网上交税。在收到海关税费缴纳通知后,在网上向开户银行发出税费支付指令,银行接到指令后从企业在银行开设的预储账号中划转税费。

⑨网上保险。为客户提供在线投保、查询保单信息、续期缴费等功能。

5.2.3 生产业务管理功能

浙江省港口信息服务体系为港口物流企业提供企业信息化服务,并整合供应链相关企业的信息资源,实现供应链相关企业间业务信息的共享和资源的优化整合,主要包括以下功能。

①运输管理。实现订单管理、货运业务管理、车辆调度、车辆技术管理等。

②港口装卸管理:实现货物在港区的装卸管理。

③配送管理。实现车辆优化配载、配送路线优化等。

④仓储管理。实现货物出入库管理、库存管理、仓库作业管理等。

⑤货物跟踪。利用GIS/GPS跟踪货物的状态和位置,并将状态和位置数据存储到数据库中,用户可通过Call Center或Web站点获得跟踪信息。

⑥货代管理。实现进出口业务操作、业务订单打印、结算管理、箱管、运价管理、发票制作、统计分析等。

⑦客户管理。实现客户详细信息管理、客户分类管理、机会分析管理等。

⑧供应链管理。实现供应链节点企业间信息共享和交互、供应商管理、系统管理等。

⑨财务管理。对销售管理系统和采购系统所传送的应付、应收账款进行会计操作,并与银行金融系统联网进行转账。

⑩决策支持。建立物流业务的知识库和模型库,已有数据的分析,辅助鉴别、评估和比较物流战略和策略的可选方案。

5.2.4 数据交换服务功能

数据交换提供电子数据交换的途径,担负港口公共信息服务系统中公用信息的标准化和规范化定义、采集、处理、组织和存储,以及解决异构系统和异构数据格

式之间的数据交换和格式转换功能,实现不同信息系统之间的跨平台连接和交互,为企业提供"一站式"接入服务。具体功能包括:

①数据格式转换。配置数据导入导出的方式,支持各类不同格式和系统之间数据的转换、传输和存储,实现各常见数据库、Web数据、文本、图像等多种格式之间的自定义相互转换。

②港口物流电子商务中交易双方的无缝对接。在交易双方进行询报价、网上磋商、订单签订等活动中,传输和转换数据,并确保交换数据的可读性、可靠性和安全性。

③口岸审批的"一站式"服务。完成网上报关、报检、许可证申请、结算、缴(退)税等与信息平台连接的用户间的信息交换。

④地市之间、省地之间港口物流公共信息平台的连接和数据交换。通过数据交换平台的网络互联和数据转换功能,实现地市之间、省地之间港口物流信息平台的系统互联与信息共享。

5.2.5 公共信息服务功能

浙江省港口信息服务体系的公共信息服务功能包括政务信息服务、商务信息服务和生产信息服务三大部分。

1)政务信息服务

与港口相关的管理部门通过港口公共信息服务平台,可以发布管理部门所掌握的涉及港口企业、航运企业、物流企业、运输车辆船舶、从业人员、物流基础设施等方面基础性、公共性的政务信息。具体信息包括城市综合信息、交通综合信息、政策法规信息。

(1)城市综合信息

①地理信息。包括浙江省总体规划信息,街区、小区的地理信息等。

②路网信息。包括城市路网、道路管制信息等。

③交通管理信息。包括驾驶员信息、车辆运行可许信息等。

④企事业单位信息。包括商务机构、企事业单位等信息。

(2)交通综合信息

①港口综合信息。包括港口位置、码头情况、吞吐能力、联运情况等。

②公路网信息。包括道路技术等级、起始城市、沿线收费站、里程、收费等。

③铁路网路信息。包括起始车站、沿线车站、里程、技术速度、运价率等。
④铁路运输信息。包括编组站能力、货运站能力、编组计划、行包专列等。
⑤机场综合信息。包括机场位置、吞吐能力、航班情况、联运情况等。
⑥航空公司信息。包括航空公司情况、航班、货运能力等。

(3)政策法规信息

港口物流相关法规政策信息及海关、商检、工商、税务等信息。

2)商务信息服务

商务信息服务是发布由专业企业收集整理的带有商务服务性质的港口物流供求信息、港口物流企业信息及查询等。

①物流节点信息。包括物流园区、物流中心、配送中心情况等。
②物流企业。各专业物流企业信息。
③物流相关企业信息。包括货运、货代、船代、仓储等企业信息。
④物流企业资质。包括物流企业从业资质、历史记录等。

3)生产信息服务

生产信息服务主要是发布与港口直接相关的船公司和货主等的信息。
①轮船公司信息。包括船公司情况、船期、货运能力等。
②供求信息发布与查询
车辆、货物需求与供给信息发布;
车辆、货物需求与供给信息的综合查询;
货运交易相关运价、政策、法规的查询。

5.3 浙江省港口信息服务体系建设计划

"十二五"期间,浙江省港口信息服务体系建设主要分为三个阶段:重点突破阶段、全面应用阶段和整合提升阶段。

5.3.1 重点突破阶段(2011~2012年)

根据"三位一体"的建设要求,紧跟浙江省经济转型升级发展的步伐,在信息服务体系建设实施的第一年,抓住重点,合力突破。首先,积极加强港口各相关单位的信息化水平，实施“数字港口”工程建设，各港口单位在统一标准的基础上，全面提升各自的信息化综合素质，实现港口生产自动化、管理数字化、管控智能化；交通厅牵头在浙江物流公共信息服务平台的基础上，搭建起港口信息交换平台；以大宗商品交易市场为建设主体，建设煤炭、铁矿石、粮食、综合性大宗散货交易中心等大宗物资电子商务平台，完善、提升原有的液体化工、船舶等电子商务平台，充分发挥浙江省的市场优势，形成一定交易规模；以电子口岸建设为核心，提升浙江省港口政务服务信息化水平，提高办事效率。

5.3.2　全面应用阶段(2012 ~ 2014 年)

在重点建设内容稳步推进的基础上，全面推广信息化在生产、流通、运输等各环节的应用。搭建“大平台”：加强电子口岸的集成能力，嵌入内贸政务服务的功能，成为港口政务服务的综合平台；重点扶持七大大宗商品交易电子商务平台，成为长三角地区，甚至全国该行业的重点流通平台；重点培育 2 ~ 3 个物流交易平台，通过物流数据的整合，提供物流全产业链的综合信息服务，成为现代物流业发展的重要抓手；搭建公共服务平台，为企业提供全面的港口相关信息，充分展示浙江省港口的生产、运输、管理等综合服务能力。

5.3.3　整合提升阶段(2014 ~ 2015 年)

根据应用需要，进一步加强数据交换平台建设，整合更为全面、及时、准确的数据资源；加强各应用平台的推广，完善服务功能，在大宗商品交易电子商务发展的同时，研究出台相关指数，提高对重要商品价格引导和市场配置的能力；物流平台全面实现与国内外主要贸易往来地区的对接，扩大应用范围；政务服务平台通过多年数据积累，运用数据挖掘、云计算等技术，建立起一套政府决策支撑系统，为领导决策提供重要依据。

5.4　浙江省港口信息服务体系建设重点

5.4.1　近期建设重点

港口信息服务系统建设框架是“113 工程”：即建设一个数据交换平台、一个公共服务平台和政务、商务、生产三大应用板块的信息服务系统。基于现有基础和建

设需求,近期建设重点为:

(1)数据交换平台

现有基础:浙江电子口岸、宁波电子口岸和浙江交通物流公共信息平台。

近期建设重点:协调交通物流平台、浙江电子口岸进行整合,打通进出口数据、港口数据、物流数据的传输渠道;加强与日本、韩国合作,共同建设东北亚物流信息平台建设,获取日本、韩国港口物流的数据传输渠道,扩展数据交换平台的服务范围。在标准化的前提下,实现底层数据交换,为港口信息服务体系各项应用系统建设奠定基础。

(2)公共服务平台

现有基础:各自为政,还没有统一的港口信息服务平台。

近期建设重点:在数据交换平台的基础上制定公共服务平台的实施方案;首先实现集装箱物流公共信息服务功能。

(3)政务应用板块

现有基础:港航、海关、检疫检验、边防、海事等的管理信息系统。

近期建设重点:完善政务应用系统,与三位一体相关的政务应用系统的数据要接入到数据交换平台;尽快建设港口管理信息系统。

(4)商务应用板块

现有基础:第四方物流信息平台、"航运信息网"提供的船舶交易和船舶贸易服务平台。

近期建设重点:围绕近期重点推进的交易平台推进信息化建设,将数据接入到数据交换平台。

(5)生产应用板块

现有基础:宁波港集团和舟山港务集团等港口企业信息化建设。

近期建设重点:推进宁波、舟山、温州、台州、嘉兴等港口企业内部信息化建设,实现内部系统与数据交换平台进行数据交换。

5.4.2 "十二五"期间拟建重点项目

以港口各相关单位的信息化水平及部分信息服务平台的建设情况为基础,根据浙江港口信息服务体系的建设目标、思路和整体架构,"十二五"期间,拟建设以下重点项目:

1)数据交换层面:浙江港口数据交换服务平台建设

在原有的浙江物流公共信息服务平台的基础上,一方面协调各电子口岸、港口企业、港航部门、物流园区及企业等单位,打通进出口数据、港口数据、物流数据的传输渠道;另一方面,加强与日本、韩国合作,共同建设东北亚物流信息平台建设,获取日本、韩国港口物流的数据传输渠道,扩展数据交换平台的服务范围。在标准化的前提下,实现"统一平台、分布存储、实时交换、安全保证"的底层数据交换平台,为港口信息服务体系各项应用系统建设奠定基础。

2)公共服务层面:浙江港口公共信息服务平台建设

在省内港口应用系统及数据平台的基础上,构建基于互联网的覆盖浙江省的港口公共信息服务平台。向国内外港口、航运、物流企业提供各国国情、港口、码头、船舶、航线、政策、气象等公共服务。同时通过采集东北亚物流信息交换平台的日本、韩国数据,结合浙江港口的集装箱数据,建设集装箱跟踪查询系统作为公共服务平台的一期重点工程。

3)政务应用层面

(1)浙江电子口岸整合提升建设

将目前浙江电子口岸和宁波电子口岸的政务应用服务整合归并,打破因行政区划和管理体制所形成的壁垒,建立起一套浙江省统一的港口口岸单位政务信息服务平台。加强各个口岸部门的协作,加快浙江电子口岸在浙江省各地的推广应用,从提高效率、降低成本和便利企业的角度出发,将各部门的口岸业务整合,实现"一口对外",方便企业"一站式"的完成所有港口口岸行政审批。

(2)浙江港口管理信息系统建设

在完善港口网络体系建设的基础上,建设港口政务服务系统,实现港口政务网上办理,同时通过信息系统对港口经营进行有效监管。建设港口安全指挥系统,通过物联网、GPS、网络监控等技术实现对港口生产作业的有效监控,提高生产安全水平;将宁波港部分成熟、先进的信息技术应用转化为行业标准,在省内推广,加强各港口 EDI 中心建设。

4)生产应用层面:浙江港口企业信息化建设

加强宁波、舟山、温州、台州、嘉兴等港口生产各环节应用系统建设,优化港口生产流程。

5)商务应用层面

(1)浙江物流公共信息服务平台建设

在原有平台的基础上,建设港口物流平台,提供覆盖陆路和水陆的物流信息服务,实现港口、海关、货主、承运、保险等信息集成利用,高度共享,加强物流产业链上下游的互动。同时积极推进物流企业信息化建设,研发一批适合中小企业使用的供应链管理软件、通讯软件等,一方面提升物流企业信息化水平,另一方面打通企业与平台的数据交换渠道。同时推进港口物流的"一卡通"工程建设,统一标准,方便车辆管理。

(2)拓展宁波四方物流平台建设

充分发挥交通物流网上交易市场的作用,促进物流、信息流和资金流的协同运作。积极开发海运通、空运通、物流监控、供应链管理、移动物流等增值业务,探索甩挂运输和双重运输的经营模式,进一步促进宁波四方物流平台的建设。

(3)大宗商品电子商务平台建设

以大宗商品交易市场为主体,建设相应的电子商务平台,利用市场数据,提供大宗商品供应信息,为流通、生产、物流企业服务,实现网上现货交易及期货交易,逐步向内陆地区辐射,形成有影响力的价格指数。按照目前的大宗商品交易市场建设的思路,浙江需要相应建设煤炭、铁矿石、粮食、液体化工、船舶等七大电子商务平台。其中液体化工与船舶电子商务平台已有基础,需要不断依托交易市场扩大影响力。

第 6 章 推进港口信息服务体系建设的保障措施

根据当前提出的"三位一体"港口信息服务体系建设目标和发展重点,从组织实施保障、省内政策引导、加强顶层设计、标准制定与业务协同、充分利用口岸平台等方面提出保障措施如下。

6.1 加强组织保障,建立推进机制

要抓紧研究建立符合行政体制改革方向、分工合理、责任明确的港口信息服务体系推进的协调体制。建立健全强有力的领导机构,加大对港口信息服务体系工作的组织协调力度。

在港口信息服务体系的建设中应充分发挥政府的引导作用,指导与港口相关企(事)业单位进行信息化规划和建设,将"三位一体"信息服务体系建设的重点项目纳入省经信委和省交通运输厅的"十二五"信息化规划。在系统具体建设、运行和管理过程中可以引入商业运作的方式。总体思路是:政府组织、企业实施,发挥政府引导和市场机制两方面的作用。

加大政府部门间的协调力度,明确省级、市级政府在港航物流服务体系建设中的事权,加强对各市的业务指导。建立一套完善的部门协调机制对于浙江省港航物流服务体系建设非常重要,可以使港口信息服务体系建设的推进更加有效,同时能够避免由于重复建设而带来的浪费。建议逐步确立省、市政府部门信息化联席会议制度,召集各级政府组成部门领导或业务主管领导参加,商讨本地区、本部门在信息化建设方面的重要事宜,协调跨部门事务。

6.2 加强政策引导,加大扶持力度

根据"三位一体"港口信息服务体系建设的相关工作,建议出台和落实以下政策。

(1)信息采集共享支持政策

加快有关政策的研究,完善相关法规,制定相关标准,尽快组织建立合理的浙江港口信息采集和共享机制,制定信息资源整合方案。尽快建立港航物流服务体系建设和数据共享机制的法规体系,由经信委制订相应的法规和政策保证三大应用平台的建设主体的数据接入数据交换平台,使得港口管理部门组织共享平台建设有法律政策依据。根据法律规定和履行职能的需要,明确相关部门信息共享的内容、方式和责任,实现各部门内部以及部门间应共享信息的互联互通,实现内外业务协同运作。

(2)完善港口信息服务体系发展政策

紧密跟踪全球信息化发展进程,适应经济结构战略性调整、产业升级换代和转变经济发展方式的需要,持续深化港口信息体系发展战略研究,动态调整港口信息服务体系发展目标;把明确重点,保障资金,大力推进港口信息服务体系与浙江经济社会发展相融合,提高浙江产业的整体竞争力。把浙江港口信息服务体系建设作为促进浙江经济社会协调发展、增进各港区之间优势互补、实现大宗商品电子交易平台的助推器。

(3)投融资支持政策

根据深化投资体制改革和金融体制改革的要求,加快研究制定港口信息服务体系建设的投融资政策,积极引导非国有资本参与港口信息服务体系的建设。研究制定适应中小型信息技术企业发展的金融政策,完善相关的财税政策。培育和发展信息技术转让和知识产权交易市场。完善风险投资机制和资本退出机制。制定相关投融资政策,鼓励浙江大宗商品电子交易市场和浙江港口信息产业的相互拉动,以市场换产业,以产业带市场,促进浙江港口信息服务体系的健康有序发展。建议由经信委设立“省港口信息服务体系建设专项资金”,对数据交换平台、公共信息服务平台和政务应用系统由政府全额投资建设与运行,对以企业为建设主体的商务应用及生产应用板块的各系统加大扶持力度。

(4)人才保障政策

各港口单位要加强信息化专业人才的引进,培养一批熟悉业务、精通技术、擅长管理的复合型人才作为港口信息服务体系建设的中坚力量。加强与港口信息化程度高的国家的人才交流,学习经验,增强浙江省港口信息服务体系建设的国际化水平。

6.3 强化标准建设,提升协同能力

加强政府引导,依托大宗商品电子交易平台,以企业和行业协会为主体,加快港口信息服务体系的技术标准体系建设。完善信息技术应用的体制和产业、产品等技术规范和标准,促进网络互联互通、系统互为操作和信息共享。

通过政务信息资源整合来提升政务协同水平,以提高政府办事效率,降低行政管理成本,增强公共服务能力为宗旨,统筹规划,逐步形成信息集成、资源共享、流程优化、业务协同、服务便捷、安全可靠的电子政务体系。创新电子政务技术管理体制机制,建设一批跨部门的应用系统。各级政府部门不仅要系统地进行业务梳理,整理、规范基础数据和业务数据,建立电子政务数据架构,提出对关联部门的信息共享和业务协同需求,而且要从提高港口政务协同水平出发,充分考虑纵向和横向关联部门的需求,建立政务信息目录、对接关联业务流程,实现电子政务系统内外衔接、互联互通。

企业根据各自的需求建设应用系统和商务系统,由物流信息中间商、专业物流企业或相关的咨询机构发起建立,由专业 IT 软件公司负责建设。可根据市场需求特点,针对不同的服务对象,对系统进行开发和设计,提供有针对性的服务。企业信息系统的技术服务和交易服务可采用市场化模式进行。

参考文献

[1] 国务院.长江三角洲地区区域规划,2010.
[2] 国务院.国务院关于推进上海加快发展现代服务业和先进制造业建设国际金融中心和国际航运中心的意见,2009.
[3] 国务院.物流业调整和振兴规划,2009.
[4] 国务院.钢铁产业调整和振兴规划,2009.
[5] 国务院.石化产业调整和振兴规划,2009.
[6] 国务院.船舶工业调整和振兴规划,2009.
[7] 浙江省政府工作报告2006-2010.
[8] 浙江省交通工作会议报告2008-2010.
[9] 中华人民共和国对外贸易经济合作部,原油、成品油、化肥国有贸易经营进口管理试行办法,2002.
[10] 商务部.原油市场管理办法,2006.
[11] 商务部.大宗商品中远期交易市场管理办法(草案),2008.
[12] 国家技术监督局,大宗商品电子交易规范(GB/T 18769—2003).
[13] 国家工商总局,商务部,公安部等.中远期交易市场整顿规范工作指导意见,2010.
[14] 国家粮食局.全国粮食市场体系建设“十一五”规划,2007.
[15] 国家发改委财政金融司.关于支持宁波参与上海“两个中心”建设,共同打造亚太重要国际门户的建议.2010.
[16] 财政部.国家税务总局关于海峡两岸海上直航营业税和企业所得税政策的通知,2009.
[17] 国务院.国务院关于推进海南国际旅游岛建设发展的若干意见,2009.
[18] 国务院.国务院推进天津滨海新区开发开放有关问题的意见,2006.
[19] 财政部,国家税务总局.关于支持天津滨海新区开发开放有关企业所得税优惠政策的通知,2006.
[20] 国家税务总局关于海峡西岸经济区发展有关税收政策问题的意见,2007.
[21] 广西北部湾经济区发展规划,2008.
[22] 广西壮族自治区人民政府,广西壮族自治区人民政府关于促进广西北部湾经济区开放开发的若干政策规定的通知,2008.

[23] 辽宁沿海经济带发展规划,2009.
[24] 辽宁省人民政府.辽宁省人民政府关于鼓励沿海重点发展区域扩大对外开放的若干政策意见,2006.
[25] 浙江省人民政府.浙江省海洋经济发展带规划(报送稿),2010.
[26] 浙江省港航管理局,浙江省航运企业投资担保有限公司组建方案(讨论稿),2008.
[27] 中共浙江省委 浙江省人民政府,关于加快建设港航强省 大力发展海洋经济的若干意见(送审稿),2008.
[28] 舟山市人民政府.关于支持航运企业应对金融危机保持稳定发展的意见,2009.
[29] 中华人民共和国国家统计局.中国统计年鉴(2009).
[30] 中国人民银行杭州中心支行货币政策分析小组.浙江省金融运行报告,2004~2009.
[31] 浙江省工商行政管理局.浙江省网上商品交易市场管理暂行办法,2008.
[32] 浙江省沿海港口布局规划.
[33] 浙江省交通运输厅.浙江省交通物流基地布局规划,2009.
[34] 浙江省交通厅.浙江省公路水路交通发展布局规划(2008~2020),2009.
[35] 交通运输部科学研究院.浙江省港口物流发展规划初稿(2010~2020年)[R],2010.
[36] 浙江省沿海港口综合集疏运网络规划(2010~2020),2010.
[37] 交通运输部科学研究院.浙江省港口信息化发展应用研究[R],2009.
[38] 宁波-舟山港总体规划,2009.
[39] 国家发展和改革委员会综合运输研究所,武汉理工大学交通学院.宁波—舟山港域港口发展战略及“十二五”建设规划研究,2010.
[40] 浙江省交通厅,浙江省发展与改革委员会.宁波-舟山港综合集疏运网络规划,2009.
[41] 嘉兴港总体规划.
[42] 温州港总体规划.
[43] 台州港总体规划.
[44] 中华人民共和国国家统计局贸易外经统计司,中华人民共和国商务部市场运行调节司,中国商业联合会信息部.中国商品交易市场统计年鉴(2009).北京:中国统计出版社,2009.

[45] 长三角联合研究中心. 长三角年鉴(2009).

[46] 交通运输部科学研究院,交通运输部规划研究院,交通运输部公路科学研究院,公路水路交通由传统产业向现代服务业转型战略研究[R],2008.

[47] 交通运输部科学研究院,交通运输部规划研究院,交通运输部公路科学研究院,交通运输部水运科学研究院. 资源节约型、环境友好型交通发展模式研究[R],2008.

[48] 交通运输部科学研究院. 节约型交通行业发展战略研究[R],2006.

[49] 交通运输部科学研究院,交通运输部规划研究院,交通部公路科学研究院. 交通运输行业促进现代物流发展思路研究[R],2009.

[50] 交通运输部水运局,交通运输部科学研究院. 水路运输促进现代物流发展政策研究[R],2009.

[51] 交通运输部科学研究院,我国港口拓展服务功能研究[R],2009.

[52] 交通运输部科学研究院,“十二五”内河水运发展与产业政策研究(区域性项目),2009.

[53] 交通运输部科学研究院,我国地方港航管理体制研究,2008.

[54] 交通运输部科学研究院,我国港口行政管理队伍建设研究,2008.

[55] 交通运输部科学研究院,我国现代综合运输体系研究-水运发展研究,2007.

[56] 交通运输部科学研究院,我国水运业对国民经济贡献率的测算研究,2007.

[57] 交通运输部科学研究院,港口发展与区域经济关联度评价指标体系研究[R],2008.

[58] 交通运输部科学研究院,公路水路交通对社会发展的影响研究[R],2005.

[59] 交通运输部科学研究院,浙江省航运业结构调整政策研究[R],2009.

[60] 交通运输部科学研究院,浙江省港航管理局,宁波-舟山港管理委员会. 宁波—舟山港现代物流发展研究报告[R],2008.

[61] 交通运输部科学研究院. 世界港口发展趋势与发达国家港口产业政策研究[R],2009.

[62] 交通运输部科学研究院,浙江省港航管理局,宁波-舟山港管理委员会. 欧洲典型港口物流调研报告[R],2009.

[63] China Venture 投中集团. China Venture 2009 年中国能源行业投资统计分析报告[R],2010.

[64] 曹建海,肖志兴. 2009 中国市场前景报告[M]. 北京:中国时代经济出版,2009.

[65] 巢新蕊. 全国工商联呼吁放松原油进口和使用管制[EB/OL]. http://www.sina.com.cn,2010.
[66] 长城战略咨询. 中国大宗商品交易市场研究[R]. 2009 企业研究报告 11 月号.
[67] 葛春凤. 关于临港专业市场发展的思考[J]. 商业时代,2010,(15):126-128.
[68] 国务院发展研究中心课题组. 我国粮食生产能力与供求平衡的整体性战略框架[R],2009.
[69] 洪涛. 2008 年商品交易市场回顾与 2009 年展望[J]. 纺织服装周刊,2009,(5):78-79.
[70] 洪涛. 中国商品交易市场 30 年--商品交易市场体系与模式创新[M]. 北京:经济管理出版社,2009.
[71] 洪涛. 不容忽视的商品交易市场问题[J]. 中国物流与采购,2008,(10):46-48.
[72] 黄盛初. 2009 中国煤炭发展报告[M]. 北京:煤炭工业出版社,2009.
[73] 稽美华. 电子商务与专业市场[M]. 北京:中国水利水电出版社,2009.
[74] 交通运输部科学研究院,建设水运市场监管体系的研究,2006.
[75] 交通运输部科学研究院,水路行政管理理论及应用研究,2007.
[76] 交通运输部科学研究院,长三角地区港口公共基础设施投资政策研究,2005.
[77] 交通运输部科学研究院,物流理论、方法、技术的跟踪分析研究,2004.
[78] 交通运输部科学研究院,我国沿海港口集装箱内河运输系统研究,2008.
[79] 交通运输部科学研究院,国外交通发展规律和主要经验研究,2008.
[80] 徐萍. 加快我国港口转变发展方式的途径,中国港口 2010 年 5 期.
[81] 徐萍. "十二五"期我国港口发展趋势分析,综合运输 2010 年 3 期.
[82] 徐萍. 水运业对我国经济发展的强力支撑,中国航务周刊 2006 年 22 期.
[83] 徐萍. 我国港口发展六十年回顾,《中国交通六十年》2010 年.
[84] 徐萍,刘芳,梁晓杰. 政府推动物流业发展的国外经验借鉴[J]. 国外交通发展动态,2010,(1).
[85] 徐萍. 浅析全球性经济危机对我国水运业的影响,综合运输 2009 年 1 期.
[86] 徐萍. 从杜伊斯堡港的发展历程看港口的升级和转型,中国交通报,2008 年.
[87] 徐萍,欧阳斌,周健. 统筹规划,完善我国水运市场监管体系. 中国交通报 2008 年.
[88] 徐萍. 韩国实施东北亚物流中心战略的措施及我国的对策思考,综合运输

2006 年 8-9 期.

[89] 徐萍,王先进.历史演变的轨迹-国外交通发展规律勾勒.运输经理世界 2005 年 2、3 期合刊.

[90] 徐萍.德国货运中心正向物流园区演变.中国交通报 2005 年 12 月.

[91] 徐萍.港口信息平台建设和运行的成功案例.中国港口 2005 年 12 期.

[92] 嘉兴市港务管理局.2009 嘉兴港发展报告[R],2010.

[93] 梁晓杰,刘芳.刍议现代物流发展对水路运输的要求[J].交通战略与规划,2009,12:47-48.

[94] 梁晓杰,欧阳斌,刘芳.推进我国沿海港口集装箱海铁联运的思考[J].交通战略与规划,2009,12:45-46.

[95] 梁晓杰,刘凌,刘芳等.水路运输促进现代物流发展的主要任务[J].交通战略与规划,2010,1:48-52.

[96] 眭凌,徐萍,万兴华,东朝晖.国外港口信息化发展状况及启示[J].交通战略与规划,2009,12:60-62.

[97] 刘东英,卢燕,史俊仙.商品交易市场宏观分析[M].北京:中国经济出版社,2009.

[98] 刘芳.交通与城市发展关系研究综述[J].经济问题探索,2008,(3):57-62.

[99] 刘芳.水运交通对我国经济的影响研究[J].特区经济,2008,(4):143-144.

[100] 刘芳,梁晓杰,眭凌.美国政府推动物流业发展的启示[J].交通战略与规划,2010,1:70-72.

[101] 眭凌.中国水路交通信息化的回顾与展望[J].交通世界,2004,1.

[102] 尹俊涛,眭凌,谷云辉.交通信息化面临六大挑战[J].中国交通信息产业,2007,2.

[103] 尹俊涛,眭凌,谷云辉.交通信息化发展现状与 2005 – 2006 年度进展情况调查[J].中国交通信息产业,2007,3.

[104] 尹俊涛,眭凌,谷云辉.2005 – 2006 年度交通政务发展情况[J].中国交通信息产业,2007,4.

[105] 刘建华.中国市场新秩序[M].北京:清华大学出版社,2006.

[106] 陆立军,王祖强.专业市场地方型市场的演进[M].上海:格致出版社:上海人民出版社,2008.

[107] 孟华兴,王小平.如何建设商品交易市场现代物流体系[J].中国市场,2007,(51):16-18.

[108] 倪健民,郭云涛. 能源安全[M]. 杭州:浙江大学出版,2009.
[109] 任兴洲. 建立市场体系——30 年市场化改革进程[M]. 北京:中国发展出版社,2008.
[110] 荣朝和. 简明市场经济学[M]. 北京:高等教育出版社,2004.
[111] 商品市场竞争力报告课题组. 中国商品市场竞争力报告[M]. 北京:社会科学文献出版社,2005.
[112] 苏东水. 产业经济学[M]. 北京:高等教育出版社,2000.
[113] 苏莎莎. 长三角地区商品交易市场发展的现状及动力机制研究[D]. 华东师范大学硕士学位论文,2009.
[114] 王克臣,李敏,刘晓燕. 我国商品交易市场发展现状分析[J]. 中国市场,2009,(34):24-27.
[115] 王小平,李刚. 商品交易市场组织建设[M]. 北京:中国经济出版社,2009.
[116] 闻目. 我国商品交易市场的税收征管. 中国税务[J],2002,(5):10-11.
[117] 吴冲锋. 大宗商品与金融资产国际定价权研究[M]. 北京:科学出版社,2009.
[118] 奚韵文. 设立海西大宗商品电子交易中心打造区域性物流中心[J]. 中国港口,2010,(5):27-29.
[119] 杨富堂. 商品交易市场运行与发展机理研究[D]. 天津大学博士学位论文,2006.
[120] 俞杭东. 专业市场与产业集群互动机理研究[D]. 浙江大学硕士学位论文,2009.
[121] 于明扬. 浙江省专业市场演化及其影响因素研究[D]. 浙江大学硕士学位论文,2008.
[122] 余源鹏. 专业市场项目开发全程策划[M]. 北京:中国建筑工业出版社,2009.
[123] 张青. 国家商品储备:安全与稳定[M]. 北京:经济科学出版社,2007.
[124] 中经网数据有限公司. 中国石油天然气行业分析报告[R],2010.
[125] 中国经济信息网. 2009 年中国石油化工行业年度报告[R],2009.
[126] 中国经济信息网. 2009 年中国石油天然气行业年度报告[R],2009.
[127] 中国粮食研究培训中心《2009 中国粮食发展报告》编写组. 2009 中国粮食发展报告[R],2009.
[128] 中国社科院金融所. 宁波建设区域金融服务中心路径研究[R],2010.

[129] 宋庆,杨长昆.德国KG基金模式下的船舶融资[J].海外投资与出口信贷,2005,6.

[130] 李燕.新加坡海运信托计划利弊分析[J].交通财会,2007,8:68-71.

[131] 宁波银监局,离岸金融:当占国际化港口城市一席之地[J].财经视野,2007,9:17-19.

[132] 马硕.软实力是建设上海国际航运中心的关键[J].水运管理,2007,5.

[133] 刘慧.欧盟航运政策述评[J].水运管理,2003,1:28-32.

[134] 杨绍波,邵俊岗,仲姚.国外发展航运高端服务队宁波的启示.宁波日报,2006,7.

[135] 王列辉.高端航运服务业的不同模式及对上海的启示[J].上海经济研究,2009,9:99-106.

[136] 屠爱华.伦敦经验及其对上海国际航运中心软环境建设的几点思考[J].交通与运输,2008,2.

[137] 张丽.伦敦发展国际航运中心的经验及启示[J].港口经济,2008,9.

[138] 张俭.上海,你离伦敦有多远?[J].中国物流与采购,2009,9.

[139] 任声策,宋炳良.航运高端服务业的发展机理——服务业融合的视角[J].上海经济研究,2009,6

[140] 陆海祜.构建上海国际航运中心与航运服务中心双引擎发展模式[J].中国港口,2007,12.

[141] 钟子娟.纽约、伦敦、东京、香港“双中心”成长传奇及经验借鉴[J].新闻晨报,2009-3-26.

[142] 杨英,香港自由港政策体系及其评价[J].经济前沿,2002,9.

[143] 邹盈颖,制定我国国际航运政策原则浅探[J].水运管理,1999,2:26-29.

[144] 胡思继.综合运输工程学[M].清华大学出版社,北京交通大学出版社,2005.

[145] 郝渊晓.现代物流信息化[M].广州:中山大学出版社,2005.

[146] 陈晓红.决策支持系统理论与应用[M].北京:清华大学出版社,2000.

[147] 黄云,谭建文.南宁港监及船检网络管理系统[J].交通与计算机,1995,136(6):23-24.

[148] Abdewahab W H,Sargious MA. Modeling the Demand for Freight Transport: new approach[J]. Journal of Transport Economic and Policy,1992,26(1).

[149] Bonald H Ballou. Business Logistics Management[M]. Prentice-Hall Interna-

tional, Inc. Third edition, 1992.

[150] Canitz H C. How to Find, Evaluate, Choose, and Manage a Third Party Logistics Provider[C]. Annual Conference Proceedings, 1996.

[151] Charles Molle, Sohail S. Chaudhry, Bent Jorgensen. Complex Service Design: A Virtual Enterprise Architecture for Logistics Service[J]. Information Systems Frontiers, Volume 10, 2008(11).

[152] David Boboy, Douglas Wacbeth. Implementing Collaborations between Organizations an Empirical Study of Supply Chain Patterning[J]. Journal of Management Sturdy, 1999, November.

[153] Dirk de Waart, Steve Kremper. 5 Steps to Service Supply Chain Excellence. Supply Chain Management Review. 2004(1).

[154] Dorigo M, Maniezzo V, Colorni A. Ant system: optimization bya colony of cooperative agents[J]. IEEE Transactions on Sys-tems, Man, and Cybernetics, 1996, 26(1).

[155] Eftihia Nathanail. Developing an Integrated Logistics Terminal Network in CADSES[J]. Transition Studies review, Volume 14, 2007(5).

[156] Eiichi Taniguchi, Michihiko Norritakeetal. Optimal Size and Location Planning of Public Logistics Terminals[J]. Transportation Research Part E, 1999(5).

[157] Goran Persson, Heige Virum, Growth strategies for logistics. Service Providers, A Case Study. International Journal of Logistics Management. 2001, 12(1).

[158] Holeomb Logistics Trends and MC, Manrodt KB. Shippers´Perspective: Transportation[J]. The issues. TRANSPORT, 2000, 40(1).

[159] James C. Johnson & Donald f. Wood, Contemporary Logistics[M]. 6th edition, Prentice Hall, Inc., 1996

[160] John. Coyle, Edward J. Bardi, C. John Langley. The Management of Business Logistics[M], West Pub. Co., 1996.

[161] K L Choy, Chung-Lun Li, Stuart C K So, Henry Lau, et al. Managing uncertainty in logistics Service Supply Chain. International Journal of Risk Assessment and Management. Geneva: 2007, 7(1).

[162] Lee, P. D. Port Supply Chains as Social Networks, Service Operations and Logistics, and Informatics. IEEE International Conference: 2006.

[163] Massimiliano Caramia and Paolo Dell´Olmo. Multi-objective Management in

Freight Logistics[M] . Springer London,2008.

[164] Paixao,A. C. And Marlow,PB. . Fourth generation Ports - a question of agility? International Journal of Business Logistics,2003,16(1)

[165] Poist,and Charles D. Braunschweig. Management of Environmental Issues in Logistics:Status and Future Potential. Transportation Journal,1994,20(2).

[166] Russell G. Thompson,City Logistics:Network Modeling and Intelligent Transportation Systems[J] . Transportation Research Part A:Policy and Practice,Vol 37,Issue 2,February 2003.

[167] Sonke Hartmann. Container Terminals and Automated Transport Systems Logistics Control Issues and Quantitative Decision Support[M]. Springer Berlin Heidelberg,2005.

[168] TEA-WOOLEE,NAM-KYUPARK. A Simulation Study for the Logistics Planning of a Container Terminal in View of SCM. Maritirize Policy & Management,2002(3).

[169] Zhan. F B. and Noon. C. E. Shortest Path Algorithms:Evaluation Using Real Networks[J]. Transportation Science,1998,Vol32(1).